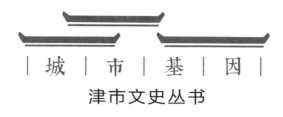

城市基因

津市文史丛书

工 商 卷

政协湖南省津市市委员会 编

湖南师范大学出版社

·长沙·

图书在版编目（CIP）数据

城市基因：津市文史丛书.工商卷/政协湖南省津市市委员会编.—长沙：湖南师范大学出版社，2021.7

ISBN 978-7-5648-4238-3

Ⅰ.①城…　Ⅱ.①政…　Ⅲ.①津市市－地方史　②地方工业－工业史－津市市　Ⅳ.①K296.44

中国版本图书馆CIP数据核字（2021）第130257号

GONGSHANG JUAN

工商卷

政协湖南省津市市委员会　编

责任编辑｜周基东　吕超颖
责任校对｜彭　慧

出版发行｜湖南师范大学出版社
　　　　　地址：长沙市岳麓山　邮编：410081
　　　　　电话：0731-88853867　88872751
　　　　　传真：0731-88872636
　　　　　网址：http://press.hunnu.edu.cn/
经　　销｜湖南省新华书店
印　　刷｜湖南雅嘉彩色印刷有限公司

开　本｜710 mm×1000 mm　1/16
印　张｜20
字　数｜400千字
版　次｜2021年7月第1版
印　次｜2021年7月第1次印刷
书　号｜ISBN 978-7-5648-4238-3

定　价｜60.00元

序一　把灿烂的津市文化永续传承弘扬下去

傅　勇　黄旭峰

文化是推动人类社会发展的精神力量。历史文化是城市的灵魂与根基。习近平总书记多次强调，要本着对历史负责、对人民负责的精神，注重文明传承、文化延续，让城市留下记忆，让人们记住乡愁。津市因傍津设市而得名。在生生不息的文化传承之下，大美津市，遍地是美景，处处皆风雅，历史悠久，文脉源长。在这里，澧水携八条支流，漫卷九水泥沙，来了个雄奇的大拐弯，直奔洞庭，通江达海，也激荡出厚重的湘楚风韵和璀璨的历史文化。在这里，屈原行吟"沅有芷兮澧有兰"的千古名句，跻身中国四大民间爱情故事的孟姜女感动今古，最为契合"学习强国"精神的车胤囊萤照读的典故光耀史册。在这里，九澧之水浩浩荡荡，汇聚13省移民，仿佛文化的熔炉，将鄂、赣、川、皖、湘、粤等文化融铸成神奇独特的移民商埠文化。在这里，澧水静水深流，滋养着自强不息的坚韧基因，嘉山峰峦耸翠，展示出敢为人先的雄健气魄。矗立在澧水河畔的望江楼上，曾经有一副气吞山河的楹联："饮武陵酒，品鹤峰茶，望皇姑秀色，听江水涛声，九澧名楼今胜昔；吟太白诗，诵东坡赋，招屈子忠魂，忆贺龙壮举，千秋佳话慨而慷。"写尽了城市繁华与荣光。

在漫长的历史长河中，先辈们的不屈奋斗，为我们留下了厚重的历史文化遗产。自建市以来，一届接一届的市委、市政府领导班子，率领优秀的津市儿女，高扬光荣与梦想，力擎艰难与挫折，励精图治，前仆后继，书写了"九澧门户""工业重镇""北有沙市，南有津市"的壮丽华章。现如今，津市人民接过前辈的接力棒，传承厚重的人文精神，激发蓬勃的发展潜力，大笔擘画新的发展蓝图。

如今的津市，已然是一座创新之城。国家中小城市综合改革、国家新型城镇化、全国乡村治理体系建设、全国新时代文明实践中心、全国水系连通与农村水系综合整治试点县市、全省海绵城市试点单位、美丽乡村建设整域推进试点县市、"绿色存折"垃圾分类减量机制获湖南首届创新奖一等奖，一张张城市名片就是生动写照。

如今的津市，已然是一座水运之城。因水而兴，也必将因水而复兴。津市港拥有澧水流域唯一的县级公共保税仓和海关工作站。随着深圳盐田港集团战略合作深度推进，推动"水铁公"多式联运，打造海关监管场所和二类口岸，势必成为全国内河港口的运营标杆。

如今的津市，已然是一座工业之城。逾400家工业企业，近400亿元工业总产值，生物医药、健康食品、装备制造、盐化工等"三主一特"产业强劲支撑，已经成为全国最大的医药中间体生产基地、全国最大的酶制剂生产和出口基地、全国最大的甾体原料药和医药中间体出口基地、全国最大的社会化汽车车桥生产基地。

如今的津市，已然是一座文化之城。距今约50万年的国家级重点文物保护单位虎爪山旧石器遗址，是湖南最早的人类活动遗迹。国家非物质文化遗产"孟姜女哭长城""车胤囊萤照读"故事广为流传。始建于唐代的佛教曹洞宗祖庭药山寺闻名遐迩。忆往昔，津市人民用强劲足音讲述着"湘北明珠"的辉煌故事；看今朝，津市人民用新锐脚步丈量着"澧水流域现代化中心城市"的全新坐标。

把灿烂的津市文化永续传承弘扬下去，是一项影响深远的战略工程。当前，在"十四五"开启新篇和"两个一百年"历史交汇的关键节点，津市正按照省委"三高四新"战略和常德市委"开放强市、产业立市"部署，全面开启建设现代化强市的新征程。铭记历史，继往开来，编纂出版一套全方位、多层次、立体化反映津市历史文化的丛书，既是全市经济社会发展的现实需要，也是全市人民群众的共同夙愿，更是落实习近平总书记提出的坚定中国特色社会主义文化自信的具体行动。津市要坚定文化自信，就是要找到属于津市人民自己的文化基因和精神家园，增强对津市历史文化的认同感、归属感和自豪感，凝聚人心，振奋精神，积蓄力量，为经济社会持续健康发展提供强大的精神动力和文化支持。"城市基因·津市文史丛书"的成功出版，可以说是我市经济和社会发展史上的一件喜事盛事，是一件功在当代、利在千秋的大事好事。它不仅丰富了津市历史文献，为广大人民群众筑造了阅读城市历史的画廊，也为树立和弘扬新时代的津市精神找到了新图景和新样本。在洋洋洒洒的百万文字方阵当中，时间的大幅跨越，场景的真实还原，人物的音容笑貌，那些似曾相识的优美字句和影像，一定能触碰到我们内心最柔软的部分，激起广泛而美好的共鸣，打捞起了文化记忆，梳理顺了文化乡愁。我们有理由坚信，无论是生于斯长于斯的津市人，曾在津市工作过的"津市人"，还是漂泊异乡的津市游子，都能从这套丛书中找到美好隽永的记忆与乡愁。我们应该感谢市政协、市文旅广体局高水平的策划执行，感谢编纂老师高强度的辛勤付出，正是由于他们，打造出这样一部鸿篇巨制的地方文化经典，使得传播津市文化有了最优质的载体，使得宣传津市形象有了最通透的窗口。

怀古需励志，掩卷当奋发。新时代的28万新津市人，当以"城市基因·津市文史丛书"为新的起点，传承和弘扬津市的灿烂文化，继承和发扬先辈的优良传统，砥砺奋斗，锐意进取，不断创造出新业绩、新辉煌，为建设"澧水流域现代化中心城市"而努力奋斗！

是为序。

2020年12月
（傅勇，中共津市市委书记；黄旭峰，津市市人民政府市长）

序二　从这里读懂津市

姜正才

　　民族的伟大复兴，当以文化复兴为前提。习近平总书记曾经提出："历史文化是城市的灵魂，要像爱惜自己的生命一样保护好城市历史文化遗产。"做好"城市基因·津市文史丛书"征编工作，是政协工作重要组成部分，是一项有益当代、惠及后世的文化事业。打捞城市记忆，传承历史文化，提升文化自信，建设美丽津市，是政协文史工作面临的重大课题。2018 年元月，在市政协十二届三次会议开幕式上，一篇名为"传承城市基因，树立文化自信"的大会发言激起千层浪，市政协文艺教育工作组 16 名委员联名提交了一篇"关于做好城市基因丛书征编工作"的集体提案，引起强烈共鸣。市委书记傅勇、市长黄旭峰同志高度重视，分别签批了重要意见。市政协主席会议专题研究，以当年一号提案的形式，交办市文旅广体局推动落实征编工作。时逾两年，这套"城市基因·津市文史丛书"，经过编纂团队的辛勤劳动，终已付梓问世，这是我市文化建设的一件大事幸事，可喜可贺。在此，我谨向所有为丛书出版做出贡献的编者，表示衷心的感谢和致以崇高的敬意！

　　在中华传统文化的炫丽图景中，荆楚文化、湖湘文化精彩纷呈，融合荆楚文化与湖湘文化为一体的津市文化，必然有其神秘而颇具魅力的基因密码，生生不息，代代传承，值得我们去破译，去挖掘，去擘画。"城市基因·津市文史丛书"共 5 卷计 7 册，即《风物卷》《工商卷》《文存卷》(上、下)、《文艺卷》(上、下)、《影像卷》，是一部全面、系统介绍津市历史沿革、社会经济、人文风物的大型系列丛书，其涵盖之广泛，内容之丰富，形式之多样，印装之精美，在全市地方文史资料的出版史上，应该是前所未有的。《风物卷》意在突出津市"九澧门户"的城市名片。津市素为湘北重镇，百年商埠，名震湘鄂边，编者满怀深情将这座因水而生的城市之街巷、码头、渡口、驿站、会馆、宫庙、方言以及由此衍生出来的戏曲文化与饮食文化等逐一娓娓道来，呈现给我们一幅幅风情万种的津市版之"清明上河图"。《工商卷》是最能彰显津市产业特色的部分，津市工商业曾雄踞九澧，声名遐迩，没有津市工商的繁盛就没有津市"大码头"的名声。编著者用浓墨重彩的笔触生动描绘了津市由渔村到工商重镇的发展演变过程，揭示了津市工商业萌芽、兴起、发展、繁荣、式微而又凤凰涅槃、浴火重生的轨迹，力图为后人留下一部可资镜鉴的信史。《文存卷》则另辟蹊径，在广搜博采的基础上，将散轶在各处的本土文史研究成果收集、整理于一篑，通过去粗取精，去伪存真的甄选，分门别类的精心编排，建立起一个小型且实用的文史资料库，让这些珍贵史料既得其所，不致风流云散，也为需要者阅读、使用提供了便利条件。《文艺卷》是我市第一部集中展示本土作者文学、艺术各领域各门类创作成果的综合性选集，同时还选录了部分古人题咏津市的精美诗文。一册在手，尽览风华。津市人对文学艺术的情有独钟，源远流长，在屈子吟咏过的澧水之畔，千年文脉薪火相传，从这本小册中或可管见一斑。《影像卷》是津市近百年影像资料的汇集，遴选了从晚清以迄当代五百余幅具有存史价值的珍贵照片，注以简要的文字说明，形成以"图说"为特色的另一种版本的津市简志。这些或黄渍漫漶，或色彩鲜明的照片，无不定格发生在津市某一时刻的生动瞬间，为我们留下了更直观、更真实、更难忘的历史记忆，令人生发沧海桑田之叹。

《左传·襄公二十四年》撰文："太上有立德，其次有立功，其次有立言，虽久不废，此之谓不朽。"编写"城市基因·津市文史丛书"是认识过去、服务当前、开创未来、惠及后世的一项立德、立功、立言之举。历史给人们留下永远难忘的启示，破译津市的基因密码，守望津市的精神家园，是走向未来的前提和基点。"让世界了解津市，让津市走向世界"，这套丛书必将起到积极的作用。祈愿今后能有越来越多的有识之士汇聚湘北明珠，谱写崭新的历史篇章。

"城市基因·津市文史丛书"是对津市历史文化的树立与弘扬，它启发和推动我们触摸远古图景，聆听历史回响，呼吸岁月气息，接通今古，展望未来，励精图治，为创建澧水流域现代化的中心城市而不断前行。

是为序。

2020年11月
（姜正才，津市市政协主席）

概　述

谭远辉

　　关山南横脉来远，澧水东曲泽流长。

　　澧水自出，循武陵山款款而来，环山绕石，过滩陟险，时而引吭高歌，时而低吟浅唱，在携手茹、温、娄、渫、黄、道、涔、澹八条支流之后，来到武陵山脉东端的关山北麓。在这里打了一个旽，然后由关山东侧急转南下，直奔潇湘之渊——洞庭湖。

　　曾几何时，造物主一不留神，一颗璀璨的明珠从手中滑落，堕入澧水尾闾左岸的河曲地带。滚了一身泥土，静静地躺在那儿，灰头土脸，黯淡无光，起初并不被人看好。

　　在澧水右岸的虎爪山，我们发现了五十万年前远古人类留下的打制石器；在李家铺的苗儿岗、西湖渔场罗家台、涔澹农场青龙嘴、保河堤铜盆范家嘴等地，有新石器时代先民生活、居住过的遗址；在涔澹农场竹田湖、白衣乡的珠沫湾、渡口翊武中学乃至护市村的肖唐家台，有商周时期的遗址和墓葬；楚汉至六朝时期的遗存也多分布在澧水南岸的王府山至毛里湖、渡口一带以及北面的涔澹农场。总之，这些古代遗存都围绕在现津市城区的周围，隋唐以前城区范围似乎鸿蒙未开。

　　经过若许沧桑轮回，星移斗转，枉入红尘的这颗明珠栉风沐雨，经磨历劫，身上的尘土渐渐褪去，在阳光的照耀下，始折射出熠熠的光辉，从而受到人们的青睐。于是便有好事者给这颗明珠赋予了一个雅致的名号：津市。

一、杨柳依稀古渡头

　　津市究竟从何时得名，其寓意若何，炎宋以往，史帙阙如。顾名思义，"津"者，渡也；"市"者，贸易之区也。则"津市"应是兴起于渡口码头边的集市。在唐诗中即见含有"津市"二字的诗句，分别为钱起的《送武进韦明府》和李郢的《送李判官》，或曰这是津市地名的最早见证。但经考证认为，此"津市"并不是作为地名的双音节词，所记述的地点也与我们津市不搭界。

　　固然，在唐代津市这个地方是存在的，但当时不叫"津市"，而叫"澹津"。"澹津"一名出现于戎昱为澧州刺史李泌所作《澧州新城颂》，内有"澹津之墟尚在，天门之垒可辨"语。该《颂》作于唐中叶的建中二年（781），"新城"即为今新洲，在唐代为州城。"天门"即天门郡，是澧州的前身，而"澹津之墟"即为"澹津这个集镇"。这个"澹津"除了津市别无所指。甚至到了清代"澹津"还作为津市的别名偶有出现。龚之茗《延光书院记》中有："今上御极之六年，清河汤钓右先生以宇内名硕来守是邦……且构（延光）书院于澹津。"延光书院在津市，"澹津"即指津市。如此，津市在唐代应该称"澹津"。原先由大码头往北的街道名为"澹津路"，人们感觉有些奇怪，其实这正是津市古名的传承。津市许多街道的原名都随时代的变迁而改了新名，如衙署街改生产街，关庙街改建设街等，唯有"澹津路"不变，冥冥之中留住的是津市的根。只是现在向北移到了蔡家河。

"澹津"何以得名？"澹"应即澹水。"津"即渡口，故澹津应是处于澹水渡口边的集镇。现在澹水是从津市东边汇入澧水，在古代应是在津市的西侧汇入澧水，考古发现，在护市的肖唐家台（俗称"实屁股"）就发现有一条南北向的古河道。故此津市初名"澹津"。时光荏苒，陵谷沧桑，澹水改道，从津市的北面绕到了东边，不再穿过城区，再称"澹津"已不合适，于是就成了"津市"。然而"澹津"一名并未消亡，而是向北移到了近郊，即今随澹水逶迤的澹津社区。

"澹津"何时易名"津市"不甚了然，真正具有地名意义的"津市"首先见于元代宋褧写的一篇题为《津市留题》的诗。诗曰："烟霏空翠瞰芳洲，杨柳依稀古渡头。斜日扬鞭倦行役，自惭不及贾胡留。"

宋褧（1294—1346），字显夫，泰定元年（1324）进士。壮岁曾游朗、澧、湖、湘。其在《寄题涔河石桥》诗的小序中曰："河在澧州北四十里……予自延祐以来，凡八过其上，慨念行役之苦，为之悯然。"八次从涔河桥上经过，可见宋褧往来澧州很频繁。宋褧到津市大约在至大至延祐间（1308—1320）。如此，"津市"得名至少已有700多年。

继后，何景明所作《津市打鱼歌》写尽了津市的繁荣富庶。

"大船峨峨系江岸，鲐鲂鳜鳜收百万。小船取速不取多，往来抛网如掷梭。野人无船住水浒，织竹为梁数如罟。夜来水涨没沙背，津市家家有鱼卖。

江边酒楼燕估客，割鬐斫鲙不论百。楚姬玉手挥霜刀，雪花错落金盘高。邻家思妇清晨起，买得兰江一双鲤。筛筛红尾三尺长，操刀具案不忍伤。呼童放鲤潋波去，寄我素书向郎处。"

宋褧与何景明都是用诗的语言状写吟咏津市的旖旎风光、物产富庶和宜居环境。万历间，公安派文学家袁中道则以散文的形式对津市做了比较具体的表述：

"从涔澧交会之处，西上十余里，有千家之聚，名曰津市。对岸为彰观山，道书四十四福地，宋明道中黄、范二仙飞升处也。"（《澧游记》）

"千家之聚"只是一个概数，但在袁中道眼里，应该是一个较大的集镇了。

在袁中道的作品中还有多处关于津市发达的船舶工业的记载：

"津市新舟成，将游吴越，值虎渡涸，不得出。"（《泊梦溪记》）

"还公安，念津市所治新舟下吴越尚未完，恐造作不中程，自往视之。"

"东下舟已成，至村中，予登舟，泊于孟溪。舟中可坐十余人，外用六桨，坚而迅速。"

"初予自当阳登舟，泛舟中，望九子诸山极秀冶，无风涛之怖。若得一舟可以涉浅者游其间，且抵高安、阳平诸山中，如泛千叶莲花中，可以毕此生矣。是日，遂遣人往津市，造一鸬鹚舟。"
（《游居柿录》）

袁中道泛舟云游，多选择在津市造船，津市所造船"坚而迅速"。津市作为港口城市和渔村，船舶是交通、运输和渔业生产必不可少的工具，于是津市的造船工业应运而生。无论是峨峨大船，还是舴艋小舠，乃至鸬鹚舟，都展现出精湛的工艺。

随着津市商业的繁荣，来自四面八方的生意人定居津市，这其中不乏能工巧匠和有经济头脑、聪明才智之人，他们带动了津市各行各业的发展，纺织业、手工业、饮食业，以及造船、造纸、糕点、烟草等产业都优于其他地方而驰名域内。津市产青布还曾被列为贡品。

"青布，津市为多。"（隆庆《岳州府志·食货考·贡》）

元明两朝，津市的商贸和轻工业获得了长足的发展。

二、雪花错落金盘高

清代，津市的商贸和城镇发展达到鼎盛。于是，我们思考着一个问题：澧州与新洲都曾为澧水流域行政中心，津市位于两者之间，其繁荣不亚于两地甚至有过之，然而历代的当政者却从未考虑在津市设治，这其中最关键的因素应该是津市混杂着南来北往的商旅，人员构成复杂，帮派丛生，控制不易。这在民国时期有充分的体现。在方志中也有明确的表述。

"津市，州东二十里，为商贾舟楫所会。市长数里，约万余户。人杂事繁，奸匪易藏，颇称难治。"（乾隆《直隶澧州志林》）

这时，明代的"千家之聚"扩展到"约万余户"。当然这有夸张的成分，但由此看出，清代的津市已是今非昔比。到清代晚期，形成堪与州城媲美的城市规模。

"街长七里零，直街三条，中为正街，后为后街，前为河街。"

"舳舻蚁集，商贾云臻，连阁千重，炊烟万户。"（同治《直隶澧州志》）

由是，津市作为港口城市的繁荣景象便如电影镜头般呈现在我们眼前：

码头边船主南腔北调的吆喝声此伏彼起，河岸上嬉笑怒骂的挑夫接踵摩肩。兰江上晚霞映耀着悠婉的渔光曲，田野里暮烟飘散着呕哑的牧牛歌。这边是灯红酒绿、纸醉金迷，那边是村俚清籁、垂柳风篁。津市在喧嚷与安谧中平衡着祥和，在尔虞我诈、明争暗夺中生发出隆昌。

津市博物馆收藏有一件清乾隆四年（1739）木刻的"八码头公牌"，八个码头从上至下依次为：罗家坡、关爷楼、大码头、观音桥、新码头、新店坊、永宁巷、汤家巷。八码头公牌便是津市繁荣兴盛的码头文化的写照。

津市的繁华定然伴随着治安的隐忧。津市是澧州的聚宝盆、摇钱树，津市治安不宁，州府不能坐视不管。于是州府采取了一系列措施弹压控制。

雍正十一年（1733）二月，"移湖南澧州嘉山镇巡检驻津市，仍兼查缉原管地方。从湖南巡抚赵弘恩请也。"（《清雍正实录》）

乾隆三十二年（1767）二月，"吏部议覆：原任湖南巡抚常钧疏称：……又澧州津市，商贩要路，原设巡检，不足以资弹压。而石门水南渡地方，亦系商民凑集之所，请将津市巡检移驻石门之水南渡。其津市，即令澧州州判驻扎。……均应如所请，从之。"（《清乾隆实录》）

巡检和州判先后设于津市，而且都是湖南巡抚奏请朝廷所设，凸显了津市治安环境的复杂和对于澧州经济的重要性。

"自道光年间，大开海禁，西人之工于牟利者，接踵而来。"（郑观应《盛世危言》）

海禁一开，洋人蜂拥而至，他们不仅带来了鸦片，还带来了很多中国人眼里的稀罕物。于是凡新奇的事物都冠上了一个"洋"字：洋船（机动轮船）、洋火（火柴）、洋油（煤油）、洋马儿（自行车）、洋伞（铁骨布伞）、洋布（机织布）、洋装、洋酒、洋行、洋锹、西洋镜、出洋相、受洋罪等。于是，在津市不仅有大腹便便的土豪，长衫韦带的迁客；也有金发虬髯的传教士，西装革履的洋商。津市不啻为淘金者的乐园，冒险者的天堂。

洋人的到来，也为津市带来了进一步繁荣，在乾隆年间八码头的基础上又扩展到九码头。九个码头的称谓很多，最初是以所在街巷称，人们可能嫌麻烦，于是从上至下第以序数称一、二、三、四、五、六、七、八、九码头。九个码头是就澧水北岸的主要码头而言，这时的码头远不止九个，多达十几个。除澧水北岸外，南岸也设多个码头。有国内的江西码头、湘乡码头、浏阳码头、慈利码头，也有美利坚的洋油码头，英吉利的怡和码头、太古码头，日本的戴生昌码头等。当时的客船通长沙、常德、汉口、沙市等地。清末民初，津市作为湘北一大商贸中心，有着巨大的向心力和强烈的辐射力，可与湖北沙市媲美，因而就有"湖南津市，湖北沙市"之说。直到今天，周边省份的老一辈人只要说起津市都耳熟能详。

商贸的繁荣还带动了一系列产业的兴盛，如船厂、客栈、金号、钱庄、邮电、印刷、图书、典当、钟表、眼镜、电灯、榨坊、木材、竹器、衡器、轿行、织染、缫丝、布匹、服装、皮革、粮油、酿酒、澡堂、糕点、茶叶、烟草、蚊香、警署、医院、药铺、学堂、戏院、妓院、烟馆、赌场、茶楼、酒肆、会馆、教堂等，大都市所应有的配套功能在这里一应俱全。

繁华的光影下依然是贫贱与富贵的两极世界。有人竹篱茅舍，不蔽风雨，家无宿粮，卖儿鬻女；有人高墙深院，锦衣玉食，妻妾成群，呼奴使婢。一边是椎髻布衣的寒门女无奈为人作嫁，良家妇女被逼为娼；一边是珠光宝气的阔太太难掩心猿意马，膏粱子弟蝶乱蜂狂。道不尽芸芸众生人情冷暖，见惯了滚滚红尘世态炎凉。

清至民国时期津市另一大特色就是帮会与宫庙文化，四面八方的商人来到津市，时间长了，许多人就举家迁居津市，因而津市成为一个移民城市，在家靠父母，出门靠朋友，而同乡更具亲和力。于是各地的移民便纷纷成立同乡会，修宫庙，作为同乡议事、聚会场所。供奉原籍的信奉神，顶礼膜拜，凝聚人心。最昌盛者如江西的万寿宫、吉安庙，苏皖的三元宫，福建的天后宫，湖北的帝主宫，山陕的三义宫，上河（慈利、桑植）的荣华宫、湘乡会馆以及基督教的福音堂，天主教的天主堂，伊斯兰教的清真寺等等。会馆、宫庙是连接各外商同乡的纽带，但也会由此引发帮派争斗，或弱肉强食，或两败俱伤。

民国是一个多事之秋，兵荒马乱，满目疮痍；天灾人祸，饿殍枕藉。统治者依然不管人民死活，变本加厉盘剥。津市不是世外桃源，难以独善其身。共产党不满国民党的高压统治，站在人民大众一边，极力抗争。贺龙率部占领澧津，任澧州镇守使，创办"九澧平民工厂"，在镇大油行成立苏维埃政府，共产党在津市的活动或地下或半地下，津市的进步人士、红色资本家对红军和地下党的活动给予了保护和经费支持。

日寇侵华，寇焰昌炽，敌机狂轰滥炸，铁蹄肆意践踏。多少同胞背井离乡，目之所及道殣相望。津市一度成为四方难民的避风港。一时间人口骤增，商业经济也曾短暂畸形膨胀。面临着亡国灭种的奇耻大辱，有多少热血青年奔赴疆场，用血肉之躯抵挡敌人的枪膛。也有人置身事外，依然不忘发国难财。奸商哄抬物价，囤积居奇；兵匪巧取豪夺，恶贯满盈；官吏横征暴敛，鱼肉百姓。正所谓："兴，百姓苦；亡，百姓苦。"

三、浴火重生振翮飞

1949 年 10 月 1 日，中华人民共和国成立。一切向着制度化、正规化发展。有的企业收归国有，有的公私合营，有的行业纳入街道集体经营。根据不同的社会分工，人民安居乐业，社会治安向好。津市经历了几起几落，新中国成立初五年之内，津市连升三级，由县辖市至地辖市再至省辖县级市。津市正式具有独立的行政功能，其间曾短暂回归县辖市（镇）。后又与澧县数次分合，直到 1979 年底恢复省辖常德市代管的县级市至今。

在 50 年代至 70 年代，商贸仍然是津市的支柱产业，港口仍然产生着品牌效应。澧水两岸依然是舳舻蚁集，汽笛交鸣；河岸上脚夫往来如梭，人声鼎沸。随着陆路运输的迅速发展，水运受到冲击，津市的码头经济在新的环境下失去了往日的优势，渐渐淡出人们的视线。码头上没有了昔日的喧嚣，年轻人纷纷下海弄潮，只有河水拍打着零星的船帮，仿佛吟唱着怀旧的歌谣。这好比历史的跑道已经绕完了一周，一个新的轮回又从头开始。当年津市是鹤立鸡群，而当鸡群都成了天鹅，津市岂能依然是鹤。昔日的铅华已经褪去，应当换上靓丽的新妆。凤凰涅槃，浴火重生。

强烈的危机感促使津市的决策者们革故鼎新，另辟蹊径。商贸萎缩，于是大兴工业，历届市委均坚持"工业立市"的方针，几十年的艰苦奋斗，不折不挠，津市工业遂日渐发展壮大，涌现出味精厂、酶制剂厂、绸厂、缫丝厂、绢纺厂、湘澧盐矿、造纸厂、蚊香厂、猪鬃厂、湖南拖拉机厂、电子管厂、造漆厂等一系列颇具规模的代表性企业。

但是，津市若想有长足的发展，至少存在三大瓶颈：堤防、桥梁、道路等。津市自古无堤防，当桃汛春涨，洪水泛滥，市面浊水横流，小船穿街走巷，经济停顿，财产受创；涔、澹、澧三水素无桥梁，过河的车辆排起长龙，等渡的人群熙熙攘攘，前进的脚步因此放慢，宝贵的时间在等待中流淌；当陆路交通快速发展，津市仍然独守空港，铁路、国道绕开津市，连拥有省道都是奢望。

这三大瓶颈如不突破，津市难以走出狭小的围城。于是各级领导奔走呼吁、精心部署，广大干群同心同德、群策群力，率先向三大瓶颈发起总攻。1973年，在澧水北岸筑起一道坚实的水泥大堤，将肆虐的洪水挡在城外，城里的居民再也不受洪水困扰。70年代以后相继建成蔡家河澹水桥，津市澧水一大桥、二大桥，小渡口涔水大桥，至此，澧水干、支流的道路与桥梁全部贯通。兰江如练，云淡风轻，江面上关山倒影婆娑。华灯初上，长虹卧波，两座大桥像一对情侣在夜色中拍拖。

津市原先地域狭小，且处于澧县的包围之中，这严重制约了津市的发展。20世纪80年代津市向南扩郊，从澧县的包围圈突围出去，打开了临澧、安乡、鼎城的通道。于是党政机关南迁。90年代湘北公路从津市保河堤、渡口两镇经过，津市修建从市区到湘北公路的接线工程，结束了津市无省道的历史。二广高速从津市西境穿过，并在工业园区设立互通。现在穿越津市南境的安慈高速也在建设之中。近年又完成交通投入60亿元，着力开展高速公路、干线公路、客货站场、铁路建设、水运码头、农村路网六大建设，构建现代交通体系，致力打造综合交通、智慧交通、绿色交通和平安交通。

三大瓶颈已然突破，然而若要迎接新时期更大的挑战，要做的事还多，要走的路还长，津市的领导层怀揣忧患意识，运筹帷幄，完成了一系列重大工程，使津市有了突飞猛进的发展。

津市工业有着辉煌的过去，但却面临着现代工业的挑战。2016年7月，省政府批准津市设立省级高新技术产业开发区。于是一座工业新区拔地而起，使津市的传统工业迎来了新生。努力把园区建成创新创业生态区、新兴产业集聚区。促进津市工业持续健康发展。2019年，园区建成区面积近9平方公里。支柱产业主要有生物医药、装备制造产业、轻工纺织产业、食品企业、盐化工产业以及新型建材企业等。规模工业总产值已达265.6亿元，规模企业户数109家。

近年又建成了与工业园区配套的窑坡渡千吨级码头——津市港。港口集大宗散杂货、集装箱、港口物流和服务以及保税物流于一体，由中心港区和新洲港区组成，主要为津市高新区及周边区县的物资运输服务。津市的水运通江达海，陆路四通八达。彻底摆脱了以往的瘸子经济，正健步如飞地走向繁荣。

津市的决策者们抓经济建设的同时不忘抓民生工程，一系列关乎民生的重点工程相继建成投运：三座水厂（白龙潭、沈家台、金鱼岭）实现了城乡供水全覆盖；位于工业新区的污水处理厂，设计规模为日处理能力4万吨，出水水质执行国家一级A标准；城市生活垃圾无害化处理场，建成高标准站房6处，30台有机垃圾处理设备正式运行，标志无害化垃圾处理场在常德市区县市率先投入运行；完善养老服务。建成了全省一流的养老服务中心，集居住、医疗、护理、康复、营养、娱乐于一体，成为全市老年人颐养天年的大型养老社区。高标准推进一乡一敬老院、一村一幸福院建设，建成各类养老机构77所，被评为"全省社会养老服务先进县市"。

在建设澧水流域现代化中心城市的奋斗目标下进行城市扩容。津市素为九澧门户,湘北重镇。然而新中国成立前,城区总面积不过 1.45 平方公里。20 世纪 90 年代末,建成区面积扩至 6.28 平方公里。进入新世纪后,城市建设明显提速,根据市委制定的发展战略,全市上下一心,开展"五城同创"(创国家森林城市、国家卫生城市、国家园林城市、国家交通模范管理城市、国家文明城市)以及海绵城市建设。在道路建设、城市绿化、街道亮化和老旧小区改造等方面均成效显著,城市建成区面积超过 17 平方公里。待海绵城市建成后,城市在适应环境变化和应对雨水带来的自然灾害等方面具有良好的弹性。

开展以"清清毛里湖、悠悠养心洲"为主题的湿地公园保护及基础设施建设。在哈尔滨召开的全国湿地保护管理工作会上,毛里湖湿地公园正式获批国家湿地公园。该工程实施后,将极大地改善周边居民生存环境,湿地生物多样性更加丰富。此外,毛里湖湿地还将在蓄水、调节下游河川径流、补给地下水和维持区域水平衡中发挥重要作用,形成蓄水防洪的天然"海绵"。

近年建成的澧水沿江风光带,有人行塑胶步道、朱务善广场、滨水公园、绿化景观、亲水平台、文星阁、朝阳阁、大观楼等,还有正在筹建的文化墙。入夜,霓虹明灭,华灯辉耀,沿江风光带上人影幢幢,荡漾着情侣的款语,童稚的嬉闹,老者的謦咳,女人的说笑。广场舞大妈载歌载舞,太极拳大爷亦柔亦刚,好一派康宁和乐的盛世景象。

津市的人居环境和生态环境有了前所未有的改善,一座有着悠久历史的古城焕发出新的光彩,成为一座处处鸟语花香,在在流光溢彩的新型城市,津市城镇乡村的人民获得了实实在在的幸福感,老百姓的日子过得越来越滋润。

澧县与津市在一个个轮回中由家人父子、手足兄弟到欢喜冤家,历史上分分合合,若即若离。两者之间有血浓于水的亲缘,也有剪不断的利益链。如今在时代发展的大潮中,两家又开始谋划一个新的美好愿景——津澧融城,建设现代化的澧水流域中心城市。相信通过两地人民的努力奋斗,美好的愿景必然会如期实现,千年古州,百年商埠,将共同演绎出新时代的沧桑巨变,抒写更加壮美的灿烂篇章。

(谭远辉,湖南省文物考古研究所副研究员)

目　录

第一章　津市市场

第一节　早期市场的形成

一、江河之利

澧水有水运记载的历史最早可以追溯到公元前323年，即由楚怀王颁发的鄂君启节。启节是一种享有特权的水陆两路运输免税通行证，其中对水陆运输的范围、船只数量、折算方法、禁运物资等，均有严格规定。鄂君启节中标明的水运路线就含有澧水。不过，那时还没有澧州，至于津市，则可用本地的一句俚语来形容，即："洞庭湖里吹喇叭，喇哩喇哩（哪里哪里）"。

澧水西来，流经澧境时，已是澧、道、澹、涔、松五川漫浸，最终河口的形成历经了一段非常漫长的岁月。梁敬帝绍泰元年（555）始置澧州，其治所一直在澧水两岸徘徊，直至明洪武五年（1372），澧州州治完成了它最后一次的迁徙。当它从东南四十里的新城（现新洲）迁回至北岸的澧阳县旧址时，其州东二十里远的津市，仍只是一个洲渚连片、袅袅炊烟、白鸥翩飞的渔村。

作为五川的汇聚地和洞庭湖的入湖口，津市襟江带湖的水运便利显而易见。逆澧水西上，木帆船可至澧县、临澧、石门、慈利、大庸、桑植、永顺乃至湘鄂西大山腹地；顺流而下，船可入洞庭湖去往常德、益阳、长沙、岳阳、汉口等各大口岸；往北，船可循北水（虎渡、松滋河）进长江直抵沙市、宜昌，成为湘北通往长江的捷径水道；涔、澹二水俗称后河，环津市之北而洄漾于整个澧阳平原；九澧中唯有的一条流经于南岸的道河，几乎覆盖了临澧的大半个县境。故而以津市为辐辏，形成一个包括桑植、大庸、慈利、石门、临澧、澧县、安乡以及湖北鹤峰、公安、松滋诸县在内的湘鄂边约2万平方公里的自然经济区。

"南州之美莫如澧"，这话出自于唐代大文学家柳宗元。其实，这美不仅仅是指景色之美，更多的是指一个地方的富庶。澧水流域分东西两部，东部沃野千里，盛产棉花、稻谷、油菜、小麦、花生、甘蔗、水产等；西部群山绵延，盛产桐油、木材、皮油、梓油、药材、茶叶等。津市作为水运中枢，无疑会收敛起这来自四方的财富。由是，历经明清两代，津市便从一个小小的渔村，蹿升为湘西北的一个繁华都会。

二、物资集散

明始，澧州、安乡两地设水马驿，津市位于两驿之间。大船到津市后再往上因水浅而不能西行，行旅多于此换船或陆行，州府便在此设立官渡及铺递（俗称津市渡或津市铺）。津市遂为省、府、州、县间物资往来的中转地。这其中最大的两项运输便是漕粮和食盐。漕粮即为"税粮"，明清两朝，湖南为朝廷漕粮的主要征收地，澧州是产粮区，除地丁赋税外，另有大量的剩粮外运。食盐为国家专卖，自实施盐引制度以来，津市历为澧州盐岸。盐产地分淮、川两种。淮盐船运溯江而上至汉口，经岳阳过洞庭至常德，转运津市后发往澧州属下各县。而川盐则出三峡后至宜昌或沙市，由虎渡河或松滋河运抵澧州东境的白杨堤，经津市转运至澧州属下各县。清初额销淮盐 26000 引（89440 担），后逐年上升，清光绪年间，川淮并销，干脆将澧州盐务督销局设在了津市。

漕粮交兑与食盐入岸均属长途运输，在此过程中便有了单程往返的问题。于是，其他物资参与水运的情况就出现了。盐船返回时会带走江南紧俏的稻谷，而漕船回转时也会带来邑外的手工业产品。这种频繁的物资流通，最终促成津市港口的形成。在津市集散的农产品中，以棉花、桐油、谷米为大宗，次为杂粮、豆类、蚕茧、茶叶、五倍子、牛皮、茯苓、土碱、土布、木材等。其覆盖面除整个澧水流域外，另有毗邻的湖北石首、松滋、公安以及滨湖的南县、华容等环洞庭湖地区。宣统二年（1910），《湖南乡土地理参考资料》载："津市为大米市场，米谷、棉花、枯饼之贸易甚盛，轧花机器至万余架云。"淮盐的运输，促成了津市与江南的商贸往来，这也是江南会馆在津市建馆甚早的原因，其间，江南人启动了澧州的缫丝业和油榨业，并将当地的山货土产带回江南。晚清徽商胡述官在津市开办土丝业兼榨业，告老返乡时，不顾旅途劳顿，将七副上好的金丝楠棺木运回老家。

人因商而聚，明永乐年间，津市的市井繁华已远胜过它的州府澧阳城。藩封于澧城的华阳王，自小生长在奢靡的成都，哪堪澧州城的冷清。倒是州东二十里繁华的津市，对他有太多的吸引力，于是，在他与他的子孙里，无论是津市北岸的市井，还是南岸的关山，均留下了他们太多的印痕。如，城区的太子庙，尽管实体早已无存，但其地名却永久地保留了下来，而南岸的关山，华阳王将其辟为园囿，那里生长的杨梅，至今仍是津市人泡酒的首选。

毋庸置疑，津市的繁华得益于澧州自身的发展。从明中叶至清中叶的二百多年里，澧州人口增加了近 8 倍，耕种面积增加了近 5 倍（均为膏腴的湖田）。加之双季稻大面积推广和产量的提高，使得粮食自给有余。人口的增长与粮食的剧增，加快了津市港口物资集散的深度与广度，这一时期，澧州的稻米除在九澧流通外，已延伸至汉口、湘潭、九江等外埠米市了。

清咸丰至光绪的这 60 年间，是津市市场的繁盛期。以茶、木、油、盐、钱庄为主的五大商业占据了津市市场的半壁江山。为英商代理红茶出口的粤人卢次伦，以湖北的鹤峰、五峰及湖南的石门等三县边境为基地加工红茶，并在溇水上游的泥市建有规模宏大的泰和合茶号，其成品均由船运和骡驮运抵津市，再由津市换船转输汉口。为此，仅疏浚溇水至澧水的航道及鹤峰通往石门的骡道，就耗银万两之巨。"泰和合"号从开办到收束的近三十年里，经津市转输汉口的"宜红"茶累计有数百万公斤。而水道与陆路的修通，又为日后津市与石门山区的贸易往来带来极大便利。仅以桐油为例，石门西北乡为桐油的主产区，磨岗隘又是全县最大的桐油集散地，仅桐油收购商就有数十家，丰水期木帆船通航津市，枯水期则用骡驮、人背，返回时则带上津市的青布、食盐等物资。一行少则十几，多则数十人，有首船工号子流传至今：

> 澧水河上常行船，洗衣姐儿认得全。
> 棒捶催我把路赶，转来记得带绸缎。
> 闯过擂鼓到新安，到了合口逮中饭。

汉口开埠后，城建木材需求陡增，这无疑刺激了澧水流域的排筏业。有趣的是，澧水流域的木材集散地在合口，而交易却在距它 50 里远的下游津市。一时间，津市木商大红大紫。清同治九年（1870），长江大水，松滋决口，夺虎渡河旧道南侵，其中一支与溇水贯通，成为津市通往沙市、宜昌的捷径水道。自此，津市与沙市、宜昌两地有了经贸往来。

汉口开埠的另一大改变，就是粤货（又称南货）不再经岭南入湘，而是改走海路经上海逆长江至汉口，由岳阳城陵矶入洞庭湖转输湖南各地，湖南的贸易中心遂由湘潭转移到了长沙，湘北的物资流向也随之发生变化。于是，在清朝晚期，一个以宜昌、沙市、汉口、长沙、常德、津市等地为主的湘鄂边经济贸易区藉以形成。

三、牙行繁盛

牙行一词始见于明代。即以经营牲畜、农产品及手工业品为主；也有居间雇船包揽水运的，称埠头。经营牙行须经政府批准，并交纳税课。牙行在交易中起着"评物价""通商贾",代政府统制市场、管理商业的作用,故也称官牙。凡牙行经营之商品,批发交易必须经牙行定级定价,抽取行佣,方能成交。买卖双方不得在行外自行交易,故经营牙行是一种封建特权。

津市既为九澧流域物资集散地,牙行历来繁盛。经营牙行需向官府请牙帖,并缴纳帖费与牙捐,就如现今办理工商、税务证一般。缴费标准按不同区域,市场越是繁盛,缴费越高。津市属繁盛之区,帖费标准为最高区域之一。清末其帖费标准甲等每帖制钱 1500 串,乙等每帖 1000 串,牙捐每年按帖本缴纳 2%。民国后,津市的帖费分为五等:一等 500 银圆,二等 400 银圆……直至五等 100 银圆。牙捐按帖本的 10% 缴纳。五年期满后帖费减半,经营货物以五色为限,不足五色的每加一色交银 150 元。牙帖又分等则,即有甲、乙、丙几种,农副产品多属大路货,津市除雄黄为甲种、桐油为乙种外,其他均为丙种。种类高的,帖费和牙捐就高。

由于津市是一个农村性质的消费城市,故而市场的淡旺随农作物的上市而决定。一般情况下,稻谷登场即预示着旺季的开始,特别是棉花上市后市场便进入鼎盛期。故民间有"九金十银"之说。这就使得津市多数牙行有着多种化的经营种类(一般会有两个或两个以上的种类),即应合了当地的一句民间俚语:不在一棵树上吊死。除等货上门外,常自营自销。在长期的经营中,他们还摸索到了一整套的经营模式,如:客商前来收购货物,需要一定的时间,他们就为其提供饮食、住宿服务;客商收购的货物,需要地方储存,他们便增建仓库,开展货物存放业务;客商做完了交易,准备启程返回时,他们便帮助客商雇请车船、骡马、人工,客商虽然要另付一部分中介费用,然而由于牙行能够保证运输环节的安全,这些客商也往往欣然接受,由此可见,牙行在商品贸易中是一个重要的中转环节,他们推动商品经济发展的同时,也为一个市镇的发展做出了贡献。

1912 年至 1917 年间,津市有牙行 47 家。其经营的货色有棉花、桐油、粮食、山货、茶叶、土果、鱼虾、船、纸、铁、炭、煤、柴、烟、饼、丝、纱、靛等 18 种。1934 年,津市较大的牙行增至 64 家,占当时工商业总户数的 10.8%,资金总额为银圆 7.2 万元。其中:油行 9 家,粮食行 17 家,花纱行 17 家,山货行 8 家,水果行 4 家,牲畜行 6 家,鱼行 3 家。这些牙行都有较大的经济实力,垄断了澧水流域及滨湖邻近各县的桐油、棉花、土纱土布等农副产品市场。一个市镇的繁荣与否,仅从它的牙行拥有量便能看出。津市牙行繁盛,其主要原因仍是占了水运的便利。

《直隶澧州志》载:"澧接黔蜀,达荆襄,通吴会,四方之所萃,百货之所走,亦南楚都会也。"这里所说的都会,即是澧州当时最大的市镇——津市。

第二节　市场转型

辛亥革命后，外国工业品陆续输入。汉口作为内陆最先开埠的港口，且又是中南地区最大的交通枢纽，历来与它有着水运关系的津市受其影响也是顺理成章的事。民国初年，"美孚""亚细亚""德士古"等火油公司分别在津设点推销；1915 年，"美英烟草公司"插足津市，接踵而至的有：英商"太古轮船公司""怡和洋行"；日商"日清汽船会社"；美商"施美洋行""合义洋行"等在津设立经营处。一时洋货陡增，消费量飙升。因各外国洋行和公司均经营农副土特产，故输出与日俱增，同时，也刺激了桐油、棉花等紧俏物资的生产。津市遂由单一的农副产品集散转变为农副土特产输出和日用工业品输入的交换市场。

一、洋行与代理商

1. 谦益经理亚细亚煤油公司

1902 年，英籍商人在上海开设"亚细亚煤油股份有限公司"，经销煤油和洋蜡。1908 年在长沙设"湖南省分公司"。1916 年，常德德康煤油公司老板曾春轩，为开拓澧水流域市场，来津买下南岸阳由垸外堤一块约 4 亩面积的土地，建钢板构架的贮油罐两座和贮油池一座，以及库房、码头驳岸、住宿等一应设施。并通过江西人晏炳皋为其销售煤油。其经营有十年时间。后石门县县长伍守谦见经销煤油有利可图，便指使其弟伍守益通过亚细亚津市油栈稽查郑芬介绍，直接与汉口分公司签订合同，于津市新码头正街挂起"谦益经理亚细亚煤油公司"的招牌，开业后，用"汇账"方式经销煤油至九澧一带，年均 30万斤左右，每年获利计光洋四至五千元。此后，因人员、战事等缘故，公司多次改组，其经营一直延续到解放前夕。经营过程中，公司在津市、澧县、安乡、临澧、石门、慈利、大庸等地设有代销点 35 处。在同行中颇有影响。解放后，津市人民政府以"买办"之名将其阳由垸油库设施及新码头正街门面一起被收为国有。

2. 福记经理亚细亚煤油公司

1933 年，伍葆元为继续经销煤油业务，便找大生昌盐号（时为津市最大盐号）经理刘涤生和股东焦寿涵，三人合资 1.5 万元（光洋）作抵押，与汉口分公司大版芦中岑重新签订合约，改名为"福记经理亚细亚煤油公司"，地址仍在新码头正街，经理刘涤生、业务焦寿涵、总账吴子良、管事芦清云。1934 年，刘涤生病逝，由焦寿涵继任经理。

"福记"开业后，生意兴隆，除经销煤油外，附带经营洋蜡。煤油和洋蜡直接由汉口分公司用铁驳船运来，煤油分散装、听装、桶装，运抵津市后存入货栈，汉口分公司直接派人稽查保管。"福记"到油栈出货按月"汇账"的经营方式，通过澧县、临澧、石门、慈利、安乡等地的代销点，每年销售煤油达 70 多万斤，"伦帽牌"洋蜡 500 箱左右（每箱 50 包，每包 6 支）。

"福记"以抽"回扣佣钱"取利，销售越多，抽的越多，为了多赚钱，对所属各代销点除采取"杀猪回账"的经营方式外，还不分业务大小，不分路途远近，不厌其烦地组织送货到门，并专派 2 至 3 人巡回各点收账。为窃取煤油价格行价，笼络油栈稽查，其利按比例分成。故公司每年能盈利万元光洋。

1937 年，抗战爆发，煤油来源断绝，"福记"歇业，其往来业务清理延续至翌年结束。

3. 寿记经理亚细亚煤油公司

1946 年抗战胜利后，亚细亚在华总公司恢复业务。焦寿涵邀集刘涤生长子刘重巷，合股 5000 元大洋，由焦寿涵出面与汉口分公司大版芦中岑重新签订合约。回津后，仍在大码头正街开设"寿记经理亚细亚煤油公司"，经理焦寿涵、刘重巷，总账刘建蓉。

"寿记"开业以来，由于汉口分公司调拨津市油栈煤油较少，开始每月只供 10 到 12 桶（每桶 300 斤），后来稍有增加，但最高时不到 50 桶。每年只能经销煤油 10 万斤左右，业务与"福记"相比减少 6 倍。致使"寿记"获利不多，渐入不敷出。到 1948 年下半年，汉口调运津市油栈煤油更少，"寿记"业务愈不景气，加之家庭不和，焦寿涵心灰意冷，只好向汉口分公司退出押金，收束"寿记"业务。

津市"谦记""福记""寿记"都经销英商的煤油和洋蜡，因此，自 1933 年汉口与津市建立业务后，英商带着翻译及汉口分公司的大办芦中岑，每年都要来津市视察 2 至 3 次，来津后，各家老板均以东家之称盛情款待，极尽地主之谊，英商及随从对津市的美食赞不绝口，以此也加深了双方合作关系。

4. 津市美孚镇大煤油公司

1922 年，曾在津市经销美孚煤油的"正大煤油公司"经理——宁波人殷仁卿因要创办电灯公司，故结束了经销美孚煤油的业务。时"裕记钱庄"老板张思泉遂乘机通过"正大煤油公司"总账出面，派长子与其一同赴汉口与美孚煤油分公司洽谈，签订了经销合同。并以 12000 光洋作押金，买断美孚在津市的经营权。张思泉除资金雄厚外，更是一个很有智慧和胆略的商人，他于南岸阳由坑堤岸，毗邻"谦益"油库西侧建了一个更大的油库，并在新码头正街修建营业处，另开设"申昌油行"，代"美孚"收购桐油。年均销煤油量达 80 万斤左右，是为津市煤油业之首，张思泉一跃为津市首富。张思泉经营煤油生意时已年届 50，到 60 岁去世，仅经营了 10 年的时间。

1931 年，张思泉病逝，公司由二子张伯玑继任，业务能力不及其父，1934 年、1935 年两次大水，油池及其他设施损毁严重，"镇大"渐现亏损。汉口美孚公司为加强对"镇大"的控制，曾派人以调查员的身份常驻"镇大"。1936 年，张伯玑病逝，经理由其弟张玉珊接任，不久抗战爆发，长江封航，煤油来源断绝，"镇大"暂时歇业。

抗战胜利后，美孚公司恢复营业，1946 年，张玉珊前往汉口，与美孚重新接续业务。恢复后的"镇大"流动资金不足，以贩买贩卖为经营方式，每月从沙市调拨 2 至 3 次煤油，每次仅 20 到 30 桶（每桶 300 斤），每月销售 2 万斤左右，销售网点仍是石门、慈利、临澧、澧县、安乡一带，市区代销店保持在 45 个左右，这时的"镇大"职员仅有 10 余人。1948 年，张玉珊病故，其五弟张瑶如接任经理，仅半年，"镇大"收束。

5. 仪记烟公司

1932 年，英美颐中烟草公司颐中分公司驻津裕云长段长朱云水，通过津市复记烟公司总经理黄兆林，出面找赵本立接洽，由朱写介绍信到常德找颐中湖南分公司驻常大办黄伯琴接头，并与省分公司大办张润苍联系，决定在津市祁家巷夹街成立"仪记"烟公司。赵本立任总经理，黄兆林任副总经理，朱云水任颐中湖南分公司驻"仪记"烟公司段长。开业后，因有雄厚的资金和上级的信任，不久，就先后挤垮了原有的三家烟公司。随着业务拓展，"仪记"先后在安乡、澧县、大庸、慈利、石门、临澧等地设代销点 22 处,津市设 31 处,每月能销售"大小号""双刀""旧金山"等牌香烟 500 箱左右（每箱 100 条、每条 50 包、每包 10 支）。香烟由汉口的英籍太古轮船公司装运至津市,其管货、管账、管钱、营业、推销一整套班子达 24 人。经营期间,生意红火,尤其是有奖销售搞得有声有色,十分抢手。几年后,内部生歧,加之货栈失火,损失惨重,公司就此收束。省分公司不愿放弃津市这个市场,于当年重新组建"厚安"烟公司,货源依然从汉口调拨,并派宣俊青任总经理。每月仍能销售香烟 300 箱左右。直至抗战爆发,汉口失陷,长江断航,"厚安"烟公司收束。从此,英美颐中烟草公司在津的经营活动落下帷幕。津市经营烟生意的户数虽不多,但都是些大老板,故在津市工商界仍有举足轻重的名望。

6. 太古轮船公司津市支公司

《津市志》载:"清宣统元年（1909）,湘北大水,为赈灾,清政府租一蒸汽船装米驶津,津市始见轮船,市民沿途追看。"八年后,长沙商人吴伯熙购得英籍太古公司旧船一艘,取名"通和",辟长沙至津市客货运输,巧的是,"通和"就是当年那艘驮米的船。1931 年,常德日商经营的"日清"轮船公司经理张锐全,看到经营"太古"比经营"日清"赚钱,便前往汉口找"太古"轮船公司挂钩,并以一千光洋作押金签订合同。于是,公司以派出机构的名义派张锐全来津任"太古"轮船公司津市支公司经理。张在西河街修建一幢办公大楼,招募职员,挂起了"太古"轮船公司津市支公司牌子,正式运营。运作方式是这样的:业务员上门联系业务,或商家直接上门联系,待货物运输量达到 150 吨左右时,便发电报告知汉口,再由汉口调船来津。每次来船一般是 1 只小火轮,2 只铁驳子,来津时,也会从汉口给津市各家商号带来百货等物,但数量不多,一般不会满载。津市的业务量月平均约在 300 吨左右,基本上是跑两趟。从津市运出的货物一般为桐油、山货、棉花、杂粮等。而从汉口运来的货物有煤油、海产品、百货、布匹等。这项工作压力不大,经理时常津市、汉口两边跑,一身西装革履,相当潇洒。直至抗战长江封航,业务骤然下滑,几年后歇业。

民国初期津市外商情况表

外商名称	国籍	入津年份	经营地址	经营范围
美孚煤油公司	美	民国二年（1913）	新码头正街	煤油、蜡烛
亚细亚煤油公司	英	民国四年（1915）	新码头正街	煤油、蜡烛
太古洋糖公司	英	民国四年（1915）	新建坊夹街	运输、食糖、桐油、杂粮
怡和洋行	英	民国四年（1915）	关爷楼正街	食糖、海产、桐油、土产
日清株式会社	日	民国四年（1915）	观音桥河街	运输、工业品、桐油、土产
三井洋行	日	民国四年（1915）	新码头正街	工业品、桐油
爱理司洋行	德	民国四年（1915）	观音桥正街	染料
胜家公司	德	民国四年（1915）	观音桥正街	缝纫机
德士古煤油公司	美	民国五年（1916）	襄阳街码头	煤油、蜡烛
施美洋行	美	民国十九年（1930）	新码头正街	桐油
合义洋行	美	民国十九年（1930）	新码头正街	桐油
英美烟草公司	英、美	民国四年（1915）	观音桥正街	卷烟

二、主要农林产品的出口

1. 桐油

津市农产品出口是在外国洋行洋商入驻津市后才有的，这其中主要是桐油，几乎所有来津的洋行洋商都收购桐油。一战后，欧美各工业国对桐油的需求激增。1921 年，日商三井洋行在津市设立营业处，开外商在津收购桐油之先河，随即"美孚""德士古""施美""怡和"等多家外国公司在津设立办事处或找代理商经营桐油。而早已迁往了汉口的原津市巨商也纷纷利用亲朋旧友加入进此行业来，一时桐油生意极盛，桐油出口量从 1 万担飙升到 10 万担以上。1924 年《湖南实业杂志》载，经岳州出口之津市货，1919 年为关平纹银 10815 两，1921 年为 26179 两。两年时间，竟翻了两倍多。同时，桐油的紧俏，极大地激发了澧水上游植桐的热情，以致连大山腹地的湖北鹤峰县，也被成片成片地开垦为桐林。与此同时，津市油商主动出击，在各产区设庄布点。桐油的畅销，附带引发了其他商业的兴旺。津市商业的秘笈，即所谓"深购远销"，也就是在这一时期形成的。

2. 棉花

自咸丰十二年（1862），英商怡和洋行在上海建成纺丝局并开启动力机器纺织后，一批实业报国的民族资本家兴办的纺织厂，于江南地区如雨后春笋地崛起。这是棉花市场开始向好的主要原因。澧境及东北滨湖各县是湘省最大的产棉区，其棉花吞吐量约占全省的 40%。本省棉花市场原仅在本地周边地区，湘南是其重要运销地，棉花换辣椒是主要的贸易方式。1912 年，老同盟会员、湖南都督府参议吴作霖经都督谭延闿批准，向省财政司借款 60 万银圆，在长沙河西银盆岭购地 256.93 亩，设置纺纱机 4 万锭，创建了经华纱厂，是为湘省的第一家大型纺织厂。大批纺织厂的建立，无疑给津市传统的棉花市场带来了发展机遇，其交易量成倍增长。棉花集散量常年 10 万担，最高达 24 万担（1935 年），为湖南最大花市。据史料记载，仅津市周边地区的轧花机就有上万台。这种势头在抗战时期一度达到鼎盛，1941 年，津市棉花营业额为 3000 万元，按当时物价换算，棉花集散数应在 22 万担，仅安江纱厂一家（即经华纱厂），在津市的采购量年均就在 10 担左右，该厂常年在津市设立固定采购站。

三、新兴商业

　　民国之前，津市的商业仍停留在以满足农村市场为主的传统观念上。因多是农产品加工，很多商品均为前店后坊的模式，如市面上的十几家土布店，自染自销，生意也还不错。后洋布进来，价廉物美，顿成抢手货，土布逐渐滞销，且土靛也因洋靛的输入而渐被淘汰。有与时俱进的老板，趁土布还有市场的情况下，适时兼营洋布，便稳住了阵脚，生存了下来。而那些资本少，又不愿改变的人，就只能关门大吉了。随着洋货输入的陡增，不少日常工业品随之进入市面上的一些店铺，因品种众多，琳琅满目，于是就有了广货铺改为百货店，布庄改成了绸布庄。洋烟又叫卷烟，也称纸烟，因吸食方便，又有派头，很快流行，尤其是在社会上流阶层，抽纸烟成了一种时尚，其经营者也跻身于商业大亨。锅铁业出现于民国，经营品种主要有三类：第一类为圆钉圆丝、镀锌铁皮、钢材、锯皮，因多数来自国外，故称洋货，主要是美、英、德三国产品，如美国产的"可炽"锯片，英国"飞鹰"牌、美国"兰人头"牌的镀锌铁皮，德国"灯牌"、美国"剑牌"钢材等；第二类为锅铸，即各种材质和用途的锅具。第三类为铁，即为机械加工的各种生活、生产器具的原材料。

　　衡量一个地方是否繁华，看这个地方的服务业即可窥一斑。1919 年，冉和清在紫谷巷开了津市第一家照相馆。冉原系第一任常澧镇守使王正雅的马弁，在部队时学了点照相技术，退伍后便筹得一笔钱，自购了一套日本照相设备。开业那天，王正雅为给自己昔日的旧部撑面，特穿一身崭新的北洋式武官服，腰挎大马刀，照了一张全身像悬挂于门店，一时观者如堵。理发业历来属于低等行业，理发者旧称"待诏"，均为走街串巷的剃头挑子。辛亥革命后，大为改观，有了专门的店铺，亦名整容堂，有大小二三十家。初发型简单，仅有光头、球头、陆军头三种。西式头出现是在有了日本弯把剃刀后，头型分西装头、披发头、球头分大小圆头、平头分大小陆军头。另有西式平头和飞机头等，油头粉面一说就是从这时开始的。抗战时期，大口岸来的人多，业有"南京""新华""白宫"等新店现市，尤以烫发惊艳，明明是一个寻常妇人进去，出来已是摩登女郎，一时贵妇名媛纷纷效仿，满街看去波浪滚滚。浴业也是这一时期出现的行业，最早开业的澡堂叫日华，设施简陋，仅为水泥浴盆。随后有华洋澡堂开业，一些较大的旅社亦兼营澡堂。至抗战前，业有"建新""建安""林园""许坦记"四家从事浴业，不过档次有了高低之分，设施分淋浴、盆浴两种，增添了搓背、修脚、修面等服务，"林园"还辟有专门的茶室，并养有乐女多名。乐女即是妓女，将妓女称呼乐女，也算是津市人对此业的一种尊重吧。

新型商业的突起，无疑给津市传统的沉闷市场增添了勃勃生机。民国后，津市的商业行业从晚清的 20 多种增至到 30 多种，店铺由 600 余家增至到近千家，与湘潭、衡阳、邵阳、益阳、常德、洪江等市同被誉为湘省商业繁盛之地，并于 1923 年和 1928 年两次荣登《民国中国旅游城市指南》一书，其排序分别为 103 位和 82 位。五年之隔，排位提前了 21 位。

民国以降，津市市场由单纯的农副产品集散市场转变为工业品与农副产品相交换的转手市场。澧水流域及湘鄂边区各县的农副产品多通过津市转销长沙、汉口等地，再从上海、汉口、长沙、广州输入工业品，销往农村广大地区。1935 年，《湖南实业杂志》203 号"津市工商业调查"载：津市常年输出货物主要有桐油 10 万担，皮油 20000 块（每块 104 市斤，售价 16 银圆），梓油、木油 10000 担，棉花 30 万包（每包 60 斤，售价 30 银圆），雄黄 20000 桶，谷米 20 万担，蚕豆 15 万担，杂粮 5000 担，蚕茧 50000 担，茶叶 5000 箱（全系红茶洋装），五倍子 5000 担，牛皮 10000 张，输入货物有川盐 20000 包（每包 200 市斤），东盐 20 票（每票 5080 担），纸烟 2000 箱（每箱 100 条），火油 20 万桶（每桶 30 市斤），桔糖、洋糖 10000 担，颜料 10 万银圆，疋头、棉纱 100 万银圆，火柴、肥皂、石膏、五金等共 200 万银圆，是年全市有坐商 621 户（领牙帖 64 户），从业 3105 人，次年商户增至 1064 户。

第三节　战时市场

一、畸形繁荣

1938 年 6 月，武汉会战打响，大批难民南渡过江。11 月，长沙文夕大火。又有难民投奔湘西。1940 年，沙市、宜昌相继沦陷。而此时的津市，因有长江天险及洞庭湖阻隔，尚能偏安一隅。于是，江北以及湘中、湘南想从湘西方向入川的难民便在津市停下了脚步。这其中还有一个重要的原因，即是这些难民中多是有钱的商人和有一技之长的手艺人，津市优越的商业环境无疑是他们最佳的选择。此时的市区人口一下由 2 万猛增至 12 万之上（一说 15 万）。一时旅店爆满，居家充盈，市井壅塞，阳由垸堤上、三洲驿桥外，简易棚屋，势如连营。随着人口的剧增与繁杂，外来者为在这人口稠密的弹丸之地赢得自己的生存权，纷纷成立以省籍或府或县籍划分的同乡会。因难民中湖北人占较重比例，同乡会会员人数仅次于江西籍，其会长方德夫的政治地位也日渐擢升，一度登上镇长宝座。战乱期间，各帮派势力膨胀，山头林立，争斗激烈，侵商扰商频繁，商家为求安稳，不得不入门拜把，如时为津市南货业理事长的王明富，就先后加入了乾坤洪帮和同善社，以保店铺安然无恙。

难民经商多以行商为主，峰值时有数百之众。他们仰仗资金足、信息通，在津市商场纵横捭阖。如花市和米市，这是战时津市最大的两宗出产。花市尤其紧俏，价格波动大，长沙"红盘"往往须等津市开盘后才能成交。由于战时环境的影响，津市商界也打破了过去"开铺坐店"、专业经营的旧习，采取远购远销、跨业经营、快买快卖的经营方式，一般手上不存钱，仓库少存货，加速了货物、资金的周转。最显著的是药业，战前大小药铺仅十几家，战时即发展到 36 家，年营业额 1200 多万银圆，为战前的 10 倍以上。这时的津市，百业俱兴，店铺鳞次栉比，新店如雨后春笋般冒出。那时，夹街上有支由下江人组成的管乐队，每逢有新店开张，都会被接去参加庆典仪式，江南曼丽的曲调在金属的铜管里回旋出来十分悦耳的声音，而洋鼓有节奏的敲打无疑给现场增添了浓浓的喜气，鞭炮屑如同三月的桃花漫天飞舞。往往是这个店子未了，那个店子又来接，于是，七里长街，白日里都是这种此起彼伏的管乐声和鞭炮声。1942年，全市商户达1274家，同类商店集中，形成一条条专业街道。小商小贩遍及街头巷尾，千家有余，商业畸形繁荣。

战争期间，原有的商业秩序被打破，一日数市，利润数倍，其中尤以布匹、百货、香烟、药材、瓷器等业投机性大，产生一批暴发户。江西人颜某，原在老家只是个修补旧衣的业主，战时逃难来津，经人介绍代为安江纱厂在津收购棉花，他利用棉花市场波动大，打时间差，谎报货价，有利归己，亏损报公，几年下来，积聚横财折合光洋达20多万元，在长沙有公馆，在津市有豪宅，并在广州购置房屋四处。陈九思药号战前濒临破产，抗战时期雄黄紧俏，他利用帮会势力，与石门雄黄矿拉上关系，垄断经营，长期赊购该矿雄黄运销外地，远至香港，获利甚丰，一下从破产边缘转为暴发富，拥资光洋达15万之巨，金屋藏娇，并为小妾（女伶）在汉口购房一栋。福顺昌绸布庄一次在外地以桐油拨款购得布匹一批，两船运回津市，随即脱手，一次便获利10万法币，当即购置正街门面房屋一栋。此例繁多，不胜枚举。但悖时倒霉的也有，如"和光"钱庄，在当时津市近百家同行中算是实力雄厚的，因经营不善而导致最终破产，遂得一绰号——"和本光"。更还有一类人，受暴利诱惑，铤而走险，跑江北（长江北岸鄂西一带）沦陷区走私，偷运出口药材（主要是水银）、纸张、瓷器、棉花、土纱、黄金等，带回西药、颜料、高级面料等。走私获利巨丰，但冒生命危险。因走私在洞庭湖触雷或其他原因致死的时有所闻。如某药店派店员陈某和某纸庄的胡某携带水银、纸张分别偷运江北，一去不归，音讯杳无，后悉是触雷身亡。

商业繁忙的景致可在河街一览无遗。河街茶馆多，你若觅得靠河一侧的席位坐着，放眼望去：舟楫云集，桅帆林立，船工如蚁，有的在装货，有的正在卸货，码头工人在跳板间上上下下，有肩挑，有背扛，大件两人抬，若是特大件，则需搭两条跳板，前后四人勾肩搭背喊着号子并行。澧水河上号子多，摇橹、升帆、拉纤、装卸货物都有号子，形式各异，装卸急骤的如电闪雷吼，缓慢的则宛转悠扬，津市人称之为"打长喊"，一般一人领唱，众人合腔，歌词多为即兴而作。1950年代，几个苏联人专程跑来津市收集船工号子，回去灌成胶片，在中央广播电台播出。码头是一面镜子，市场的繁荣与萧条都能在这里一眼看到。

人口高度集中，商业极度繁荣，随之而来的是人们对生活多样化的需求。抗战时期，境内有酒家、旅社、饭铺129家，熟食业25家，茶馆300多家，剧场5处。

其时夹街为著名繁华地段，在长不过千米，宽不过 3 米的小街上，茶肆、酒楼、旅社、剧场、妓院麇集，川味、苏味、鄂味、湘味各色餐馆及风味小吃一应俱全。昌明电灯公司此前因经营不善歇业过一阵子，这时节赶紧注入资金，增添设备，恢复供电。每当夜幕来临，柴油机骤然响起，刹那间，夹街与正街供电的一段一片璀璨。商店门庭若市，剧场人头攒涌，大街小巷，摩肩接踵，行人如织，其喧嚣程度毫不亚于白昼。津市的"小南京"就是这一时期喊出来的。

二、湘鄂川孔道

由于长江封航，入川黄金水道中断，津市作为湘北水运中枢的重要作用突显。整个运输线由水陆两条连成，进川大宗物资主要采购于浙广地区，由衡阳或长沙经水运运抵津市，再改陆运（挑运）至宜昌三斗坪，即可水运入川。出川物资依循原道返回。津市每天发运的进川物资约有 1500 挑（每挑 100 至 150 市斤）左右，出川物资数目也不小，如经津市外运的药材，每年达 20 余万担，营业金额保持在 1000 万至 1200 万银圆。其时，津市的运输商行如雨后春笋，先后达 54 家，既有专管陆运的，也有水陆联运的。津市一时船舶往来如织，挑夫络绎于途，极一时之盛。

进川物资主要有布匹、棉纱、百货、药材、锅铁、纸品等，出川物资以盐、糖、土产为主。其挑运人员以津市笋、轿业工人为主，以及周边四乡农民。组织形式多样，大宗物资（如盐、药材、棉纱等）有单独的运输大队，常年业务一般由专业运输商行承担，也有小股临时组合的运输队。力资无统一标准，由于湘川两地物价悬殊，如盐，在茅坪一担盐约合五、六担谷，在津市一斤盐则达一担谷。利大的物资挑运报酬也就厚，加之返回不愁货，故一路辛苦、危险，人们仍趋之若鹜。挑运队伍中，尤以澧县沿线农民居多，因一年的农田收入还不及跑两趟三斗坪。

跑一趟三斗坪单程约需七天，具体行程为：第一站歇高家堰或青泥潭；第二站歇西斋，此处需过河；第三站歇荟园寺或余家桥，余家桥要涉水；第四站歇安子岭；第五站歇魏家河，此处需过河；第六站歇鄢家坪或生姜坪、赵家坪，其中鄢家坪至赵家坪需乘船约一里；第七天即到乱茅溪或馒头咀，中有一长坡，人称蚂蚁坡，最为险要，上 15 里，下 30 里，山坡路窄，仅容一人，五六百级岩磴，鱼贯而上，前后脚头相顶。下坡后为萝卜垱，此处离三斗坪还有 35 里，傍岩壁走一条沿江小道，途中有一叫手扳岩的地方，全是滑溜溜的壁岩，经过此处需一手攀住岩缝，一手按住扁担一步一步往前挪，对岸就是日军炮楼（不时打冷枪），脚下万丈深渊，真可谓命悬一线。当时上去物资主要肩挑，下来物资多为背负，挑夫们一路坎坎坷坷，千辛万苦，不少人累死途中，被同伴"软抬"而归，情景令人悲怆。当时在挑夫中流传这样一句话："七上八下千层过，肩挑背驮汗成河。"

从 1940 年开始直至 1945 年 8 月抗战胜利，三斗坪挑运整整持续了 5 年。跑三斗坪是战争环境下的产物，在这期间，传统大宗的物资集散暂时停止，但湘川物资的大流通使得津市市场畸形繁荣，一时百业兴旺。津市由"大码头"变成了"小南京"。但这极盛一时的繁华是由千万个挑夫的肩膀换来的。从 1941 年至 1945 年，在长达 5 年的时间里，参与挑运者多达万余人，其规模之大，路距之远，道路之险，历时之久，堪称空前绝后。

▲跑三斗坪（傅宇华／画）

三、内战时期的津市市场

《津市大事记》里面有这样一段描述：八月十五日晚。国民党中央通讯社播发了日本帝国主义接受波茨坦公告，宣布无条件投降的消息。津市日报当即印发"号外"。市民聆听喜讯，奔走相告，纷纷走上街头，热血沸腾，举臂欢呼。商店门首悬挂汽灯或电灯，竞放鞭炮。正街巨商大户竟有抬出整箱鞭炮在门首用炭火引燃鸣放者。噼噼啪啪震耳欲聋。鞭炮店一时户限为穿，市民争相购买，存货几尽。大街小巷，欢声雷动。人们通宵狂欢，鞭炮声响彻夜不绝。一夜之间，正街一带路面鞭炮纸屑厚达二寸许。次日，各界联合举行盛大庆祝会，商店门首悬挂国旗和盟国（英、美、法、苏）旗帜。晚上全市灯火通明，举行提灯游行，以"V"字灯为前导，形形色色的灯笼随后而行，犹如火龙蜿蜒于市。全市人民沉浸在无比的欢乐之中。

抗战胜利后，大批外籍商人歇业返乡。长江航运恢复，湘鄂川孔道不再。沸腾一时的津市市场如同一场落下帷幕的大戏，曲终人散，回归到正常水平上来。人口与商户的锐减，导致商品流通量锐减，尤以百货、布匹、纸张等为甚。如杨鼎新纸庄，战时在津市十家商店均有股本，战后业务清淡，于是将资金转到汉口、沙市、益阳、湘潭、长沙等地。如药号"源远长"一次就用20万（银圆）换成桐油、棉花等物质运往长沙，并在长沙、广州置房兴业。药号"协和生"也抽走大部分资金在长沙买房子，囤积药材，作好退路准备。另有锦昌绸庄、光明斋、天成福盐号及一批油行举店迁往长沙，市场一时萧条冷落。

1935年澧水流域大水，津市商业严重受挫，据澧县县政府统计：津市时有坐商621户，从业者3105人，较大商行64家。其中杂粮行17家，油行9家，牲畜行6家，水果行4家，纸炭茶行8家，山货、花行、茶饼、茧行17家，鱼行3家，资本总额72000元（银圆）。次年大丰收，商户增至1064户，比上年增加41.7%。抗战时期，摊贩行商大量增加。1942年统计商户3300多家，其中摊贩有千户左右，行商数百。1945年后，商户锐减，至1947年，仅存500余家。但任何事情都有它的两面性。战时因交通阻塞而受影响的油业、雄黄业、煤油业、竹木业得以恢复。

1946年夏，就任于抗战中期的津市商会会长曹友钦在完成他的最后一项履职——"水上复员委员会"主任委员后，将津市商会的权柄交给了有着"三青团"政治背景的喻兰生。这位出身金号世家被人唤作"喻大哥"的新会长，此时面临的不再是一个黄金满地的世界，面对市场萧条、金融紊乱、物价飞涨、民怨四起，竞选上任的喜悦怕是在这一时刻已荡然无存。战时的繁华落幕，投机取巧，一夜暴富已成过去，市场回归理性。诚然，市场是属于商人的，自然是由商人来拾掇了。

　　"锦纶"绸庄组建于抗战初期，有店员16人，这在同业中算是不大但也不小了。开业仅两个月，局势恶化，各行各业都在为是否疏散而踌躇。当听到有商界标杆之称的"祥和油行"决意疏散时，"锦纶"毫不犹豫地将全部货物向湘西洪江撤离。自此，一路颠沛流离，险象环生，历时五年，几尽物散人亡。待再返回津市，已是货损八九。但"锦纶"重拾信心，苦心经营，冒着洞庭湖鱼雷密布的危险，乘船到汉口并转车去上海采购畅销商品，仅一年时间，获利颇丰，盘存资金已有哔叽一千余匹。在营销手段上，特别注重店铺形象及宣传效应，引进并采用汉口、上海等大口岸的做派。《津市日报》是面向澧水流域各县发行的报纸，影响力大，"锦纶"时不时在上面刊登广告，以博得广告效应。另还在店门两边新辟玻璃橱窗，及时陈列时新商品以吸引顾客。更为取彩的是，首创利用霓虹灯装饰门面用作夜间宣传，这样做，一是提升了店铺的知名度，二是为商街增添了光彩。将文化注入商业，也是"锦纶"的一种创新，最为直接，也最为大众所接受的便是商品广告词。如销售床上用品时，广告内容是：人生一百岁，五十在床上，若无好铺睡，枉活在世上。再如经营四川万县大曲、桔精酒时，就绘制一张李太白醉酒图，上写着：对酒当歌，人生几何，名酒一杯，幸福快乐。每周推陈出新，引人注目，使路人印象深刻。如此这般，三两年，"锦纶"便跻身于津市名店行列。

　　二战结束后，国际桐油市场日渐式微，津市桐油运销口岸由战前的汉口市场逐步转向粤港市场，即在长沙转运入粤，由广帮商人经营出口，因市场生疏，津市油商多受盘剥，加之北方战事加剧，不时有广帮商人收束业务，津市桐油市场一度低迷。1947年，祥和油行老板胡彬生作为湖南省商界代表参加在南京举行的全国商联大会，借机考察粤港两地桐油市场，摸清行情，接洽业务，由是开展津市桐油直接对外贸易，再一次掀起了津市的桐油热，油行由13家猛增到23家，年出口桐油恢复到8万担以上，祥和油行的桐油业务一直经营到1951年津市成立国营油脂公司为止。

　　正是有像"锦纶""祥和"这样一批商家的坚持，在战后商业严重衰退的大背景下，今非昔比也好，苟延残喘也罢，终于维系了津市商埠在九澧流域及湘鄂边的商业主导地位。（《津市日报》）

第四节　市场演变

一、多种经济共存

1. 国营商业

1949 年 8 月，新政权建立，遂成立国营专业公司，其多数是人民政府在接收原官僚资本的基础上成立的，它们分别为油脂、百货、盐业、粮食、花纱布、贸易、煤炭、烟草。公司垂直化管理，业务分属省、地公司领导，经营上基本沿袭传统的商品流通模式，以澧县、临澧、石门、慈利、大庸、永顺等地为活动范围。同时按经营商品的产销地不同，各专业公司又有所不同。例如，花纱布公司的业务扩充到滨湖各县产棉区，油脂公司则在澧县、临澧、石门、大庸、桑植、永顺六县设立工作组。这是一个全新的经济实体，经理由上面委派或南下干部担任，业务员面向社会招录，多是思想进步、具有一定商务知识的年轻人（多是店员出身，他们中间的大多数日后成了这个城市建设的中坚力量）。但就公司的业务来看，初始不太理想，一是来自于北方农村的领导（南下干部）业务不熟，二是年轻人热情虽高，但独当一面的能力不强，与同期成立的津市公私合营企业公司的那些"老商人"相比，有很大的区别。但他们有强大的政治背景和雄厚的经济实力，建立后迅速发展壮大，逐步控制了商品的批发业务，形成了强有力的市场领导力量。对于平抑物价、保障供给、稳定社会、巩固人民政权以及后来对资本主义工商业的利用、限制、改造工作，都发挥了重要的历史作用。

2. 私营商业

根据 1950 年统计数据：津市时有小商（摊贩）2200 人；行商 90 人；商号中的资本主 626 人，经理 304 人，店员 1938 人。从商人员总计5158 人。而当时全市的非农业人口是 37601 人。如此算来，从商人员占了非农业人口的 13.7%。这是一个庞大的群体。如何消除他们对新政权的疑虑，调动他们的积极性，使正常的商业活动照常进行，也是市政府的当务之急。适逢中央以及中南区对工商业出台了一系列鼓励私营商业的政策，并从价格、税收、运输、贷款等方面给予扶持，使私商在合法经营中有利可图，充分发挥他们的优势，以此促进城乡物资交流。具体措施：一是调整商品价格，即批发价与零售价的差价，根据不同商品从 4% 到 10%，提高私商的积极性；二是调整税收，给予农副产品、日用生活品与奢侈品不同税率，农副产品这一块，除正产物（如稻谷、棉花、桐油）征税外，其他概不征税，使私商在合法经营中有利可图。1951 年 1 月 5 日，也就是春节前夕，由津市工商局牵头，工商联筹委会协助主办澧水流域特产物资交流会，与会者有澧县、临澧、石门、慈利、大庸、桑植、永顺以及湖北公安、松滋、长阳等县工商贸易干部、工商界代表 120 余人。大会目的主要是恢复原有的商业网点，建立新的贸易关系，促进澧水流域土特产的物资交流，会上成交各种物资 60 余种，成交额 8325 亿元（旧币），是为中华人民共和国成立后澧水流域物资交流的首创盛会，给予私营工商业者极大的商业信心。

3. 公私合营商业

1951 年 8 月，由市工商联筹委会发起，在得到政府的支持下，绸布、百货、油盐、药材、香烟、南货、土特产等行业 29 户，劳资双方 319 人，资金 50 亿（旧币）成立公私合营津市企业股份有限公司，是为我省最早的一批国家资本主义高级形式的公私合营企业之一。下设百货、布匹、土特产、信托、药材批发部等 5 个门市 3 个批发部。总经理王敬（公方），副总经理张云卿（公方）、胡彬生（私方）、朱永濂（私方），且由有专业知识和经商能力、熟悉商场业务的工商业者担任各部门主管。该公司首先在全国大中城市遍设采购机构，如在长沙、武汉、上海、广州、重庆长期设立办事处，并于澧水上游地区如大庸、慈利、龙山附近县、镇派有流动采购员。由于所用人员都是行家里手，开业不到一年半，公司就取得了可喜业绩。布匹进销快速，三个月的利润便占了公司资金总额的 20%，土产购销两旺，尤其是药材畅销不衰，效益可观。公司定息八厘，年终按时照付。但这种局面给国营经济发展带来极大隐患，供销系统在 1952 年年终写给上级的一份报告中这样陈述："如果让这种现况延续下去，势必打击国营、挤垮合作社……"为此，市委作出决定，企业公司收束商业，从 1953 年下半年起，工作重点逐一向工业转移。

总的来说，这一时期的津市市场，虽有各种经济成分存在，但仍是在国营经济领导下，分工合作，共担经济复苏的重任。这其中最值得一提的是 1951 年由市工商局发起组织的澧水流域特产物资交流会，与会者有澧县、临澧、石门、慈利、大庸、桑植、永顺，以及湖北公安、长阳等县工商贸易干部、工商界代表 120 余人，大会的主要目的是恢复原有的商业网点，建立新的贸易关系，促进湘鄂边土特产的物资交流。会期中成交各类物资 60 余种，总值 8325 万元（旧币）。多种经济成分并存，在某种程度上也是一种经济体制改革的尝试，也可以说是当时情况下的权宜之计。此间发生的"三反""五反"，以及对主要农产品实行统购统销，无疑为各自的生存空间增添了许多变数。直至最终的此消彼长，客观上反应了当时国家政策的调控，并为日后全面开展私营商业社会主义改造打下了基础。

二、对私改造

1956 年对私营商业的社会主义改造，其形式是公私合营，民间简称对私改造。这一年的 1 月 15 日，20 万军民聚集在天安门广场，庆祝北京全行业社会主义改造完成。这股空前巨大的浪潮随即波及到了千里之外的湘北小城——津市，在不到半个月的时间里，全市工商业 1543 户中的 1506 户实行了公私合营，占总数的97.6%。整个过程经历了两个阶段。

1. 发动

1955 年 12 月，津市工商联主任委员王明富出席了全国工商联会员代表大会。聆听了毛泽东主席对工商界的讲话，并且学习和讨论了工商业者如何认识社会主义发展规律，掌握自己命运的问题。接着，湖南省召开全省各县、市工商联常、执委会议，学习和讨论当前形势，迎接合营高潮的到来，省委主要负责人周小舟、周里、周惠等接见了与会代表。王明富归来后，及时在工商联进行了传达。当听到党和国家领导人毛泽东、刘少奇、周恩来、朱德等亲切接见与会代表时，参加大会的工商业者无不欢欣鼓舞。这段时间，省工商联的各种会议频繁，津市工商联都作了传达和讨论。湖南省副省长、省工商联主任委员唐生智来津市视察工作时，专门听取王明富的汇报，对津市工商联的工作表示满意。随即，津市工商联向工商界进行了传达。通过这一系列的学习、传达、讨论等活动，广大工商业者在认识上基本上达到了一致，即只有"听毛主席话，跟共产党走，走社会主义道路"，才是工商业者唯一的出路。

2. 实施

随着 1956 年新年的到来，全国工商界形势急剧发展，报纸、收音机，每天都有公私合营方面的消息。在这样的形势下，工商联为了协助政府推进我市全行业公私合营和合作化，于 1956 年 1 月 3 日至 6 日，召开了执委第六次（扩大）会议，出席和列席这次会议的共有 108 人。会议由王明富主任委员传达了省工商联执委二次（扩大）会议精神，着重就社会主义发展的新形势、新阶段，认清前途，掌握命运，和平改造，政策方针及培养骨干等问题做了详尽传达，历时 5 小时。会议第三天，市委书记王启功来作报告。此间，市人民委员会先后批准了棉布、南货业全行业公私合营的请求。会议结束时，市长皮业银到会作了报告。会议还发表了告全市工商界书。并组成 6 个工作组深入到各个行业。很快工商联便收到要求合营的申请书二百多件。

1 月 18 日，市人委一次批准纸张、医药用品等 14 个行业计 195 户和一九陶厂的公私合营。当日下午五时，全市举行万人提灯游行庆祝大会。在掌声、鞭炮声、锣鼓声中，王明富主任委员代表被批准的公私合营行业、厂、店向党和政府表示感谢，并要求他们服从公方代表的领导，接受工人群众的监督，做到合营与业务两不误。中共津市市委王启功书记讲了话，号召全市人民为加速社会主义建设而奋斗。接着，高抬喜字报、批准书、决心书和保证书的队伍为前导，继续举行了盛大的提灯游行，直至深夜。通过这次私改，原有国营专业公司大多归属于地方国营商业。私商行业中的绸布业归口花纱布公司；烟草归口专卖公司；新药归口医药公司；百货、五金、电料、服装归口百货公司；南货、食杂、国药、茶叶归口贸易公司；煤炭归口煤建公司；旅馆、饭馆、客栈、饮食归口福利公司；书纸、笔墨归口文化用品公司；牛羊猪、蛋品归口食品公司；陶瓷器、山货、土特产分别归口土杂小组和日用杂小组。

三、"文革"时期的商业
1. 破"四旧"

1966 年的"文化大革命"，最先冲击的就是商业。8 月 17 日，湖南大学学生数人来津市宣传"文化大革命"。经他们宣传发动，8 月 29 日，由津市一中红卫兵数百人上街横扫"四旧"（旧思想、旧文化、旧风俗、旧习惯）。首先砸烂市内商店中所谓带有"封、资、修"意识的招牌，第一家被砸烂的招牌，便是副市长王明富的南货店"德和大"，随即更名为"破旧"商店。人民路"美丽"理发店，时为津市乃至九澧最为"奢侈"的理发店，清一色芜湖牌的靠把椅，落地式的面镜，大厅安有吊扇。"美丽"招牌被砸后改为"友谊"。后有人贴了幅对联，上联："美丽改友谊黑乃黑"，下联："乌龟变团鱼原复原"，横批："封资修"。药店名号"协和堂"三字，镌刻在石库门上，因工具不强，砸了半天仍未砸烂，最后只得作罢。一街门面，全改称"反帝""反修""工农兵""东方红"之类的政治口号招牌。90 余种化妆品、装饰品勒令下架。随后开展对"利润挂帅""效益挂钩"及"管、卡、压"的大批判，不讲成本核算，取消各种奖励制度，一律实行固定工资制。

2. 大包大揽

通过对流通决定生产论的批判，津市商业由以前有选择性地购销地方工业品，重回归到大跃进时期的大包大揽的老路，给产销关系和收购供应工作带来危害，造成产品、资金积压的不良后果。一方面紧俏商品供应紧张，另一方面滞销商品压库。1972 年，百货公司被电池、圆珠笔、袜子三大地方产品压得喘不过气来，这其中既有产品质量的问题，又有销售不对路的问题，三项商品共占有资金 200 多万元，每月支付银行利息 1 万多元。

3. 商品匮乏

城乡集贸市场的取缔，直接导致日常生产、生活用品的短缺，津市传统的日杂生产、生活用品大多来自澧水上游的石门、慈利等地，大到农村的各种农用工具，小到家庭的竹木用品。一次，历年与津市有着贸易往来的湖北公安、石首等地急需一批竹木用品，津市有货，但怕途中受阻，只得向省里有关部门请示，后来文答复是，此事需按程序一级一级上报，由上面平衡调剂，而不能由县、镇直接销往省外。由于"割资本主义尾巴"，导致农村家庭副业的猪、鱼、禽均视为非法。1969 年津市市场管理委员会组织"贫下中农管理市场"，在郊区四周成立 11 个小组，95 人，市区 15 个小组，183 人，可谓天罗地网，农民卖只鸡、几个蛋都要加以限制。丝绸、呢绒、化纤布、毛巾、毛线、棉线、肥皂、洗衣粉、胶鞋、白酒、香烟、煤油、火柴等日常用品均需计划供应。至于自行车、缝纫机、手表三大件更是一票难求。"文化大革命"前，津市有小商品 8245 种，直至 1970 年，仅剩下 6883 种，比 1966 年以前减少了 1362 种。

4. 经济单一

1966 年之前，津市市场是以国营商业为主体，集体商业为帮手，集市贸易为补充的三位一体商品流通渠道。1970 年，集体所有制的供销合作社并入国营商业，改为全民所有制。在这之后恢复的原合作商店，人权、财权集中归口到国营公司。改组为国营商店。而集市贸易却受到了很大的限制和破坏。此时市场上的商品流通完全由国营商业一家来承担。独家经营，没有竞争，职工坐大船，划懒桨，吃大锅饭，毫无危机感，从而导致服务质量下降，俨然成了"官商"。

5. 网点萎缩

1969 年冬，在"我们也有两只手，不在城里吃闲饭"的口号下，掀起一股城镇居民下放农村的高潮，按当时人口比例以及对象标准，首当其冲的便是商业这一块，集体人员以及原工商业者（多是商业精英），几乎占了下放户数的 70%。加之关闭合作商店及合作小组，以致网点丢失、人员紧张，而此时又恢复了按行政区划组织商品流通的做法。1969 年，澧县各国营专业公司成立，不再在津市进货。其他各县纷纷仿效，不惜商品倒运，自成体系。据 1970 年统计，津市供货区仅局限于临澧、石门、慈利、鹤峰四县部分公社，包括本市人口及流动人口，供应人口仅 33 万余人，相当于一个小县的人口规模。市场区间大为缩水，由从前的一个巨人变成一个小矮人。

四、改革开放后的市场格局

1979 年 6 月，第五届全国人大二次会议确定了国民经济"调整、改革、整顿、提高"的八字方针，在贯彻之中，津市市场发生了巨大变化。

1. 岗位责任制

首先是对商业企业全面清产核资，弄清家底，然后在此基础上建立健全各项规章制度，从 1981 年开始经营承包浅尝，1983 年率先在饮食服务业和各零售商店实行不同类型的责任承包制。很快取得效果，并在实践中不断改进完善。如红星理发店，开始实行的是轮流制，即理发师按序给顾客理发，顾客轮着谁归谁，这样，有的顾客不乐意，宁愿再等一轮也要自己中意的师傅理。于是，店里及时修订规章，采取摘牌制，即将每个理发师上墙挂牌，由顾客自己选择。这样，因奖金跟效益挂钩，引发个别人的不满，但技不如人的自责也激发了全店学技术、比本事的良好氛围。餐饮业是个最能考量厨师技能的行业，从前做大锅饭，厨师有技术没技术一样，公司及时推出改革方案，效益与工资挂钩，时遇改革开放，进馆餐饮人数日增。津市是老商城，旅筵业久负盛名，计划经济时期虽沉默了一段时间，但名老厨师还在，望江楼、国营饭店、工农兵饭店、群爱饭店、集农饭店等五家主要饭店，率先对外承接各种筵席，因价格低深受大众欢迎。1980 年代那会儿，正是 1950 年代出生的那辈人的结婚高峰期，人们一改在家操办的旧习，大多在这五家之中选择。望江楼的气派，国营饭店的实惠，工农兵的杂烩，群爱的荔枝肉，集农的牛肉钵子，家家都有特色，个个都有出彩之处。

公司因势利导，恢复老字号，技术大练兵，一时红红火火。

2. 专业市场

为适应市场的快速发展，自 1985 年起，由市工商局牵头，有关部门配合，先后在津市工区厂矿、通衢要道、人口密集点建立农贸、工商、果品、建材等大小市场 26 个。这一时期，也是国营、集体商业渐次弱化，个体民营渐次强势的所谓计划经济与市场经济的接轨期，市场呈现蓬勃态势。是政府来主导，还是由市场来决定？是人工培植，还是自然生成？那些年里，既有成功的典范，也有失败的案例。

明珠楼布匹市场 自 1979 年津市开始出现个体户后，最早的经营项目就是布匹，其经营方式一是地摊，二是流动板车，由于疏于管理，可谓是遍地开花，给市场管理带来极大的不便。1989 年津市澧水大桥建成，原百货公司与津市饭店相夹通往轮渡的一片区域成为废地，工商界随即将它利用起来，作一露天布匹市场，这里原本就是十字交汇的通衢，流动人口密集，加之东西两边又有上桥的旋梯，业主满意，工商界管理到位，人们一时赞不绝口。

和平水产市场 1992 年 8 月，津市和平市场建成开业，其建筑面积 5800 平方米，为津市农贸市场之首。津市东境湖泊河流遍布，虽多为澧县管辖，但毗邻津市，其水产历来在津集散。建和平市场的初衷，即为建立一个以水产为主的专业市场。运营初始，果真鱼贩云集，市场火爆，连空气里都有一股很浓的鱼腥味。谁料管理出了问题，收购点在澧县，交易点又在津市，两地完税，鱼贩吃不消，没钱赚，有关部门未能及时处理。澧县趁机夺取市场，在县城关迅速建立鱼市，并出台优惠政策。加之水产品大多运往北方，澧县市场虽离产地远，但离火车站近。这时津市想作调整，但为时已晚，最终败北，眼睁睁看着鱼市丧失。

建设路工业品市场 建设路东段原为民国时期的商会后街，因商铺稀疏，时为一条冷街。中华人民共和国成立后，这里相继建起医院、学校，并设立多个机关团体，街道经过多次整修变得宽敞洁净，但与正街相比仍是清冷了些，故改革开放后，这条街一度成为个体户的发轫地，尤以地摊、车（板车）摊为多，虽市场繁荣，但杂乱无章，人们出行及商贩经营皆受到一定影响，待布匹市场建立后，1984 年，工商局随即在此投资兴建 70 间总面积为 630 个平米的简易铁皮屋，作为专营工业品的个体户市场，由于设置有序，管理得当，该市场经营达二十余年之久。

大巷口甘蔗市场 津市下游的滨湖各县区，如安乡、南县、藠子港均为甘蔗产地。甘蔗既是一个大众产品，也是一个特殊产品，因占地面积大，废弃物多，给城市管理带来不便，一般市场难容。津市上游无甘蔗种植，为甘蔗销售提供了广阔市场，而下游的船只又很方便运抵津市。且甘蔗的收获正值秋冬季，这时，裸露的沿线河岸均是堆码甘蔗的好地方。津市工商局为解决农民卖蔗难的问题，因势利导，顺势而为，将大巷口沿河地带辟为季节性甘蔗交易市场。甘蔗贩运主要是来自澧县北乡，远及湖北公安，来此批发的商贩大多是开着"狗儿的"（手扶拖拉机）来的，但大巷口属于城区，这就涉及有关部门的查验，为了方便这些小商贩，工商部门便主动帮助协调梳理，使这些商贩进得来，出得去。大巷口甘蔗市场是一个民间自然生成，官方有序管理的成功典范。

品元宫农副产品市场　1980年代，市工商局将生产街汽车站对面的一栋废弃的蛋品仓库改造成水果市场，因有水运和陆运的双重便利，市场红红火火，批发业务渐次扩大到周边地区。1990年代初，新一届的市政府领导看到这一态势，在对市场未做详实调查的情况下，以长官意志，责令有关部门将市场向北移至到肉食水产公司所属的屠宰场，因旧址为品元宫，故取名为品元宫市场，市场建成后，因容量太大，故将市区稍有规模的水果摊贩全部收进市场。进入市场是有门槛的，这样加重了业主的负担，由于市区只剩些游动板车商贩，也给市民带来不便，种种弊端凸显，没几年，名噪一时的市场门可罗雀，再也没有了早前的风光。2000年后，市场终以低价出售给中意糖厂做了仓库。

3. 个体经营户

1979年春，从安乡返城的龙某俩口子没有工作，因妻子何某（农村户口）有缝纫手艺，便在离家不远处，新建坊南街口东侧摆一缝纫机和一张案板，是为改革开放后津市的第一个"路边店"，后来被称为第一个"个体户"。因做衣新潮，加之老板本人着装时髦，一时顾客趋之若鹜。几年后，市针织厂加工服装，将何某作为人才引进，并为其解决了城市户口。家住中华街的甘溶泉，因高度近视，人称"甘瞎子"。"文化大革命"前收过荒，摆过摊，常年吃政府救济，有钱就喝酒，无酒闹是非。1968年，甘溶泉被下放农村，随身带了个酒瓶，仅28天，就将120元的安置费喝得精光，又不能干农活，公社只得将他遣返，此后成了街道上的一个包袱。1980年，在居委会的帮助下，56岁的他于会仙桥附近开了一家经济餐馆，状况很快得到改变，1982年娶妻成家，5年内共缴税2000多元，并认购1000元的国库券。《湖南日报》对此作了专门报道。1980年，津市个体户仅60户。1981年为225户，1983年猛增到839户，960人。商业网点不足的问题基本上得到了解决。1982年，津市成立个体劳动者协会，市工商局增设个体经济管理股。在国庆35周年的庆祝活动中，"个协"组织180人参加游行，表演陆地彩船、"渔翁戏蚌"和"罗汉戏柳"

等传统文艺节目，体现了个体工商业积极向上，不断进取的精神面貌。

4. 由包销到自营

从 1957 年地方工业品入市以来，津市的商业和工业的关系就没有理顺过。用时髦话讲，就是津市工业一直在捆绑津市商业。这里面除有产品和市场的原因外，行政干预起了决定性的作用。上面要产值，企业赶产量，产品进入市场又销不出去，积压亏损背贷款利息又算是商业部门的，商业人自称"吃哑巴亏"。改革开放后，商业部门逐一摆脱对地方工业品包销的桎梏。除一、二类商品继续实施统购包销，三类商品部分订购外，多数实行选购。1983 年，除少数名牌商品和棉纱、棉布外，均实行自购政策，并与省内外 50 多家工厂直接挂钩，购回商品 2100 万元。与此同时，商业部门利用自身的优势，主动为生产企业当"红娘"。协同工厂开展自产自销业务，设立供销公司门市部。1981 年 3 月，津市举办上海、武汉、长沙等数十个城市区街工业代表参加的大型物资交流会；1983 年，组织 300 多人的推销队伍，加入在武汉成立的长江工业联合公司。这种走出去、引进来的方式，使工厂扩大了眼界，找出了差距。津市圆珠笔厂就是一个典型的例子。1980 年，该厂产品由商业部门包销改为自销，一时不能适应市场变化，导致产品滞销，年产值急剧下滑，利润为零。1981 年又因质量问题，用户纷纷退货。时被常德行署列为企业整顿试点单位。整改后质量有质的飞跃，并派员分赴各地推广销路。1982 年，邯郸召开全国圆珠笔用户座谈会，有全国一、二级百货站代表 60 余人参加，该厂产品一致得到好评。当年工厂产值由上年的 85 万元以下猛增到 176 万元，整整翻了一倍。

五、市场困扰
1. 计划经济下的津市商业

津市历为澧水流域及湘鄂边境地区的物资集散市场，中华人民共和国成立时，商业辐射尚有澧县、南县、华容、安乡、汉寿、常德、临澧、石门、慈利、大庸、永顺、桑植、隆回、吉首以及湖北的鹤峰、五峰、松滋、公安、石首等近 20 个县市。计划经济实施条块分割，津市商业辐射面逐年缩水，截止到 1964 年，除石油供应外，其他商品经营范围仅限于临澧、石门、慈利、鹤峰四县的 14 个公社之内，包括本市居民，供应人口不到 40 万。津市、澧县近在咫尺而不能互通有无，澧县供销社甚至发出政令，下属各分社不得自行在津市采购进货，否则追究责任。津市素为九澧中药材集散地，同时也是该地区的西药发轫地。津市药业有三百多年历史，中华人民共和国成立后，先后为常德、石门、慈利、澧县、临澧、沅江等地输送专业人员 50 余人。对私改造后，私营商店、药房转入公私合营，遂过渡到国营常德专区中药采购批发站津市营业部，由于严格遵守分区供应原则，因而改变了历来的供求关系，如湘鄂边的湖北公安、松滋等县距津较近，来津进货远比到荆州省时省力，但受条块约束而不能，被他们讥讽为"见死不救"，并将此事反应到报社。津、澧分家后，澧县白衣、红庙两区以往来津购药可当天往返，而去县城关得需两三天，于是强烈要求常德方面批复，同意将这两区由津市供应。湖北鹤峰盛产天麻、杜仲、厚朴、麝香、木瓜等珍贵药材，历年在津市集散，这些品种多数是中管或省管，基层无权调拨，然由于交通不便，只能水运由江口至津市转武汉。故酌情通过鹤峰驻津办事处，每年供给津市杜仲、厚朴等百余担。而此时津市药材的批发仅为三级站，这种规格是不能出省采购的。津、澧分家后，津市药业的王牌龟板、鳖甲、蜈蚣失去来源。至此，津市药业昔日九澧翘首的地位荡然无存。迨十一届三中全会改革开放时，市场放开，虽略有起色，但交通格局的改变，津市药业最终定格于昨日辉煌。

2. 兄弟阋墙

民国以远，津市历为澧县（州）属地，史称州东一隅。1949 年 8 月，津市从澧县析出，单独置市，就地理位置而言，四周乃被澧县相围，1983 年津市扩郊，澧县原南境的白衣区划归津市管辖，但除新洲镇外，其他乡镇均与津市关系不甚紧密。故在很多年里，津市的发展，仍是在澧水北岸的老商区及南岸的新工区两大板块之间进行。从 1949 年至 1979 年的 30 年里，津市建置变更无常，大多时间置于澧县管辖之下，此间正是津市城市由消费性向生产性转变的转型期，受计划经济的影响，津市无论在农副产品的加工生产，还是在争得国家建设投资方面都面临一个严峻的考验。

澧东机制油厂和澧南粉厂都是中华人民共和国成立初期津市商转公的企业，之前缘于澧阳平原与滨湖地区的丰饶的原材料市场而得以发展，自 1953 年开始，国家对主要农副产品实施统购统销，原材料的采购就成了令企业头痛的事。津市是个纯商埠城市，毫无资源可言，澧东机制油厂因设备的先进以及出油率高的优势还能争得一定计划供应的支持，而澧南粉厂采用半手工半机械的操作方式，就没那么幸运了，因主要原材料豌豆纳入统购统销范围，加之三年困难时期农业的衰退，该厂生产一直处于半饥半饱状态。20 世纪六七十年代，社队企业蓬勃而起，榨油因简而易行成为首选项目，一时大小油厂如雨后春笋，这无疑断了澧东油厂的后路。1973 年，该厂被迫转产，另谋出路。澧南粉厂则"逼上梁山"，研发生产出了味精，两家企业毗邻，生产工艺相似，在市里的协调下，最终合并为一，成为我市市属工业的最大厂家，食品工业的领头羊，也算是先死而后生的一个范例。

津市市区素有"上起杨湖口，下到小渡口"之称，即所谓的街长七里零三分。"两口"之外，便是澧县的领地。1979 年，十一届三中全会后，市场逐渐放开，两地交界处就成了市场争夺的战场。自 1980 年代开始，尤其是新兴电器商品的上市，澧县商业、供销各部门纷纷在杨湖口和小渡口建立批发站和零售点，大有虎口夺食之势。这不仅掠去了原本属于津市的农村市场，而且还侵吞了津市市区内的部分销售。与此同时，澧县还在县城建起湘北最大的边贸城，不仅涵盖了澧县北乡的整个市场，就连原与津市关系密切的湘鄂边几个县域皆收入囊中。这时的津市，犹如梦中醒来，四下环顾，遍地狼烟，昔日的九澧重镇，还真有点"门庭冷落车马稀"的那份寥寂。

六、水运对市场的影响

津市解放后，商业仍沿袭旧习。在最初的几年里，不管是国营专业公司，还是公私合营企业公司以及私商，均在两头设有坐庄。所谓两头，一头是土特产的主要来源地——澧水上游各县域，一头是工业品的来源地——一般是上海、广州、汉口、长沙、常德等地。几年后，计划经济逐一建立，尤其是实施统购统销后，商品按行政区划来流通。这一政策的执行使得津市多年建起的购销网点丢城失地。供应人口一下从 300 多万萎缩到仅 33 万的尴尬境地。与此同时，雪上加霜的还有航道航运的萎缩。1954 年，西洞庭整治，林家滩保河堤堵口，津市至常德的捷径水道断航，常德走津市水路要绕牛鼻滩成了一句民间戏谑语。1959 年，松澧分流观音港堵口，津市至沙（市）、宜（昌）黄金航道中断。1970 年代相继建临澧青山、慈利城关、茶庵、大庸花岩、石门三江口等闸坝，干流航运只能分段通行。1977 年，澧县黄沙湾堵口，截断澹水至澧水航道。1988 年，枝柳铁路全线通车营运，原来依赖于澧水水道的大庸、慈利、石门、桑植等县大都改由火车运输。至此，津市以水运为中心的交通枢纽地位如冰山坍塌，荡然无存。

溇水是澧水最大的一条支流，也是唯一一条外省流入澧境的河流，它几乎横穿了整个湖北鹤峰县境。因它的西北部大山莽莽，故它的物资流向只能沿溇水东下，进入湖南西北部的澧水，由此而下最终抵达津市。鹤峰与津市的关系源远流长，《鹤峰县志》记载，1980 年代以前，它的商品近 80% 需从津市转运。其路线有两条：一是水路，溯澧水西上至慈利与鹤峰交界的江口，再由江口转输至全县；二是水陆路，即从津市走陆路至石门西北的水南渡，再由此走水路转输至鹤峰的走马。碍于这一特殊的交通路线，即使在最严格的时期按行政区划进行商品流通的年代，此路线的运输也未曾中断。1949 年以后，鹤峰县在外只设了两个商业办事处：一个在武汉，另一个在津市。那个位于津市大码头最繁华的十字街口东侧的一栋二层木楼，最多时容纳有 30 余位鹤峰驻津人员，包揽商业、供销、运输等多个部门。鹤峰津市办事处一直坚持到 1990 年代中期，是众多外地机构撤离津市的最后一个。

第二章 商业组织

自明清迨至民国，数百年来，移民来津的脚步从未停止。岁月久远，尽管那些会馆建筑荡然无存，但它们中间的许多却以社区、街道的名称而存活了下来，得以印证这个城市的过去。津市的移民可分为商人和手艺人两类。商人随市场而行，手艺人哪儿易生存，就去哪儿。澧水河流径不长，流域面积不大，但津市是一个集山林土产、平原稻菽、湖泊水产于一身的物资聚散地，从一个渔村逐渐演变为一个乡市、一个城镇，收纳着来自天南海北的外乡人。这种看似无序的人口流动，其实它是有序的，而这一看不见的无形引领，便是与这个城镇一同成长的商业组织。

第一节　会馆与船帮

一、会馆

清康熙年间（1662—1722），江西人建万寿宫。嗣后，继有福建人的天后宫、江南人的三元宫、山陕人的三义宫、广东人的南华宫等建馆于市。清咸丰年至光绪年间（1851—1908），是津市商场的繁盛期。外乡人的纷至沓来，客籍行商携家带口竞相在此开铺设坊，筹建会馆。如湖北人的禹王宫、四川人的川主宫、江西人的五府会馆、湘西人的三府会馆，以及湘潭、长沙、湘乡、衡州、宝庆、桑植等地会馆建立，大小会馆竟有 40 余处。它们或显露于街市，或夹杂于巷里。是时，连接街市的几座岩桥还在，加之城建无序，街巷不分，故有"七拐八桥九宫庙"之民谚。

会馆多以宫庙的形式出现，其规模大小、地处位置、华丽与简朴等均可视为一个地方的人数多寡、财力大小的体现。在津市，宫庙是最漂亮的建筑，既是祭神也是祈福的地方，人们自己过着俭朴的日子，却把最奢华的排场给了祭祀的神。

万寿宫　万寿宫最初叫豫章会馆，为江西人所建，办有学校——豫章完小。乾隆三十九年(1774)，会馆毁于一场大火。嘉庆四年(1799)

重修。同治三年（1864）复修，并撰《澧州津市万寿宫志》，其序文中有"豫人之侨寓斯土者，无虑千数百家"字样，可见当时的江西人已占了极大的比例。宫殿宏伟，戏台、花园、廊亭等一应俱全。此宫与太子庙隔街相望，津市人说的"一步两庙堂"，指的就是这儿。万寿宫南北横跨两街，位居正中，占地 8 亩有余。会馆北靠后湖，有一块四面见方的空旷土坪，常被用来赈灾施粥以及做邑人集会的场所。

天后宫　因供奉天后娘娘，故名。天后宫为寓津的闽南人所建，始建于清雍正四年（1726），规模略小于万寿宫，亦有殿宇、戏台、花圃。花圃濒临后湖，姹紫嫣红，赏心悦目。其所在街道以天后宫命名。咸丰五年（1855），邻近建一石碑牌坊，呼为牌楼口。因闽帮衰落，空荡的殿堂常被租赁它用。民国时期，几次大火差点使天后宫消失殆尽。会馆附设有福建高小，对闽籍学生是免费的。西班牙人的天主堂原在牌楼口河街，1925 年，津市掀起爱国运动，教堂烧毁，再建时因忧患洪水另择新址，西班牙人早已觊觎着天后宫的这块地，因协商未果只能傍西一侧而立。夕阳西下，歌特式的钟楼尖顶与歇山式的屋顶毗邻相望，交相辉映，倒给后湖带来一番别样的景致。

三义宫　一名关庙，山陕会馆，为寓津的山陕人所建。关庙右傍延光书院，左靠三洲驿。故这条街叫关庙街，官衙一般叫它书院街。关庙敬奉的是关羽，故来庙烧香的并不拘泥于山陕人，此庙香火繁盛，历来为津市的闹市区。当年，关中人以汉口为据点，横渡长江，来到津市时，可谓是财气冲天。关庙内有春秋楼，为市区制高点，登其上，大河横前，关山在望。庙宇气势磅礴，虎踞龙盘，凸显关中人的性情豪迈。1933 年，津市商会奉令抵御红军，在澧水南堤上修筑碉堡，将市区内的几座宫殿拆除，关庙首当其冲，而万寿宫却安然无恙。真是此一时彼一时，昔日财大气粗的"钱老板"，此时，也只能望洋兴叹了。

三元宫　又称江南会馆，建于清代，为寓津苏浙皖籍人所建。有说三元为儒、释、道三教，也有说科考名第的解、会、状三元。相传道光二年（1822），泾县富商朱惇元重修江南会馆时，耗银二万两。迨至民国，会馆已不复旧貌，倒是界址完整，三进院落依存，南北临街。主要经营盐、土丝、绸布等生意，也有江南人在其旧址上建过戏场和旅社，且都冠以一个"大"字，似乎以此来宣示徽商的存在。它的东侧是永宁巷，永宁是江南小镇，取其名无疑是寄寓一种乡思。永宁小学也在巷内，后改为建安幼稚园。梅雨时节，小巷终日淅淅沥沥，木屐的脚钉在青石板上发出清亮而又寂寞的声响，而那撑着雨伞，过往巷中的人里，是否就有江南绸商的背影？

南华宫　广东会馆，建于清代，为广东籍人所建。清同治以远，粤商翻越岭南，通过水运至湘潭中转，沿湘江北经洞庭湖将广货运来湘北，故那时的杂货铺又称南货铺或广货铺。清光绪三十年（1904），长沙继岳州之后，正式辟为商埠，加之轮船业的兴起，京汉铁路通车，湘潭的湘中物流中心遂被长沙所取代。广货再走老路成本过高，从此，路断人稀，商事式微。但瘦死的骆驼比马大，迨至民初，粤商在所有的外籍商帮中仍能跻身于前五名。南华宫位于汤家巷码头东侧，东河街是粤商最为集中的地方，每年的元宵节，粤人爱热闹，除舞龙舞狮外，他们还会扎彩灯，提灯游行，夜间看去，长长的队伍犹如一条银龙，格外喜气，竹篾扎灯的习俗由此延续下来。1950年代初期，尤其是公私合营，各种庆祝活动不断，每次大会结束，总少不了要举行一次万人提灯游行。

以省籍设置的会馆还有：四川会馆（川主宫）、湖北会馆（禹王宫）、浙江会馆（列神宫）、贵州会馆（黔阳宫）、广西会馆（桂籍宫）。此外，另还有以府、州、县命名的会馆十几处，无会馆性质的庙宇不计其数。《直隶澧州志》描写津市"连阁千重，炊烟万户"，这其中的"阁"，指的就是这些宫庙。每一个会馆的宫庙都是一个图腾，一个异域存在的象征。在众多的图腾里，江西人的万寿宫无疑是最大的一个。1964年城市开展"四清"运动，新码头居委会曾做过一次居民情况调查，统计结果表明，其中江西籍的人口竟占了72%。

"江西老表，河里洗澡，碰上乌龟，摸他屁屁。"这是一首流传于津市街头巷尾的古老童谣，是褒是贬，百年来，无人诠释。

二、船帮

津市除有会馆外，还有一个与商业不无关系的民间组织，这就是船帮。津市物资集散由来为帆船运输，船分上河船（澧水中上游）、小河船（澧水各支流）、南乡船（毛里湖、七里湖）、外河船。民国时期，津市港常年停泊有船只千艘以上，船民为维护各自的利益，除有船帮外，还建立自己的会馆，其中以"庸慈石"和"湘乡"最为势众。1938年，澧县废区扩乡，津市改设称镇，镇以下辖14保，其中就有一个是水保，并设置水警队，因船民来自四面八方，加之商旅过往频繁，《州志》素称津市人杂事繁，便缘于此。

抗战时期，各路船只相继来津避难，一时帮派林立，有荆宜帮（沙市、宜昌）、四川帮、河南帮、下江帮（江苏、浙江，又称难民帮）等。在民船同业公会协调下，船帮都划有自己的停泊区，由于船只太多，故码头之争，水岸之争时有发生。

澧水帮 一般指澧水流域内的船帮。但以石门以上诸县又合称为上河帮，即以"石、慈、庸"三县为主，含有桑植、永顺少许。湖泊则指澧水尾闾的毛里湖、七里湖等大型湖泊。主要船型大致分为澧水帆船、九澧拨船、津市板划、岩板船。澧水帆船多行驶于澧水主干或较大支流；九澧拨船因吃水深，仓容大，多航行于洞庭湖区及长江、湘、资、沅诸水；板划及岩板船专事港口转运或小河行驶。

宝庆帮 津市人通常将来自资水邵阳、新化、安化三邑的人通称为"宝庆佬"。湘中出煤，其中新化最甚。民国时期津市孟体仁就是新化人，幼年随父乘煤船来津市。因学历高，能说会道，是为津市煤炭业之头脑。宝庆帮的主要船型为新化毛板船，这是一种马钉加木板钉成的一次性船舶，可装煤60到120吨，因扁平肚大，人称"蛋壳子"，千里水路，一旦触礁，瞬间瓦解，船工归为鱼腹。如果顺利到达，则获厚利，回家可以造屋买田，这是一种以命相搏的利润。"宝庆佬"有血性，他们在浪急风高中豪迈高歌："船打滩心人不悔，艄公葬水不怨天。舍下血肉喂鱼肚，拆落骨头再撑船！"

五邑帮 五邑即含长沙、湘潭、浏阳、岳阳、湘阴等市县。津市人称他们为"南边人"，浏阳历来是津市鞭炮的供给地，长沙则以铜官的瓷器为主，为津市稻米和瓷器之中转。湘潭船以晚清时期最勤，粤汉铁路通车后渐稀。而岳阳与湘阴多是为了澧州出产的棉布及棉花。主要船型为浏阳楸、长沙楸，因造船多用本地产的楸木，故名。南边人爱讲究，加之木质坚固，漆水好，平常保养精细，面洁舱干，这类船适应装载细货。

湘乡帮 即湘乡籍船帮，晚清因有当朝重臣曾国藩的缘故，再者人多势众，1949年统计有船500余艘，是唯一能与本地船帮抗衡的一支。粤汉铁路开通前，湘乡人主要承接湘潭到津市的广货，以及湘西北入粤的土产水运。民国后，铁路修通，粤货转湘物资中心从湘潭移到了长沙，湘乡人又转向了湘中煤炭运抵津市的业务，湘乡历来水运发达，他们的"倒扒子"载运量虽仅有二三十吨，但船轻巧灵活，阻力小，逆水上行特厉害，有"倒扒子，两头尖，有水上得天"之说。

衡阳帮 即为衡阳、衡山、祁阳、耒阳、零陵湘南五个县的船帮，以运煤为主，间或有些广货运进。主要船型为小拨，这种船体长而窄，篷矮而坚，首尾微翘，有衡阳、衡山等地方型。

第二节　从商帮到同业公会

一、商帮的形成

津市由渔村到商埠，在不同时期来自各地的工商移民，以地域为中心，以血缘乡谊为纽带，自发组成的区域性商人群体，这就是人们所说的商帮。在津市，商帮形成最完备的时期是在晚清，在数十个商行里，各家会馆均有属于自己的行业。以五大会馆为例：江西人以经营桐油业、布业、药业、南货业、金银业等为主；江南人以经营盐业、绸布、香烟、旅筵等为主；广东人以经营百货、海味等为主；山陕人以经营当铺、钱庄、估衣、皮货等为主；福建人以经营藤器、茶叶等为主。虽各行业明晰得不是那么细微，但各帮均能遵从行事，毕竟这种分工不是一朝一夕而形成的，职业操守加以商业道德无不浸透着仁义礼智信的儒家传统观念。商帮除以省籍划分外，另还有以府、县或个别特殊行业为界而组成的商帮。最为典型的是江西樟树药帮，自明末清初，"聂隆盛"来津市五通庙河街设号后，来自江西清江的药业商人便接踵而至来到津市，是为津市商业"百年老字号"铺店之首。其药帮规章尤为严苛，现将津市药帮规章全文展示如下：

津市药业规章

1. 新开药店必须先向同帮会缴纳牌费，方得开业。

2. 不论独资或合资，投资人一定要是临丰籍人（清江、丰城）包括管事、业务、账房、店伙、学徒。（伙房、打杂可选择）

3. 新来的帮工必须向"崇义堂"缴纳入会金（俗称上会），方得进店，学徒出师亦须照章履行入会手续。

4. 帮工进店必须一年终局，不得半途无故离店，店主也不得任意辞退帮工。

5. 学徒期为三年，期满，视其才能分配适当工作。

6. 帮工在店宜尽心竭力，循规蹈矩，不得在外以本店名义挪扯钱物或偷盗行为。如违反上述规定者，轻则开除，重则送"崇义堂"伙计会共同论处,当众焚毁其被帐、衣箱等个人生活用品,并通报同行业,永不录用。

7.各药店规定每年农历正月初六日"讲生意"。店主即用红纸张贴被留用人员名单、工作项目和年薪,并注明"有名者请赐红圈一个,无名者另请高就"。

这种囿于小圈子内的工商行业还有一些,如津市的制秤业,据史料记载,清初,江西人来津市大码头开设升泰隆秤铺,以生产钩秤、盘秤、骨戥秤等为主。秤铺是为商业服务的,傍商业繁盛,津市秤铺随之增多,但始终没有跳出江西人的圈子,由于他们都来自江西吉安泰和,故在他们的铺号中都有一个"泰"字,民国时期津市秤铺有新泰隆、曾泰隆、李泰隆等11户,生产木杆秤,年产4000杆左右,产品远销四川、云南、广西、河南等地。他们不收外徒,木秤制作工序多种,每道工序极为精细,外人难以涉足。

再一个是津市的金银业,起步于清光绪年间,从业人员均来自江西丰城、高安两县,帮口同心同德,互相支持,保持相当的利润。各家雇佣工人仅限于同乡,帮规不允许雇佣非江西籍员工,以维系既得利益。金银业俗称金号银楼,大都前店后厂,分布于观音桥与新建坊一段的繁华闹市,其金银制品的花色品种多达百余种,光银器年产量就达三四十万件。产品不仅畅销九澧流域及鄂西鹤峰、来凤、石首、松滋、公安等地,而且还与长沙、湘潭的金银号有往来。抗战时期,还有行商贩运至四川、重庆等地。金银业在商业同业公会里面很有发言权,这反映出市场的需求量大,也在一定程度上体现了地方的富庶。

"宝庆佬"是津市人对宝庆府三邑,即新化、安化、宝庆三地人的俗称,他们除有船帮外,还有显赫一时的商帮,津市的油榨业几乎就是"宝庆佬"的天下。人数与其他商帮相比不多,以禹姓居多。老一辈的代表人物有禹惠堂,集当铺、油行、榨业、房地产于一身,一度位居津市富商榜首,但为人低调,乐善好施。民国初年,过境军队频繁,每次商会捐资,禹惠堂总是背大头,为保一方平安不遗余力。后来有禹禹三,这位毕业于国立武昌高等师范学堂(武汉大学前身),有儒商之称的大中油号老板更是受人尊崇。1950年10月,由他执笔向新政权进言的《津市各界代表意见书》,更是展示出了一个旧知识分子的爱国情怀以及远见卓识。

商帮为津市的商业繁荣起到了重要的积极作用,随着长江口岸的开放和大量工业品的入境,一种新型的商业组织出现,逐一取代商帮,这就是同业公会。

二、同业公会

　　1927年，国民政府出台《工商同业公会规则》，津市商会根据其精神，相继建立了26个商业、11个手工业同业公会。这种打破地域、籍贯界限，以同种行业组成的商业组织，无疑是社会的一大进步。帮会的行规体现了限制市场竞争的垄断原则，是小农经济的产物。而同业公会的行业规则更多地表达了自由竞争的精神，并能满足现代经济运行的行业需求。同业公会的宗旨，就是要将早已不适应商品经济发展的旧有行规进行更新换代，如：扩大生产，放开市场，新开店铺、商号不再受到限制，除同业不得私挖员工外，对学徒的招收办法及数量等不再有限制性规定，处罚必须上报商会公断后进行仲裁。下面仅以津市柴行业为例：

津市柴行业同业公会规章

　　第一条　本行营业以领有正式牙帖为原则，除肩挑担可以单独营业外，任何人不准以经纪及搭行名义营业致紊行规。

　　第二条　外埠所来柴船以任客投行为为主，如不得已时下河接船，总要取其外客同意，不得以行代客完关，一面挟制外客勒客贱售，一面摆抗同行，不能另投致碍行户名誉。

　　第三条　各路进口柴船必须投行随时发售，如未经投行或先以投行，因有其他事故再转出行，而未投他行私自营业出售者，一经同行查出，公同处以正佣加一倍之罚金。

　　第四条　本会会员如有查出违反本规章，擅自出售之货得酌提奖金，准以六成提作本同业公会用，以四成提作该会员之奖金以示鼓励。

　　第五条　遇有就近无棚小划子装载木柴自行营售时，得由本会会员投请本会斟酌情形处理。

　　第六条　凡欲新营本业者需商得本会同意领取牙帖，并有本会会员二人之介绍加入本会会员，缴纳会金登记费。

　　第七条　本规章如有未尽事宜得随时修改之。

　　第八条　本业规章经呈请县政府县党部备案后施行。

1936年10月

　　津市最早的同业公会是衣皮业和油榨业，分别成立于1926年和1927年。1929年《工商业公会法》公布实施，津市同业公会即一哄而起。迨至1944年，津市计有同业公会47个（含手工业）。津市药业顺应潮流于1936年成立了同业公会。

各个同业公会均制定有本同业公会的章程及规章制度。由于津市药业的特殊性，仍然沿袭着旧有的樟树药帮帮规。

1940年，沙、宜相继沦陷，长江断航，淮、川盐运进不来，津市一度出现盐荒。津市盐业同业公会发起，组成"九华公"盐号，前往湖北三斗坪采购食盐，因未给当地盐局贿赂，不仅粒盐未得，反而所派人员挨打返回。同业公会即向津市盐务局报告，并以津市盐务局与同业公会名义，联络澧县县长，请来常德行署专员及省盐务局共同来津视察盐荒，并在《湖北日报》刊登鄂西盐局违法行径。此事惊动重庆民国政府，令湘鄂两省盐务局商讨解决办法，问题最终得到妥善解决，极大地缓解了津市盐荒困境。

1946年，难民大返乡，导致津市经济急剧衰退，此时，省财政厅又要加收油料附加税，引发榨油业的极大不满，随即同业公会向津市商会申述，商会上报县府，同业公会还同商会一道赴省财政厅据理力争，最终得到圆满解决。当代表们乘船返津时，榨油业为他们举行了隆重的欢迎仪式，喜悦之情，难于言表。

同业公会设有理事长、理事、监事等职，有固定的办公地点，即使没有，也会选择某个客气一点的酒家和茶楼作为临时会场。如津市盐业每月初一、十五的例会，选择在企园酒家的雅厅举行，边吃边议，席散会散。商人常会利用这种机会联络感情。但那些小的行业就不一样了，一切删繁就简，河街僻静的茶馆是他们最好的选择，边喝茶边议事，到了饭点，就近找家小馆，炖两小钵，打壶谷酒，饭钱"AA"制，那时他们用了码头上的一句行话，叫"抬岩头"。

津市绸布同业公会自打成立的那一年起，就一直设在益泰布庄的二楼办公。这是一栋青砖木架的中式建筑，装了三层玻璃，看去疑似三层。这样显得商铺高大气派，门面如脸面，从观音桥到新建坊的商号大抵都是这种做派。与其他商铺不同的是，益泰的外墙没作一点粉刷，清一色的青砖白缝，也没嵌石库门，这在左邻右舍全是洋楼洋房中显得引人瞩目。布庄位处正街和新码头的十字交叉路口，西、北两面临街，透过二楼的窗户便能观到两边的人流。这里离客运码头近，上岸旅客由此入市，热闹人杂，故警察局特地在此设立岗亭。

1950年8月，津市工商联筹委会成立，分属商业的32个同业公会随即转入，在筹委会领导下从事各项工作。1956年对私改造结束，同业公会随之解散。

第三节　津市商会

辛亥革命后，澧州州判撤销，津市乃由地方以"五省九团"名义代理地方政事。适逢中华民国政府法制局改订《商会法》，规定凡商务繁盛之城镇需设立商会。在"五省九团"的主持下，组建津市第一届商会，公推绸布商人唐泉生为会长，不及一年，改由虞信长绸庄经理康尔维继任。

津市商会历经战事纷扰，既有市场的畸形繁荣，也有市场的萧条冷落。可谓兴衰交替，喜悲交加。这种跌宕起伏的时局骤变无疑对商业产生极大的影响，尤其对商人是一种摧残。导致津市商人在不同时期纷纷转移资产。无论是早期的宋家业、禹惠堂，还是后来的胡异三、金慕儒等巨商，莫不如此。津市商会始终为促进市场繁荣稳定、市民安居乐业，从无懈怠，一路腥风血雨，蹒跚而行。

一、北洋时期

民国以后，澧州废州为县，北洋政府在此实施镇守使制，由于战事不断，津市商会疲于为军队筹捐，不堪重负。1917年，津市商会在致函长沙总商会中云："自民国成立，6年来，军事频繁，北去南来迎送不暇，合计借垫之款、招待之费达50万元（大洋）有余。去冬又被抢劫数十万余元，导致歇市月余，各业停摆……匪惟各商号力争收束，即殷实巨户亦影响所及。"

1920年岁尾，一股来历不明的军人持枪闯入商会，将各局寄存税款和商会代筹饷银27箱悉数劫走，此外，尚有商会预收未缴光洋5200元，东四区代筹饷银6700元，以及前垫借各营印收票款、服物等被抢劫一空，并击毙二人，伤者甚众，全市震骇。1923年，各军队饷需迫切，无论国课商本，悉数提走。1925年正月，因驻军军饷逼迫，商店力不能支，连倒绸缎店3家，钱庄2家。

1925年10月，镇守使贺龙率部离津,向商会借款2万元,由富商禹惠堂、宋仲青、陈裕嗣、李光大四家各借款3万银圆，商会贮存雄黄折现款 10 万银圆。1926 年 5 月，贺龙率部北伐，向津市巨商禹惠堂筹募银圆 12 万元，以充军资。

1926 年 3 月 9 日，长沙《大公报》报道："……县属下二十里津市地方，为九澧之要镇，商务极为繁盛。近年以来，因军事旁午，土匪乘间劫掠，影响市面实非浅鲜，慈闻该埠商民为自卫计，拟筹集巨金举办商团，仿汉口商团办理。现已公推赵镇南为该团督办，业于日昨具呈刘师长，请予查核备案云。"

1927 年元月，黔军廖湘芸部，开拔前向商会筹借巨额军饷。半年来，津市商会为驻防及过往军队筹措军饷达五六十万之巨。地方膏血搜括殆尽，此次实感无力负担，恳请豁免，无效，终爆发万人上街示威游行："反对军队勒捐！""反对强拉民夫！""反对强住民房！""拥护民众利益，实现革命民权！"后由商会出面向张思泉、宋云涛等 5 户筹借 1 万元作开拔费始得缓解。

二、土地革命时期

1926 年下半年，在中共津市支部的组织下，商界孟体仁（煤炭业）、熊受益（竹木业）、刘松鹤（饮食业）、崔光耀（棉花业）等以小商身份参组津市商民协会，由孟体仁任会长。协会宣称代表中、小商贩利益，反对大商把持商政，藉以与商会抗衡。后因"马日事变"，商民协会仅不足一年便宣告解散。

1929 年 9 月，根据新颁布的《商会法》，津市工商界成立同业公会，几经周折，终于将原商会会长孟体仁排斥于商会之外，选出原澧县县长伍葆元任理事长。

1935 年 9 月，贺龙率红二、六军团攻占津市，由商会向富商筹款数万元，并没收德士古、亚细亚、美孚代办煤油，榷运局的官盐，土豪的粮食，以及几家大绸布店的布匹。在近一个月的时间里，红军的兵员及军需物资均得到极大的补充。为北上长征作好了充分的准备。

三、抗战时期

1938 年，澧县废区扩乡，津市改称镇，设镇公所。商会的处事能力以及话语权远高于镇公所。有例为证：解放前夕，时为湘鄂边绥靖司令部司令长官兼第 14 兵团司令的宋希濂来津视察，放着驻军军部及镇公所不去，偏偏选择到协盛商号老板、商会会长金慕儒的私宅住了两晚。抗战时期，由于武汉、长沙相继撤守，江北沦陷，难民大量涌入津市，商务民事繁重，商会不堪重负。

在抗战周年纪念日（1938 年 7 月 7 日），津市商会配合抗敌后援会，发起"七七"献金活动。献金台设于闹市新码头正街，乐队轮番奏响《国家到了最危急关头》《松花江上》等抗战名曲，围观者口号不断。现场除各殷实户慷慨解囊外，许多家庭妇女也拿出了私房钱和金银首饰；小学生抱着扑满上台，当场敲破，倒出积攒的零花钱；不少妓女登台摘下身上珠宝首饰；甚至一些难民、乞丐也走上台，掏尽身上的最后一点积蓄。对于他们无私的慷慨乐捐，人们报以一阵一阵热烈的掌声。献金三日，现钞、金银首饰总计折合光洋三万余元。是时省各大报纸对此次献金活动做了专门报道。翌年抗战周年纪念日，商会与驻军再次发起献金活动。时有湖南《国民日报》第三版刊登了中央社电讯：

> （中央社讯）第九战区政治部，前有"七七"抗战周年纪念，曾分令所属踊跃发动献金。兹据津市第某某师政治部电称，该部于津市"七七"纪念日派员领导献金及义卖运动，计全师官兵献金一万余元，合地方民众献金，得计二万余元，加书画、戏剧、蔬谷等项义卖一千余元，总共献金二万一千余元（银圆），闻战区政治部以该部发动献金，成绩甚佳，已电复嘉奖，并饬将献金款项迳解司令长官部，囊解中央云。

抗战时期，国军一六三后方医院驻留津市，每逢节日，商会便会组织商民携带钱物，前往医院慰问伤残军人。秋冬时节，商会与津市各界一道，几次发起为前线将士捐献寒衣的活动，聊以表达津市商界对抗日军人的关怀。

四、内战时期

1946 年，商会改选，喻兰生出任津市商会（理事会）第十一届会长。是时内战在北方愈演愈烈，喻见局势瞬变，深感力不从心，乃向商会提出改组，亦由协盛号老板金慕儒接任。1949 年 6 月，时任湘鄂边绥靖司令长官的宋希濂突然造访金宅，几天后，金神秘失踪。而此时的津市镇长一职已缺位一年，每天从江北沙市那边过来的商户家眷络绎不绝，津市一些商业大户纷纷携金南逃。一时人心惶惶，大有山雨欲来风满楼的态势。

在中共地下组织的支持下，津市商界一些头面人物主动出来收拾残局，龚道广（时为湖南进步军人民主促进会成员）临危受命，出任商会理事长，在中共南下工作团来津之前的短短两个月里，可谓是困难重重、险象环生。

策动江正发和平起义乃是商会亟待要做的一件事。江正发倚靠江湖拉起一支数百人的队伍，十分复杂，不易驾驭。江被收编不久，受命驻守津市，且得到上峰旨意，守不住时可以"洗街"。此时的津市就如同一只火药桶，随时都可爆炸。商会利用各种关系对江阐明形势，陈述厉害，动之以情，晓之以理，并声言其部队只要保证地方治安稳定，如上面给养不能及时到达时，商会愿意垫付。如此这般，江终于同意配合，使得津市免除了一次兵燹之灾。

此间出一险情，湖北保安旅兵败南溃，乘船途径津市，而驻军江正发部又怕该旅上岸危及自身安全，一时剑拔弩张。在理事长龚道广等人的斡旋下，由商会支付五千光洋的贴补金，对方终于答应不上岸，一场火拼就此消除。

1949 年 7 月 23 日，湖南人民解放第四突击大队（津市地下党武装）从小渡口进入津市，津市商会暨各同业公会头脑与市民一道夹道欢迎。

民国时期津市商会历届会长（理事长）名单

唐泉生（1913 年）　康靖吾（1915 年）　熊良臣（1921 年）

向济川（1923 年）　陈裕嗣（1926 年）　孟体仁（1927 年）

陈建勋（1930 年）　伍葆元（1935 年）　孟体仁（1937 年）

曹友钦（1942 年）　喻兰生（1946 年）　金慕儒（1948 年）

龚道广（1949 年）

第四节　新中国商业组织

1949 年 8 月，津市市人民政府成立。遂设工商局，取代旧商会之职能。因是新建，业务不熟，故很多工作仍依赖于旧商会的协助。1954 年津市工商联正式成立，为以后的对私改造做好了组织准备。此间，七大国营商业公司相继成立，同时兼有建立国营商业体系以及指导市场经济运行的双重职能。1956 年，对私改造完成，成立津市市商业局，津市商人治商的历史结束。

一、工商局

1949 年 10 月 23 日，津市设立工商局，首任局长张瑞峰，办公地点设在商会街（原商会）。主要任务是市场管理、公司登记、平抑物价、调整公私关系、通报工商行情。工作重点为对私营工商业进行社会主义改造做前期准备。当时，我市共有工商业者一千多户，在不到一年的时间里便完成了工商登记，而在合作化运动中，仅用了不到三个月的时间就完成了全市占 85% 的工商业者的公私合营。后来，因商业局的成立，工商局部分职能划出。其后的几十年里，机构、职能几度变更，曾一度萎缩为一个股室。直至 1978 年十一届三中全会后，根据上级文件和要求，始将津市工商行政管理办公室更名为工商行政管理局，并下设三个工商行政管理所。

二、工商联

1950 年 8 月，为加强对工商界的领导和改组旧商会，津市工商业联合会筹委会候选成员由各界人民代表大会审议通过。不久，筹委会正式成立，领导工商界工作。至此，原津市商会宣告结束。翌年，加设公私关系调整委员会和品质规格检验委员会。四年后，津市工商联成立。1956 年，全行业公私合营后，于 1957 年召开工商联第二届会员代表大会，选出第二届执委 31 名，常委 11 名。经过调整，有同业公会 23 个，同业小组 6 个，会员 2070 人。1957 年 9 月，"整风"运动开始，参与这次运动的有资本在 2000 元以上的工商业者、工商联机关干部及政协驻会委员，共计 88 人。1958 年后，大批工商业者安排在公私合营后的工商企业工作，同业公会撤销。此后，政治运动不断，工商联工作职能逐渐减弱，处于瘫痪状态，工商业者大受冲击。直至 1979 年，市政协恢复工作，工商联得以恢复建制。

津市工商界 1949—1959 年所做的几项主要工作有：支前筹粮、统一货币、整修街道、支援土地改革、购买公债、工商登记、捐献飞机、筹组公私合营企业、公私合营等。尤其是公私合营，仅一个多月的时间，全市就有 14 个行业，195 户首批实现了公私合营。

三、国营专业公司

1950 年 10 月，津市成立第一家国营贸易公司。随后，花纱布支公司、粮食支公司、百货支公司、盐业支公司、油脂公司、土产公司、消费合作社等国营专业公司（社）相继成立，是为国营商业之始。1956 年后，原私人商业归口于各专业公司。后随形势的发展，这些公司均在不同时期或重组，或隶属关系改变。1958 年，各专业公司改为批发部，其行政职能归属于商业局，完成了私营商业向国营商业过渡的重要历史使命。其公司名称及人数如下：百货公司（81 人）、粮食局（54 人）、贸易公司（53 人）、畜产公司津市收购处（21 人）、盐业公司（34 人）、中国油脂公司津市办事处（35 人）、中国花纱布公司津市支公司（209 人）。

工商局、工商联、国营公司，作为建国初期津市商业的引领者，三驾马车并驾齐驱的时间不长，且各自执事的时间长短不一。1956 年，工商科从工商局析出，单独成立津市市商业局。1954 年 8 月，中华全国工商业联合委员会公布其组织章程、代表产生条例及选举办法等。明确了工商联是在中国共产党领导下的人民团体和民间商会，是党和政府联系非公有制经济人士的桥梁和纽带。1954 年 9 月，第一届津市工商业联合会成立。至此，执事四年的津市市工商联筹委会完成使命。新成立的工商联较之前的筹委会，业务上基本袭旧，只是加强了党的领导，秘书长由郑仕朴（中共党员）担任。1956 年，私改完成，商业局成立，原津市国营八大专业公司解体，分属省、地属下公司以及津市商业局。

四、商业局

商业局是在政府领导下，行使商务行政和经济双重管理。1956 年之前，其职能是由市工商局、国营各专业公司及工商联负责。1956 年之后，设立津市商业局，首任局长由皮业银市长兼任。在此后的几十年里，名称、管辖范围几度变更，尤其是与供销社的分分合合，但万变不离商。2002 年机构改革，商业局与招商局合并为津市商务局。

五、供销社

1950 年 9 月，津市合作总社成立。1955 年 2 月，津市合作总社析为消费合作社、郊区供销合作社，一年后撤销。1956 年，津市在原郊区供销合作社基础上设立农产品采购供应站，经营棉、麻、烟、茶、畜等农产品。1957 年 2 月，津市农产品采购供应站撤销，成立湖南省供销合作社津市采购供应站，时仅一年便并入津市商业局。1961 年 6 月，市郊区恢复供销合作社，津市根据本市情况，将原商业局划分为两局，一个管城区，一个管郊区。1962 年 6 月，撤销商业局，成立津市供销合作社。1969 年 12 月，商、供再次合并。1976 年，商、供又一次分家，津市因郊区范围小，故采取"两块牌子，一套人马"的管理模式。直至 1980 年 3 月，复设供销合作社，恢复津市市供销合作社，基层仅有阳由公社供销社一家，在市区以贸易公司经营为主。1983 年，贸易公司于分为日杂废旧、生资棉麻两公司，后食杂从副食品析出，划归供销社，这一时期的供销社可谓是兵强马壮。1985 年年末，原澧县白衣区三镇四乡划入津市，其各供销分社随同划归津市管理。1980 年代后期，随着市场的开放，供销社对农业的生产资料、农副产品的经营掌控大为削弱。1990 年代始，放开经营，各基层供销社渐次走入停摆状态，直至 2000 年公有企业改革，乡村供销社不复存在。市供销社作为党和政府密切联系农民群众的桥梁纽带，其职责是推进乡村振兴，搞好农资销售、农技培训、土地托管、农机销售、粮食收储等工作。

供销社日杂公司下属的调剂店在 1980 年代初是一个令人瞩目的地方，当第一批从香港过来的尼龙 T 恤衫挂满了该店时，这个平素并不起眼的店铺一夜蹿红，一天之内，悬挂在营业间的几十件 T 恤被抢购一空。吸引年轻人的是这个店的时髦货，在百货商店是买不到的。老人们光顾它是想兜售自己失而复得的那点"老货"，"文革"时抄走了，前不久又给退回来了，他们不想再为这些物件担惊受怕，换点钱是点钱。这便使得该店两头"走火"，一时生意兴隆，日进斗金。送货上门的"老货"不仅限于九澧一带，就连毗邻的湖北松滋、公安县都来"登门拜访"，收来的货通通送往广州外贸市场，再鬻换回花花绿绿的港澳货，两头赚钱。不过，调剂店的好日子没过几年，自文化馆设立了文管所，这业务就不属于它的了，随着个体户的兴起，流通渠道的多样化，大多数商品都不存在了专卖，红火一时的人民路调剂店也就平静了下来。几十年过去了，如今的很多老人对当年第一次穿上尼龙 T 恤的情景仍是难以忘怀。

第二章　商业形态

商业的集聚是商业形态的自然表现，而集聚的方式却随时代的发展而改变。从乡市、草市到城市、街市，从传统商铺到专业市场，从街头巷尾的摊点到商场的购物中心，从现代超市到网络销售，但凡种种，买卖没变，变的是买卖的方式，即为商业在某一时期呈现的形态。故而有人说，一个城市的成长，其实是商业的成长。

商由"市"而来，津市的"市"源于渔市。据现存文字记载，最早看到这个"市"的，是元代进士出身的宋褧（1294—1346），他的一首《津市留题》，便让人看到了乡市的雏形，继后是明代文坛四杰之一的何景明（1483—1521），他的那首被津市人视为城市符号的《津市打鱼歌》，现已镌刻在沅水河边的常德诗墙上，寓意很明显，它是要与那个写下了"沅有芷兮澧有兰"的三闾大夫屈原作一次时空的对接。"江边酒楼燕估客，割鬐斫鲙不论百"，语境隽永而飘逸，给人呈现的是一个江南水镇的场景。明清两代，津市或称铺、称塘、称市、称镇。但不论哪一种称谓，商业皆是它的根本，而引带商业一路前行的，即是这个城市在各个不同时期的商业形态。

第一节　码头造市

▲民国时期津市市井图（覃事春／绘）

一、市井起源

津市人对自己所居住的这个城市有如此的表述："上到杨湖口，下到小渡口。"意思是城市不大，就这么块地方，如将语境换成文字，则是"街长七里零三分"。令人诧异的是，这一长度在过往的数百年里竟未改变，延续至今。津市人说，上即是指西边方向，澧水自西奔来，城市随水赋形，就其"源"，津市应是从杨湖口开始。明公安派文学家袁中道在《澧游记》

中曾这样描绘津市："从涔澧交会之处，西上十余里，有千户之聚，名曰津市。""千户"是语境之词，不一定就有千户人家，但此时津市的繁荣却不容置疑。杨湖口北边的品元宫为津市最早的宫庙，里面供天、地、水府三品三元三宫大帝，是为土著祭祀及中元节时举办带有巫傩仪式的盂兰会场所。

　　早期的杨湖口就如同一尊硕大的犁头蛰伏于澧水北岸，将西来的澧水一分为二，主干径直向东，分支左拐入湖，因湖岸杨柳成荫，故名杨湖口，而湖则一度叫白杨湖或渔丝湖。两面临水，人亦聚居，始有渔村之说。《澧县调查笔记》中有"就其湖尾结茅者十八家"，因是口碑资料，难以确立。倒是一本贺姓族谱，备述详实，大元年间，江西南昌人贺觉贤以孝廉典牧慈利，由官落屯于慈利十八都（今鹤峰走马），自此在澧水流域繁衍生息，后有分支迁徙澧州，津市杨湖口的贺家湾，北面柏枝林的贺家台皆为贺姓子孙。这一脉贺氏后人没有像明清时期来津的赣籍人那样从事工商业，而是选择了亦工亦农、自由自在、无拘无束的日子，他们多从事泥工和屠宰，有首民谣流传至今："贺家湾，对关山，卖黄瓜，打龙船。"

　　元末明初，澧境无垸堤，围垸垦殖肇始于明万历年间，后规模逐年扩大，迨至清康乾年间，津市澧水南岸阳由、复兴（今果园）两垸建成，津澧之间，澧水南岸刘家河至道水口堤垸完工，澧水北岸的改口、东洲、永固、毕李等小垸相继筑成，致使澧城以下澧水主泓约束一线，调蓄功能丧失。每遇洪峰来袭，浊浪滔天，径直撞向关山脚下岩壁，尔后徙折北往，势如悍马，滔滔威逼市区，致使河岸常处于崩塌之势、街市被迫东移。先于大巷口，后至五通庙，最终在大码头停下脚步，这里河窄水深，适合泊船，且对岸关山余脉断尾，正应了风水学之说，没挡遮财路。果真，后来这里成了商业宝地，这是后话。

　　明末清初，澧州烽烟不绝，李自成、张献忠所部累克澧州，城内官署民房尽遭焚毁。顺治三年（1646），闯王旧部马进忠复陷州城，州官皆避匿于津市，因杨湖口一带河港交错，人口稠密，时有闯王旧部高一功、李过、刘体纯、袁宗弟、张光翠、牛万才等频繁过境，而州官们混迹于市井之间，倒是有惊无险。顺治七年（1650），重建澧州州署，知州汤调鼎有感于这段经历，作为回报，捐俸在津建延光书院，藉以造士，是为津市文脉之源。

二、专业码头

　　"舳舻蚁集，商贾云臻。连阁千重，炊烟万户。"是为商贾舟楫所会，人杂事繁。清雍正十一年（1733），嘉山巡检司移于津市，首任巡检为四川人彭鳌。然仅隔 24 年，津市商业繁盛，已成为澧水流域重要商镇，经商者日众，事务纷繁，"奉文裁减巡司，将州判移驻津市，巡检移驻石门水南渡"，首任州判为直隶举人蔡汇征。州判衙署的设置，象征着津市已从普通的市镇发展成一个重要的商埠。巡检司仅是一个司法部门（相当于现在的公安派出所），而州判则是知州的佐官，从七品，由此可见这一时期津市发展之迅速。不过，这时的商业，仍停留在手工作坊、沿街商铺的初级阶段，带有浓厚的日中为市的乡市印迹。

明清时期的津市码头，除少有毛岩砌垒外，大多是自然河坡。因最早的船是从西边来的，故码头由西东渐。时至清末，依序已有货物装卸码头9个。晚清由于外来船只日渐增多，遂出现以地域划分的各路船帮，水运路线除涵盖本省的湘、资、沅、澧外，北通长江，上至川、汉，下至沿海。这时，以码头为中心的列肆如栉。因受货物来源、装卸方便等因素影响，加之市场经济的高度自由化，行而久之，便出现了专业码头。码头之上，便是市场。以下是清代晚期津市的几个专业码头。

1. 汤家巷粮食码头

清康熙、乾隆年间，澧州东境湖区垦殖加剧，粮食主产区逐渐转移到涔、澹二水（俗称小河）流域以及滨湖一带。粮食集聚由小河船运出六家口入澧，上溯一里便是汤家巷，而滨湖各路船只抵津离汤家巷最近，由是，这里成了澧州最大的粮食集散地。"每岁采运湖南者，帆樯相望不绝。"民国后，水果逐渐入市，遂相傍为水果码头。

2. 太子庙煤码头

津市煤炭均来自湘中或湘南，从新建坊至汤家巷沿线均为湘帮、宝帮、衡帮船只停泊范围，而太子庙位置最为适中，历来为煤炭装卸码头，民国后，特别是抗战时期，有少许辰溪煤炭在此入市。煤炭除津市本地消费外，部分由此转输至澧水上游诸县。

3. 大码头盐码头

津市历为澧水流域数县盐岸。清初，淮盐20600引（一引合4000担），嘉庆时增至35600引，因战乱时有川盐入境。同治年后，盐改为官方经办，商户运销，一时盐商四起。淮盐由长江入洞庭溯澧水到津市，川盐由宜、沙经荆江分支松滋河入涔水到津市。盐船多在大码头靠岸，故大码头是津市盐商最为集中的地方。

4. 关爷楼药材码头

明清时期，津市已是澧水上游诸县乃至鄂西地区的主要出口，药材属于山货类，随其他物资一起来津。但真正形成批量是在清初江西药业在津扎根之后，兴盛已到了清晚期，这时的津市药号以及山货行已达数十家。因货源来路有水运和陆运，药号集中于城隍庙和关爷楼河街，山货行集中于大巷口及牌楼口一线。陆路来津的俗称"背篓客"，一般以十人为伙，回时带布匹及杂货。水运运输量远大于陆路。

5. 五通庙桐油码头

津市植物油脂均来自澧水上游，早期多为原籽，经津市专业榨坊或油行自家榨坊加工而成原油，油脂以桐油、皮油、梓油等为主，桐油为大宗。桐油为山区与滨湖地区的早期斛换物资之一，但真正形成规模是在晚清，汉口开埠后，桐油逐渐有了出口。桐籽果秋季采收，来年春季榨油，待大河发水船运至津市。因是上河来船，故油行多分布于五通庙至关爷楼河街。津市油商和药商均为赣籍一家人，故桐油码头即是药材码头。

三、河街商铺

像所有水边的城镇一样，津市最早的街市是在河边形成的。所以，河街又叫老街。河街从大巷口发轫，随河岸东延，直至六冢口（民国后称小渡口）。

河街是由一个一个的码头所衔接的，码头没了，街市也就没了。从前老说津市七里零三分，其实是指杨湖口至小渡口的这段距离。汤家巷以东除了竹木排均和渔船停泊外，不再有商业码头。故人们在逛街时，往往会在汤家巷止步。同样，大巷口至杨湖口沿线，因洪水年年啮岸，河街崩塌不已，最终连州判衙署也给崩没了。迨至晚清，津市的河街，通常是指上从天主堂，下至南华宫这段河街。

河街的居户是商户，生意无谓大小，开门见商。若是按行当划分的话，这一时期的河街可分为工坊区和商业区。上河街以制绳、制伞、染织为主。下河街则以竹篾编织、圆木加工为主。中段便是以大码头为中心的商业区，商铺最为密集。

河街是一道可以变换的风景，濒河一侧全是吊脚楼，这种悬坡而建的土家族民居格式显然是上河人带来的。自清康熙年起，因下游年年筑堤，洪道淤塞，津市水患渐频。每逢大水，洪峰来袭，势如摧枯拉朽，吊脚楼首当其中，拆屋卷楼，少则三五间，多则一条街。许是地皮金贵，抑或是房主的执拗，常常是当年冲走，当年兴建。用桐油抹过的新房，其桐油特有的气味，往往会香去整整一条街，仿佛在向世间宣示立业的决心。涨水时节，随着河面升高，常有木帆船直接将缆绳系在某座吊脚楼的木柱上，诚然，双方主人或是熟识或是相好，水手翻越栏杆直接入楼，两手绝不会空着，要么是一腿腊麂肉，抑或是两包鹤峰毛尖。这情形在沈从文笔下的湘西常能看到，只是津市的城市味道更为浓烈，多了几分斯文。

吊脚楼还保留着大山里的风格，因结构的缘故，业主在大门的一侧，开一腰身高的窗口用以营业。白日，业主可在自己的门前撑一凉棚，凉棚下摆满货物，这种即遮阴凉又占地盘的凉棚几乎家家都有，只是布料、颜色不同，远远看去，就像是雨后长了一丛丛蘑菇。而街的对面，又是另外一番风景，建筑呈赣派式样，白墙黛瓦，说是砖木结构，但除封火墙外，其他全是木，这种房屋主要特征是，二楼当街一面是栏杆和板壁，夏天炎热时，板壁便可卸掉，只剩下栏杆，凉快许多。店铺打烊开业都得上下梭板，于是，在早晚的某个时辰，便能听到一阵紧过一阵"噼噼啪啪"如同鞭炮炸响的上下梭板声。

河街除商铺外，铁匠铺随处可见，这种只需一个简陋的棚屋便可开业的铺子，是河街最早的工坊。最初只为水上服务，如造船用的钉焗、行船用的铁锚等，后出产日繁，分炊具、农具、钉具三类。业内又有大铁匠、小铁匠之称。如锻两三百斤铁锚的人，即称大铁匠了。而像刀、剪、铲之类的零碎小件则是小铁匠所为。进了铁铺是看不清人的，除炉火通红外，只能看到对方的牙齿和眼珠，其他一团黑。他们的衣着在一年的大半个时间里没有什么变化，除胸前的那块挡火星的生牛皮兜外，里面也就一条短裤，而那些刚入行的小徒弟们，甚至连短裤也没穿，坊间说是防焯火星子溅进裤裆里了抖不掉，那样会伤了命根子。

四、绿酒红灯大码头

清咸丰五年（1855），赣商为首的一拨富商大贾醵资，于大码头之上建一座三层楼阁，取名大观楼，意为大观在上。因是河街的制高点，每日清晨，从东边斜过来的第一缕阳光便洒落在大观楼的屋顶上，一片金黄，故此楼又称朝阳阁。

大码头，通常是指从关爷楼至观音桥的一条东西向直街，以及从码头而上至箸箕洼的一条南北向的横街这片区域。明清时期，这种横直两街交错的格局在津市仅一例，故而列肆交汇，是为街市中心。大码头的形成，应是明清两代的结晶。据资料记载，清顺治年间（1644—1661），江西吉安人来此开设升泰隆秤铺，随之有笔、渔具、棕索、圆木、竹器、雨伞、油漆、皮箱、雕刻、香编等坊店相继在这里开业。各家生产的产品，除部分在本市消费外，其他的一些也会随上下的船只运往各地。这种依附于码头的前店后坊、亦工亦商、自产自销的商业模式是津市大码头最初的商业雏形。

大码头的升级换代是在清咸丰以后。此间发生了两件大事：一是咸丰十一年（1861）汉口开埠，津市始有农产品出口；二是同治十二年（1873）北水松滋河的形成，成为津市到沙市、宜昌最捷径的新航道。汉口开埠给津市带来的好处就是茶叶的出口。光绪十五年（1889）粤商卢次伦在石门泥市创"泰和合"茶号，分别在津市和汉口设立茶庄。每年茶叶通过津市转输汉口，这无疑给津市的消费市场带来了巨大的商机。晚清，政府对盐的管束略有放松，澧州由淮、川两地同时供盐。川盐由宜、沙两地顺松滋河进入澧境，汉口开埠后木材用量大增，无疑带动了澧水流域的木材市场。有趣的是，澧水的集材场在上河40里的合口，而交易却在津市。由于茶、木、盐三大主业的活跃，津市市场一度繁盛，民间有"茶商、木客、盐贩子"一说，排名顺序一目了然。

晚清的这种商业格局终因民国初年的洋货入境而打破，1919年，泰和合茶号收束，替代它的是桐油的出口和工业品的进口，津市市场始由农副产品的集散，转换为农副产品与工业品的蠡换市场，最能看出这种变化的是大码头商号的生意越来越大，门面越来越洋气，一改传统的梭板门为石库门，毗邻大码头的津市富商禹惠堂为了满足自己的侄子打篮球，竟在院内建了半个篮球场，实属时髦。许是过于传统，大码头依然保留着早期集市的印迹，如凌晨点灯开市，于上午10点形成高峰，摩肩接踵，喧嚣无比，午时收敛于饭铺酒楼，日昃过后行人渐稀。故老津市人说起大码头，总不忘在后面加上市场二字。

大码头上岸靠东的第一家酒肆即是晚清有名的酒家——集贤楼，当时澧州才子郭春生是这里的常客，也不知是哪一次在这里喝醉了酒，挥毫为朝阳阁写下了那半幅"绿酒红灯大码头"的楹联。为凑齐另一半，后人遐想了近半个世纪，也没人吟诵出满意的词句来。

1913年7月，最后一任澧州知州朱其元（宣统二年任）卸职返乡，朱在任期间，为官清廉，体恤民困，政声颇著，深得民心，在大码头登船启程时，市民闻讯，纷纷赶来送行，启航时，沿岸市民招手挥巾，依依惜别，大船小艇，一路护行，其场面极为感人。

第二节　商街初成

辛亥革命后，津市商业悄然发生了变化，由于现代工业品的入境，传统商业发生蜕变，杂货业分蘖出百货，布匹业改为绸庄，西药现市，旅筵业渐旺，随着部分农副产品出口的激增，拉动了内需，市场一片欣欣向荣。其幕后的推手即是这一时期相继出现的轮船、邮局、银行、电灯、印刷等一系列为商业服务的产业。一个地方的商业是否繁盛，主要看它街市。因津市的街市是在前河后湖、七桥连市的基础上发育而成，所谓三街并陈，只是城市格局的大致走向。由于历来没有政府行为的城建规划，商铺民宅建设毫无章法，街巷纵横，勾栏瓦舍，形如迷宫。故而坊间有"七弯八拐九宫庙，三店五铺一条街"的民谚流传。缘于人口稠密，人杂事繁，为治安和火警的考虑，自清咸丰年间起，津市街区被切割分块，均以木栅栏为界，实行区域管理，每晚九时闭栅，这时，黑夜里就听得各辖区内更夫的竹梆敲打声和呼喊声："各家各户，小心火烛——"二更过后，城市陷入一片寂静。

这种情形一直延续至民国，栅栏为界，这可从民国早期津市的行政划分清晰可见。这时的街市仍处于松散状态，且带有浓厚的市场痕迹。如：后街多以商号客栈、青布庄、行商聚集为主；三洲街、大巷口、油榨街为棉花入市要道，则以花行、栈房为多；关爷楼至五通庙沿河均为上河船停泊处，油行、山货行居多；上、下河街多以粮行、水果行为众；观音桥至新建坊一段店铺较为稠密，因毗邻新码头（轮船码头），工业品由此上岸，故百货店、绸庄、烟店、洋行洋号大多集中于此。这种无中心的商业格局，尤其是栅栏相隔，蛇行斗折的街市，既跟不上商业的发展，也不陪衬商埠城市的形象，津市急需有像汉口的汉正街那样具有地标性的商街，这似乎成了当时政、商两界的共识，于是，津市便有了两次修街的经历，巧合的是，就在第二次修街后的翌年，抗战爆发，一夜之间，津市陡增十万人，八年的畸形繁荣，给这个城市留下了"小南京"的誉美之词，而支撑起这一桂冠的便是商街。

一、西风东渐

1. 轮船业的兴起

1916 年，长沙日星绸布店老板吴伯熙，购得英籍太古公司汽轮一艘，取名"通和"，航行长沙—津市一线，初以拖带民船为主，后自制拖驳，开始客货两用。同年，长沙人王桂生，以一艘用柴油为燃料动力的浅水轮"快利"号，开辟津市至澧县客货航班。继有津市商人凭一艘以木柴为燃料的汽轮"津澧"号加入津澧运营。此后，轮船日多，航线渐广，从事轮运的企业纷纷出现，其或合营或独资，或公司或轮局，形式不同，名目各一。其时组设轮船公司需按有关章程和规则，报请省航政机关，转呈交通部审批，发给执照后始能营业。民国时期，津市乃长津、常津两线主要商埠，其次是汉口、沙市和宜昌。津市自 1921 年组设"六轮公司"开始，迄至抗战前 1936 年的 15 年时间里，先后有长津、福利 2 家国人公司和 3 家外轮公司在津开办轮运业务。

轮船业的兴起，不仅仅给澧水河上带来了悦耳的汽笛声和花花绿绿的万国旗，而且预示着一个新世纪的到来。

津市最早修建轮船停泊码头的是"通和"的老板吴伯熙，位置在湘乡码头之下，后六轮公司组建，码头扩大，石阶坡岸，并配有趸船，取名长郡码头，后六轮易名长津，故又叫长津码头。嗣后，各中外轮船公司纷纷成立，但码头的修建仍囿于观音桥至东百米的一段沿岸。为与大码头区别，轮船泊岸一线统称新码头。

2. 电灯亮了

1916 年，亚细亚煤油公司津市分销经理，宁波人殷仁卿，邀集津市商人徐振岳、龚树堂等，创建津市昌明电灯公司，厂址设紫竹林内，有 10 匹马力单缸内燃机一部，5 千瓦发电机一台，供大码头至新码头一条商街，开沅澧流域商业照明用电之先河。电灯的出现，不仅仅给黑暗带来光明，更为重要的是提升了一个城市，特别是一个以商业为主的城市的品位。试想，每当黑夜来临，华灯初上，街市如昼，人们三三两两地上街逛店，那该是一种怎样的惬意。这种夜间出行，也给那些白天没有时间购物的人们带来方便。据说刚发电的头几个月，四周农民纷纷进城踏看，更有甚者，一些上河人专程乘船来津看稀奇，目观者无不瞠目结舌。

3. 银行、钱庄

晚清，随津市商业的发展，钱铺、钱号、典当业应运而生，民间金融活动日趋活跃。

以赣籍商人周老贯为此业之首。延至清末,有钱铺、典当8家,专事存款、放款和押当等业务。民初,随工业品的入境及农特产品出口的激增,金融业作为商业润滑剂不失时机粉墨登场。钱庄、银行、商钱局等金融机构迭现,富商巨贾乃至政界纷纷涉足,其市票流通境内及周边各县,津市遂成湘北九澧金融中心。从民国初年钱庄、当铺的泛起,紧随其后就有中国银行、中国农民银行、湖南银行、澧县银行及私营复兴银行等五家银行入驻津市,足以见证津市商场的繁盛。因监管缺失,民间钱庄常有滥发之弊。但瑕不掩瑜,金融业的发达无疑是一个商埠发展的必备要素。

1919年12月29日,长沙《大公报》第三版刊登如下报道:"津市去澧县数十里,地滨澧水流域,为该县第一市镇,商务旺盛,兹将商务壮观态于下:该地市面铺户甚多,异常壮丽,各项商店统计约几百家,以杂货、油盐、绸缎、药铺等为多,尤以钱店为最……又闻此地妓女生涯甚为发达,每晚各家约有花酒几席。"

4.邮局

清光绪二十七年(1901),津市邮政自办分局,为常德市境之首。1914年,津市列省属二等邮局,为常德市最高等级邮局。电报局始于1912年,津市设三等电报局,为常德市境之首,翌年改隶汉口鄂湘电政管理局,1916年转属湖南电政监督处。1917年,津市开办国际快速函件业务。1931年,始办电报汇票,为省内15个电汇局之一。1935年,湖南省长途电话工程处在津市设营业分处,隶省建设厅,国内长途电话开通,1938年,易名为省长途电话局津市营业分处。市内电话始于1941年,迨至1949年,用户增至94户。邮电业的开拓,从清承办普通汇票到民国初年增办代收货款汇票,无疑为津市商业的繁荣起到了积极推进作用。

二、两次修街

1922年春,常澧镇守使唐荣阳(1878—1932)首先倡议,津市富商美利油行经理吴六阶、谦益油行经理伍葆元等应声附和,按当时的津市行政区划,即由镇福、师益、龙会、三洲、保合、永安、汤石、上禄保、下禄保等九个团总分段下达任务,将商户划分为大、中、小三个等级分摊修街费用,唐亲自派员督办。工程项目有三:一是将上至大巷口、下至双济桥中心街道整平拉直;二是从长沙丁字湾运来麻石,将其繁华地段一律铺设麻石街面;三是主要路段均铺设一层卵石。整个工程持续一年。至此,津市街道较之前大为平坦,行人称便,外来旅商者称赞。唐荣阳一介武夫,戎马一生,曾先后任奉天巡警总稽查、川滇边务大臣、省警察勤务督察长,足迹可谓遍布大江南北,许是同为九澧人,他对津市情有独钟,唐荣阳晚年未回老家石门北乡而寓居津市即可为证，寓津期间，蒋介石曾派员游说他出任湖南省省长，被婉言谢绝。后何健任湖南省省长，并专程赴津市造访唐荣阳，征求政见。唐荣阳则以退隐山林、不明时务为由闭门谢客。1932 年 10 月，唐荣阳病逝津市，令人蹊跷的是，唐临终嘱咐不回石门北乡，而是效仿他的前任王正雅葬于津市南岸关山南麓，距北麓的王正雅仅一小时的路程。

相隔 15 年，时任湖南省保安第二区司令王育瑛来津视察，以"津市为九澧门户，商务重镇，而街道异常狭窄，有碍市民卫生，实属不利交通和商务发展，要求街道两旁商店住户拆屋让道，加宽路面"为由，召集全市各公法团体召开联席会议，决定成立"津市街巷整理委员会"，并公推澧县县长陈士为主任，办公地址设商会。委员有袁经纶、邓阳轼、孟体仁、樊九介、万鑫、姜宗藩、周文定、朱季梅、张一胤、范汉泉、余赛周、胡彬生、朱叔钧、崔润民、樊生龙等 15 人，皆为当时津市政、商有影响的人物。此议公布后，全市哗然，遂有商户房主联合起来，呈报县府，以"连年水旱为灾，无力负担"为由，要求"停止投标，缓修新街，以苏民困"。县府批示："查津市修理街道，系为整顿市容，便利交通，案经决定，事在必行，所请缓办一节，特斥不准。此批。"

工程分三期完成。7 月，拆让工程开工。正街万寿宫石库门面拆让一丈，大码头横街田子云私产突出街心的石库门拆让七尺，以此两栋房屋为标准，不论公私房产，凡阻碍交通者一律拆除。与此同时，城隍庙横街、大码头横街也进行了一次大拆让。历时一月，拆让工程大部完竣。遂开始修街招标，最终以最低标价每长一丈为 107.3 元拍定。为考虑地方财力，其征收费用办法如下：（1）每段工程钱款分三次征收；（2）挨户上门丈量，户主盖章确认，开具缴单，到指定银行缴费；（3）收缴比例，房东六成，佃户四成，房东六成均由佃户先行垫付。各街巷口的费用待修街完成后的第三期付款中公摊。整个工程仅用了半年时间。至此，津市正街较过去拓宽了一倍，两旁出现了水泥人行道，这是津市市区道路第一次用上水泥，市容由此焕然一新，交通较之前大为改观。

三、商业建筑

1912 年前，津市的商铺均系直条式的梭板门面，前店后寝，其构造两边多用"山墙"，内部用"幺墙"相隔，以防火灾。中间一"堂屋"，前后两井口，两边置厢房，若进数较多，每进式则一样。1917 年后，铺面形式逐渐有些变化，开始仿效汉口、长沙的石库门面，进门后中间是营业厅，前面一横"凸亭"，后面一小"凸亭"。一进"幺二"，外做门面，内做批发。后因两次修街，大商人藉此纷纷扩充门面，为适应现代工业品的陈列以及日渐宽敞的街道，迄至抗战前夕的 1937 年，业已形成西起关爷楼，东至新建坊近 2 华里的繁华街市，跨越大码头和新码头，商业最为稠密，被视为黄金地段。

此时的商业建筑虽仍以木架构为主，砖墙体只起围护和分隔空间的作用，但在内外墙材料及装饰上大做文章。外墙面材料多为质地考究的细麻石抑或石灰纸浆抹底，再在上面刷上各色油漆料，加之街面一般采用假三层无檐墙，高矮交错，色彩明快，给人一种冲天的视觉。另有个别商铺将堆画艺术用作了门额装饰。堆画，即用石膏和纸筋造型，然后涂抹颜色的一种近乎西欧浮雕的工艺，以前多为宫庙建筑所采用，是本帮泥工的拿手活，若是药号，便饰以寿星蟠桃，若是瓷店，则饰以鱼虫花鸟。这种集美观与广告于一体的装饰极大地提升了商铺的文化品位，也给街市增添了浓厚的商业气息。

镇大油行、协盛盐业、饶同仁药房、湖南省银行、光明电灯公司营业厅、中西大药房、益泰绸庄、企园酒家等一批商行商号，其商业建筑要么样式时髦新潮、要么设计匠心独运，这些建筑的出现，对提升津市的城市品位，引领津市的商业均起到极大的推动作用。在这里最为值得一提的是修建于 1921 年的长津轮船公司大楼，为津市近代建筑肇始，其泥工业南帮（长沙、宝庆）的输入，不仅打破了本帮沿袭数百年的建筑传统，给津市的建筑业注进了新鲜活力。这些民国建筑因颜值和价值均属上乘，故在中华人民共和国成立后仍持续使用几十年。2020 年，长津公司因旧城区改造而被拆除，距建成刚好是一百周年，而益泰绸庄作为民国时期的津市商业缩影则被完整地保留了下来。代表建筑简介如下：

1. 长津公司

1921 年，六轮公司改组成长津轮船公司。此时，新公司不仅有运力上的提升以及航线上的拓展。更让人惊艳的是，它于太子庙西河街建了一栋办公大楼和一栋职员公寓。决策者撇开津市现有的建筑队不用，舍近求远，专程从长沙聘请泥工来津，力图在设计与建筑上有所创新。果不其然，建成之日，目观者络绎不绝。办公大楼直碑式的门面给人以新颖而清爽的感觉，加之高尺度的竖窗配以百叶，更显几分洋气。时有《西声报》经理熊世锟前来贺喜，特在公司大门东侧设一报刊橱窗，以供路人阅览，这种文化的渲染无疑给公司增添了浓厚的现代商业气息。与之斜对面的职员公寓修得倒是传统，二层小楼，外部基本沿袭中式传统做派，粉墙黛瓦，飞檐翘角，只是两道进门各镶了罗马柱，门楣上方均配以喜鹊登梅的砖雕纹饰，看去十分雅致。

2. 协盛商号

1937 年第二次修街时，金慕儒的烟土生意做得正旺，盆满钵满，于是趁机在观音桥与新码头之间买下一处房产，取名盛昌油行，后改为协盛油盐号。这是一种集营业、接待、仓储、办公、居寝为一体的商住建筑，临街墙体高耸直立，门窗以几何形花饰线段美化，窗户镶嵌彩色玻璃配铁条栅栏，大门采用铁皮铆钉，沉实厚重，从外观看且带西方建筑色彩，略显豪华森严。从前到后五进，一进为营业大厅，三层高空间，几明透亮，二进为客室，置天井采光，除中堂外，两边各辅以烟室和牌室的厢房，再往里走依次是堆栈、账房、厨卫等三进。除一、五进外，其他均为二层，楼上为金家家眷居寝和汛期堆码货物所用。这类门面一般可做百货、锅铁、绸布、瓷器、金银楼、书纸文具、南货、药号等商铺。这种一宅多进房屋咬合直贯组成，整栋楼房呈封闭式，防水、防盗、冬暖夏凉，既追求气派、豪华，又符合封建礼仪。1949 年 6 月，时任湘鄂边区绥靖司令部司令官兼第 14 兵团司令官的宋希濂来津视察，放着第 1 军军部不住，偏偏选定在金慕儒的协盛下榻，其安全度可见一斑。

3. 中西大药房

1931 年，江西人敖卓明为江西同乡会营建中西大药房于观音桥正街，以长窄的地基仿天津劝业场式样建三层楼房和八角亭，西式牌楼，玻璃窗橱，前为明瓦凸亭，中为营业间，后为转梯八角亭，突出三层之上，整个建筑通风采光良好，式样新颖，办公室后有屋顶平台，创津市新貌，此楼宇与詹正元笔店八尺宽的三层楼对街相望，实为街市一景。

4. 光明电灯公司营业厅

1940 年，津市电灯公司再度改组后，输电线路延长，照明用灯发展到 3000 余盏，并能装设日光灯、霓虹灯等装饰用灯。营业厅也由原来的西河街迁至新建坊北巷中富商胡异三的私宅。这是一栋新式二层砖房，利用弹丸之地向上发展，当街砖墙高耸，每层约 5 米之高，加之窗户与楼房同步呈上长之势，高近 3 米左右，室内明亮透光，与对面的幽深老宅相比，步入者尤感豁然开朗，是为陋巷中的大洋房。房主胡异三为大庸人，建房采用上等木材，用料讲究，堂屋地面敷设水泥，室内则铺设木枕板，楼舍筑有厕所两间，整栋楼房为南帮泥工头脑朱叔钧所负责修建。

5. 湖南省银行津市支行

1927年后，津市少有兵灾人祸，金融市场由是复苏。1933年，湖南省银行在津设立支行，而在沅、澧各县仅设办事处，由此可见当时津市商业之繁盛。银行选址于商会后街白宫戏院东侧，正门为十三级台阶，一是显示金融部门之要害，二是汛期洪水入市一般难以淹及。建筑分为前后两处，即营业区和后勤区，中间有庭院相隔。外有围墙，东侧开一小门，为后勤区通道，布局之严谨无疑给银行本身增强了信誉。同一时期津市有国家、地方、私营银行十余家，该行业务是最好的。1937年，津市第二次修街，修街费的征缴就是该行代收。湖南省银行的前身即是湖南省金库,由金库代办银行实属罕见。1949年8月4日,津市从澧县析出,成立津市市人民政府，因一时无办公场地，故寄寓于该行长达5年之久。

6. 企园酒家

1936年，为图发展，企园酒家老板宋维藩将该店从大码头横街迁至新建坊夹街，始仅为当面一间，后扩至里面两间两层。夹街本属正街与河街相衔的各自后院，地方逼仄，房屋矮小，但宋老板在省城酒家名店从业多年，见过世面，懂得摆设和利用,用津市话来讲，哪怕是一堆霉豆渣，也要摆出一朵花来。走进新开业的"企园"，进店左是烟酒糖果柜，右为面食点心卤味营业间，一名"芝兰斋"，二进走廊是天井，设鱼池假山，盆景花草相辅，档头是客厅，两边置太师椅八把，上披椅褡、坐垫，下铺地毯，中有长条桌，围桌布，上列福禄寿三星瓷像及围屏、香炉等，楼上前后两堂共有座位12席，每席均用屏风隔开，席间设有沙发围椅，供酒后休歇。因企园酒家经营高档酒席,顾客多为政商两界以及军宪特警的头面人物。

四、 商业联姻

门当户对是中国封建社会的传统习俗。在民国时期的津市，作为商人，这种门当户对不再是仅看对方的经济实力是否对称，而是着重看对方是否同业。封建社会的重农抑商，使得经商者要想立足于社会、立足于商界，他必须得找支撑，而这一支撑最初来源于同乡籍人，即早期的会馆。随着社会的进步，打破同籍界限的同业公会出现后，行业垄断土崩瓦解。于是，一种新型的商业替代关系出现，这就是商业联姻。常说津市太小，邑人相见，扯去扯来，总会扯出点你我之间的亲戚关系，这当中尤以从前的那些大户人家最为繁复，倘若真要寻根究底，你便会发现，这种关系的缘由均来自商业联姻。

范例1：晚清，江西朱姓商人来津采购桐油，见津市植物油较为集中，遂由江西迁居津市，创福聚隆油号。开设油行需进京请帖，且费用颇高，一般无人涉足，时市面5家油行均系江西同籍。第一次世界大战爆发，国际桐油价格飙升，同业商户增至7家，虽仍为江西同籍，但为了长久的共同利益，同时也顺应门当户对的传统习俗，商业联姻便成了行业垄断的最佳选择。由是，朱、吴、饶三姓逐一建立起姻亲关系。民国时期，津市油业始终处于市场的风口浪尖，竞争激烈，而朱、吴、饶三家却能仰仗相互的支撑一直立足于市场而不衰。仅举一例，江垭是慈利西北的重要市镇，历来为澧水上游的桐油集散地，桐油不仅来自桑、庸、慈，鹤峰的桐油也由溇水而输入。故津市油商多在此设立坐庄。民国后，此地匪患频仍，一般商户不敢入驻，朱、吴、饶三家结伴同行，在此设立坐庄，互相照应，故而其安全在一定程度上得到了保证。

范例2：江西建昌籍人涂子白，自幼随父落脚石门水南渡，早年做油盐生意，获利颇丰，耳闻有人试图捉他"财神"，只得举家迁居津市。后与人合资开设益大正油行，此时的津市油业，已是大贾林立了。但涂凭借丰富的人脉资源很快站稳脚跟，不几年，便成了津市油业之翘楚。与此同时，在津市药业打拼多年的江西清江籍人聂惠和已是羽翼丰满，独资创办源远长药号，不几年，便由一个无名小店的老板跻身于津市富商之列。1947年，聂为了扩展业务，与当时津市的富户涂、熊，三家强强联手，合资在长沙开设同德油行。涂为行业里手，而聂初涉此业，为加强两家合作，聂家闺秀与涂家少爷结下秦晋之好，在聂家浩繁的陪嫁礼单上竟有40桶雄黄。雄黄是津市药业的一块招牌，对外有中国雄黄之称，聂家这么做，无疑是对自己本行业的一种显摆。

范例3：说到津市盐业的许、朱两姓的联姻，则颇有些悲情了。许合兴，即许姓盐号老板，是清咸丰名噪一时的津市大盐商，而与之有着姻亲关系的津市樊家，名声更是如雷贯耳。武昌首义成功，时为澧州同盟会会员的樊友松亲自攀登市区最高建筑太子庙屋顶，树"汉"字白旗一面，以示响应，一时轰动九澧。然而，许家终未逃脱富不过三代的魔咒，家族的财富与荣耀没有延至于子孙。民国后，许氏家道中落，生活窘迫，其许家的大公子，竟上街当了一名清道夫赖以维系生计。而同为盐业，有小富之称的盐号老板朱顺义仍旧与其联姻。津市盐业在民国时期可谓是风起云涌、跌宕起伏。按民间的说法，既有吃肉的时候，也有喝粥的日子。但许、朱两家终能风雨同舟，玉露共饮。中华人民共和国成立后，两家顺应潮流，均有人在各自的岗位上颇有建树，但因个中历史缘由，朱家累受羁绊，其经历尤为坎坷，令人不胜唏嘘。

第三节　国营商业

　　1949 年后，国营商业及合作商业相继建立，加之原有的私人商业以及新近成立的带有纯商业性质的公私合营企业股份有限公司，形成多种经济成分共存，公私经营比重此消彼长的局面。历时 5 年，在国家政策的引领和扶持下，国营商业实力日益加强，私营商业日益减弱，经过 1956 年对私改造，所有行业归口各国营专业公司管理。其中棉布业归口纺织品公司；烟酒归口专卖公司；新药归口医药公司；百货、五金、电料、服装归口百货公司；南货、食杂、国药、茶叶归口贸易公司；旅馆、饭馆、客栈、饮食归口福利公司；煤炭归口煤建公司；颜料归口化工原料公司；干鲜鱼归口食品杂货公司；文化用品归口文化用品公司；陶瓷器、山货、炒房归口土产杂小组和日用杂小组；牛羊猪肉归口食品公司。至此，全市有 3 户 80 人直接过渡到国营商业，公私合营 466 户，1147 人；合作商店 32 户，106 人；合作小组 895 户，952 人。改造总数为 1459 户，2265 人，纯私营商业不再存在，社会主义统一市场形成。

　　全民合作化后，随商业网点的大量消失，往日清晨噼噼啪啪的梭板声没有了，就近购物的方便也没有了。各国营专业公司仍蜷缩在原大一点的私营商铺里。这种情形显然滞后于现代商业的发展，也未能在市民心目中竖起国营商业的高大形象，建立大型商场成了急需。于是，在市委、市人委的领导下，仅用了不到 3 年的时间，一批造型新颖、气派的且具有地标性的商业建筑相继落成，重塑了津市作为澧水流域商业中心的形象。

一、商业公司

1. 百纺公司

　　1950 年 5 月，中国百货公司湖南省津市支公司和中国花纱布公司湖南省津市支公司分别成立，两公司均以批发经营为主，除在本市设立经营点外，分别于临澧、石门以及滨湖各县设立经营机构。1956 年，各地县级公司下延，公司在外派驻机构逐一收回。公私合营后，行业归口，时有私营布匹店 30 家，资金总额 27.1 万元，百货店 25 家，资金总额 8.3 万元，书纸店 20 家，资金总额 6.36 万元，分别归口花纱布、百货、文化用品 3 家公司管理。1957 年，百货、花纱布两公司合并，设百货、文化两批发部，1 个中心门市部，8 个公私合营商店，4 个合作商店，时有职工 233 人，其中国营职工 109 人。计划经济时期，公司名称、机构几度更迭，但其经营项目基本维系不变。1966 年，"文化大革命"开始，原资方取消私股定息，人员按全民职工对待。属下主要商店和门市：津市百货大楼、人民路百货商店、仙桥商场、纺织品中心批发部、人民路文化用品商店。

2. 五交化公司

1956 年 6 月 1 日，原属百货公司的五金、交电、化工析出，正式成立中国化工原料公司湖南省津市市公司，下设 4 股：人事、业务、财会、计统。主要经营硫酸、盐酸、烧碱、硼砂、电石、染料、油漆、香精、明矾、硫磺等化工原料。1958 年，其改组为津市市工业器材批发部，始有钢材、生铁、盘圆、汽车配件、力车配件业务。同年 6 月改设工业原料经理部，由工业器材、石油、煤建 3 家公司组成。经营范围除本市外，涵盖澧县、临澧、石门等县。1960 年，扩大到湖北公安、石首、松滋等县。后随境内工业发展，相继有圆钉、圆丝、油漆、手摇泵、油漆刷、胶木电器、电子管等地方工业品进入市场，一时占购进总额的 70%，品种多达 60 余种。1971 年，公司正式命名为津市五交化公司，供应范围仅存慈利、石门、临澧、汉寿、湖北鹤峰等部分乡镇。1980 年代为公司的鼎盛期，经营商品品种达 3850 余种，其中境内产品以油漆为大宗。

3. 肉食水产公司

津市历为蛋品集散地，货源主要来自四邻的临澧、澧县、松滋、藕池、安乡、郑公渡等地，转销长沙。民国时期，津市有蛋品收购商店 10 余家。1951 年，津市蛋品收购组成立，是年 5 月更名为畜产收购组，隶属省公司。1954 年，建牲猪一、二仓库，并在澧县、临澧、石门、慈利、新洲五地分设收购站（组），时有职工 184 人。此后，机构几经变更，时合时分。1961 年 10 月，津市肉食水产公司正式成立，内设业务、会统、人事、秘书 4 股及畜牧防治站。1962 年 5 月，畜牧防治站交农林口。1956 年，公私合营后，新设白肉零售店 5 个、屠宰加工厂 1 个，门市部改为营业部，统管零售业务。1983 年，公司独立核算单位 11 个，职工 183 人。计划经济时期，肉食虽凭票证，由于津市地处湖滨之乡，物产丰饶，时有家禽与水产之补给，这一方面较之其他地方相对优越。公司中心门市部的腊货、卤味系列九澧扬名，其加工厂生产的牛肉干更是一绝，至今仍在传承。

4. 蔬菜公司

建国前，蔬菜系郊区出产，除菜农自卖外，另有市民贩卖。1950 年，津市蔬菜种植面积600 余亩，年产蔬菜 5 万担。以蔬菜为主要收入的菜农有 398 户，1830 人。1957 年 9 月，由 98 户摊贩组成蔬菜合作商店，归口食杂果品公司管理。随着城市人口的增长，蔬菜供不应求。1958 年，市委成立蔬菜办公室，组织郊区工作组，扩大蔬菜面积，大力扶持蔬菜生产，对产品全部包销，是年人均每天供量 0.5 公斤，翌年增至 0.75 公斤。1961 年，市蔬菜公司成立，市区设 18 个经营网点。1970 年后实行统购包销、计划到队、店队挂钩、产销衔接方式，蔬菜基本自给。1973 年，蔬菜公司从醴陵、龙山、四川、长沙请来师傅，传授辣椒、生姜、榨菜等花色品种的种植生产。1976 年后，蔬菜种植面积常年保持在 2000 亩左右，加之种植水平的提高，除满足本市需求外，略有外输。公司属下有加工企业干菜厂、豆腐厂两家。

5. 饮食服务公司

1956 年 1 月，津市福利公司成立，负责对饮食、旅社、照相、洗染、澡堂、茶馆、豆腐、理发、粉坊、车灯、熟食等 11 个行业，610 户，1064 人的对私改造。公司内设人秘、计统、业务、财会 4 股。1958 年，其设服务、饮食两个总店。此后服务与饮食时分时合。直至 1966 年正式命名为津市饮食服务公司。

二、中心商场

商业大楼是国营商业建立以后最大的硬件建设，它既改变了传统的一家一铺、一业一店的私人商业的模式，宏观上又展示了国营商业的强劲实力。修建商业大楼，在同一时期这几乎是全国的普遍现象。作为流域性的中心城市及传统的商埠城市，津市显然是走在了时代的前列，这其中尤以百货大楼、津市饭店、望江楼三大地标式的商业建筑著称，成为一个时代的影像。

1. 百货大楼

1957 年，津市建了两栋大型商业建筑，一栋叫百货大楼，一栋叫津市饭店。百货大楼，津市人又习惯叫它百货公司，位处观音桥正街南端街口，与津市饭店东西相望，中间是通往轮渡码头的南北通衢。因两栋建筑风格相同，高大雄伟，看去犹如两头雄狮，隔街相踞，名副其实成为津市的地标式建筑。百货大楼对面是人民银行，西北面是新华书店，四栋商业建筑相围形成一个空旷的中心广场。百货大楼东与邻店相衔，北、西、南三面临街，外观看去像是一个三面合围敦实又厚重的堡子。大楼分上下两层，柜台沿中心四面环绕，一楼以百货为主，百货的特点就是五颜六色，琳琅满目，橱柜里、货架上全是崭新的商品，你就是看着不买，也会有一种物资上的满足，敞亮的大厅里总是弥漫着一股含有香皂味的芳香，这种好闻的气味往往会使人们驻足。楼上多是纺织品和日用五金，最吸人眼球的是缝纫机和自行车，因数量有限，这些贵重物几乎就是陈列品——这个月在这里，下个月还在这里。

　　百货公司的外景同样也是"琳琅满目"。商品橱窗在孩子们眼里就是一个童话，常常会吸引一群群的孩子在橱窗前徘徊不已。因地处市中心，这里也是各种集会游行的必经地，而那些年这类活动尤为频繁，倘若谁有心，将每一次的游行摄影连接起来，就会是一段完整无缺的历史。最为喜气的还是"文化大革命"之前的节日彩门，这种横街架设，由竹杆（杉条）和松枝为主编织的大型彩门无疑给节日倍增了一份喜气。因是沿袭旧时商业各行会做会时的做派，节日彩门在"文化大革命"时被当作"四旧"废止了。百货大楼外有五级台阶，这无疑给那些做船民生意的城市妇人提供了一个恰适的场所。她们沿西南两侧的台阶上依序而坐，面前摆放一只盛有针线和趟底的簸箕或竹篮，这是一种古老的职业，水岸的交易不仅仅是局限于缝补上，不定也有一种男女的情分在里面。说是习俗也好，说是风景也罢，这种行径时常被冠以资本主义尾巴而遭到打击，但风头一过，风景照旧。

　　20世纪五六十年代，因是市中心，每逢重大节日，百货公司总会沿袭以往百货业做会的习俗，在公司外搭起一幅横街的大彩门，红红绿绿，张灯结彩，一列列欢庆的群众队伍就会从这彩门下走过，平添了一份节日的喜气。

2. 津市饭店

　　津市饭店紧挨大码头。经过公私合营后，大码头店面虽有减少，但市场的功能并未减弱，卖货的依旧是五花八门，购物的依旧人潮如织。1950年代，蔬菜实行定点销售，这里自然成了津市最大的菜市场。大码头的中心点在集农饭店，这是一个餐饮店，旧名叫集贤，合作化后更名，舍不得那个集字，改称集农。早市从凌晨四点到上午十点最盛。当人潮退去时，津市饭店的营业才显端倪。正可谓"你方唱罢我登场"。津市饭店与百货大楼一样，上下两层，底层餐饮，楼上住宿。东北两面临街，南边濒河为锅炉房。餐饮区域用屏风相隔，显得几分雅致。这是一所综合性饭店，有职工 70 余人，实为业内老大。

大码头历来为人居混杂，五马六道的地方，这无疑给津市饭店笼罩了一层江湖的雾纱。仅门前两位代写书信的老先生就有了些渲染，饭店曾有过劝阻，但两位老先生说自民国起就在这儿，从未挪过巴（地方）。与百货大楼一样，屋檐下也是五级台阶，但坐着的大多是些闲人，抑或等待装卸的码头工，饭店背对西，午后就有了阴凉，河风吹来，倒是休歇的好地方。这便招来一些江湖艺人，耍猴的、玩蛇的都有，常是这拨刚走，那拨又来。饭店对此视而不见，人气招财，保不准自己还能趁一空闲也去看个热闹。故而在津市人眼里，同为国营商业，许是太接地气，津市饭店看去总不如百货大楼洋气。

3. 望江楼

民国初年，江西人在新码头建浔阳楼，经营餐饮。像所有的吊脚楼一样，建筑悬岸而立，三排竖柱有两排伸进水里，三层楼高如鹤立鸡群，气宇轩昂。而就在此时，与它相邻百米的大码头朝阳阁，昔日的图腾已是风中之烛，垂垂老矣。嗣后之岁月，因水、因火，浔阳楼几毁几建，虽地址几易，但终在新码头周边徘徊而不舍离去。1950 年代，一场大火将时已更名为劳动食堂的浔阳楼化为灰烬。市委决定在其旧址上，建造一座新式的餐饮大楼，因濒水而立，故取名望江楼。

建筑设计者为刚从上海同济大学建筑专业毕业来津工作的年轻人施伯长和张磊，兴许是受了上海滩异国风情建筑的濡染，抑或夹杂有湘北河边吊脚楼的启发，其设计匠心独运：三层清一色的清水红砖墙，简约而又高雅，凭栏眺望，码头攒涌、百舸争流，澧水风光尽收眼底。建筑内部因功能不同设置各异，二楼是茶厅，故建有露天凉台。最为别致的是门楼与大厅的衔接，两屋脊一大一小纵横交错呈一丁字状，门楼饰以长方形的小窗格，与厅堂的矩形方窗相映，显得错落有致。一楼面点，二楼茶厅，三楼筵席。坐在二楼的凉台上喝茶聊天，对面是苍翠的皇姑山，下面是碧绿澧水河，委实是桩极其惬意的享受。故自开业起，茶位一直紧张。

大楼竣工之时正遇市里举办大型物资交流会，来自全国 98 个省、地、县（市），125 家单位，1300 多名代表汇聚津市，望江楼当仁不让地成了重点接待单位之一。当他们一眼看到这座县级市的小城竟有着大都市风情的建筑时，当他们正处在全国困难时期还能享受到这丰盛菜肴的款待时，望江楼就成了他们一辈子的记忆。

肖功丰，石门壶瓶山人，1964 年，时任大队团支书的他被抽调来澧县十洞港搞"四清"。眼见久仰的津市望江楼近在咫尺，终按捺不住心动，某天下午收工后，竟不顾十几里远的路程步行赶到津市，在望江楼吃碗麦面后，急忙赶回住地，来去三四十里，就为了一碗面。这事有人汇了报，肖受到党内警告处分，"追求资产阶级生活方式"的组织鉴定被塞进他的档案，导致肖这辈子再未受到组织重用。多年后，肖向笔者诉说此事，我问他："后悔不？"肖摇了摇头，凝望窗外，好半天说出一句："那是我这辈子吃到的最好吃的一碗面，三鲜臊子，二两粮票，一角二分钱。"我愕然，50多年了，他还记得那么清楚。

4. 一旅社

1956年，全民实行公私合营，由两家颇具规模的旅店"长沙商号""福兴客栈"组成公私合营津市第一旅社（后改为地方国营）。借助旧商会会址，初建临街两层楼房一栋，有客房30多间，内有大院及浴室和洗衣房。后经两次改造扩建，前后三栋两层，东西各有一栋廊房，形成四面合围庭院式的院落，给人一种温馨如家的感觉。内部功能齐全，设施先进，备有会议室和活动室，每条楼道装有电话。旅社是一座拥有近500个铺位的大型旅社，也是澧水流域最大的一家国营旅社。因管理规范，制度严格，入住者多为因公出差的"公家人"、由此转程的返乡贵宾、外地驻津采购组或办事处人员，平民百姓则少有入住。

枝柳铁路开通前，澧水上游各县新兵一直都在津市转运，一旅社被武装部借来作为临时兵站，紧挨着的津市一完小拥军活动也在这里进行。冬季征兵，春季复员，一旅社在这两三个月里总是被红红绿绿的标语和掀天的锣鼓喜庆着。2002年的一天，一位退役将军怀旧，放着火车不坐，依旧按照从前的路线返回山里的故乡，到津后特意寻找曾经歇过3晚的一旅社，转来转去找不着，后经人指引来到原址，却早已不是从前的模样，但老将军还是叫人在原址上给他照了一张相留作纪念。

5. 津市冰厂

1957年，津市澡堂为渡淡季，从常德购进4千大卡旧冰机一台，开始冷饮生产，1962年，津市冰厂正式成立，1960年代先后向重庆冷冻机厂和株洲机械厂购进8千大卡制冷机共4台。1974年，冰厂向洛阳冷冻机厂购进4.5万大卡制冷机一台，向岳阳冷冻机厂购进7万大卡冷冻机一台。始初冷饮品种仅冰水、冰棒，后产冰糕，1960年代后逐步发展到生产冰激凌、冰果露等，1980年代，主要冷饮品种已达13种。

津市冰棒的销售除了本市市区外，其中相当一部分是销往周边乡镇，上至新安、合口、梦溪等市镇，下至滨湖各集市。交易方式极其灵活，没钱不要紧，一个鸡鸭蛋就行，有的来不及，一捧棉花也行。常常是一箱冰棒出发，半箱鸡蛋回来。这种辐射与津市传统的商业辐射一脉相承。而担当销售的大多是在校的中小学生，按当时的话来讲,"捞学费钱",这也算是一个时代的写照吧。

1970 年代末,农村实行家庭联产承包制,购买需求和购买力日渐增强,这种形式的销售已被社会无业人员所取代,并形成一条完整的产业链,卖冰棒是卖冰棒的,卖蛋的是卖蛋的。每早 3 点,冰厂门前就已排起了长队。途径蒿子港的长沙客班 4 点启航,他们必须赶在此前。这时的冰箱也由原来的 100 支改装为 200 支装的大箱,每人两箱,一肩挑,到点后存放一只,卖一只。当天下午 3 点赶客班返回,这种对时间的把控可谓是万无一失,分秒不差。那些年冰厂销售形势一派大好,1979 年的销售额为 254 万元,1980 年便增加到 419 万元,一年间便翻了一倍,1981 年竟达到 572 万元,是为历史最好水平,且这种旺势持续了近十年。

三、商业网点

1. 外批网点

1938 年出版的《澧县县志》载:澧商埠以津市为最,为各小埠趋向取给地,间有通于荆(州)、(长)沙、常(德)、武(汉)者。民国时期,仅澧县一县,即有 30 个乡市,澧水流域诸县难以计数,其货物进出多往来于津市。中华人民共和国成立后,私营商业压缩,尤其是从 1953 年起,国家陆续对农产品实行统购统销,首先是粮棉油,到后几乎涵盖所有的农产品,自由交易废止后,一切私下交易均被视为投机倒把而受到打击。加之 1956 年后商业机构下延,各县专业公司先后成立,商品分级管理。工业品统一由省城长沙调入,传统的津沙(市)、津宜(昌)、津武(汉)经济纽带中断。20 世纪七八十年代后,鹤峰至宜昌、常德至慈利、常德至大庸公路相继开通,1950 年代的松澧分流工程,切断了松滋河与澧水的航道,交通格局的改变,加之按行政划分组织商品流通,使得津市自然经济辐射面积逐年缩小。时至 1964 年,除石油的供应范围包括澧县、慈利、石门、临澧、大庸、桑植、鹤峰,盐的供应范围包括澧县、石门、临澧、安乡、慈利外,其他商品供应仅限于澧县、临澧、石门、慈利诸县。"文革"期间更甚,近在咫尺的澧县,商品都不能互通有无,津市商业经营范围仅囿于临澧、石门、慈利、鹤峰四县的 13 个公社之内,包括本市居民在内,供应人口还不到 40 万,与一个县相当。这种状况直到 1979 年十一届三中全会后才得以改观。而此时澧水上游的枝柳铁路通车,上游诸县物资流向发生改变,津市传统的流域型物资集散的功能丧失。1980 年,津市举办湘鄂边物资交流会,规模空前,取得了巨大成功。但这已是夕阳余晖,是老商城的最后一次闪耀,这也是中华人民共和国成立后的第三次,也是最后一次地域性的物资交流会。

2. 市区网点

1950 年，全市有私营商店 1126 户，摊贩 1042 户，共有商业网点 1611 个；1955 年底减至 864 户，摊贩 851 户；共有网点 1715 个。对私改造后，1957 年的社会商业网点为 1950 个，1958 年的网点合并为 215 个，减少 88.19%。这一时期，除正街和大码头的商铺较为密集外，其他便是零零星星了。如往日店铺密集的三洲街，副食店就仅有兰康几一家，而三洲街桥外就只剩下一个茶馆了。1961 年，国民经济调整，零售网点增加到 364 个。1964 年，"四清运动"开始，限制个体商户经营，网点又减少了一些。1966 年，"文化大革命"爆发，1968 年冬，城镇居民大下放，零售网点再次大消减，至 1971 年，全市仅剩下 65 个。1978 年后，网点逐一恢复并增加，1980 年为 242 个，1983 年陡增至 1031 个。

1957 年后，商业零售网点减少，但规模扩大，如百货大楼、津市饭店、望江楼、一旅社等一批大型商业建筑相继建成。按零售网点平均拥有人数计算，1957 年平均 1.5 人，1958 年平均 9.3 人，1973 年平均 16 人，1983 年平均 3.4 人。专店减少，综合店增加，全民零售网点比较稳定，自 1958 年后，多数年份均保持在 60 个左右，1983 年增至 86 个。

第四节　商业转型

一、超市时代

2001 年，首家大型民营商场"丰彩超市"挂牌营业。超市的出现，开创了现代商业的新纪元。这种商品开放陈列、顾客自我选购、排队收银结算的商业模式，无疑将商家与顾客之间延续了数千年的柜台藩篱一下拆除，给人以面目一新的感觉。继而又有休闲商业、旅游商业、社区商业、电子商务等多种现代商业形态相继兴起，令人目不暇接。

1. 丰彩超市

2000 年，津市市公有企业改制，已有半个世纪历史的津市百货公司面临抉择，按照文件精神及改制方案，产权明晰后，面前有两条路可走：一是公司仍由全体职工继续经营，至于怎么经营自己选择；二是面向社会对外整体出租。经公司 180 名职工举手表决后，选择了第二种方式。因为谁也没有信心自己还能把公司经营好。

2001 年 10 月 1 日，装修一新的百货大楼开业，不过，此时的招牌已换成了"丰彩超市"。津市的商业庆典，历来大手笔，尤以"开张"为甚，从明清放几挂鞭炮，到民国的洋鼓洋号，再到 1990 年代出现的搭台演出，可谓花样不断翻新，排场愈来愈大。这天是千禧年的第一个国庆日，又是私营商业重返舞台的日子，现场气氛异常热烈，人山人海，沸沸扬扬，祝贺开业的红绸条幅挂满了大楼外墙，使得整个建筑看去就如同一束燃烧着的巨大火炬，这不由得让人想起十年前的那一幕，重建后的新百货大楼开业，其场面与这天相比毫不逊色，不免让人思绪万千，五味杂陈。

当时大多数津市人，尚还不知超市为何物，这种与商品零距离的接触一时让人既惊奇又茫然。所谓的商业服务，柜前服务是核心。民国时期，锦纶绸庄由一个小店跻身于同业大店之列，靠的就是柜前服务。被《市志》列入名店的人民路百货店，能成为津市商业的一面不倒的红旗，仍然靠的是柜前服务。如今柜台没了，挑选一个如意的商品可以由着自己的性子来，而没人管你说你。上下有电梯，休歇有座位，儿童室，卫生间，齐全的设施与服务给人们创造出一个休闲的购物环境，使得人们把逛超市作为一种时尚和享受。没事去逛一下，成了许多人闲暇时的一种选择。

有了大型超市以后，语境也随之发生了变化，从前津市人相面打招呼，问："去哪儿？"答："去百货大楼。"现在不同了，答"去丰彩"抑或"去超市"。

2. 广兴超市

丰彩超市开业不久，2003 年，又有一家大型超市开业，这就是"广兴超市"。广兴超市的前身是交电大厦，业主是津市五交化公司。在津市商业里面，这是一家从经济实力上唯一能与百纺公司比肩的国营公司。1994 年，和平路的中心地段搞开发，随着城市中心向北转移，津市的商业中心已由原来的正街转向到了后街，也就是现在的和平路。于是，这条黄金路段就成了商业的抢手路段。市五交化公司一直未有一家像样的商业建筑，这次抓住机会，将其最佳位置，也就是和平路与万寿路的交叉处的一栋商楼买下，取名交电大厦，这是 1997 年，距 2000 年津市公企改革仅 3 年的时间，也算是赶上了国营商业中心商场的末班车。

民间常把"来得早不如来得巧"来比喻对某种机遇的把控。而五交化大厦既来得不早，也来得不巧。国营时代的好光景没赶上，"交电大厦"的金字招牌还未褪色，"公企"改革就来了。虽公司对改革有思想准备，且内部就企业如何改制进行过几次尝试，但终究是"时过境迁"，按津市的话来讲是"法法使尽"，最终"没得法"，只能"照葫芦画瓢"，以百纺公司为样板对外整体租赁。遂大楼招牌换成"广兴超市"。开业那天，因场地不如丰彩大，但也实实在在地风光了一把。

自此，以丰彩、广兴两家大型超市为龙头的津市商业，进入超市时代，各大中小商店一时纷纷效仿，名目繁多的各类小型超市如雨后春笋。据统计，两大超市约占城区商业的七成份额，成为真正的商业霸主。

二、商业步行街

1. 城隍庙步行街

2002 年，省城长沙黄兴南路步行街建成开街，遂全省各地纷纷仿效，一时成风。津市通过招商引资，将大码头、城隍庙两片区划出，以建设城隍庙步行街。这一区域曾是津市的老商市，经历了数百年的沧桑，是津市商业历史变迁的最好见证，"绿酒红灯"也好，"商业宝地"也罢，古往今来，无不渲染着它的富有与繁华。水运式微，繁华落尽，终归是曲终人散。市政府选择这里建步行街，无疑考量了它的厚重历史，拟在此重整商埠雄风，无奈这里不是省城，此一时，彼一时，况且已无了"舻舳蚁集"，哪来的"商贾云臻"呢？历时两年，城隍庙步行街建成，这种集商居为一体的建筑格局倒是给人眼前一亮，但热闹了一阵子后，如同海潮退去，一切恢复平静，街上多半时间都处于一种惨淡萧索的状态。人们无不调侃道："看店的比逛店的人还多。"于是，人们这才真正意识到，大码头时代早已过去，无端的怀旧，有时就是一个泥坑。

2. 金城银座步行街

稍迟于城隍庙步行街的金城银座，是建立在三洲街与关庙旧街的基础上的。三洲街，一名三洲驿，是为这个城市最早的街市之一，尤以"花市"出名，最盛时期有花行近 50 余家。一年一度的花行做会，更是了得。据说津市兴搭彩门缘于花行做会，以增添做会的气氛。这要比观音桥正街的那些绸布商做会搭彩门要早去好多年。关庙为山陕人所建，也是他们的会馆，其中的春秋楼为全市的制高点，以庙名命街名，可见他们当年的财气冲天。民国 22 年（1933）为防御贺龙领导的红军，当局下令在市区拆几座宫庙以在澹水河堤上修建碉堡，其中一半的砖就来自关庙。

拆旧建新已是大势所趋，再者大码头、城隍庙又开了先河，故此地的"遗老遗少"们比较配合，进展还算顺利，花时两年，一座新城矗立在人们的面前。许是决策者研究了本土的人文历史，山陕人在津大多是做钱生意的，故将新城命名为金城银座，寓意不言而喻。但这也并未逃脱惨淡经营的命运，列肆如栉，但生意总是不旺。倒是在原址上重建的清真寺，气宇轩昂，绿色的穹顶，刺破蓝天的红新月，每周的聚礼日，全市的穆斯林纷纷赶来听阿訇主讲《古兰经》。这一天，准是金城银座最热闹的日子。

三、现代商业

1. 绿岛蓝湾

绿岛蓝湾休闲旅游度假区（以下简称绿岛蓝湾）位于津市药山镇，毛里湖国家湿地公园核心区，杨坝垱水域中心，由大小三个岛屿组成，水域面积共 1800 亩。因形如水湾，绿岛蓝湾由此得名。这是一家集现代农业观光、农事体验、珍禽观赏、特色餐饮、民宿客栈、垂钓野炊、KTV 棋牌等功能于一体，以其综合性乡村休闲旅游度假服务为特色的企业。绿岛蓝湾距常德、津市、安乡、西洞庭均不超过 1 小时车程，S205 和 S306 两条省道交汇于此。

毛里湖是古洞庭湖的一部分，1950年代，因西洞庭湖围垦而变成内湖，水岸面积共有6250公顷，是为湖南省最大的溪水湖，也是湖南省的第二大天然优质淡水湖。因与外河阻断，不受洪水侵蚀，故湖水一年四季水绿如蓝，加之周边山岗丘陵起伏，水岸犬牙交错，港汊如织，滩涂葭蓬，农舍炊烟，稻饭鱼羹，呈现出一幅自然恬静的人文景观，实为湘北的一大游览胜地。

绿岛蓝湾休闲旅游度假区启动于2013年，由常德绿岛蓝湾生态农业发展有限公司投资建设，注册资金2000万。公司创始人罗鉴远原在外地工作，在事业兴旺之时毅然返乡创业，此间得到了地方各级部门的指导和扶持。绿岛蓝湾运行8年来，在以"澧水风情民宿群"加"水陆游乐休闲"为主题的办园方针指导下，现已建成湘莲、水果、蔬菜、花卉等4个农业项目，采摘体验、餐饮住宿、帐篷露营、垂钓烧烤、KTV棋牌、森林大舞台等休闲项目，尤其适合生日派对、闺蜜相约、同学聚会、高端商务接待等活动。同时，绿岛蓝湾对地方民俗加以开发，如定期举办"农民丰收节""常德鱼王节"，取得了周边百姓满意、游客来宾满意、政府部门满意的可喜成绩。并将与药山寺景区、毛里湖国家湿地公园联合配套景点，为创建国家5A景区而努力。

2017年，绿岛蓝湾被省旅游发展委员会评定为"湖南省五星级乡村旅游景区"；2018年，获中国农博会休闲农业节庆活动优胜奖，湖南省农业农村厅创新创意奖。绿岛蓝湾还被授予湖南省乡村旅游景区，湖南省五星级休闲农业与乡村旅游园区，湖南省林下经济示范基地，湖南省就业扶贫基地，以及被常德市授予"常德市休闲农业示范基地"。

2. 苏利世饼屋

苏利世饼屋是1991年由江西人经营的一家蛋糕店，主要制作销售一些老式的糕点、饼干等。后因种种问题，老板无力经营，打算将蛋糕店关门歇业。1996年，津市人龙丽君女士因下岗没有工作，于是与儿子王磊一起接手了苏利世饼屋。与此同时，王磊带领店内的师傅和学徒前往上海，学习当时国内最先进的西式糕点和面包的制作方法，将店内的设备更新，产品进行全面升级。到2017年1月，苏利世饼屋在津市一共发展了7家分店。

苏利世饼屋从老板到员工全部都是津市本地人，生产和销售细节通过本地人口口相传，将一切信息全面公开给本地的顾客。三十年风雨征程，苏利世赢得了津市人民的信赖和热爱。因为信赖，很多顾客都会带着孩子来这家店购买自己从幼时就开始吃的蛋糕；因为信赖，很多顾客会将苏利世推荐给自己的朋友、同事；因为信赖，哪怕出门在外，也会通过电话和网络，为津市的家人订购蛋糕。

苏利世饼屋一直以来都尽量减少店内不必要的人员配置,尽量减少无意义的促销活动,将经营成本压缩后补贴到生产中去。力求用最好的原材料进行生产制作,用最实惠的价格销售给顾客。苏利世人认为:蛋糕和面包是大家都能吃得起的日常小食,从来都不应该变成商家刻意经营的奢侈品。

苏利世持续二十年不间断做慈善,每年为多个社区近百位"三无"老人献爱心,捐款捐物,并且不求宣传,不求回报。其为妇联联络的贫困学生提供数百份免费糕点,婉拒妇联领导提供的相应的广告位。2020年新冠疫情期间,王磊带着妻儿连续数日,每天工作十几个小时,为各单位一线抗疫人员捐赠爱心面包(医院、公安、后湖社区、新村社区、汪家桥社区、市场监督管理局等单位)。店内免费为驻棚抗疫人员提供水电,供其喝水取暖。

3. 万利隆

湖南万利隆食品有限公司于 1988 年元月在湖南湘潭立市,经历三十二年的风雨磨砺,完成了从传统的手工制作到现代企业制度化数字化生产经营的蝶变之旅。目前公司已在湖南省 7 个市州、28 个城市拥有 120 余家连锁直营店。

进入津市的第一家门店是 2002 年的建设路店,主要产品有面包、蛋糕、生日蛋糕、中西式点心、元宵汤圆、端午粽子、中秋月饼、年礼、饮品、糖果、煲仔饭等。目前万利隆在津市已经开设 3 家门店,分别是万利隆建设路店、万利隆好润佳店、万利隆·活力烘焙(宝悦店)。

随着时代的进步和发展,全新升级迭代的万利隆·活力烘焙(宝悦店)在 2020 年 7 月份正式开业,不再是以往传统型的烘焙门店,全新的活力品牌,汇聚国内外百位烘焙精英,融汇国际顶尖烘焙技术,每天为顾客呈现囊括时尚、艺术、人文等多元化的全新健康烘焙,让当地人民通过视觉感官感受精彩烘焙。

万利隆一直秉承着分秒新鲜的原则,绝不售卖超过 12 小时的现烤产品,拒绝人工色素和防腐剂,坚持原味新鲜不折扣的产品理念,让客户吃得安心吃的放心。

万利隆多年来与津市环卫处、福利院、志愿者协会等单位机构达成长期合作,在疫情期间为一线战"疫"工作者带去爱心援助物资,同舟共济,是一家食品良心企业。

4. 关庙夜市

从前的"夜市"即是煞黑后走街串巷挑担敲梆,抑或澧水河里小艇叫卖的买卖,无谓街市。改革开放后,随着人们生活水平的提高以及生活节奏的改变,逛夜市成了一种时尚。夜市是窥视一个城市品位的窗口。津市的夜市主要以吃为主，真正形成街市还是在 1990 年代后。因夜市位处于早前的关庙街，笔者便称它为关庙夜市。路段上起一完小，下至大桥孔约 200 米的距离，沿线有一旅社、照相馆、新合楼、明珠楼、总工会、仙桥商场等建筑。就地理而言，应是市区的中心了。街两边摆满密集的摊位，空气中弥漫着着浓烈的菜香，无不刺激着过往游人的视觉和味蕾，让人食指大动，就近入座。

津市人爱吃、会吃在澧水流域是有名了的，随你人五人六，没两把刷子就别想在这里占地盘。津市夜市的模式是小钵加卤菜，仅这两样，冷有凉菜，热有炖钵，卤有荤素，一门不差，由此显现津市人会吃不是虚名。1990 年代正是企业工人下岗高峰，在这个以工业为主的城市里，再就业就成了政府最关切的民生话题，由于有相关的优惠政策，这对习惯于工厂流水作业而又中年失业的职工来讲，夜市是一个无奈却又符合实际的选择。故在这 200 米的夜市摊上，相当多的摊主就属这类人。

关庙前的夜市维系了近十年，终因市容与卫生等诸多原因迁至沿河大堤内侧。时间毕竟是过去了十年，其中的摊主有些到了退休年龄，有些经济状况已有好转，故而告别夜市，这就使得四邻乡下有了可乘之机，于是，夜市上就出现了像安乡鱼钵、石门肥肠之类的舶来品。生意照常好，只是少了许多故事。

四、名店示例
【天源大酒家】

> 乾乃天源，坤乃地源，乾坤所藏即人之源。
> 人之禀命，本乎三源之理，所谓万法宗也。

这是竖立在天源大酒家进门口的一块大理石碑上的铭文。对内是警戒，对外则是宣言。

当年王观亨创业进军餐饮业时，满是儒家思想的父亲引用了《易经》中的"天人合一"之精髓，为门店取名"天源大酒家"。从 1990 年开业始，至今整整 30 周年，牌号未变，老板未变，正向着老字号进军。追索民国时期津市的大小商号，存世 30 年以上的不多，尤以餐饮行业更号频繁，以酒楼为例，江西人的浔阳楼创号于晚清光绪年间，时为津市最大的酒楼。沿河吊脚楼一般高为二层，浔阳楼是三层，仅延伸至水中的立柱就有三排之多，是为津市一景。时至民国，浔阳楼几度更名，最终连下落都找不到了。

1980 年代末，时在市某单位上班的王观亨由于家境窘迫，迫于生计，始从小摊做起，几年后稍有积蓄，便在父亲的支持下，以家庭内部筹股的方式创办酒店。

这对从未受过烹饪培训，更未独自经营过企业的王观亨来讲无疑是个挑战。万事开头难，首先是烹饪关，王摒弃餐饮业通常延请名厨大师的做法，以自己做得一手好饭菜的自信亲自主厨。这样做，一是节约成本，二是随时能了解顾客的需求，并可在菜肴的配置和制作上不断创新。功夫不负有心人，果不其然，天源大酒家在极短的时间内便在餐饮业站稳脚跟并赢得声誉。吃是一种文化，王姓家庭成员不乏文化人，深谙文化对饮食的影响，故在场地不宽、空间狭窄的情况下，仍在餐厅的设计和布置上加进一定的文化元素，壁画影墙、花廊盆景，再配以音响设备，营造出一种和谐舒适且有文化品位的餐饮环境，这在 1990 年代可谓是独树一帜。

如果说 1990 年代的天源大酒家中的"大"字仅是个形容词的话，那么，进入第二个千禧年的天源大酒家便真是名副其实的"大天源"了。2000 年，王观亨做了一个重大决定，将天源大酒家迁往仍在建设中的车胤大道去，放着"日进斗金"的安稳生意不做，去那个荒郊野地冒那么大的险，这不仅关乎他一家子的命运，且还牵涉到兄弟姊妹几家的生存。就在他徘徊不定时，父亲和家人给了他信心和勇气。新天源投资 200 万，分主、副两厅，以筵席为主。并顺应时代潮流，开婚庆礼仪服务之先河，骑白马的新郎官与坐花轿的新娘"招摇过市"，一时引起轰动，"新天源"由此声名鹊起，成为津市餐饮业之翘楚。

王观亨的经营之道，来自于家风家训，经商得以诚信为本，厚德载物。这是父亲经常在他及其子女面前唠叨的一句话，并言传身教。1998 年大水，澧县澧南乡溃垸，王父得知消息，将自己的养老金筹齐 2000 元寄往灾区。30 年来，天源大酒家秉承家风家训，腊月给孤寡老人送温暖、八一为部队官兵送慰问品、支助困难学子完成学业、大地方慈善事业不遗余力，深得社会赞许。尤为令人感叹的是，创业以来，几兄妹抱团发展，几十年不离不弃，实属难得。

第四章　民国商业

"滨湖十县，近皆农产丰富，澧县辟芦起淤，擅有谷、粮两项大宗产物，遂并称一等县，田赋正供银约二万六千九百余两，岁征在九万元上下。"——《澧县调查笔记》

从"苏湖熟、天下足"到"湖广熟、天下足"。南宋的江南地区完成了由产粮区向手工业发展的转型。而此时的两湖平原发育日渐成熟，面积逐年拓展，成为我国粮食生产最为富足的地区。位于洞庭湖西岸的澧阳平原，明朝时仅囿于澧州治所的西域，东境仍是一片冬间水涸，夏秋泛涨的湖泊湿地。明万历年间始筑堤垸，延至清康雍年间的一百年里，东境已是堤垸如鳞，稻田万顷，澧州一跃而成湘北最大的产粮区。史籍曾有记载："大江上下，渐水东西，每岁采运湖南者，帆樯相望不绝。"

津市始初的水上运输即是漕粮和食盐，随之带动其他商品的流通，以淮盐为媒，江南的手工业小商品流入市境，而本地的粮食及农产品则流向江南。同时，农业的繁盛催生了其他行业的产生和发展，市镇人口剧增，市井发育迅速，津市在明弘治年间仅还是澧州的七市之一，不大显眼。时至明末，即有了"千户之聚"的市镇景观。而位于它下游十几里，早它数百年的新洲城，此时仍是列肆二百。

明清时期，津市市场仅供农产品及土特产的集散。清末民初，随着长江各口岸的开埠，国外舶来品陆续入境，津市商业的门类与品种陡增。如煤油、百货、五金、电料、颜料、缝纫机等洋货一时充盈市场。随之行业与行业之间，乃至包括行业本身都悄然地发生着变化，传统商业焕然一新。如：青布庄改称绸布庄；杂货店分蘖出了百货店和南货店；桐油业如逢甘霖，由最初的5家递增至10余家。这种演变的结果直接导致了津市主要行业的重新排名，桐油业从末端的几位一下蹿升为榜首，而在明朝时期便被列为澧州贡品的"津市青布"，却要附依于绸缎方可得以生存。

民国时期，在津市商业行业中，以油业实力最为雄厚，棉花业网点最多，其次粮米业、绸布业、南货业、百货业、药业、盐业、香烟业、书纸业、旅筵业等为主要行业。除此之外，金融业也为津市的商业发展起过推波助澜的作用。与之相比，一些带有服务性质的行业，如澡堂业、理发业、蛋品业、豆腐业等，它们虽在规模和影响力上均小于那些大行业，但它们却又是市场以及城市繁荣不可缺失的组成部分，宛若一幅长卷的《清明上河图》，那里面的每一小块色彩，都闪烁着这幅画的光鲜。

第一节 粮食业

澧阳平原的水稻种植历史悠久，业有城头山的古稻田为证。但大面积种植水稻是在明万历年以后，时东境渐有外来移民筑垸，俗称民垸，因税赋轻，数量逐年增多，间或也有官府领帑筑建，俗称官垸。迨至清康乾年间，湖区围垦泛滥，除有官垸十处外，民垸私建无数，导致川流日壅，水患不断。尽管如此，官衙迫于人口增长的压力和提高税赋收入的考虑，仍采取睁一只眼闭一只眼的态度，于是，围垸与湖壖争地、与江流争道的官司持续不断，涝灾由此频仍。但利弊总是一把双刃剑。明嘉靖四十年（1561），澧县人口仅为 35376 人，耕种面积为 232200 亩。粮食仅能自给，延至康熙年间（1662—1722），两湖每年外调"湘米"已达 500 万石左右。1938 年，澧县人口为 511462 人，耕种面积为 1371260 亩。300 多年，人口净增 476086 人，耕种面积净增 1139060 亩。人口增长比例虽大于土地面积增长比例，但增加的面积几乎都是水田，加之农耕技术提高和双季稻的普及，粮仓美誉名副其实。1935 年，澧水流域出现百年不遇的大水灾，流域诸县堤垸几乎冲毁殆尽，仍未出现大逃荒。翌年，全境农业大丰收，津市市场一时火爆，市面新开店铺达 200 余家。

一、粮食集散

津市的粮食码头主要有观音桥、汤家巷两处码头，后者占 70%。粮食来自四河一乡：上河（澧水），指石门易家渡，临澧新安、合口，慈利江垭、溪口等；小河（道河），指石门白洋湖，临澧佘市桥、蒋家坪、朱日桥、柏枝台等；后河（涔水），指澧县梦溪、彭家厂、王家厂、大堰垱、方石坪等；外河（下游），指南县白蚌口、武圣宫及湖北申津渡、黄金堤；一乡（南乡），指澧县毛里湖、石板滩，延至常德的周家店。一般一天到船 20 多艘，峰值期多达近百艘。上河和外河一般是帆篷船，一艘能载百余担。其他一般用板划，这种船短而宽，专用来载运稻谷和棉花，逆水使双桨，顺风则挂一软帆，远看去就像是一只贴着水面翩飞的鱼鸥。板划也许是势单力薄，在大河里敌不过人家，往往喜欢成群结队，靠岸时，犹如一群黑压压亟待登陆的螃蟹。

民国时期，津市每年的谷米吞吐量，丰年为 600 余万担，淡年 300 余万担，常年在 400 余万担（米和杂粮 1 担为 68～77 公斤，谷 1 担为 51～54 公斤）。运销澧水上游诸县及汉口、长沙、九江等米市。因有运输之便，澧县境内粮食仓储历年大多建在津市，时有粮仓 9 处，大小 25 栋，仓容 23730 吨。

粮行 招牌各异，如：粮行——以经营谷、米为主；粮饼行——以粮食为主兼营茶饼、棉饼；花粮行——以经营棉花为主兼营粮食和杂粮；杂粮行——以杂粮为主兼营红花草籽。另还有零售米店和上街叫卖的米贩子。20 世纪三四十年代，津市粮行有 20 余家，较有名气的粮行有贺同益、同春森、永昌大、义生祥、德茂森、正新和、隆大、复兴、杨裕和、谦和、义发祥等。另有 10 家粮栈，其牌号为葆江、陈记、义谷、万寿、云记、裕记、斗记。粮行分独资、合股两种，经营方式有几种：一是做中间人，介绍买卖，抽取双方佣金，一般为成交额的 2%～5%；二是代客买卖，从中获取差价；三是自运自销，囤积居奇，牟取暴利。粮行一般雇工几人到十几人不等，分工细致，各司其责。像津市其他行业一样，其中有"下河"一职，因粮源复杂，为厘清行市，需多处打听信息，并兼有接待顾客、看货抽样等工作，这些均在现场进行，故称下河。如时为最大粮行的贺同春，仅下河工就有 5 人。该行也是津市粮食交易的大户，日交易量均在 400～800 担之间。粮食经营者多为本地土著，故无帮派势力，直至 1936 年，本行业才成立同业公会，1940 年改选，主席为苏传才。

加工 津市稻谷加工由来已久，一般有碓坊、碾坊、磨坊、榨坊等传统形式，使用人工或畜力，统称碓坊业，因个别户兼营酿酒，也称碓槽业。1936 年统计，津市碓槽业有 32 家，其中有碓 85 具，牛碾 8 具，机器碾 1 具，每天每具可碾大米分别为碓碾 2 担，牛碾 6 担，机器碾 80 担，全行业一天可生产约 300 担。历史可寻的著名碾坊三泰恒，开业于清光绪二十四年（1898），资本 4000 光洋，有碓 10 张，雇工 17 人，日产大米 40 担，除门市销售外，远销澧水上游诸县。1928 年，荣泰机器米厂在大巷口开业，是为动力碾米之始，该厂资本 12000 银圆，雇工 20 余人，年产大米万余担。后随机制米厂的发展，人畜碾米逐年减少，迨至 1949 年，机制米厂已有 3 家，而碾坊仅存 19 家。津市酿酒和熬糖历来为碓坊业的副业，后逐一剥离，建专业槽坊。夏新发槽坊于清光绪四年（1878）开业，随后有杨易盛、贺志安、杨万太等 20 余户相继开业，兼有生猪饲养。历来糖、酒税重，且政府时有禁令，经营者饱受盘剥勒索之苦，故多数隐蔽于四乡。

二、名人轶事

清末民初，澧县出了个大人物，他就是参加过广州黄花岗起义，并曾任广州临时大总统府咨议的杨鱣堂。杨家世居澧县北乡魏家垸，其父为光绪年间秀才。杨于1914年返湘，考虑老家交通不便，便在津市贺家拐建宅一栋，前后三进。因老家还有一两百亩水田，故最里面一进作了粮仓。1930年冬，贺龙奉命配合红一、三军团攻打长沙，率部于湘鄂一带打援牵敌。段德昌一部攻陷津市，队伍进城后，除在繁华商街没收财物外，还开了杨家的粮仓，时有大谷千余石（每石150市斤）散发给贫苦市民。此次红军进城时间不长，但段德昌本人此前曾化装进城做过侦察，故很快公审和枪决了一批劣绅恶霸，鸨母卢金玉因虐待妓女而被枪打死在一家南货店的仓库里。杨鱣堂在石门任县令时，曾接待过同为辛亥老人的川军军长熊克武，并为之筹备粮秣。那时，贺龙在熊手下当旅长，贺与杨应该是有一面之交的。此次仓谷散尽，一家老小倒是安然无恙。如此这般，段是否得到过贺的指令，至今仍是一个谜。

第二节　棉花业

一、棉花集散

湖南主要的棉田集于湘北，即洞庭湖西北部的滨湖地区和澧阳平原，并延绵到湖北松滋、公安县境。清末民初，津市渐有棉花集散，除销往澧水上游诸县外，另有湘中的宝庆、湘南的郴州各地棉商，或在津设庄收购，或自带银两随船购买，势头渐大。1921年，棉源扩至澧县全境，延及北邻的湖北公安、松滋、石首，东边的安乡、南县、华容，以及南部的鼎城、汉寿、临澧诸县，面积覆盖有2000多平方公里。据文献记载："本省棉花产量年约十七万担，产地以滨湖一带为著，而以津市、长沙为主要集散地，战前多由长岳输出汉口推销。"由是，汉口、长沙、茶陵、宝庆及四川等地棉商纷纷来津坐庄设点。而湘东、湘南一带花贩则以辣椒换棉花的方式参与交易，棉花市场由此繁盛。《湘鄂赣三省志》中载："（1927年）津市棉花集散量达15万担。"1933年，津澧大水，上海银行为扶持当地棉花生产，一次拨给澧县棉花贷款30余万元。

抗战时期，长江封航，湖北公安、松滋棉花北运受阻，大部转销津市，津市棉花交易猛增至20万担，最高峰时约24万担左右，占了全省的二分之一。时长沙"红盘"须等津市商人开盘后才能成交。湖南最大的纱厂安江纱厂（湖南第一纱厂）有办事处常驻津市，每年购花均在10万担左右。在抗战后期的4年里，由津市输出的棉花达200多万担。一部分的省内长沙、湘潭、衡阳、安江、祁阳、湘乡、宝庆、沅陵及澧水上游，一部分由津市挑运至宜昌三斗坪入川，销万县、重庆、江津等地。抗战胜利后，恢复到战前的10多万担。

二、棉花市场

棉花分湖花与山花。湖花又分洋花和土花。洋花即为美国陆地棉，土花又叫中棉，分铁籽（又称光籽）和白籽（又称毛籽）两种。铁籽细而润泽，但出花率低。白籽绒粗且干燥，俗称粗绒花，出花率高。津市经营的棉花以粗绒花为主，美棉次之。花行收购棉花前先找买方，与庄客议好价格，填好议单，庄客根据议单付款，花行拿到钱后派人下去委托花贩或乡码头的花行到四乡收花，再反售给花行，花行按庄客的要求打包交货。其过程甚为繁复，加之棉花因纤维长短、色泽好坏、水分杂质等不同而分为六个等级，等级不同，价格就不同，这便使其交易变得高深莫测，按当地人的话说："这里面欺假大得很。"而路子深、径路深等说词均由此而来。收购棉花还有现花和期花之分，所谓现花就是一手交钱，一手交货。期花则是棉花未上市前买方与花行议定价格，先按议定价格付给三分之一的定金，交货时再以三分之二买断。

花行　即棉花交易之经纪。花行属于丙种压帖。每请一帖需300银圆，故多是几人合伙，分头经营，俗称"蓬帖"。清末仅6家，后渐次增多，抗战前统计为17家。抗战期间花行猛增，仅三洲驿就有30多个门面，最高时达40多家，人员达400多人。棉花生意季节性强，农历八月上市，冬月扫尾。故清末民初花行一般请花、纱、丝三色帖。这样，以保证大半年都有生意做。后丝茧市场萧条，花行改营杂粮、枯饼等，故又叫花粮行，或花粮饼行。1935年，津市计有花粮行17家，总资本17200银圆。抗战期间花行猛增，甚至杂货店、鱼贩子也改营棉花，三洲街、大巷口、油榨街成了棉花交易场所，仅三洲街就有30多家门面做棉花生意。1941年，津市花行达40余家，翌年增至48家。抗战胜利后，棉源减少，但各行业仍有兼营棉花者。后以公行形式出现，每家公行三四十人合伙做生意。1950年，计有经营花纱布生意者58家。一直持续到统购统销，花行转业。

花贩　所谓花贩就是购进籽花，出售皮花，取得轧花费，并在买卖上获得少许差价。抗战前津澧一带花贩三四千户，轧花机七八千架。这是一种典型的时令生意，从农历八月棉花上市，到冬月角花扫尾的这三个月里，宛若是发生了一场声势浩大的人民战争，无论市井，还是街巷，人们看到的是花，说起的是花，水上是花，岸上是花，仿佛成了花的海洋。另外，你还会看到这样的情形：一些平素消闲的老人，这时辰或许手挽个布兜，肩耷拉杆秤，随意在哪个路边，或是哪家茶馆，嘀嘀咕咕小半天，保不准就做成一笔买卖。他们将捣来的棉花转手卖给花贩，或卖给织坊。即便这样，你也很难将他们归类于花贩。因他们不靠这吃饭，成，赚个酒钱，不成，也没个损失。时有一句很形象的话来调侃棉花上市后的场景："街上棉花贩子多得像蚊子一样撞脸。"

花庄 花庄即是外地花商在津市设的收花点，或津市花商在外地设的销花商号。外地在津市设庄的主要有大庸、永丰（江西）、长沙、白沙等地花商。据《湖南之棉花》1935 年载，津市花行庄客计有 16 家。津市向外地派庄主要是汉口、长沙。因其工作的重要性，庄客不是亲属便是亲信。

运商 1921 年，常澧镇守使唐荣阳开采石门雄黄矿，派吴子良坐庄汉口经销，同时为津市花行代销棉花，始有运销商，不久便发展为 9 户。后因汉口棉仓失火及长沙运花船失火，运商先后破产。至此，棉花外运一般由其他行业在外设庄的商店兼营，主要有青布庄、油盐号、榨坊、鞭炮庄等，大小数十家，规模较为庞大，在全省首屈一指。津市棉花运销主要依赖澧水船运。上游靠木帆船运抵大庸、桑植山区。下游分轮运与帆运两种，抵汉口、长沙两埠。棉花运销捐税名目繁多，如产销税、检验费、护商费、百货费、附加税等，上游每担在 1.1 银圆左右，下游每担在 0.3 银圆左右。

三、行业特点及习俗

在津市商业的所有门类里，花业算得上最为古老、影响力最大、涉及面最广的一个行业。但极少出现巨商，这主要归咎于它的季节性和风险性。从棉花上市到扫尾，短短几个月时间，可谓是轰轰烈烈，热闹非凡。津市有首流传甚久的民谣："六月里赶风乘凉，七月里打扫华堂，八月里请客上庄，九月里大来大往，十月里有钱儿郎，冬月里到处拉账，腊月里朝煤山一望，好不恓惶。"这就是对此业的最好诠释，故而历来专营的少，兼营的多。再者资金需求大，津市桐油、药材等大商号常兼营此行。再者中下层经营者多，即人们通常所称的花贩子。大多抱以应时的心态："赚不赚钱，求个肚儿圆。"但它毕竟是桩传统的，涉及到农村、城市以及千家万户的盛大商事，故而经久不衰，人们仍为之乐此不疲而忙活，除有经济上的考虑外，似乎还有精神层面上的涵义，这可从花行做会看出点端倪。

津市工商业的各行各业皆有祭祀的习俗，但就声势场面上来看，无一能赶上花行。花业祭祀的是冬令圣母。冬令，理应在冬天，然花行却把祭祀的日子定在了农历的七月初七，这已是临近花市开盘的日子了。目的很显然，就是要赶在此前隆重地办场大事以示庆贺。大巷口、三洲街、油榨街是津市传统的三大花市，这天，都会举行盛大祭祀仪式，尤以三洲街为甚。这不仅仅因为它是一条人口众多，商铺稠密的老街，而就其地理位置和行业特征也是极为符合的。花源从北面的接龙桥外而进，棉包从南面的街口而出，于是，南到关庙口，北至接龙桥，各扎上一个大彩门。彩门用杉条或竹篙扎架，再在上面缚上柏枝，悬挂灯笼，贴上对联，一个隆重而充满节日气氛的彩门就算是成了。这天的参与者不仅仅是行会的成员，还会邀请众多的花贩子参加。祭祀台上香烛袅绕，鞭炮骤响，磕头作揖。从早到晚的流水席，推杯换盏，吆五喝六。有庄主或花行老板轮番朝天抛撒红包，这时节也不忌讳谁该抢谁不该抢了，其宗旨就是要热闹。搭台唱戏也是这一天的主角，当然是荆河戏，戏班是早已预定好了的，至于请谁，则要看主事的兴趣了，若喜文，就请"松绣"，若喜武，则请"双胜"。从白天到半晚，锣鼓嘎什，咿咿啊啊闹个不停……1936年，澧水流域迎来罕见的农业大丰收，那年花行在三洲街做会，据说是唱了三天三晚。

第三节 桐油业

一、市场

津市为澧水流域的桐油集散地。来源除上游的澧县、石门、慈利、大庸、桑植外，湘西的龙山、永顺以及鄂西的来凤、鹤峰等地的桐油也多运转至津市。油价好时，桃源和川黔的桐油也曾运来。常年集散量均保持在几万到十几万担之间。上述产油区的桐油，首先在当地的小乡市集中，如石门的子良坪、太平街、泥市、所市、磨市、皂市，慈利的江垭，澧县的王家厂、大堰垱，而龙山、来凤（湖北）、永顺、桑植则集中于大庸，然后运往津市。丰水期用帆运，其路线有三条：一是大河，即澧水主干；二是小河，即澧水支流，如石门的溇水；三是后河，即涔、澹二水。枯水时期，则需人背骡驮，这只有澧县北乡以及石门少数地方可行。如是，油农一般在寒露采收桐子后，贮存至第二年发桃花水时再榨油，此时的油质好，出油率高，汛期一到，便装船运往津市，百担油的船一到就是几十上百艘。这时候的五通庙河街可谓是热闹异常，岸上岸下看去拥挤不堪，但一切都在按部就班，有条不紊地进行，货路非常明晰，各司其主。桐油交易既有代庄采购，又有货栈签约，少有的一点自由贸易，因有同业公会的行规所束，故而不会有哄抬物价的事情发生。再者，津市油业与药业一样，同出一源，不是姻亲就是同籍，对外对内都是一家人。这时节，最神气的是货主，他们相继被油行老板或管事请到酒楼去痛饮一杯，而那些半年在外的庄客们，则像功臣般地接受着老板们的嘘寒问暖，一切都浸润在收获的喜悦中。唯有卸货的码头工们，船上船下的两两一对抬着油篓，视热闹为平常。卸油有专门的号子，但没有完整的词句，多用"哎、哦、嗬、嗨"等联串，声音高亢有力，能传播很远，这种号子从端午开始，一直会持续到中秋。原五通庙勤大油行的后人，现已七十多岁的朱湘泉老先生，至今还能对各种起油号子完整地哼唱一遍。

二、商行

汉口开埠（1861年）前，津市尚无专营植物油户，仅有江南人乘盐船来津采购皮油回去浇蜡。后见津市皮油集散渐多，就在津市设店采购专做浇蜡，再运回江南及两广出售。这一时期，植物油的交易以皮油为主。后随长江口岸相继开埠，外国资本的侵入，津市遂现植物油市场。始初系江西人因购桐油来津，不久，便由采购转为迁居在津经营，当时在津开设油行的仅有福聚隆和胡敦福两家。开设油行需到北京请领龙凤帖，每张帖需铜币一千串，时效60年，且津市限设5家，因此经营者不多。这一时期主要经营皮油、桐油，另有少许梓油。采取自购自运的方式，行销长（沙）、湘（潭）、衡（阳）等地。第一次世界大战前，德商在汉口购买皮油、梓油出口，因此有段时期津市皮油直接运行至汉口，由于经营者不多，获利非浅。时至二十世纪初（1900），津市陆续有合兴永、光大成、瑞昌等油行现市。加上之前的两家，一共5家，均系江西人。

辛亥革命后，油行的请帖改向省财政厅转由县府颁发，其油帖为乙种，每张费银圆500元，有效期5年，不限户数。因此，1916年，津市油行增至7户。这时，第一次大战结束。市面上因椰子油和鲸鱼油的出现，皮油市场疲软，转为以桐油为大宗的植物油市场。这一时期的买方主要是日商。1921年至1926年这5年期间，日商与德商等相继来津驻庄，津市油行最为兴盛。如，聚福隆始初仅3万资金不到，几年下来猛增到10万以上。由于油业兴隆，导致户数不断增加。因而争夺市场的情况日益加剧，马日事变后，国内战事频仍，油业随之转入平淡。1928年，北伐战争结束，美商义瑞、聚兴诚相继来津驻庄收购桐油，再度掀起桐油热，市场由原来的年销量4万担猛增到8万担，最高时达10万担。其产地由山区扩展到丘陵乃至湖区，几乎到处都种上了桐油树。

上海"八一三"事变，吴淞江封口。外运无受货主，驻津洋办纷纷停庄撤回，津市桐油市场一时冷清。后春源油行打通广州、香港市场，货走湘潭、衡阳入粤。于是，各家纷纷仿效，维系时间长达5年，直至1943年，沅江突被日军封锁，桐油运不出去，每担价格惨跌至10多元。此后市场时好时坏，无大起色。加上币值不稳，苛捐杂税又多，许多中、小商户资本蚀光，几乎破产，油业公会采取代买代销，大户分油，小户分佣金，苟延残喘，迨至1949年7月津市解放，津市油业大小户27家，总资本343万元（旧币）。

三、行业特征

1. 与业内关系

津市油业历来圈子很小，故而抱团取暖的意识极强。从前虽领有牙帖，但实际上仍是自贸自运。同时市场比较集中，产量不大，仅靠佣金收入不能满足其欲望。正因如此，当外商来津后，他们均持不合作态度。如日商日华、德商安利英（瑞记洋行）来津采购桐油，货主均不与之交易，故而外商驻庄不久就收庄回去了。后又有美商义瑞、官僚资本聚兴诚来津驻庄，虽有中、小户与之合作，但大商户只是应付，仍以自贸自运为主。但与本流域的封建地主关系十分密切，他们均在桐油主产区，如慈利江垭、石门磨市长期设有坐庄。另民国中期凸起的油业新贵协盛号，老板金慕儒本身就是桑植人。更能说明这点的是祥和油行，这是一个多股东并具公司性质的大油行，其股东除有本市商界枭雄胡彬生外，另有大庸籍津市富商胡异三家族的加盟，可谓是强强联手，统领津市油业长达20余年，直至1951年公私合营才收束。

2. 与油农及手工业关系

津市本身不出产植物油，均由澧水及支流运进，故而油商不直接与桐油产区的桐农建立联系，即桐农将桐籽或桐油卖给中间商（油贩子），再由中间商卖给坐庄，或直接运来津市。由于这些中间商往往是当地的大地主或士绅，其利益的分配一旦出现不合理或因其他因素引起价格波动，便会间接损害桐农的利益，从而导致桐农毁林的事情发生。民国时期，曾在鹤峰（湖北）、慈利、石门、澧县等产油区发生过数起大面积毁林事件。民间用油主要是手工业，如造船修船、制鞋、制伞、木工等。但津市历来设有油船零售，油船在油行进货，再在民间贩卖。因此，油行与桐农及手工业消费的关系都不密切。

3. 与金融、布匹、南货等行业关系

津市经营油业者绝大多数为赣籍，而津市金融、布匹、百货、南货等大宗行业也同为赣籍者居多，其中多为清晚期过来的江西人，他们在宗亲的基础上，很多发展成了姻亲。最为典型的例子就是同为油业的吴、朱、饶三姓大家，几乎占了津市油业的半壁江山。近百年的繁衍，逐一发展到各行各业。津市是个典型的转手市场，农副产品在上河，工业品在下江，这种商品交换模式对行业与行业有着极大的互利互惠性。如大中商号均习惯在购货点及销货点设立驻庄，上河还好点，费用低，但像在汉口、广州、上海这些大地方，设专庄需要笔很大的费用，再者，有些又不是常年业务。于是，代庄出现了，既然是"代"，其费用要少很多，但这需建立在互相诚信的基础之上，才能有着长久的合作。在这方面，宗亲与姻亲至少有很大的优势。除此之外，行业与行业还有着互补性。如，有次福顺昌绸布店

在外地以桐油拨款购回布匹一批，两船运回津市，一次获利近十万（法币）。有些银行和钱庄本身就是油行东家，有的既开油行又开百货、南货等商店，或只开油行，而亲属却在其他行业当股东。这种错综复杂的关系不仅反映在业务上，同样也反映在人际关系上。1945年，勤大油行老板兼第四保保长朱希襄因辖区有人贩毒而遭联保连坐法指控，时任常澧警备区指挥官毛锦彪正好坐镇津市，按当时的情形这是要杀头的，而祥和油行老板胡彬生刚与毛锦彪结为亲家，胡从中说和，救了朱老板一命。胡与朱既是同行，还是同籍。

四、行业影响

纵观津市油业百年历史，毫无疑问，津市油业不仅密切了津市与澧水流域各县的关系，且对沟通城乡物资交流，繁荣城乡经济，活跃城乡市场起着重要作用。也是津市市场不可缺失的一个组成部分，从早期的"内销"，到后来的"出口"，津市的油业一路跌跌撞撞，风起云涌，始终在津市商场上扮演着极为重要的角色。因为它的经营好坏不仅影响着行业自身，而且直接或间接地影响到其他各行各业。无论是早期的益大正，还是后来的祥和油行，均为九澧商界之翘楚。

五、名店

1. 益大正油行

津市益大正油行由李子浩和涂子白合伙开设。李子浩，江西丰城人，早年在津市源泰顺山货店当学徒，出师后在该店管账。涂子白，江西建昌人，父亲赴石门水南司当司官时，随家一同迁居。早年在石门古溪做油盐生意，获利不少，名声很大，于是有人捉他家"财神"，涂子白只得携家带口迁居津市三洲街。1926年，李子浩、涂子白合资在津市新建坊正街开设益大正油行。1928年，涂子白到汉口坐庄，油行由李子浩经营。

益大正油行开设时，其值桐油价格上扬，加以涂子白与郑洞国等人来往密切（郑每次回石门老家途径津市时均住涂家），而李子浩与当地政要关系融洽，遂一个在汉口张罗，一个在津市经营，不几年便发展成为境内规模最大、资本最厚、生意最活的油行。1936年时资本已达3万元（银圆），店员30多人。其中经理2人，管账、管钱3人，上街、管栈、管秤各1人，先生3至4人，徒弟4至5人，挑油师傅10人，杂工3人。

讲信用是益大正做好生意的诀窍之一。涂子白后台硬，本钱足。有资金20万元（银圆），并在汉口有房产。他在买汉票兑拨时，从不失信，信誉极高。故资金有保障。其次在做生意时讲信用，桐油进出过秤不欺客。收油时点头成交，入号簿的油不管市面如何涨跌，仍按原议价收进，并经常与油客互通商情，建立牢靠的宾主关系。为扩大桐油来源。益大正还在大庸设有益记油庄，每年可组织桐油数千担。此外，涂子白在汉交际广阔，在做桐油生意的同时，还做棉花、棉纱等生意。商场行情极为灵通，故生意越做越红火，每年经营桐油均在万篓以上，丰年近2万篓，年获利可达20000元（银圆）。至抗日战争前夕，资本总额高达2000担桐油，价值10万余元（银圆）。

1942年，因战事影响，桐油外销阻塞，业务下降，益大正油行改组，更名春源油行。1945年，又改组为春源美记油行，其股东有李子浩、涂子白、胡连成、胡彬生。此时，李、涂二人已将经营重点转移至长沙，大部资金随之转移，故与行业仅是保留一个股东的身份。油行由胡连成担任经理。年桐油经营量保持3000担左右，尔后渐次上升，1949年达8000担。

中华人民共和国成立后，该店仍有资本，桐油930担，价值45600元。1951年，加入津市公私合营企业股份有限公司。

2. 祥和油行

1938年春，抗战军兴，津市商场闻人胡彬生收束钱庄，持巨资邀集股商胡异三、王紫芝、胡叙伯、胡醉六、李九卿、曹菊舫、向醒予、钟运寿、黄愧吾、徐辉翔、李伟才、肖仲禹、胡连城、陈建勋等15人，合股3万光洋，于大码头河街开设"祥和油行"，经理胡彬生、副经理胡异三、业务经理邹福元、管账曹杞安。

由于祥和资金雄厚，多种经营，开业不久，便跃升为津市油行之首。油行管理机构健全，设有管事、管账、草账、管钱、庄客、营业员、推销员等多个岗位，最多时工作人员达48人。主营桐油，兼营煤油、皮油、梓油、木油、菜油、茶油、棉油及棉花、香烟、百货、粮食、黄金、白银等。每年通过临澧、合口驻津代庄徐光龄，澧县、王家厂、当市驻津代庄胡坤炎、陈宗富，大庸驻津代庄李德记，慈利江垭、溪口驻津代庄朱美成、江南宛等人到永顺、龙山、桑植、石门等产油区大量收购桐油，年均桐油8000担，皮油3000担，梓油、木油1500担左右，菜油、茶油、棉油200担左右。产品经祥和油行派驻外地的长沙庄、衡阳庄、广州庄、汉口庄、香港庄营销，油类价格波动大，仅以桐油计算，每担可盈利1到2块光洋，若遇缺货或销给外商，其利可达数块光洋。

抗战胜利后，美孚、亚细亚煤油公司先后在津设立分支机构，美籍德士古煤油公司为争夺津市市场，主动与津市商会联系，祥和经理胡彬生见经销煤油有利

▲现在还能看到早年桐油市场的一点残影

可图，即亲自前往汉口，与德士古挂上钩，签订以贩买贩卖的方式经营煤油的合约。从1946年起，祥和油行每年代销德士古煤油500筒左右（每筒300斤），煤油由德士古汉口总公司或长沙支公司购进，再通过各地代庄销往九澧诸县，每年祥和油行代销德士古煤油能获得光洋1000多元，而将桐油贩卖给德士古公司又能赚得高额利润，由此，从1946年起，祥和油行经营煤油占了津市整个业务的20%以上。

祥和油行开津市商业之先河，不再以家族或零碎股东的传统经商模式来经营。而是以集钱庄、绸布、南货、榨坊等多家富商加盟的现代商业模式来经营，大股东多达6人以上，油行职员最多时达40余人，祥和油行自1937年成立，直至1951年以最大股东整体加入公私合营企业公司，历时十几年公司不散、不衰。实属奇迹。

第四节　布匹业

一、行业演变

津市布匹业分为土布、洋布、绸布 3 个行业。清末津市衣着以土布为主,市面有土布行多家,多为前店后坊。但也有绸缎庄数家,主要经营苏杭绫罗绸缎,供有钱人制作长袍马褂。后渐有英、日等国羽绫、台西缎、白细布、哔叽、直贡呢等输入津市。有"福兴义""吉大祥"绸庄直接从上海进货。随着多家绸庄开设,外货渠道进一步扩大。民国后,津市出现青布庄,从平江、浏阳、醴陵引进货源,俗称平江布或浏阳青布。随着外国货、外地货的输入,本地土布锐减。或闭业,或转介到花行作打包之用。此时津市布业三分天下:一种是经营呢绒葛麻、绫罗绸缎的绸布店;一种是经营疋头(各种机织布)、青布的棉布店;一种是经营土布的土布行,并于 1931 年分别成立绸布业、布业、布庄业同业公会。时有江西帮的吉大祥、福兴义、聂庆记、伟章、伟纶,长沙帮的声大、大纶、九昶,实力最为雄厚。同行多嫉妒,两帮业务竞争非常激烈,临近的常德、沙市又夺走部分市场,故而发展平缓。1936 年,澧水流域迎来前所未有的农业大丰收,农村购买力大幅度提升,绸布业务成倍增长。抗战爆发后,津市市场成为湘西北和鄂西南集散中心,呈现畸形发展,转手倍利,一时成为商人的黄金时代。

二、流通渠道

津市布匹主要购自长沙,一般在长设有专庄。汉口多不定期采购。少数在上海设立代庄,一般都搭庄,由长沙绸布店在上海的专庄代购,市面上的小店则在大店进货。抗战前年输入量约在 10 万匹左右,其中国货占 40%、绸缎占 10%、外货占 10%。其进货路线主要是经汉口、长沙水运来津。抗战时期销售量猛增,年集散量约在 20 万匹左右。进货路线改经宁波、绍兴、金华、上饶、吉安、茶陵、界化陇运至衡阳、湘潭,津市多在衡阳、湘潭进货,部分从广州进货,直至抗战结束。津市布匹除供本埠消费外,90% 以上销九澧各县,特别是慈利、大庸、桑植等桐油产区，以及湖北公安、松滋、石首等地，同时亦销华容、南县、安乡滨湖各县。津市布业亦受长江各大口岸城市商业强烈影响，特别注重广告宣传。民国初期就有"均益"绸布店仿效外商，雇佣乐队上街广告。后各家仿效，遂成风气。抗战时期，店铺开业频繁，市面上整天洋鼓洋号不绝于耳。

三、行业特征

津市是一个农村消费性质的城市，因此，市场旺淡季节性很强，年成也是决定市场的主要因素。1935年大水，殃及沿线各县，整个市场萧条。翌年农业大丰收，农民收入大增，一时嫁娶成风，市场火爆，当年新增店铺数十家。当然，这种靠农业丰歉吃饭的市场仍存在很多变数。经营管理得好，歉收年景里依然赚得到钱，并能做到经久不衰。声大经理沈炳生讲究门市业务，花色品种配备齐全，每日必亲自坐镇营业间，顾客进门，营业员必须千方百计投其所好达成交易，否则即追查原委。另对营业员待遇从优，五、八腊有夹薪还分享红利，当年同行业普遍亏本，而声大却还有盈利。这是管理出效益。绸布业作为津市商业的主业之一，大多商家资金雄厚，如吉大祥一年营业额即可达30万元（银圆）之巨。1933—1936年间，津市仅8家大正头店年营业总额达百万元。1941年，全市19家绸布店，店员300人，资本总额达400万元（法币，下同），营业总额达4000万元。在全市所有商业行业中，布匹业是仅次于油业的第二大行业。

四、名店

1. 福顺昌

该店创设于晚清，是津市早期经营土布的布店之一。掌门人王善庆，江西扬州人，早年随父王钟安在津经营福顺昌土布店，1930年代初，土布日趋没落，市面上各土布店纷纷倒闭。王善庆适应市场变化，弃土布改营绸布，遂经营向好，至1936年时，从一小本布商，一跃跻身津市富商行列，成为绸布业之翘楚。积资20多万银圆，随即买田置房并投资省城长沙，一时名声鹊起。到1940年代中期，其家产约值30多万银圆，堪称津市巨商。其致富秘诀大约有三。

诚信为本的操守：过去做生意，一般购货拨兑，并且可以赊销和分期付款，凭"信用"搞活流通。王善庆吃透了"信用"是经商根本的道理，故在经营过程中，宁可吃小亏来顾全信用，以取得往来客户的信任，所以遇着机遇，靠信用取胜。1936年，四乡农村特大丰收，农民购买力突然猛增，王因信誉好，及时从长沙组织来大批期货，几个月里，每日顾客盈门，日进斗金。

把握信息的能力：王善庆在经商过程中做到三勤，即脑勤、耳勤、腿勤。平素一般不呆在店里，到处打听信息，窥探其他商号的进货渠道、销售客户、市场动态。那年长沙文夕大火后，日军逼近，货源断路，布匹奇缺，王探听到衡阳还有一条通往浙江金华的渠道，可以购进布匹，凑巧津市油行一批桐油在衡销售，油款尚待寻找出路，他当机立断，派人携带巨款前往，找到布匹货源，将自带现金与油行拨兑款全部购买布匹运回，获利甚丰。

知人善任的魄力：王为人精明，且知人善用，不拘一格。一小店刚出师的学徒张业义，因诚实机灵，被王看中收用，即被派往外地长期坐庄。坐庄，即是现在的采购员，算是一个商铺的半个当家人，故在人选上非亲即友，王让一个非亲非故的毛头小伙担当此任，可见王的胆识。李贤柏，为人傲慢，喜欢恶语伤人，口碑不好。王看中他善于交际，会做生意，于是，亲自登门屈尊下顾，希望李能为其所用。果不其然，日后李成了王善庆生意场上的得力助手。

2. 吉大祥

津市吉大祥绸庄，系清光绪末年由常德老号入津创办，设观音桥正街，经营棉纱、棉布批发生意。初有资本纹银 200 两，首任经理彭贻谷（江西吉安人）。宣统元年（1909），资本增至 500 两纹银。1915 年，吉大祥增加零售业务，并开始经营绫罗缎匹，上海庄号同源亨为其代庄，在长沙、汉口另设专庄。1919 年，绸庄规模扩大，人员由 7—8 人增至 20 余人。1933 年，王紫芝、刘瑞麟分任正副经理，改牌名吉大祥丰记，资本增至 10000 元（银圆），另有附存 10000 元（银圆），人员近 40 人。1942 年，日军犯境，吉大祥丰记迁至大庸、沅陵经营。1944 年，因王、刘二人意见分歧，吉大祥丰记收束业务。同年，王紫芝回津集资 20000 元（银圆），重组吉大祥丰记，职员 30 余人。

吉大祥为合股商店，其股东均是江西人。早期股东有彭蘅耘（住湘潭）、王桂林（住常德），由王桂林领股，批零兼营。吉大祥进货以上海货为主，其次是汉口、长沙、常德。其外地货品主要有上海货直贡呢、哔叽、龙头细布、绒布、花标，以及苏杭、绍兴的绸缎、纺绸、绫绸、缎子，还有英、法、德、美、日等国进口的毛绒呢、毛哔叽、大西呢、竹布、洋布。从长沙进货则以平江夏布、官布为大路货。抗战期间，货物由宁波、绍兴绕金华、上饶、吉安、茶陵、衡阳到津。吉大祥丰记时期，年营业额达 30 万～40 万元（银圆），批发对象包括慈利、大庸、石门、桑植、松滋、公安、澧县、南县、华容、安乡等各集镇商店，年可获纯利 20000 余元（银圆）。

　　吉大祥前后经营 50 余年，为津市历史最久、规模最大之绸布庄。以其做生意规矩、稳妥备受顾客信赖。吉大祥进货以上海货为主，在质量和价格上即先人一着。1933 年，市面 8 家绸布庄联盟以大降价与吉大祥抗衡，哔叽每尺由原价 1 角 2 至 1 角 5 降为 1 角，而吉大祥从外地组织哔叽 3200 匹，每尺只卖 8 分，卒以其货足价廉压倒同行，吉大祥由此名声远扬。因与上海、汉口、长沙等大商埠联系密切，价格消息灵通，降价在前，涨价在后。另用人十分慎重，一般在津市有亲戚朋友的本地人均不录用，而只用江西人，且以同乡、宗族为纽带，使其循规蹈矩，并在薪酬上均高于同行业。

　　1949 年，该店改牌祥康绸庄。1951 年，加入津市公私合营企业股份公司。

第五节　国药业

一、药材集散

津市传统输出的药材以雄黄、木瓜、五倍子为大宗，其次是蜂蜜、葛粉、杜仲、常山、桂皮、麝香、天麻、虎骨、豹骨、龟板、鳖甲等。除龟、鳖产于滨湖外，其他均为澧水上游之出产。药材除本地销用一部分外，多由药商运销湘潭、长沙、汉口、沙市、宜昌、重庆、广州、香港等地。其中年销木瓜上万担，雄黄约四千担。雄黄因品优而享誉港澳，外称"津市雄黄"。输入的药材主要来自川、广、浙及进口南药，视各家的资金大小，有的直接从产地采购。抗战期间，因沙市、宜昌沦陷，华中、西南各地药材转由津市集散，一时药材行店如雨后春笋，由平时的 10 余家猛增到 30 余家。药材年购销量激增至 20 余万担，营业额达 1200 万元（银圆）。这一时期，因长江封锁，除部分通过水运至长沙绕道下广东、浙江、江西一带外，主要靠津市至三斗坪这条川湘孔道。每天仅由津市发往四川的药材就达五百余挑，多时达六七百挑不等，全程四百余里，一路爬山涉水，摩肩接踵，不绝于途。抗战胜利后，津市药材市场恢复战前状态。

二、经营方式

元明时期设置的惠民药局是为官办，澧州惠民药局设于署西。清朝始废官药制，私营药商业才趁机得以发展。津市首家中药店聂隆盛创于清顺治元年（1644），随后相继有饶同仁、隆昌义、隆兴和、邱豫临等药店在津开业，它们均属药材批发和咀片兼营。此外，另还有几家专营或兼营药材的山货行。民国后，陆续有陈九思、源远长、吉庆恒、协和生等药店相继开业。迨至 1931 年，津市药材市场已初具规模，有聂隆盛、隆兴和、源远长等著名药号 16 家，彭仁昌山货药行 5 家。从业人员 200 余人，资金约 12 万元（银圆），营业额约 60 万—70 万元不等。津市的中药行业，是随着津市商业市场的繁盛而发展的。商品流通的加剧同时也带动了药材的集散。澧水上游诸县及湖北鹤峰等地产药材外运必经津市，在此又可就地换回工业品及所需外地药材。使得这一物资流向长期处于良性状态。且因服务优质，品种齐全，质量过硬，其辐射面不仅在澧水流域，就连荆南的石首、松滋、公安以及滨湖的安乡、南县、华容诸县均涵盖在内，有"湘西北药都"之称。

三、经营特点

在津市药业市场占主导地位的，要数专营批发业务的源远长、吉庆恒，批发零售兼营的协和生、饶同仁、隆兴和，专营中药零售的陈谦和以及兼营中西药零售的协成等几家大药店。其在经营上的共同特点是：

批发经营　以品种齐全，货真价实见长。等级规格（即同一药材有不同的等级）具备繁复的炮制品种，如法夏、草乌片、南星片、人中黄等应有尽有。产地购进或当地收购的药材，均筛选分级，按质论价，可供顾客选择，以此赢得用户信任。由此，除本流域外的湖北公安、松滋、监利、江陵、石首等地大小药店，宁可舍近求远也要来津市进货。

咀片经营　各家对饮片切制、炮制及配方几个主要环节，均秉承"樟树药帮"的传统制药技术，确保药效。首先讲究质量：选料严苛，加工严谨，所谓"干草柳叶片，白芍飞上天，姜夏鱼鳞片，槟榔不见边"，即是对饮片的片型、厚薄、色泽、香气的要求。二是炮制得法：各种该炙该制的饮片，均依不同的洗、润、浸、泡、炒、烫、煅、蒸等法度，施以酒醋、姜、盐、蜜等辅料，严格操作规程，遵古炮制，做到炙干草不沾，白术漂油、龟板酥脆、朱砂飞净，以求最高药效。三是品种齐全：一般配方种类在六百种以上，如有缺味，不惜代价备齐，即使处方所用药引如红枣、生姜、灯草之类，以及单方用药如紫苏兜、西河柳、萝卜壳等小品种，一应俱全。四是服务周到：饮片价码簿扉页便有醒目的用药须知，即"药之为物，号纸包枪，务宜谨慎"等字样，意思是药即可治病，也可贻误杀人，故在配方、分量、脚注等格外注意，需另包的药品如旋复花、滑石粉之类则用小布袋装好。如此繁复，一样都马虎不得。

自制药丸　津市药号一般都自制药丸，且各自有自己的秘笈和品牌。丸、散、膏、丹等制剂，均以取料严格，配方循规，选用贵重药品确保分量，加工精细，质优效好见长。

津市几家药店自制丸散膏丹名目

参桂鹿茸丸	紫金锭	痧药丸	如意丸	雷击散
参茸黑锡丸	血驴皮胶	妇女调经丸	四制香附丸	一扫光
人参归脾丸	驴皮胶	丁蔻理中丸	益元散	七厘散
十金大补丸	关鹿角胶	大补阴丸	六一散	神曲
杞菊地黄丸	川鹿角胶	白带丸	八宝眼药	六曲
六味地黄丸	蟾苏丸	虎骨醪	银粉散	万应锭
知柏地黄丸	乌鸡白凤丸	龟板醪	卧龙丹	万应黑膏药
补中益气丸	归鹿二仙丸	参茸酒	防疫至宝丹	白膏药
天王补心丸	牛黄清心丸	虎骨酒	防疫济生丹	附桂紫金膏药
附桂理中丸	苏合丸	史国公酒	防疫回生丹	樟脑膏药
柏子养心丸	抱龙丸	五积散丸	五加皮酒	红膏药
金鹿丸	参苏理肺丸	金匮肾气丸	当归膏	玉红膏药
上清丸	木香槟榔丸	鱼鳔种子丸	止咳杏仁露	普济膏药
左金丸	纯阳正气丸	理中丸	益母草膏	狗皮膏药
天保采薇丸	小儿回春丸	香砂六君丸	肥儿健脾糕	烫火膏药
人参健脾丸	香连丸	附子理中丸	防疫回春丹	气痛散
大活络丸	藿香正气丸	当归芦荟丸	冰硼散	补肾精
小活络丸	人参营养丸	健步虎潜丸	黑虎丹	午时茶
中满分消丸	止咳丸	金锁固精丸	三黄散	附和解凝膏药
归脾养心丸	礞石滚痰丸	黄连上清丸	三仙丹	藤黄膏药

四、名店

聂隆盛　创设于清顺治初年（1644），是为津市开设最早的国药店，也是津市江西樟树药帮之鼻祖。该店专营咀片，祖传八代，均兼医营药。虽后衰微，但一直维系至1949年中华人民共和国成立，招牌没变，兼医营药没变，店铺地址没变，是名副其实的老店。

津市聂姓药店概为该店分支，如聂隆升、聂济康。后扩展到临近安乡的聂仁安、聂九安，亦是聂姓在九澧一带开药店的始祖。1921年，由其后人聂松桓主持店务，并沿袭祖辈衣钵，医理高明、待人和蔼、平易近人，坊间称之为聂嘎三嗲，尤以儿科擅长，小儿麻疹，药到病除，是时同籍帮内小孩生病，都请聂嘎三嗲，随请随到。名人绅士来请，则雇轿接送，诊金1元（银圆），然贫苦人家上门求医，不仅不收诊金，药费也分文不取，悬壶济世，医德可敬，深得市民爱戴。

聂隆盛能持数百年不倒号，是聂姓几代人医德和医术的坚守。但创业之艰、生存之难是外人难以体谅到的，其先人曾作过这样的诗句："烽火转流离，妻病多儿女。温清相扶持，就事家澹水。盗去叶残糜，磨蝎又十年。苦荼茹甘饴，星移物更变。胜负如围棋，静悟倚伏理。德为福之基……"

饶同仁　创设于清乾隆六年（1741），坐落于新码头正街，经营批发、咀片业务，并经营雄黄和地产药材外销。前期曾一度与人合股改号，清宣统以前业务鼎盛。民初复号，店主由饶伯明主持。因拆股资金削弱，兼扩修街道，重修门面亦耗资之甚，乃至以咀片门市为主，兼营小批发，生意渐见转机。

1943 年是津市药材市场的最盛期，一时店铺四起，货源充足。湘潭沦陷后，其长子瑾昆携资来津，次子本纲亦回津，一下兵强马壮，利用人力财力优势，重整旗鼓，恢复大宗批发业务，由于招牌硬，信誉犹在，经过一番努力，业务大振，加之帮工均是亲戚，更为卖力，不到两年，资力雄厚。

饶同仁在其经营的两百多年里，独创一套经营作风。一是用料严格：原商品需抖折认真（分级去杂），始终如一，赢得顾客信誉，并拥有一批固定客户，如石门一带药店几乎均在此进货。二是重视药品质量：举凡丸、散、膏、丹，一律选用地道药材投料，严禁下脚次货，饮片遵古炮制。其参桂鹿茸丸、虎骨追风药酒、防疫济生丹、附桂膏药近百种行销九澧，并被公安、松滋等地列为定点号。三是注重宣传：除备有玻璃橱窗刊载各种丸、散、膏、丹样品及简介外，店堂中央置一铁笼，常年关养一只活豹，实为活体广告。

隆兴和　创设于清光绪四年（1878），原为聂隆升，系聂隆盛分支，坐落于水府庙正街，经营批发咀片业务。清末民初，因经营不善，以致亏损，无法维持，一度处于关闭状态。1912 年，由澧县吕裕和药号资助，与聂姓合伙，资金各半，改牌号为隆兴和，业主聂春华兼任津市商会理事，颇有威望，既擅长交际，尤善于经营，由于资力增加，人员充实，从此老牌焕发青春，不几年，即为津市药界翘楚。

隆兴和的成功秘笈是什么呢？一是上下齐心：老板与店员同心同德，店员与药店荣损与共。做到人尽其才，物尽其用。举一事例，就拿吃饭这桩小事，主雇历来同桌就餐，若有雇员办事误点，饭菜就是凉了也得等。二是知人善用：聂春华去世后，因其子均在外，聂姓无人接管，经人举荐，请一黄姓来店主持。黄以诚相待，秉公办事，大胆革新，如允许家庭困难的外柜适当做点"小伙"生意，以补家用，公开在柜台上出售从未经营过的外来药品。年终由账房主持分配，自己不插手，不分利，受到同事拥戴。三是灵活经营：如澧水上游各地药店运来药材时，常想换回些上面的稀缺品，药店总会设法满足，即使有些货本店没有，也会在外斟换回来，因信誉高，在外代庄（汉口、营口等）若一时资金周转不开，也能挪到货。生意做得是风生水起。

源远长　源远长药号创设于 1921 年，店主聂惠和，江西樟树人。早期随信客来津，在其叔父聂春华的隆兴和药号做学徒，由于自身努力，加之叔父照顾，迨羽翼丰满便自创药号源远长。该店主要做药材批发生意，其中以雄黄为大宗，事业如日中天。当时津市流传有这样的说法：上有颜昌友（花业）、中有源远长（药业）、下有何伯康（榨油业）。业内也有说：常德吉春堂，津市源远长。日后两家结为亲家，沅、澧两地各自称雄。一个无名小店的老板，能在极短的时间里，超越同行数家百年老字号，一跃而成津市巨商，不能不说是个奇迹。

源远长除了在雄黄的经营上打下了坚实的基础外，另还得益于店主的两个儿子。两人均秉承父风，聪颖睿智。长子在家助父，次子终年在外奔波，一内一外，从此多财善贾。在重庆、汉口、广州、湘潭等地均设专庄或代庄，产区采购，异地运销。进而染指外业，大做桐油、棉花生意。可谓是日进斗金。源远长有三个突出特点，是同行所不及的：一是闭关自守，信息封锁，店员以店为家，一般不外出，做到这一点，就必须付给店员较高的报酬；二是耳目灵通（各地设庄），留心观察市场动向，往往能把握时机，出奇制胜；三是店主事必躬亲，除常在码头上梭巡外，山货行每天必到。遇到合适货源，即为其捷足先得。每晚必亲自检点几次门户，防范火烛，从不间断（冬季小袄不离身，便于起床）。守业之艰，窥见一斑。

在津市药业众多的老字号中，源远长实属晚辈，创业时在繁华市区已无插足之地。或是无奈之举，或是独具匠心，聂惠和将商铺选择在了关爷楼河街，这里介于五通庙和大码头之间，药号直面澧水，石库门额上镌刻的源远长三字遒劲有力，字序与澧水流向一致，寓意深刻，常引起路人不尽的遐想。

第六节　百货业

一、行业特征

百货业是工业革命开始后的产物，主要种类关乎人们的日常生活，如口杯、面盆、牙刷、牙粉、袜子、汗衫、背心、毛巾、胶鞋等日用品。其商品多自上海、南京、广州等地，经汉口、长沙输入津市，故早期百货店又称"京货铺"或"广货铺"，也称"京广杂货铺"。1921 年后方逐步以其品种繁多改称"百货店""百货号"。百货业的兴起在给传统商业注入新的生机的同时，也给人们的日常生活带来了新的品味。

百货店因商品琳琅满目，按津市人的说法，是撑街面的商铺。故津市的百货店主要集中在观音桥正街、新码头正街、祁家巷正街及关庙街商业繁华地段，像中华人民共和国成立后津市最著名的两栋地标性商业建筑，百货大楼和津市饭店都是在早前的百货店基础上建起来的。清末民初津市有百货店 14 家，抗战前稳定在 19 家。抗战时期湖北人流入津市，多开百货店和摆百货摊，百货店猛增至 27 家，另有百货摊 30 个以上。抗战后，虽略有减少，仍有 23 家继续经营。

百货畅销商品季节性强，春季以丝纱袜、毛巾、头夹、头巾、胶鞋、套鞋为主；夏季畅销汗衫、背心、香水、香皂、爽身粉、澡巾、肥皂、草席、芭蕉扇等；秋季则积极筹备镜子、插屏、花瓶、瓷坛、脸盆、台灯等；冬季主要销冬帽、围巾、棉袜、毛毯、雪花膏、哈利油、生发油、生发膏等。百货零售生意，亦以农村顾客为主，尤其是秋收后。百货零售习惯喊价还价，其"喊齐天，还齐地"习俗延续至今。因品种多，价格亦高亦底，但平均利率在 20% 左右，比较可观。

百货店人员，大店一般 20 人左右，其中管事 1 人，管账 1 人，管钱 1 人，坐柜收款 1 人，庄客 1 到 2 人，跑街收钱 1 人，炊事 2 人，店员 8 到 10 人，学徒 3 到 4 人。中等店 15 人左右，小店 7 到 8 人左右。每年农历三月十五日举行一次财神会（即百货业的行会），吃酒看戏，耗费颇大。

二、商品流通

清末民初百货主要来自汉口、湘潭。粤汉铁路通车后，以长沙进货为主，少部分货直接从广州购进。百货店一般在主要购货点设庄（相当于采购站）。庄客一般佃屋居住，可带家眷。当然，其人选不是亲属便是亲信。也有代庄的，那样则需支付一定比例的手续费，且代家均是信得过的同行或朋友。抗战前，年集散量约在 200 万元（银圆）左右。抗战时期，除从长沙进货外，部分来自江浙地区及广州。年集散量约在 1400 万元（银圆）左右。

津市百货批发销澧水上游各县以及周边地区的澧县、临澧、南县、华容和湖北的公安、松滋、石首等地。抗战时期，四川万县也来津市进货。在顾及大宾主的同时，也十分注重小河（各条支流及内河）来的业务。如裕民百货店为争取小河业务，特在天主堂码头设置接待站，备有电话，生意谈妥，便电话告主，准备酒席，热情款待。经营之道，令人赞叹。

零售业务除市区，亦以周边农村为主。尤其是秋收后，为婆亲嫁女购买聘礼和嫁妆的顾客，则常采用期货销售，生意颇为可观。大型百货店均批零兼营，小店则专营零售。零售店除综合商店外，也有专卖店。如达人专营益阳细纱袜；周同兴以经营颜料为主；德昌祥以织袜为主，兼营小百货；杨明远主营眼镜；光明斋专营玉器、眼镜、湘绣及高档化妆品等。

三、主营商品

百货畅销商品根据季节，各有不同。春季以丝纱袜、毛巾、头巾、头夹、胶鞋、套鞋为主；夏季畅销汗衫、背心、香水、香皂、爽身粉、澡巾、肥皂、草席、芭蕉扇等；秋季则积极筹备镜子、插屏、花瓶、瓷坛、脸盆、台灯；冬季主要销冬帽、围巾、棉袜、毛毯、雪花膏、哈利油、生发油、生发膏等。大型百货店均批零兼营，小店则专营零售，零售店除综合商店外，也有专营店，如，达人专营益阳细纱袜，周同兴以经营颜料为主，德昌祥以织袜为主并兼营小百货，杨明远主营眼镜，光明斋专营玉器、眼镜、湘绣及高档化妆品等。

四、名店

华丰百货 华丰百货老板徐声扬，祖籍南昌，九岁时随父母由江西迁至大庸，1917 年，转迁津市。徐先在他人店铺做学徒、帮工，后自开门面，主营百货。几年后与他人合资开店，主营百货，生意日渐做大。究其成功秘笈，主要体现在以下几件事上。一是个人生意做到了长沙、汉口、临澧等地，并兼营棉花、大豆、杂粮及桐油等，其所获丰利，远远超越与他人合营的百货业。二是与长沙商人合营香烟，采取有奖销售，刺激购买方式。当时每大箱 100 条，大箱内设奖，头等五千元，奖品有金手镯、金戒指等，一时香烟生意爆火，其石门、安乡、澧县、临澧、慈利、大庸、永顺、桑植、龙山、来凤等地趋之若鹜，踊跃抢购，徐又获巨利。三是徐在一生经营中，做人低调，为人机警有余，一贯采用隐瞒资金，暗中经营等方式，其所开店号，除少数独资经营外，其余多为与人合伙、招股等方式，多处投入，减少风险，遍地获利。民国时期，徐声扬自己独资经营的店号，主要有华丰百货、有成百货号等。其华丰百货号在观音桥正街，毗邻大码头，是为商街最繁华的一段，徐因此获津市百货大王之誉。

宋兴泰 宋兴泰创号老板原为近乡蔡口滩人，人称"宋嘎三爹"。年轻时因家境贫寒，农闲时除了搞货郎生意外，有时还帮人抬轿贴补家用。他为人厚道，朴实勤劳，乐于助人。一次抬轿遇到一汉口商人，此人见他诚实可信，便介绍他去汉口进货，并且是先货后款"杀猪回账"。当时汉口的百货在九澧一带很行销，且利润很厚，宋几年便有了些积蓄。为求发展，他来到津市，先后开设"宋兴泰""兴泰祥"，主要经营百货、南货、布匹，生意做得风生水起，一时擢升进津市富商行列。宋是一个很有眼光的商人，他看到津市是个寸土寸金的宝地。于是将积累下来的资金大兴土木，建房 20 余栋，尽数出租。每年五、八、腊月各种往来结算，光洋都是用箩筐挑进。宋除了会赚钱外，也乐善好施。如逢灾年，便开仓放粮，赈济灾民。蔡口滩距津市约 7 里地，宋独资铺设了一条石板路。

民国初年，过往军队如梭。名目繁多的饷捐令商人苦不堪言。宋家不堪其扰，无奈只留下两栋房产，其余一概变卖，然后在乡下置万亩田产，做个安逸土财主。其"宋兴泰"商号交儿子宋先厚经营，并改商号为"厚记"。因苛捐杂税繁多，加之经营无方，家境日渐败落。1927 年，因一事得罪军方，军方来人将宋公子捉去，扬言"人有多重，就要给多少赎金"。经多方说情无效，只得凑一百多斤金子将人赎回。从此，宋家元气大伤，终不在商场复出。

第七节　南货业

南货业是杂货铺派生出来的，是随着人们生活水平的提高，以及对食品种类的需求，打破地域界限而产生的近代商业。因脱胎于杂货铺，故就业务与经营上与杂货铺有着千丝万缕的联系。南货业主要经营有笋子、黄花、木耳、荔枝、桂圆、红枣、干椒、粉丝等干货，以及鱼翅、海参、鱼肚、蛏干、瑶桂、墨鱼、鲍鱼、海带等海味。因主要产品来源于南方故称南货。一般南货店附设糕点、豆豉、酱园作坊，规模较大，资金较雄厚。津市南货业商品首先供应本市居民日常需要，其大宗是餐馆酒楼。除此之外，销澧水流域各县及湖北邻近县域，其中主要是桑植、大庸、慈利、石门、临澧山区，这些地方盛产桐油，客商运来桐油，然后带回南货。而滨湖平原的安乡、南县及湖北的公安、松滋、石首等地运棉花来津，带回南货。故此业又是津市以货易货的传统行业。

一、进货渠道

南货业经营的大多是国货，市场比较稳定。除抗战期间人口暴涨波幅较大外，颇具规模的店铺常年维系在 10 到 20 家之间。津市南货业有南帮（长沙帮）、西帮（江西帮）之分，以江西帮经营最早。有的批零兼营，有的只做批发生意，称拆货店。南货进货渠道有三：第一是长沙，津长交通方便，上海、汉口等地商品也多集于长沙，品种齐全，津市较大之南货店均在长沙设有专庄或代庄；第二是汉口，津市南货的海参、鱼翅等海味以及黄花、木耳、红枣、青岛的龙口粉丝、美国太古糖等大多数均来自汉口；第三是宜昌、沙市，四川的川糖、川酒、榨菜、房县的木耳等都通过宜、沙这条渠道流入津市，故大店均在这两处设有坐庄。

二、行业特点

津市较大一点的南货店一般都设有糕点、豆豉、酱园等作坊。这既是商品品类所致，也是一个商铺经营的重要支撑。因有竞争，在产品制作上各有各的绝活，或说是特色，同样一个品种，外观上看去没什么区别，且原料、工艺貌似一样，但吃起来却有不同，即所谓差若毫厘，谬以千里，就有点这个意思。津市是个移民城市，从地理位置上来看，正处于南北交汇处，饮食文化的融合历经了数百年，故而形成了一种适应面广的口感和有别于其他地方的特殊风味。

三、地方特产

1. 麻蓉酥糖

清乾隆年间，津市就有酥糖上市，是为富商巨贾喜好之食，并作上等点心招待客人。最早生产酥糖的是瑞芳斋、仁和斋，继而有谦吉祥。民国后，先后有公盛荣、义源生、德和大、义兴源、春源义等店制作。抗战时期，有百福斋、百禄斋、芝兰斋、大陆、大昌等生产店前后达 13 家，另还有些小作坊店也生产。故而形成制作上的竞争，以致这一产品日臻完美，貌似一样，却各有千秋。如齐昌斋采用黑芝麻做的酥糖卓有名气，吃起来香甜可口，酥松油润，并带点椒盐香味。

酥糖制作季节性很强，气温高于 10 摄氏度时，易融化、走油走香。故只在冬季生产，因工序繁复，用料讲究，利润不高，商户一般不愿多做，只为保牌装点门面在旺市抑或有庄客出门携礼时做一阵。尽管如此，一年的销售量也在 130 担左右，抗战时期达到 300 余担。这为糕点小作坊赢得了部分市场，虽其用料和制作远不及大店，但作为年货，腊月销往津市周边的农村或乡码头还是很受欢迎的。

2. 凤尾菜

1926 年，正兴长糟酒坊看到本地江湾产的大兜萝卜味道鲜美，于是购进一批鲜菜试着腌制，当年制成大兜萝卜千余斤运往长沙水果行销售，不想随即抢购一空。长沙人见此菜叶形如凤凰之尾，而凤凰又是吉祥之物，于是给它取了个美名——凤尾菜。嗣后，津市的三友、同永福等南货店纷纷仿效，不几年，津市凡有酱坊的南货店都生产凤尾菜，少则百十担，多则三五百，遂成津市各酱园的主打产品。

江湾紧邻津市东郊，原为澧水洪泛区，沙洲地，土地肥腴。秋冬水涸，当地人趁此遍种蔬菜，无需施肥便可收获满满，尤以肉质直根作物嫩、脆、甜而著称，江湾历来就有种植萝卜、大兜菜的习惯。而这两种菜均系酱园菜的佳品，故在同类产品中非它莫属。腌制后的大兜菜浑身都是宝：兜头可用来切丝凉拌、炒肉丝、做汤底料以及各种荤菜搭配辅料，能给菜增香添味；兜叶，也就是凤尾菜常，可用来做蒸菜，在东南亚被华人视为家乡菜。

3. 五香盐豆豉

五香盐豆豉，又名菜花豆豉或盐豆豉，是津市传统酱园产品之一。除供应市区外，还畅销湘鄂西各县域。产品小，名声大。豆豉营养丰富，素有植物肉之称，所含氨基酸达 20 多种，其味道鲜美、豆香浓厚、色泽乌亮、颗粒饱满、价格低廉、易于保管，是蔬菜渡淡佳品，其调味和搭饭的两大功能深受人们喜爱。黑豆是制作五香黑豆豉的原料，除澧水流域种植外，湖北、河南等省均有生产。其品质以湖北郝穴、慈利江垭、津市新洲所产最佳。

五香黑豆豉是由江西籍人于民国初年引进的，纯作坊工艺，设备笨重，工序繁琐、周期长、劳动强度大，多为南货店附设。民国时期，以江西人黄登书的义源生南货号生产的盐豆豉为著，嗣后江西籍的南货号纷纷仿效，计有恒源福、其昌斋、公盛荣等 8 户，每年销售约 2 万担，常感供不应求。继后又有德和大、百禄斋、芝兰斋等 11 户制作和经营。

第八节　盐业

一、盐务

津市历为澧水数县盐岸。自清代迄民国，在省岸盐务机关管辖下，历经引盐时期、专卖时期和自由贸易时期。清嘉庆、道光年间（1796—1850），澧州在津市设立盐务分局，职掌盐法、司理纲引，管辖澧州六属（安乡、澧县、临澧、石门、慈利、大庸）盐务。并承袭"引盐制"，划为淮盐引地。自后，盐业改为官方经办，商户运销，是时津市最大盐商为许和兴。北洋时期，军阀混战，交通阻塞，食盐一度极为紧张。1940年，由于长江封航，盐路不通，由政府设机构直接售盐，按每人一日三钱配售。1942年，民国政府颁布《盐业实施专卖制》，专商引岸废除，"全面推行官收、官运、官销"。抗战胜利后，废除战时专卖，以商运为主，辅以官运，为自由贸易制。省盐务办事处在津设分处，盐商经营需经分处发给执照。

二、盐运

澧州早期以淮盐为主，清同治十年（1871）曾国藩与湖广总督李鸿章奏请川盐入境，遂为澧六属并销川盐、淮盐之始。

淮盐自江苏十二圩盐栈江船装运，途径芜湖、九江、汉口，到达湘岸岳阳转常德，再由常德驳转津市。全程3010里，通系帆运。

川盐自宜昌或沙市装运，由江水虎渡河入澧境。全程300里，通系帆运。

抗日战争时期，淮盐水运中断，澧六属被划为特区，全部改销川盐。1940年，沙、宜相继沦陷。公盐来源日少，民国政府免税鼓励民间挑运川盐济食。东起津市，由澧县入北部丘陵，尔后穿行于湘鄂边高山峡谷间，历经湖南澧县，湖北松滋、宜都、长阳、宜昌县境，西迄三斗坪，由此接运来自四川自贡的川盐，500里全系挑运，俗称"跑三斗坪"，前后历时5年。

三、盐商

盐业在清同治年间被列为津市四大行业之一（茶商、木商、油商、盐商）。民间有"茶商、木客、盐贩子"之说。虽排名末梢，但每年几万引（每引 300 市斤）的数额，委实不是个小数。因湖南无盐，无论是川盐入境还是淮盐入境，都有几百甚至上千里水路。故历史上因战乱导致水运不畅而引起的盐荒时有发生，盐号也随之此消彼长，很难产生大贾。津市盐商，最早最巨者为清咸丰年间运销商许合兴，但至清末即已败落。民国后数年，盐商渐见发展，主要牌号为大生昌、成顺公、谦裕厚、罗生记、同庆昌、行济、福泰瑞、福裕隆、朱顺兴、昌记等。抗战时期，食盐紧俏，盐商一度达 60 余户，就连全国最大的久大精盐公司，也在津市设立专庄。因业务大，盐业担负各种捐税占全市 60 个行业总额的五分之一。抗战胜利后，交通恢复，食盐业务趋于缓和，盐号锐减至 28 户，最终仅存 3 户，盐业失业人员达 240 余人。盐业自行组成"津市盐业失业人员合作社"，其行业兴衰可谓是此一时彼一时。

第九节　书纸业

　　津市书纸业早期以"堂"为牌名，是为津市商业行业中最早的一个行业，清末民初，津市有聚贤堂、会文堂、三元堂、崇文堂5家。1921年后，渐次发展，迨至1931年，计有11家，有老号收束，有老号易号，有新号创立。抗战时期市场畸形发展，是津市商业鼎盛时期，书纸业也不例外，店号一度发展到19家。抗战胜利后，难民返乡，市场经济萧条，书纸业维持门面或维系生计的尚有14家，它们分别是永吉康、大成仁、丰成、新民、锦大、大公、江义兴、杨鼎新、公盛福、仁大、志胜、信孚、正新、金玉堂。

一、行业经营

　　书纸业主要经营纸张，包括文化用纸、包装用纸、祭祀用纸等。按产地可分汀贡（福建长汀产）、花胚（浏阳和江西萍乡产）、官堆、古帘、竹帘、玉板、老仄、宝毛（邵阳、新化产）、顶账、二账（湘乡产）、皮纸、色纸等主要商品。民国后"洋纸"输入，即机制纸，有光纸、道林纸、新闻纸等。此外，还有店铺经营文具笔墨、经济账表、课本书本、对联字帖、祭祀用纸等。少数店铺兼营之，如公盛义以锅铁为主，文华、新民以书本为主，金玉堂是个小店，自刻自印，专营歌本、祭祀用品。

　　1920年前，三元堂和义元堂资本雄厚，在宝庆（邵阳）大量购进散页土版书，装订成本出售。土版书多为《三字经》《女儿经》《教儿经》《增广贤文》《千字文》《百家姓》《古文观止》及古文课本等。直至1932年前后，商务印书馆、中华书局、世界书局以机制纸印刷图书，俗称"洋板书"，土版书才逐渐淘汰。对联是书纸业经营的大宗商品，逢年过节、店铺开业、婚礼葬挽、娃祝寿庆等，民间多以对联奉送。

二、行业特征

　　书纸店均有加工作坊，大店作坊约10人左右，小店则3至5人。

主要印刷账表课本和祭祀用品，均为木版，手工印刷，1926 年前后才有石印。但木版印刷一直沿袭至 1950 年代初期。抗战时期有的书纸店为集中经营业务，手工印刷制品则由专门作坊代替。当时作坊多达 10 余家，有操作工人 60 余人，制品分两种，印刷技术差的做黑印合，一般为祭祀用品，质量粗劣无妨。技术较好的坐绿印合，一般为课本。技术强的做红印合，即各种台账本。

书纸业的季节性较为突出。清明、中元为祭祀用纸旺季，秋后为族谱印刷旺季，春秋开学为课本旺季，冬季为账表旺季。端午、中秋、腊月则是包装用纸旺季，春节是对联销售旺季。各门店除有现存的对联供顾客选择外，还可应顾客的要求当场挥毫泼墨撰文。这是显示店铺老板才华的时刻，既能作文，又能写字的店铺定会门庭若市。

三、名店

鼎新书纸　鼎新，即含革故鼎新之意。开业于 1929 年，原系长沙兴记纸号津市分店。经理杨汉贤毕业于长沙修业学堂（长沙农校前身），在长沙师古斋、缦云纸号习商帮工，善于经营。初开店于谷家巷，资本 500 元，店员 5 名，以经营文化用纸为主。因店面偏市，难招揽生意，惨淡经营。3 年后改组，交杨汉贤 3 人承包，分 3 年还本付息。签约后店铺转至大码头横街，生意渐好，经营三年，获利颇丰，还清本息，独资经营。修业学堂的校训是：习劳耐劳，崇实尚朴。杨汉贤经商的第一杯羹得益于母校的教诲。

1935 年，店铺迁至观音桥正街，正当闹市，生意日见兴隆。适逢这年贺龙率红二、六军团来津，全市石印局日夜加班，为红军印刷书本及表册，该店的印刷机器全部开动。光书纸费及印刷费两项就盈利不少。翌年，农业大丰收，市场生机勃勃。适逢上海机制纸书籍大量倾销，突破了传统的邵阳土版书，标点书一时盛行。农村各氏族趁此续修家谱，加之婚寿、庆典日多，又因文风昌盛，市面出现书法绘画热，店铺便及时赴安徽采购宣纸笔墨。是时津市设立税局，账本账册改旧换新。另外还承销了几家书局的几笔业务，且独揽了纸张供应。一时业务应接不暇，不仅赚了钱，其经营的项目品种也增添了不少。鼎新迅速跻身于同行业翘楚。

抗战时期，津市偏安一隅，大量难民涌进，商业呈畸形繁荣。由于交通梗塞，原畅销汉口、河南、江淮的土纸流向津市，成为走三斗坪入川的物质之一。鼎新纸号不失时机，在坚持门市生意的前提下，着力扩大批发业务，与长沙的信大、致大、集强，益阳的志孚，湘潭的恒昌协，邵阳的傅克勤等组成一个又一个联合体，与三斗坪的阎裕发、万县的刘聚星组成湘鄂川物质购销走廊。并与津市其他行业联手，如药行、花行、燕耳行、运输行等建立协作关系，商品相互调剂，做到互利互惠。另外，看准行市，分别向振丰绸庄、大新昌瓷号、大陆斋南货、胜大盐号等十余家投资，并承包了湘潭、长沙、益阳5家对联作场，以及本市8家账表印刷装订作场，为他们提供纸张资金和统购包销服务，还特意从金华、韶关组织别店不做的文具、油墨等商品，做到利益独揽，获利甚丰，一跃成为津市巨商。

第十节 特业

特业即土烟（鸦片），土烟行（店）又称土膏行（店）。鸦片于清同治年间（1862—1875）流入津市。先仅局限于富商巨贾阶层，后因澧水上游各县域种植，遂吸食者日众。据1936年《湖南年鉴》载：仅津市特别区烟民即有5022人，是年人口统计才2万多，即4人当中就有1人吸食。数据统计是否精确不说，但就此便可窥得津市烟毒之深已是不容置疑的了。鸦片在津流传时间仅有80年的历史，但它对津市的影响与其他商业相比，那是有过之而无不及。尤其是民国政府对鸦片的"禁（烟）"与"征（税）"的态度上，有如"犹抱琵琶半遮面"的暧昧，以致多少人为之长袖善舞，多钱善贾。

一、源流

武陵山温润的亚热带气候极利于罂粟的生长，因它有治呕逆、牙痛、腹痛、咳嗽等多种疾病，这对于交通极为不便，寻医就诊极难的山区土民来说，几乎家家均有种植，但其在津市市场作为商品流传却是在晚清以后。货源大多来自澧水上游诸县，或由商人进山采购，或产地货主运来津市，一去一返，皆以其他货物搭载，流通极畅。初以商界时兴，除自食外，同时也是接人待客的上好招待而渐为流行，全市共有烟民5002人，烟习之重，可见一斑。1935年，湖南省禁烟委员会以津市人口稠密，烟民甚多，划津市为特区并设置特派员严加管理，不足以肃禁政。因利润丰厚，津市大商人多染指此业，其间最典型的有禹惠堂、禹禹三、胡异三、金慕儒、曹菊舫、余树人等。

二、市场

民国时期，国民政府一度采取"寓禁于征"的政策，开征特税，土烟交易遂合法化。津市与洪江、宝庆、常德一道被列为特别区，土烟主要来自大庸、桑植、永顺、保靖、龙山、慈利等地，销往安乡、南县、华容、临澧及湖北公安、松滋、石首、宜昌。部分随粮船水运至江西九江。津市分设"监护处"和"特税局",每年征收各种税额达 15—18 万元之巨(银圆)。各土烟店领照营业。土膏业设有同业公会,会长是余树人,理事有:金慕儒、曹菊舫、禹禹三、庄季良等。

土膏店从烟土商那里收购烟土后需回锅炒干,同时还要掺料子(作假)。料子一般用黄豆、猪皮、牛皮等熬成,形似烟土的膏状。回锅以后将烟土切割成小块状,每块重约 5 钱至 1 两,包上包装,即可出售。

1921 年津市领取营业执照的八家土膏店

牌号	经理人	地址	牌号	经理人	地址
庄德盛	庄二爹	城隍庙街	复兴荣	胡笺清	水府庙
和盛协	余树仁	城隍庙街	玉昌永	向醒愚	水府庙正街
恒昌美	金慕儒	城隍庙街	协和	禹禹三	商会街
同庆生	禹二伯	祁家巷正街	恒康	赵裕初	关爷楼

1931 年至 1936 年是津市土烟生意最旺期。土膏店多达 12 家,售吸所(烟馆)51 所。其中较大者如裴泗记,全年销售量约为 50—60 万两。1936 年,烟土市场特旺,津市特税局和监护处为了安全起见,将各土膏店的烟土集中于城隍庙街保管,其贮量达 10 万两之巨。

三、行业轶事

1925 年 10 月,时任澧州镇守使的贺龙因被省长赵恒惕所不容,主动撤离澧州回到湘西。然而失去了富庶的地方,部队给养一时难以筹集。贺龙派人找同乡好友金慕儒借钱,金二话没说,将贩卖烟土的钱悉数拿出,自己回老家种地去了。次年金慕儒遭难,跑到贺龙大姐香姑(即贺英)处躲避。香姑即给了金慕儒 40 块大洋做路费,劝他去汉口找贺龙。到了汉口,贺龙不仅偿还了欠款,贺龙夫人还另赠送给金四百块大洋。金慕儒拿着这钱重返津市东山再起,没过几年就成了津市富商。1933 年,贺龙正在洪湖地区,因电台出了故障,与中央失去联系,派两人来津找金帮忙。金慕儒通过商会开具证明,给足路费,两人便以津市"恒昌美土膏行"店员身份前往上海,一个月回转,办妥此事。一桩被人嗤之以鼻的土膏生意,竟演绎出了那个岁月的一段红色故事。

第十一节　饮食服务业

一、筵席业

津市筵业始于明成化年间，这可从何景明的《津市打渔歌》里"江边酒楼燕估客"一句中得以证实。起初的酒楼多设于河街，后随商业发展，到了清中期时，津市的街市逐渐分成河街、正街、后街以及连接三街的无数条巷子。这时的筵业已是遍地开花，店肆遍布了。时有新码头河街的浔阳楼（后更名为澧阳楼）、新合楼；谷家巷的老三圣园、桃源楼、筵业三和；水府庙的玉珍馆；三元宫的银珍馆、德泉楼（又称四层楼）；大码头的集贤楼、大观楼、企园酒家；夹街的盟华园、多谢馆；财神殿的茶陵酒楼、明星楼等十几家尤为著名。抗战时期，人口暴涨，商业繁荣带来饮食服务业的兴旺，茶肆酒楼、饭铺客栈在通衢路口，大街小巷，如星罗棋布，津市筵业盛极一时。茶肆酒楼如雨后春笋，仅一条不足半里的夹街，竟有30余家。川菜、鄂菜、湘菜、下江菜各显特色。筵业经营以酒席为主，同时兼营面食。其时新设有湖北酒家、长沙酒家、三和酒家、一洞天、四五六酒家、醉仙楼、刘聋子粉馆、四圣园猪肉面、王盛井卤菜、春乐园金钩饺饵等店铺名噪一时。

津市筵席有长沙帮和津市帮之别。长沙帮称燕翅烧烤全席，筵席规格：进门点心、十手碟、四高桩、四香盘、四热炒、六大菜、二点心、四随菜、一汤，上有烤猪、烧方等名菜。津市帮简称鱼翅席，曰八大八小，其中包括：十二围碟、四高桩、十鸳鸯碟、四点心。八大即八个大菜，如鱼翅、金鸡、银耳等。八小即八个小菜，如炒红白肚尖、鱼、莲子等。各其繁复、讲究、精致，均为湘菜之精髓。抗战时期，因津市为入川孔道，过往人潮中不泛有军政要员、豪商巨贾、文人墨客。不管其大快朵颐还是浅尝辄止，无不交口称誉。

酒楼除雇有油、白大案师傅外，另有干杂和水杂师傅、堂倌等。油、白大案师傅靠烹饪技术，技术最好的则任以晨目（厨师长）。民国初年有汪若湘、刘先进，稍后有吴起凤、宋驼子、陆传银、肖得汉、宋维潘、蒋润生、蒋运廷、蒋云定等。其中汪若湘制作的冰糖排骨，光亮香甜，起丝脱骨，传为美谈；刘先进制作海味独具特色，色美清爽而透明；吴起凤擅长解切拼盘，其片薄如纸，长短匀称，层叠分明；宋驼子有吊烧卤味的绝技。宋维潘的燕翅烧烤全席堪称佳作。堂倌则迎进送出，打扫店堂，摆设桌椅。设筵时，堂倌迎客、安席、打把上菜，忙里忙出，先后有顺序，一招一式中规中矩，完美无缺。干杂师傅主要解切拼盘。水杂师傅则挑水洗菜，专司水活。厨工系列，数水杂工最为辛苦，尤以冬天为甚。故筵业有顺口溜："先打杂后跑堂，祖人有德升灶上。"

二、熟食业

熟食，一名小吃，皆由油货铺、米货铺、磨坊组成，亦是小本经营，服务对象多以平民为主，店铺主要分布在津市东西两头，市区中心少见。津市小吃在数百年的发展演变中，博采众长，形成极强的地方特色，名扬九澧。

油货　较为著名的店子有民国初开设的潘恒茂、陈润记、张新记、习柏记、胡新顺、黄恢记、陈二记、易三记、王三录、周春舫、熊受才；稍后有张祖福、张祖炳、刘保生、李承锡、易法达、易元记等；抗战胜利后有胡兴玉、李承义等。油货以面粉制品为主，有油饼、油条、双麻饼、荷叶酥、麦口酥、藕饺饵、油糍粑、米面儿、梭形鸡蛋麻花、盐麻花、糖麻花、椒盐馓子、米泡丸子、鱼丸、油炸坨、白糖酥、麻枣、炒汤丸、麻打滚、扯糍粑、肉酥饺饵、筋骨条等。

米货　较为著名的店子为民国初开设的石万太、龙恒记、宋春记、刘福太、孙青山；后来者有梁美发、刘友朋、龚兴洲等。米货以米制品为主，其产品有娃儿糕、汽水粑粑、米包子、豆饼、年糕、绿豆粉、荷兰粉、凉粉、百粒丸、发糕、肉汤丸、糖汤丸、糯米团子、甄蒸糕、甜酒、粽子等。

三、茶馆业

作为市镇所必备的营生来看，茶馆业应稍迟于筵业。《直隶澧州志》载："后湖，与街俱远。碧烟断处，红桥通焉。沿堤垂柳千株，茶楼酒肆，间露于绿荫中。而晚艇芰荷，夕阳箫鼓，览胜者恒于斯。"旧志书素以惜墨如金而著称，能用如此一段旖旎温婉的文字对某个景点作这样的描述，实属罕见。茶馆最初予人解渴，后予人休闲乃至到谈生意、做买卖、办行业聚会等，其演变进程也是一个市镇发展的过程。津市为商埠，属一个流域的物资集散中心，除商人外，更多的是为这一中心附有的运输业、搬运业、手工业以及人数众多的贩夫走卒。于是，茶馆作为公众最恰适的聚集场所应运而生。1936 年，由澧水船工自行发起的"搭包会"（公益金）成立，将其资金于拐子巷河街开了一家茶馆，以此增值，是为首例公益性茶馆。

津市茶馆可分三大块。一是五通庙以西的上河街，这一带主要停泊澧水上游船只，故操上河口音的人多，人称上河佬。上河话属高腔，说话喊人像唱戏一般，很远就能听到。他们除做水上营生外，再就是做山货生意，性情爽快且单纯，因同在一个流域，故业主也是上河人。二是太子庙以东，这里是南边（湘中以南）人和下江（九江以下）人的天下。南边人以手艺人居多，说的是"鸟语"。下江人以服务业见长，说的是"软语"，夹街的大旅社基本上都是他们修的。三是以大码头为中心连接东西两头的一片区域，上河人的高腔、东吴人的软语、南边人的鸟语及澧州人的西南官话均在这里碰撞，相安无事，和平相处。

茶馆其实就是一个江湖，除却喝茶休歇外，很多事情是在茶馆里办的，如议事、雇工、荐人、延请、探询、签约、寄存等民间事务皆可在茶馆里进行。"吃讲茶"是江南一带的说法，即为本地所指的"了难"。一般是积怨已深抑或官讼无果，争执双方摆开阵势，各据一桌，陈词力争，一旦言语有过，便会掷壶飞杯，砸桌劈凳，死伤者有之。尽管如此，最终消停的仍是江湖老大。这种民间的"了难"似乎成了一种习俗。一般当地警局不会插手。贺龙任澧州镇守使时，属下辎重团团长，后任津市民船商业公会理事长的楚麟堂，就当过江湖老大多年。龙虎之争，没有永远的胜家。抗战胜利翌年，洪帮五哥赵少云为母祝寿，帮中兄弟沿街玩狮舞龙，途中将一小孩茶摊打翻，小孩扭住龙灯索赔，却反被打倒在地，楚目睹此事，仗义执言，对方竟鸣枪示威，楚不示弱，遂邀集船民多人，操橹持桨赶来，双方械斗，互有伤亡达十余人。从此，枭雄一世的楚麟堂退出江湖，销声匿迹。

茶馆说书是民国以后的事，此前，间有民间曲艺涉足茶馆，但影响不大，毕竟茶客大多不是澧州人。传说津市的卤菜缘于茶馆，民国时期，五通庙一带桐油和药材码头最为集中，甚是热闹。由此向西北方向蜿蜒的三尺宽的巷道，人称一文拐。刘公庙就在一文拐北，庙前既是戏台又是菜市，有三五个肉案，卖肉赶早，太阳才一杆高便拾柜收摊，这时的屠夫并不急于回家，而是拿了半边猪耳或一页猪肝，就近找家熟识的茶馆喝酒。夏季炎热，肉不好卖，屠夫就会带来整副下水或猪头猪脚，这时，茶老板便用很低的价格将其买下，尔后卤制成菜，茶馆里有多数人中午是不回家的，便以卤菜喝酒吃饭当午餐，茶馆平添了一份生意。煞黑时分，老板会将白天未卖完的卤菜一一搬上划子，到澧水河上去做船古佬的生意，夜色浓郁，河上一概模糊，但见一只像萤火虫的活体在水上游弋不停，人和船是看不到的，但那吆喝声清晰可闻，于空旷的澧水河上潆洄环绕："卤菜、卤肉、卤干子的酒哦……饺儿面呐，猪蹄子喂……"

四、旅馆业

津市的旅馆业历史悠久，明万历年间何景明来津时，不仅进馆品尝到了津市的鱼，肯定也是留过宿了的，不然，他写不出那首脍炙人口的《津市打鱼歌》。旅馆的称谓及功能有一个演变的过程。津市是个码头，历来商旅过往频繁，旅业从最初的歇铺进化到旅社，就像这座城市从市镇起步，发展到一个繁华商埠一样，呈现在人们面前的是一部五光十色的都市历史。

饭铺 饭铺又称歇铺，至今仍有人这么叫。1992年笔者到乡镇工作，随几个乡镇干部进城办事，到津市，领头的乡人大主席便说先去"写"铺，把铺"写"了然后再去办事，我未听懂，后才知道叫写铺是去旅社登记。"写"与"歇"同音，虽字意不同，但其行为一致，回头一想，民间的一些俗语、俚语不是凭空想象，还是很讲究的。《津市商业志》对这一行业有很温馨的表述："这种店多为夫妻店，虽房间设施简陋，但价格便宜。门外挂一灯笼状的亮灯，上书店铺名称以及'食宿便宜'或'未晚先投宿，鸡鸣早看天'的字样。"饭铺一般仅有一两个铺位，愿意挤铺的则价格打折，实在不行，就开地铺。客主多为商贩力夫或进城办事的乡人。这种店分布甚广，街道巷陌比比皆是，津市尤以河街、大巷口、油榨街、三洲街居多，既使到了旅社出现的盛期，这类店铺依然存在。

栈房、商号 随着商贸往来的频繁，以地域和庄客接待为主的栈房出现了，其规模和设施有了较大的提升，房间备有洗脸架、脸盆、毛巾、茶壶、杯子等，少数还装有电话。民国初，商会后街的孙同福、胡同福，主要接待澧县北乡王家厂、大堰垱、闸口一带的庄客。五通庙河街的四美、高升、永福等，以接待上河人为主。五福住大庸以下县商客。商会街的老东江有30多年历史，该店多住湘西油客(桐、皮、梓油)。同人利系浏阳人创办，在商业行号中算是上等，装有电话，老庄客一住数年，客人多系长沙、湘潭、浏阳等南边人，他们一般以收购棉花、粮食、油料等为主。湘鄂、两湖系湖北人经营，住湖北的行商客，专门买进卖出，这类客人又称跑单帮。长沙客栈在抗战时多住四川庄客，专收购棉花、棉纱、土白布等。甚至还出现了骡马店，以天后宫的六合春最著名。抗战时期，发展最盛，多达40余家。栈房以卖床位和行铺为主，少有开餐，而商号则注重伙食，围桌入席，荤素搭配，并负责茶水。

旅社 旅社出现在清末民初，因老板多为江南人，见世面广，做派新潮，其旅社就有了搪瓷盆、马赛克、西式床、留声机等一应现代设施，陈列奢华。待电灯、电话出现时，均是抢先享用。早期津市大旅社最有派，抗战时期，大小旅社如雨后春笋，较为著名的有大华、长春、福明、九澧、湘鄂等，尤以大华为著。这时的旅社服务不仅是吃饭住宿，间有了澡堂、牌室(雅厅)、筵席、堂班服务。堂班即是妓院,妓女又称乐女,堂班的乐女均有一门技艺,或唱或弹,她们大多来自江南,艺色俱全,京剧清唱是为一绝,这多少为津市城市的品味加了一大筹码,津市京剧票友的水平至今仍在沅澧流域独占鳌头,与这不无关联。同为卖身,此行当不再是发生在河街上某个吊脚楼里,抑或某条阴冷的长巷里的男女苟且之事了。堂班是在警局挂了号的,一般挂靠于旅业,有的设在旅社周边,有的就设在旅社内,其堂班班主和旅社老板就一个人,大华旅社老板——扬州人冯聚顺就是集旅业和堂班为一身,因名气太大,1950 年民主改革时,骇(津市人读 hei)不过而自杀了。

1944 年津市旅业情况一览表

堂名	户长数	乐女数	地址
玉春堂	16	38	汤家巷大华旅社后
高四喜堂	7	12	新建坊电灯公司隔壁
三和堂	4	13	夹街南京理发店
龚大房	4	15	大巷口
双家	7	15	太子庙巷内
春华堂	19	31	长春旅社巷内
新大房	5	7	长春旅社巷内
金凤堂	12	27	太子庙河街
窑班	9	100 余	夹街、河街、拐子巷后街

五、风味饮食

津市的风味饮食名目繁多,现仅对粉面类做一简单介绍。粉面大宗的主要有三种,风味迥异,百年来,就市面的欢迎程度,此消彼长,这也可从中窥视到这个移民城市发展的进程,尤其是人口结构的变化。

麦面 民国初,津市有 2—3 副的磨坊就有陈二记、梁美发、易元记、潘恒茂四家,加工的麦子皆为四乡本土出产。后机制面粉出现,遂被取代。麦面为手工擀制,除有饭馆兼营外,专业性的面馆有好几家,如玉珍馆、银珍馆、双合馆、多谢面馆等。其中白案师傅蒋运廷,外号有蒋大刀之称,其刀切面令人称道,仅那细如发丝的外观就能让你垂涎欲滴。1932 年开设的多谢面馆的羊肉麦面,以其鲜香浓郁而最负盛名,日销可达 500—600 碗。早前麦面多以羊肉、鸡肉为臊子,大一点的面馆一般自己杀羊并兼做羊肉钵。抗战爆发后,长沙帮进入津市,以选料合理,精工制作,调料讲究,很快打开麦面市场。其三鲜、酱汁等招牌面得到顾客尤其是南边人的捧场，并为各店仿效。面馆时兴叫号，即顾客将在前台买好的码签递与堂倌，只需在餐厅坐等，堂倌视码签上的标识向里高声吆喝而告知后台，这是酒楼面馆通常的做派。但这种叫号地域性极强，同一种类型的麦面，各地堂倌叫法也就不同。如三鲜面，津帮号子是："大面一碗"，"双油饱条"（指面和油多点），"还要带哨"（指快一点）。长沙帮则是："三鲜一碗"，"带性、干"（指面要硬少放汤），抑或"溶排宽汤"（指面软多放汤），最后还补唱一个"来原"（指要臊子里的原汁汤）。此外还有"负青"（不放葱蒜），"负椒"（不放辣椒）等唱法。生意好时，两三个堂倌轮流叫号，抑扬顿挫，此起彼伏，顾客既饱了口福，也饱了耳福。这种厅堂叫号的习俗一直延续到"文化大革命"，即被当作封、资、修的东西而禁止。

米粉　米粉的出道甚为传奇，相传是明太祖朱元璋派遣南下平蛮的一支维回部队，后屯田于沅澧，因不习稻米，故将米磨浆后制成粉状而袭传下来，故而也是舶来之食。米粉的制作近似于米面，除形状上一个圆一个扁外，且在口感上也有差别，米面细腻软和、米粉滑溜筋道。最大的不同还是臊子，米面仅为猪肉，米粉是维回人的食品，臊子用牛肉。牛杂是近代的出品。

1927年，家住常德县苏家渡，时任农协执委的黄承喜因大革命失败躲避追捕而逃亡来津，在津市一文拐开黄义发牛肉粉馆，因是新式口味，一时生意兴隆。继后，原随父在常德开永春楼粉馆多年的维人蔺玉书，于1931年独自来津开长春粉馆店。至此，津市已有了两家牛肉粉专店。黄承喜是回族，蔺玉书是维族。因二人都信仰伊斯兰教，且又都来自常德，故在牛肉粉的制作及品味上大致雷同，难分伯仲。不过，此时的消费群体仍囿于维回之间。真正给牛肉粉造势是在几年之后。1938年，日机轰炸常德，时在高山街卖牛杂碎的刘松生的小店毁于其中。不得已，来津投亲靠友，在其姐夫的扶持下，于夹街开设粉店。并以自己耳聋的缺陷而命名为"刘聋子粉馆"。所谓来得早不如来得巧，时遇城市人口暴涨以及夹街业已形成饮食一条街，让其后来者居上，声誉远高于"黄义发"和"长春"两家同类粉馆。这种用药包熬制且能散发出奇异肉香的汤料大大刺激了人们的味蕾，几年后，刘松生重建门面，生意日渐火爆。有人追忆：那时的刘聋子粉馆门前搁一老虎灶，上面的老锑锅一年四季就那么炖着，那香味……夏天闻着还有点膻，但冬天闻着闻着就像是勾了魂似的……

米面　与上述的麦面与米粉相比，津市米面可谓是小家碧玉。米面，又称米面皮子，制作较为繁复，先将大米用水泡上一晚，然后用石磨磨成米浆，再用锅或箅将米浆搋成面皮。上乘的米面皮子晶莹剔透，且极富弹性。米面的臊子较为单一，就是个肉丝，但极为讲究，一般会用猪的前夹最嫩的部分,左右偏一点都不行。

汤料用筒子骨、肉皮熬成，里面再撒把虾皮，汤味极其鲜美。米面服芹菜，盖完臊子，再在上面撒一撮切细了芹菜叶（这点与麦面和米粉不同，以上两样都放葱），白绿相间，一股淡雅的清香扑鼻而来。因食材与制作精细，这种小吃的食主对象一般是老人和小孩，尤作为宵夜或给大病初愈的人吃最为合适。由于需求量有限，一般不开设专门的店子，仅是一早一晚走街串巷的挑担。

以上麦面、米面、米粉均为手工制作。麦面牵涉到参料和擀面，且为现做现卖，故劳动强度大。米面与米粉制作相似，米面可由一人完成，而米粉少则2人以上，故粉馆一般兼有粉坊。除专营面馆有麦面外，一般筵业都有兼营。而米面基本上是挑担生意。粉馆一般由回、维族经营，似有垄断的意思。麦面因有本帮及南帮的支撑，使得这一传统饮食在很长的时间里一直处于主导地位。

第五章　城市转型

第一节　从一封信说起

　　1949 年 8 月 3 日，由冀南地区组成的南下工作团抵津。4 日，成立中共津市市委员会和津市市人民政府。遂 5 个接收小组成立，进行城市接管工作。第五组又称经济组，白天接收，晚上开会，历时 22 天完成。市委在总结报告中这样写道："接收单位：伪财政部湖南常德国税局、澧县稽征所、澧县捐税稽征处、伪国赋粮食管理局第五聚仓库、湖南盐务局津市盐业分处、湖南省银行、中国农民银行、澧县县银行、湖南第一纺纱厂津市办事处、中纺公司沙市驻津办事处、湖南省津市轧花厂、中国植物油料长沙厂津市分厂共 11 个单位，人员 100 人。"从中看出，除轧花厂一家工业企业外，其他均为金融商业单位。

　　新政权成立后的两个月，也就是 1949 年 10 月，中共津市市委书记的栗汇川在给省委城工部的汇报材料中这样写道：

　　……津市没有大的工厂，除一家电灯公司外，大致共有染织、针织、制革、造伞、制秤、辗磨、印刷、缝纫、豆腐、卷烟、油漆、竹木器、五金修理、弹棉、机器、棕索、石作等十几个手工业行业，744 户，流动资金近 2 亿（旧币），参加手工业生产者 2300 多人，占市场的比例是比较大的。商业方面，市面较为繁华，但歇业的多，商人的顾虑：一、不晓得今后税收怎样（怕多收，购进的货没征税，不知征多少，而不敢卖东西）；二、怕国营贸易公司开张后，掌握了市场，自己没出路；三、对人民币信誉差；四、长沙失火烧了一个堆栈，内津市物资很多，商人借故辞退店员并停业……面前，接收工作大体告一段落，今后应即转入城市管理，围绕恢复生产，繁荣经济。面前，我们的干部不仅少，而多系农村出身，缺乏城市工作经验，这不能不说是我们的一个困难。

　　1949 年 9 月初，中共常德地委转发中央和华东局指示："严催所属，在 3 万人以上城市，务须九月份召开一次各界人民代表会议。"地委决定先设津市、澧县为试点，并要求津市马上召开各界人民代表会议。9月上旬，中共津市市委根据常德地委的指示，经过紧张而周密的筹备，组织召开了津市市第一次各界人民代表会议，会议听取了市人民政府就有计划有步骤地迅速恢复生产、沟通城乡关系，解决失业问题，依靠工人阶级，团结其他劳动群众，争取能够和共产党合作的小资产阶级及其代表人物共同努力建设新津市，禁止黄金银圆流通，巩固人民币地位，肃清匪特，安定社会秩序等中心工作所作的报告，代表们进行了热烈讨论，并形成有关决议，会议收到代表提案46件，交由市政府有关部门处理。这一次的代表会议可谓是政权阶层与市民代表的碰面会，双方均带有试探性的味道，代表所提的议案不痛不痒，或是些鸡毛蒜皮的事情。

1950年10月12日，中共津市市委、市政府再一次召开了各界人民代表会议。与一年前相比，此次大会无论是在规模上还是在氛围上都是前所未有，出席代表159人，大会收到各类提案147条。在这其中，一封来自工商界的意见书引起了市委、市政府的极大关注。意见书近两千字，对津市的人文地理、矿藏物产、交通运输、工商经济等作了详实的介绍，就津市今后的发展方向提出若干建议，里面既凝聚着津市工商业者几代人积累下来的经验和智慧，也包含有对新政府的期许。70年过去了，现在看其中的条文仍具有一定的参考价值。全文如下：

津市市各界代表意见书

津市从解放到现在已有一年多了，虽然以前长期受到帝国主义和国民党的反动统治的压榨和剥削，但是这一期间共产党的正确领导，人民政府尽了最大努力和工人阶级积极工作，工商界特别努力，广大农民支持的结果……津市基本上已由恢复走到发展的阶段。

我们知道中国工业，尤其是内地工业是非常脆弱的，国民经济比重，工业只占10%，而农业占了90%。至于九澧流域及川鄂湘黔广大边区，近代化工业简直没有，完全是一个纯农业地区，是未开发的处女地。因此津市只能成为产物集散、商品贩卖这样范围的小城市。基于现在客观形势的发展，我们为了要积极从事新民主主义经济建设，充实新民主主义经济建设的内容，关于津市工商业总的发展趋势上提出了这样的要求：

建议政府创造工业化的先决条件，开发河南岸工业区建厂地带。有计划地建立真正帮助与提高农业生产为广大劳动人民服务的一般工业及工业使用的原动电力。纠正一般工商者生产经营的脆弱性和畸形状态，坚持面向农村适合广大农民需要的最高原则，搞好城乡关系，加强物质交流。因此，津市现在的地理环境、资源情况以及客观条件，究竟有无发展前途，应该向哪一方面发展，这是我们必须特别注意的。

1. 津市的地理环境

津市位于澧水下游，北连沙市、宜昌，南通常德、桃源，西经石门、慈利、大庸而达川、鄂、湘、黔边区，东经洞庭而迄长沙、汉口，水陆交通极为便利。对于工业品和农产品的互相交换调剂有无，以及其他城市工业所需要的大量原料和粮食资源供给在整个国家经济上是重要链接的一环。

2. 物资产销情况

洞庭湖西岸，长江以南地区土地肥沃，都是农产物最丰富的地方，过去有"洞庭熟、天下足"之说，也就是指这块地方而言，所以，这一地区的棉稻出产在生产战线上是具有特别潜力的。关于津市过去每年向长沙外埠输出的大谷就达百万余石。虽碾米工业不发达，但在长沙、汉口等各大城市的粮食供给方面仍有其决定性的作用。至于棉花，在津市一地向外埠运销每年约在十五万担左右，一九四八年最高额在十八万担。这在中南区纺织工业的作用太重大了，湖南纺纱第一厂裕湘纱厂完全是这一地区原棉供给的，西南、云贵川各省、武汉各地的纺纱厂也都是在这里采购。现在人民政府抓紧这一地区气候土壤条件，大力推广植棉工作，将来对纺织工业原棉供给的光辉前途简直是不可想象的，其他如菜籽、芝麻、黄豆、豌豆、麦子、莲子等各项农产物的出产亦复不少。

澧水上游川、鄂、湘、黔广大边区的山地出产，以前经津市出口的桐油每年约十万余担，皮油、梓油约两万余担，其他食油，如棉、菜、茶油等约三万余担。此外，猪鬃约八百担，五倍子万余担，鸡鸭蛋四万余件，牛羊皮羽毛万余担。这仅就一些不完全的统计。至于这一地区的矿产蕴藏丰富，因经济落后，未曾开发。现有石慈雄黄矿在全国占有重要地位，石门夜行庙的烟煤和澧县羊耳山的烟煤，其品质可与辰溪煤相伯仲，昔用土法开采未具规模，其他如铜、铁、铝等金属矿产因未实地勘探不敢臆断，但矿苗据各方面报道是真实可信的。

3. 客观条件与发展前途

自解放以来，军事战线上彻底消灭了湘西余匪，巩固了人民民主专政，生产战线上各级人民政府大力领导生产自救，修理防汛，取得了几十年来未有的大丰收，农村经济情况基本好转，尤其是在秋征以后，我们这一地区正准备着土地改革运动，消灭了数千年来的人剥削人的封建制度，使农业生产力获得解放，土地回到农民手里，便可大大改变整个农村经济面貌。农村购买力也起了一个新的变化，即伴随封建阶级没落，所谓地主富农式的消费购买力降低，相反，占 90% 以上的广大农民群众，特别是贫雇农因土改翻身，生活向上，对物资需求将会变得更为广阔，为工商业的发展创造了优越条件。

4. 津市应向哪一方面发展及如何创造津市工商业化的先决条件

根据津市的地理环境、资源情况以及客观条件，津市发展的光辉前途是可以肯定的，因为过去津市没有近代化工业，纯粹是一个转运贩卖的消费市场，往往以廉价的农产品换取外来高昂的工业品，而形成入超的情势，阻碍了当地经济的发展。故有计划有步骤地把津市从消费城市变为生产城市，建立对农业生产有益的工业生产、制造，与农民生活水平相符合的一般商品，同时，商业经营只有服务与工业生产和农业生产，才能有其他的发展前途，因此，按照津市实际情况，最适合发展工业，榨油工业、面粉工业、蛋品工业、机米工业等轻工业的发展，这也是津市工商业在新民主主义经济建设发展道路上的必然趋势。

津市工业化有其优越条件，对于今后津市的经济建设必须填空进行，创造津市工业建设厂的先决条件，号召各地厂商来津经营，保证有利公私经济的发展。

津市市区历年来因洞庭淤积河床日浅，洪汛期内沦为泽国，附近数十里垸堤时有溃决之虑，物资损失极大，这是坚决要与洪水作斗争的。为了减少水患的威胁，结合开阔河南岸的工业区地带，我们要求即时疏浚茶炉河，直达窑坡渡，澧水得以分流，这一工作的完成，不仅克服了我们经常的灾害，而且有利地促进整个津市的繁荣，其理由：

（1）为减少水患威胁增加农业生产。澧水经慈利、石门抵达津市，经安乡以入洞庭，至津市小渡口后。以极大弧形几成倒流，而至窑坡渡约十五里，因此，当洪水奔流至小渡口时即成汹涌淤塞之状，津市以东各垸堤深受威胁，而以十万亩之大围垸首当其冲，往往因而溃决。最近五年便有三年溃决，造成劳动人民最大的损失。如果从津市对岸疏导茶炉河直达窑坡渡，水程仅五华里，以五十丈的宽度和三丈的深度，可蓄十五万七千五百立方丈的水量，即可分散水力，减低洪汛水位，使津市以下各垸农产物的收获得到安全保障，仅大围垸一个垸子一年的稻谷收获量就可达到四五十万斤，这个经济价值是非常重大的。

（2）为了长远利益打算，津市为九澧流域唯一商场，每年因街道上水，遭受的损失如房屋的损毁、物资的损害、疫病的传播等，可以说无法统计。另在运输方面，可以减少十里地的水程，节省火轮煤炭的消耗，以及民船运输力的加涨，因此，疏浚茶炉河，与长远利益和国民经济发展是有重大关系的。

（3）为了创造津市工业化的先决条件，开阔河南岸工业区建厂地带。津市街区海拔低，洪水超过 35 米就要侵入市区，超过 39 米，全市便一片汪洋。将皇姑山北麓沿线辟为津市工业区，使津市工业化有其保障。对于今后津市的经济建设必须填空进行，创造津市工业建设厂的先决条件，号召各地厂商来津经营，保证有利公私经济的发展。

以上所述，是否妥当，仅作参考。

1950 年 10 月 12 日

1951 年春节，市委书记张邦信等一行来到市工商联筹委会慰问走访，大家就津市建设大计进行了广泛深入的讨论。市委书记的诚意，打动了在场的每一个人，大家畅所欲言，最终对将津市由消费性城市转化为生产性城市，商业城市转化为工业城市达成共识。筹委会主任龚道广、秘书长朱振炎遂将这一信息在津市工商大户间广为传播，引起极大反响。这一年的春节，显然与往年不一样，祥和油行一时成了商人的聚会中心，也就在这些看似随意的漫谈里，一个企业的坯胎渐已形成，这就是日后不久兴建的澧东机制油厂，更为所有人不曾料想到的是，为在工商户中筹集这笔建厂资金，所筹款项竟多出了 50 亿（旧币），因而就有了后来的津市公私合营企业股份有限公司，一个由商转工的城市转型浪潮自此展开。

曾自始至终参与这一伟大变革，后曾担任过市人大副主任的朱永濂在他的回忆录中这样写道："津市从 1951 年开始'重点转移'，即由商业消费城市转向工业生产城市，这是一个伟大转折的新时代。"

这是一个差点被尘封了的史料，当编者从浩繁的档案局资料堆里意外地找到这封意见书时，难以抑制内心的激动。据考证，当初起草意见书的参与者，既有高学历的儒商，如禹禹三（武汉大学）、龚道广（暨南大学）、汪文斋（北平大学）、朱振炎（上海商学院预科）、何伯康（复旦大学），也有本埠工商界的闻人胡异三、胡彬生等。他们在民国动荡不安的年代里，要么报国无门，要么夹缝生存，十分渴望能有一个和平安稳的生存环境，共产党一年多的执政，让他们看到了希望和未来。尽管他们中的一些人因日后频发的政治运动受到冲击，甚至是迫害，但也毫不有损于当初他们那颗渴望祖国强大，人民安康的赤子之心。

水患是掣肘津市经济发展的一大障碍，意见书中对水患的危害以及治理的重要性备述详细，当时也引起了市委、市政府的高度重视，由于建制和市领导变更频繁，到了 1958 年，市委、市政府才将津市防洪大堤的建设提到议事日程上来，并逐级上呈申报，因诸多原因未果，直至 1973 年，经各方努力，凭藉淞澧大院整治之机，津市防洪大堤终于建成。

第二节　商转工

一、澧东油厂建厂始末

1951 年春，由禹禹三、何伯康等起草的一份有关新建一家机制油厂的项目交到了市委书记张邦信案头，报告就项目的可行性做了详细的分析，经市委研究，批准了这个项目，并决定派人外出考察。禹禹三主动要求承担这一考察任务，得到市委批准。禹禹三遂与助手何叔康到当时榨油业较为发达的北方进行实地考察，最终确定以天津榨油厂为蓝本，将其生产流程、厂房建筑、人员、资金、产量、产值、消费、成本、利润等一一绘制成图表，回津后，又到棉花、粮食、榨油等同业公会调查其原料的吞吐量，据此写出了一份极具参考价值的调查报告，预算为固定资产投资 20 万元，流动资金 10 万元，人员 100 人。

市委书记张邦信和有关方面负责人听取了禹禹三的汇报，并详细询问了各项指标和数据，当场拍板，并对企业定性为公私合营，即政府以土地 6 万元参股，其他则由工商户筹措。工商联筹委会遂拟出发起书和认股证，禹禹三领头在发起书上签名，并以自己的大中油行全部资产 3 万余元一次性认股，油行、盐业见禹禹三带了头，信心树立，纷纷响应，一时争先恐后赶到工商联认股，经市委审核批准，第一批商店被列入转业名单，遂成立筹委会，并选定南岸大同寺作为厂址，企业命名为津市公私合营澧东油厂。

1951 年 10 月 1 日，澧东油厂正式挂牌成立，副市长张瑞峰任董事长，张云卿（公方）任厂长，禹禹三（私方）任副厂长。禹禹三将外地学习的经验编制出一整套经营管理规章制度，送请公方厂长审议通过。企业下设工务、业务、总务、财务 4 课，集体办公，职权分管，责任到人，推行民主集中制。翌年 3 月开工投产，主要产品有菜籽油、棉籽油、芝麻油、油饼。该厂的建立，不仅开津市公私合营之先河，比长沙最早的公私合营建湘瓷厂也领先一年，比 1956 年全国全行业公私合营提前了 5 年，成为湖南省最早的公私合营企业。开创不久，业绩卓然，棉籽油的出油率由每 100 斤不到 12 斤，很快提高到 12.5 斤，比传统木榨高出 0.5 斤，当年增产食油 24000 余斤。此后出油率年年上升，平均达到 13.8 斤，个别的达到 14 斤。1956 年，该厂革新能手向德元上北京出席全国群英会，并获得全国劳模称号。1958 年，该厂书记张书麟代表单位参加全国群英会。

1955 年，油榨坊八棚木榨并入该厂，工人增加到 214 人，年产食油 464 吨。1956 年，该厂过渡为地方国营工厂，按地方国营二类型厂定级，职工深受鼓舞，遂增添 20 匹动力机一台，生产规模扩大，由于副厂长禹禹三亲手制定了安全操作规程、领退料制度、产品缴库制度、交接班制度、设备保管制度、财务计划管理制度、劳动组织管理制度等一系列的治厂方略，澧东油厂形成一整套现代工业管理体系，成为全市工业管理的样板。当年生产食油 880 吨，比上一年翻了一倍。受大跃进影响，1958 年，省工交会议决定以澧东油厂机修车间为基础，建立津市轻工业机械厂，生产棉杆剥皮机，因产品不合格下马。后又以油脚研发试制糠醛、皮浆、芳草油、酱油、肥皂等下游产品，1959 年，企业更名为津市澧东油脂化工厂。

澧东油厂的建成意义还不在于这一企业的本身，它是一种摸着石头过河的尝试，也可以这样说，它吹响了津市商转工的进军号，而这群冲锋陷阵的领头羊，基本上是原各大商号的老板，从这点上来讲，意义非凡。

二、企业公司的由来

1951 年 5 月，当筹建澧东油厂得到市政府的批准后，市工商联筹委会遂向油盐、百货、南货等行业商号筹集资金，始初定为 500 万（旧币）为一股，后因中小商户反应强烈，改为 50 万 1 股（1 万旧币等于 1 元新币）。不几天，集资数额远远大于油厂所需。鉴于当时私营商业已限制批发业务，歇业情况比较严重，为给私营商业一条出路，经市政府研究决定，将集资款项中除去建厂所需的 36.28 亿元（旧币）外，多余资金另组建一家公私合营商业公司，即津市公私合营企业公司，明确公司发起人为：张邦信（市委书记兼市长）、张瑞峰（副市长）、王树桥（总工会主席）、刘钧、傅朝华、王锡文、李明忠、宋进城（以上为公方），龚道广、曾子东、黄槐吾、朱振炎、王明富、胡彬生、朱永濂、徐声杨、王振湘、聂锡桂、朱剑溪（以上均为津市工商联筹委会成员）等。企业全称为"公私合营津市企业股份有限公司"，双方投入资金分别为：政府投资 5 亿元（旧币），私商投资 27 亿元（旧币）。企业纯属商业性质。

为便于管理，企业公司与澧东油厂同属一个董事会，由副市长张瑞峰任董事长，王敬任总经理（公方），张云卿任副总经理（公方）；胡彬生、朱永濂分别任副总经理（私方）。下设业务、人事、财务、总务等 4 课，以及百货、布匹、土特产、信托、药材等部门，共有 5 个门市部和 3 个批发部，其副课长和部门正副经理均由私方人员担任，分别于 1951 年 9 月 18 日和 10 月 1 日正式挂牌营业。

企业公私成立之日，正是国营商业各专业公司相继成立并处于试营阶段，就业务熟悉程度以及经营手段远不及企业公司，不及一年，双方业绩差距悬殊，故而引发国企的不满。显而易见，市场就那么大一块蛋糕，若政府不干预，这种状况短期内难以改观，也就在此时，中央出台了旨在限制私营商业的六项措施。市委、市政府根据上面精神，指示企业公司逐一向工业转移。于是，企业公司除药材、土特产一部分人员和资金划归于常德所属专业公司外，公司剩余资金 60 亿（旧币）以及约 300 名职工一概转向工业，如抽出部分资金充实澧东油厂，投入部分资金扩大光明电厂，将其改为公私合营。人员按需求输送到市属国营单位和政府有关部门。1954 年，津市企业公司更名为津市工业企业公司，办公地点迁至光明电厂，由张书麟（公方）、胡彬生、朱永濂负责办理善后转移工作，至此，企业公司的商业经营活动不到两年时间。

三、商办工厂

澧南粉厂 这是一家企业公司转业后创办的第一家工业企业，创办澧南粉厂完全是基于原材料考虑。制粉的原料主要是蚕豆，而湘鄂边境县又盛产蚕豆。粉丝是佐食佳品，市场畅销。加之设备不多、工艺简单，系半机械半手工操作，既可安排较多岗位，解决部分人员就业，同时，其副产品粉渣粉水又能饲养牲猪，发展养殖业，可谓是一举多得。

澧南粉厂是 1952 年冬批准筹建的，经过实地勘察，最终在澧东油厂西侧的"不二庵"庙址建厂，理由是此处有股经年不涸的清泉，制粉需好水。首任厂长王振湘，原私商振丰布庄经理，后任企业公司布匹部经理，恰逢布匹业率先转业，遂这位为公司视为能人的干将被派来担当重任，这次的安排与澧东油厂不同，从一把手到中层，几乎是清一色的原工商业者，基本上是津市布匹业的原班人马。

工厂投资 10 万元，6 万用于基建，4 万作为流动资金。制粉技术工人是从长沙河西乡聘请来的，经过 3 个多月的紧张施工，工厂于 1953 年 2 月竣工投产。虽工艺简单，但对于这些原是做生意的商人来说还是一新课题，就以出粉率来讲，季节不同，水温不同都可影响到产量。历经多次试验，终于解决了这一技术难题，提高了出粉率，仅以当年投产 30 万斤原料计算，便节约了 3 万余斤粮食。

建厂第二年（1954），澧水流域遭遇特大洪水，农业普遍歉收，更为要命的是，蚕豆也由自由买卖转为国家统购统销，原料受阻，只得另找出路。工厂先后以红薯、泥藕、马铃薯、菱角、荸荠等做替代品。后在具有"化学专家"之称的何叔康的帮助下，利用粉丝的下脚料生产酱油，并于 1960 年代初尝试生产味精，因设备技术都不完备，仅生产出几斤粉末状"味精"，但正因为有了这一经历，企业以咬定青山不放松的精神，十年磨一剑，终于在 1971 年试制成功，并转为生产味精的专业厂，一跃而成为津市的重点工业企业。

螺钉厂 1954 年春节前夕，市里得知省五金公司有一个筹建螺钉厂的项目，这是湖南省的一个缺门，衡阳也在争取，立即通知企业公司副总朱永濂马上赶往省里一趟。力争把项目拿回来。事不宜迟，正月初二，朱永濂与澧东油厂技术员张宝福一道赶赴省会长沙。朱原为锦纶绸庄老板，素以办事干练，作风严谨而在商界备受推崇，市里也正是看到这点，才将如此重要的省城之行交付给他。果然，朱不负众望，拿到了项目。

项目拿到后，朱永濂与张宝福专程到上海进行考察，先后到 10 余家螺钉厂调查了解其生产和管理全过程，拟定建厂方案，同时选定上海国华螺钉厂为学习培训基地，从津市选派 6 名青年来厂学习，另还在上海聘请技师王广训、沈兆海两人来津作技术指导。资金方面，原是准备由私营商业联合组设的，因资金等问题改由企业公司经管，总投资为 9.2 万元。建厂时，正遇五四年大水，施工受阻，厂房水深过肩，但大家不畏困难，日夜奋战，从建厂到投入生产仅用了 5 个多月时间。1954 年 12 月 19 日，工厂正式投产，企业全称为"津市市公私合营企业公司新津五金螺丝厂"，任命方堃（公方）为书记，朱永濂为副厂长（无正厂长）。开工这天，全厂像过节一样，市委书记王树桥、副书记王玉、市长张茂文等来厂剪彩，并与全体职工合影留念。

该厂当年筹建，当年开工。从 1955 年到 1958 年四年时间里，获利润总额达 27.30 万元，是投资额的 3 倍。其中，1957 年全年销售计划 39.65 万元，实际产品销售 44.05 万元，超额完成计划 11.1%。其生产的"金刚钻"木螺钉，于 1958 年在中央工商行政管理局注册商标，并成为中南名优产品。

五三蜡纸厂 1953 年，由徐声扬、汪文斋、王国顺等工商户自行组合成一家商业公司，取名五三公司。未及半年，因国家大力扶持国营商业，私营性质的商业受到钳制，公司经营陷入困境，迫不得已转向工业。经考察，澧水流域一带有丰富的野桑葚树及山桠树，其皮可以造纸，俗称皮纸，广泛用于铁笔蜡纸、电池皮纸以及商品包装，是个好项目，无奈资金短缺。这时，企业公司副总胡彬生主动伸出援助之手，将自己的一栋豪宅出让，所得资金除留有购置住房外，所剩 6 万元全部注入五三公司，正式更名为五三蜡纸厂，并纳入津市企业公司属下。

此前，津市的造纸行业可谓是一个空白。为此，企业公司副总朱永濂利用筹办螺丝厂在江浙一带出差的机会，到处寻访，终在杭州找到一位愿意合作的造纸技师王光杰，并在他的协作下凑齐一班人马（10 人，均为王的亲属）。由于他们当时还未公私合营，且又都是生产骨干，老板舍不得放，朱永濂便以组织名义与当地政府接洽，这才得以放行。

因准备充分，旗开得胜，工厂很快见到了效益。先是生产皮纸，进而生产蜡纸。1956 年私改后为公私合营性质，先后生产蜡纸坯、铁笔蜡纸、电池皮纸及打字蜡纸等产品，由于场地狭窄，为谋求企业更大发展，1965 年，工厂从汪家桥迁往澧水南岸关山大洼，并趁机加以改造升级，成为全省第一家拥有侧浪式纸机的造纸企业。1973 年，卷烟纸试制成功，于 1978 年大规模上生产线，一次性招工 78 名，进入市属重点轻工企业，并成为常德卷烟厂烟纸定点厂。

四、改造升级

轧花厂　1949 年 8 月 3 日，中共南下工作团进驻津市，对城市进行全面接管，津市轧花厂作为旧政权资产一并在册，市委在写给省委城工部接收汇报材料中，有关轧花厂的情况这样写道："轧花厂，有 4519 引擎机一架，45 个马达完好无损，轧花机百余辆，其他轧花用具一概俱全，煤 39000 斤，房屋近 50 间……"

1950 年，省农林厅报经省政府核准，津市轧花厂仍由省农林厅农业改进所接收，对该厂房屋、设备进行了维修和补充，并与安江纱厂签订合同，由安江纱厂提供资金，该厂代收代轧，皮棉归纱厂，棉籽留作轧花加工费用。自此，企业正常运转。

澧津烟厂　1950 年 3 月，新华制造弹棉机器厂工人袁都银（地下党）从湖北沙市引进一家私营小型烟厂迁来津市，与政府及驻军 480 团合资组建公私合营企业——澧津烟厂，生产机制卷烟。该厂生产期间，利润颇丰，峰值用工近 500 人。

新华工厂　1949 年 8 月，由中共津市地下党创办的新华制造弹棉机器厂资产整体移交市政府，更名为公营新华农业机械厂，政府投资 700 万元（旧币），生产运行正常，以生产人力弹棉机和畜力轧花机为主。1953 年，企业更名为津市新华农业机械厂，职工增至 90 余人，于 1954 年改为地方国营。

人民米厂　原为一军用米厂，有一套旧式碾米机和一台 24 匹动力引擎，有工人 20 余人。政府接收后，于 1950 年 3 月复工，原中共新华工厂地下党党员贾劲生担任厂长，日碾米 3 万斤，以政府加工代销为主。

建新砖厂　1951 年，为建设需要，澧县、津市两地人民政府在南岸皇姑山分别建立"一九""五一"两家机制砖厂，生产砖瓦。生产采用青窑和围窑，有手压砖机 30 部，手压平瓦机一部。1953 年，两家砖厂合并，组成津市建新砖瓦厂，生产红砖、平瓦、布瓦、脊瓦等产品。

津市酒厂　1952 年，由 27 家私营酿酒户联营组成康乐酒厂。1954 年，改组为地方国营津市酒厂，白酒为津市的传统产品，在九澧各地享有盛誉，其"老王甄"即是日后闻名遐迩的"醉太白"。

人民印刷厂　1954 年，5 家私营石印局组成地方国营津市人民印刷厂。市政府将原有的 5 家私营石印局和 3 家合作性质的印刷厂组建为地方国营津市人民印刷厂，承办铅、石印刷。

五、转业企业

光明电厂　光明电厂的前身即是创设于 1916 年的津市昌明电灯公司，数次重组，直至 1949 年，该厂供电能力仍停留在商业照明用电及一家私营打米厂用电。1953 年，企业公司转业，抽调部分资金并设法集资筹措，其中胡异三出资最丰，改组为公私合营。至此，供电能力大增，供电范围扩大一倍。

陶瓷厂　1954 年，由工商户投资兴办的"新中"瓷厂和"九一"陶厂相继开工，生产粗瓷器和日用陶器。

新新五金电池厂　1952 年，原百货业新新商行业主雷立鑫等人响应政府的商转工号召，组设新新五金电池厂，在长沙聘请师傅，购置简单设备，初有员工 12 人，生产三羊牌干电池，全系手工操作，没有检测设备，质量时好时坏，日产干电池 1000—2000 只，产品由市百货公司包销。

新湘针织厂　1951 年，私营织袜业组成一新袜厂，生产棉纱袜。因规模较大，后由政府扶持及部分工商业主注入资金，于 1953 年改组为公私合营津市新湘针织厂，有手摇袜机 75 台，汗衫背心机 18 台，毛巾机 20 台，工人 280 人，年产纱袜 70 万双，手套 5 万双，背心 12 万件，毛巾 15 万条。

除以上这些企业外，另还有一些手工业，如：缝纫、竹器、制革、木屐、白铁、铜器等行业组成生产自救组织 9 个；染织、针织、线带行业组成生产自救组织 24 个；制索生产合作社 1 个。至此，工业产品主要有电力、皮辊压花机、老虎钳、木螺钉、圆钉、食用植物油、油饼、毛巾、汗衫、背心、袜子、蜡纸坯、电池皮纸、电池、灯头、肥皂、猪鬃、白酒、糕点、粉丝等 20 多种。

1952 年，中共津市市委在写给省城工部的报告中这样表述："……以上是我市工业的情况，虽兴办工厂不多，但直接和间接地解决了当前的很多实际问题，如社会稳定问题、工人失业问题，仅今年一年，就安排了近 500 人就业，另外还增加了国家的财政税收，仅烟厂一家，七个月就纳烟税 18 亿元（旧币）。"

第三节　全民兴工

中华人民共和国成立之初，百废待兴。从 1950 年到 1960 年十年间，津市工业经历了生产自救、合作化、"大跃进"三个阶段。生产自救，解决了大批就业，树立了新政权在贫民阶层的影响力。合作化运动是一种集小成大，积弱为强的排列组合，以将个体生产者组织起来，形成一个适应现代工业、国营市场，且生存能力强的群体。"大跃进"是一个应时的产物，劳民伤财，若是辩证地看，还是有些欣慰的亮点，如日后成为津市工业骨干的蚊香厂、造漆厂，就是在这一时期发萌的。

一、生产自救

据 1950 年 12 月的统计，全市失业及半失业人数已达 1278 人，这其中大多是手工业者。政府一方面通过市国营贸易公司给这些失业者低价配售粮食以解当前之困，另一方面就是积极采取以工代赈、生产自救的措施。如：1950 年开始兴建南岸粮食仓库、开展荆江分洪工程等，都是以工代赈的形式进行。并先后办起了贫民自救染织厂、军烈属工厂、洗棉厂、回民织布厂、工联生产自救织布厂等简易工厂，同时鼓励各私营手工作坊及个体户复工开业。

1950 年底，津市手工业有 17 个行业 959 户陆续恢复生产。其中最大的行业是染织、针织两业，有 114 户。1952 年 9 月，市供销社在制索行业率先组织起境内第一个手工业生产合作社。先是接受订单，联组领料，分户生产，分别结算。后逐步改为集中生产，统一结算。后又增加了统购包销的方式。经过三年的国民经济恢复，市场日趋繁荣，手工业也有了发展，多行业逐一接受加工订单业务，重点扶持的染织、针织生产自救组织发展到 219 户，从业人员 570 人。

1953 年 12 月，全国第三次手工业生产合作会议确定了手工业合作化运动的方针和目标。1954 年 9 月，市政府增设手工业管理科，负责组织现有生产，整顿已建合作社，作筹建新社准备。11 月，市成立工作组，配合手工业管理科发展新社（组），按照"生产有原料，产品有销路，发展有前途"的行业先行组织的原则，年底建成蔑器、缝纫 2 个生产合作社，竹器、圆木、棕索、纸伞、牙刷、铁器等 9 个供销小组。由于得到国家扶持和国营商业的帮助，如来料加工、产品包销等，较个体单干具明显优势。1955 年 8 月，手工业合作社（组）产值按人头计算，比个体户平均高出 20% 到 30%，成本低于 10% 到 20%，收入亦较单干为丰。这种看得见，摸得着的既得利益为日后的手工业全面合作化奠定了基础。

二、合作化

个体手工业者　1955 年后，社会主义改造进入高潮。3 月，中共市委公布《津市市手工业生产合作社基层社示范章程》和《津市市手工业供销生产小组组织简则》。随后市人民委员会调派干部对全市重点手工业行业进行调整，举办"津市手工业互助合作业余短期训练班"。11 月初，市手工业劳动者协会成立，协会会员占全市手工业者总数的 90% 以上。继后家属培训班、积极分子培训班、财会人员培训班举办多次。至年末共新建手工业生产合作社 12 个，供销、生产合作小组 23 个，入社（组）手工业者 1343 人（其中社员 766 人），占全市手工业者总数的 46.92%。大势所趋下，大多数手工业者纷纷申请组织合作社组。1956 年 2 月，全市手工业共组成 36 个生产合作社，29 个生产、供销小组，入社社（组）员 2457 人，占全市手工业从业人员总数的 99.27%（手工业社会主义改造中的入社对象、主要是手工业工人和手工业独立劳动者，手工业资本主参加工商业社会主义改造）。至此，全市手工业社会主义改造宣告完成。

私营工厂　1956 年，对资本主义工业进行社会主义改造时，全市列入改造的私营工厂 24 户，从业人员 546 人，其中在职资方 95 人，职工 461 人，有资金 18.03 万元。按行业统计有：日用五金 1 户；砖瓦 2 户；陶器 2 户；造纸 1 户；染织、针织 3 户；肥皂 1 户；制伞 1 户；猪鬃 6 户；印刷 2 户；榨油 2 户；机修 1 户；碾米 1 户；木器 1 户。私改中，对这些户主做如下处理：一是直接进入国营企业的有 5 户，即砖瓦 2 户合并到国营建新砖瓦厂，印刷 2 户合并到国营人民印刷厂，机修 1 户合并到国营新华工厂；二是改造为公私合营企业的有 10 户，如新湘针织厂、津联肥皂厂、五三蜡纸厂、猪鬃加工厂及九一陶器厂；三是并入原有的公私合营企业的有 3 户，即新新电池厂并入新津五金螺丝厂、榨油 2 户 8 棚并入澧东机制油厂；四是转入手工业合作化改造的 3 户，即协昌染织厂、勤益染织厂和利民木器号；五是与粮食局米厂合并 1 户，即合力加工米厂并入津市人民米厂；六是淘汰成本高、质量差、发展无前途的 2 户，即新公益伞厂和新中瓷厂。至此，全市私有工业企业改造完成。常德专署为扶持这些新生工业，特拨给私改经费 2 万元，作为国家投资。

手工业合作化后，生产明显得到发展，据 1957 年资料统计：合作社（组）年生产总值为 419.29 万元，比合作化前的 86.26 万元增长了 3.48 倍，劳动生产率为 1328 元，比合作化前的 507 元增长 1.62 倍。

三、大跃进

1958 年是社会主义建设"大跃进"开始的一年，中央提出全党办工业、全民办工业的方针。市政府为响应号召，一是加强组织领导，将原工业交通科改组为轻工业局、重工业局、基建局。二是拔苗助长，不合实际地升级，最典型的是将那些才成立不久的手工业合作社撤社建厂，共有 25 个，占工业企业总数 33 个的 75%。随后全市工交系统办起轻工业"卫星厂" 77 个，达到所谓"遍地开花"，这些"卫星厂"因无办厂条件，只不过是昙花一现而已。

1958 初，全市手工业有 63 个社组，职工 2404 人。其中：合作社 40 个，职工 2073 人；集中生产小组 11 个，职工 130 人。供销生产小组 12 个，职工 201 人。按行业性质过渡到 29 个工厂：服装厂 10 个；铁工厂 2 个；五金、机械、针织、农具、木器、制索、竹作、制革、牙刷、染织、锯板、湘绣、衡器、雨具、镜器、线带、制帽各 1 个；铁工、五金、机械 4 个厂划归重工业局领导。其余 25 个厂划归于轻工业局。

1958 年 8 月，市场出现小商品脱销。市政府抓住时机，成立手工业局，恢复了 31 个小商品生产，并新增了 21 个品种，有铁笔蜡纸、刀剪、剃刀、皮箱零件、水桶、相镜、戽斗、脚马子、泥刀、粉笔、茶勺、茶炉、烟斗等，在市场畅销。

随着"大跃进"的进行，全市相继建起 5 个炼钢厂、282 座炼钢炉，15 个水泥厂、52 座水泥窑，动员 6700 多人进行生产，所出产品均为废品。一些工厂出产的新产品，如拉丝机、车床、钻床、离心鼓风机等，大多也是废品。由于盲目的"大干快上"，造成生产大起大落。新津螺丝厂日产量由 2000 多罗，有时下降到只有 600 多罗。新华厂的铸铁件返废率高达 58.33%。企业浮夸成风，致使决策失误，生产陷入困境。1960 年，工业总产值为 4411 万元，1961 年减为 2205 万元。

第四节　窑坡工区

一、工业新布局

1954 年澧水流域发生特大洪灾，澧东油厂被淹了半个厂，企业损失惨重。毗邻的澧南粉厂因地势高而未受淹，但生产、生活均受到很大影响。寻找一块既交通便利，又免受洪涝侵袭的工业园区，便成为津市的当务之急。经过实地勘察，决定以窑坡渡为中心，将襄窑公路西侧沿线作为津市工业拓展用地，这便是日后津市人俗称的窑坡工区。从 1958 至 1998 年的这 40 年里，以窑坡渡为中心，在工厂选址方面，凡用水、用电、用汽及原料供应上有协作关系的，都注意加以组合协调。如电厂与纺织企业、造纸企业都建在窑坡渡，运输量大的企业安排在运输线上，对环境污染有影响的企业，布置在距市区较远的下游地带，同时注意少占农田，节约用地。对生活区，一方面照顾工人上下班的便利，一方面考虑风向的影响，工业区与生活区保持一定的距离。

窑坡渡辟为新工业区后，从 1958 年新华工厂、缫丝厂在此建厂开始，迨至 1980 年代，有湖南车桥厂、津市电厂、津市缫丝厂、津市绸厂、津市印染厂、津市绢麻纺织厂、津市螺钉厂、津市造纸厂、津市床单厂、津市砖瓦厂、津市玻璃厂、津市打米厂、津市皮革机械厂等十几家企业先后入驻，昔日荒山秃岭的窑坡渡，已是烟囱林立，厂房鳞次栉比，成为津市工业的一张名片。

1. 窑坡溯源

窑坡渡东濒澧水，是为津市通往东南滨湖各县以及长沙方向各条航线的必经之处。窑坡渡最早见于明弘治（1488—1505）《湖广岳州府志》，是为官渡。窑坡一名来自于本地窑业。因依山傍水，黏土质量好，邻近湖泊滩涂，遍是柴山（本地人称芦苇洲为柴山），可作烧结砖瓦陶器之燃料。此地离津市、新洲两地各 7 里，且有水路相通，交通极为便利。有资料表明，明洪武二年（1369），先后有韩承斌等 11 户组设窑厂 17 座，生产青砖布瓦，历时数百年不衰。清光绪二十年（1895），

▲窑坡渡工区全景

津市人田远来开办田厚记窑厂，建窑 3 座，有牛 3 头、木船 2 艘，雇工 30 人，最高年产黏土砖 76 万块、布瓦 130 万片。另还有民用陶器瓦罐烧制。1966 年夏，关山芦家发现一座明代砖室墓，考其墓主为明华阳王朱悦耀，其墓室为青砖所砌，历经 500 多年的地下掩埋，青砖仍是四方棱，相磕仍是清亮悦耳，可见当时烧窑技术之高超。窑业虽历史悠久，但也未见过鼎盛，津市城就建在澧水旁，上游木材多，顺流而下省钱省力，用木比用砖更为便宜，可能这也是一个重要原因。延至中华人民共和国成立时，这里已是破窑如冢，茅草萋萋，一片荒凉。

2. 项目建设

5801 工程　即为新华农业机械厂的代称，58 是年号，01 是编号。1958 年 5 月，在中共津市市委委员郑长清的带领下，新华农业机械厂从原北区厂址南迁，为的是企业能有更大的发展空间。3 年时间，共投资 132 万，在 12 万平方米内，建起近 2 万平方米的厂房和宿舍，职工人数达到 489 人。企业以生产农业排灌设施为主，兼农业机械制造和修理。1960 年，生产排灌动力 120 型煤气机 365 台，为当时农村排渍抗旱发挥了较大作用，当年被评为全省五个红旗单位之一，并被树为常德地区工交学习单位。

1963 年 7 月，因政策性调整，该厂除部分人员和设备并入澧县农业机械修配厂，依然迁回北区原址。这一进一出，刚好是 5 年时间。然而，戏仅演了个开场，它为 7 年后的湖南拖拉机厂入驻窑坡埋下了伏笔。

5802 工程　即为缫丝厂的代称，58 是年号，02 是编号。1958 年 7 月，由中共津市市委委员朱迎春率领的一支先遣队入驻窑坡，开始了缫丝厂的建设。在一年多一点的时间里，共完成了 1 万多平方米的土建工程，及 60 台（1200 绪）立缫车以及煮茧、复摇、捻整、屑物、锅炉等配套设施的安装，总投资 65 万，于 1959 年 8 月正式生产，缫出了湖南省的第一批白厂丝，当年产白厂丝 10.9 吨。

创业初期，厂里借来织布木机 8 台，成立织绸组，采用传统手工操作方法生产原白纺绸，因质地牢固，可与杭州木机纺媲美。同年 2 月，从杭州的杭江和洪锋两厂购回 4 台电动铁木丝织机及提花龙头等设备，自行安装投产，当年产绸缎 4200 米。随后添置设备，组建织绸车间。另为解决当时内织外染利润外流的现状，1963 年后自己动手，土法上马，又建立起丝绸印染车间。从 1959 年出丝，到 1963 年印染，短短 5 年时间，便已完成缫、织、染三部曲。它反映的不仅仅是一个企业发展的历程，而且还是一代丝绸人艰苦卓越的奋斗精神。

两个工业企业，均由两个市委委员挂帅，当时市委、市政府办工业的决心之大可见一斑。1962 年，新华农业机械厂因中央紧缩投资规模而迁回至原址，缫丝厂也经受了三年农业衰退、桑蚕萎缩的严峻考验，随后渡过难关，不断进取，由单一的缫丝起步，十年时间，逐渐形成缫丝、织绸、炼染、绢纺四个车间的联合生产企业。时至 1982 年，其工业年总产值 2163 万元，上缴利税 283.56 万元。20世纪七八十年代，该厂频繁地接待过来自京城、省城、地区的各级领导，以及各国友人，成为津市地方工业的一张名片。

二、入驻企业

津市机制砖瓦厂　1951 年，津市为修建澧水南岸皇姑山粮食仓库，听取承建商的建议，同时在皇姑山东麓建两砖瓦厂，一个叫"一九"，一个叫"五一"。1953 年，两厂合并，成立建新机制砖瓦厂，并在窑坡新建厂房，时为澧水流域最大的机制砖瓦厂。因窑坡本来就是古窑厂，黏土质量好，所产红砖在邻近县市享有盛名，可与湖北公安南平镇红砖媲美。建厂以来，一直是本市重点项目建设工程供应商，自 1958 年始，砖瓦列入计划，该厂被列入常德地区计划供应区域。

津市新华农机厂　1958 年至 1961 年，政府共投资 132 万元，在窑坡渡新建厂房，占地面积 12 万平方米，建筑面积 19135 平方米，职工 489 人，主要产品为排灌动力 120 型煤气机，1960 年年产量 365 台，上缴税利 25 万元，被评为全省工交五个红旗单位之一，后受中央"调整、巩固、充实、提高"八字方针影响，企业压缩生产规模，以铁具小型农机生产为主，年总产值仍能在百万以上。1963 年，该厂将厂房及部分人员和设备并入毗邻的澧县农业机械厂，其他人员和设备迁回至北区油榨街旧址。看上去似乎折腾，正是这次扩建，其 12 万平方米的占地面积和一批新建的厂房引来了凤凰——7 年后，湖南拖拉机制造厂入驻窑坡渡。

津市电厂　原私营光明电厂于 1953 年经过公私合营后，仍只供应全市的部分商业用电和居民用电，远不能跟上快速发展的工业需求。1958 年，津市光明电厂从北区迁至窑坡，更名为国营津市电厂，始有工业用电输出。1962 年，新装 750 千瓦机组，并入湘中北电网，发电能力较过去增长了 3 倍。随后将横跨澧水两岸的飞杆改为铁塔。高至百米的铁塔以及横跨两岸 800 米的电缆一度成了津市一景。电厂属能源工业，也是现代工业的基础。因涉及到锅炉、发电机组等关键设备，技术含量高，于是，在日后的几十年里，各企业的锅炉安装和检修以及发电机的检修，几乎都与这个企业相关。1984 年，市政府根据上面节能办关于小火电耗能高，一律停办的精神，决定撤销该厂，在原基础上筹建津市热电厂。

津市螺钉厂　1956 年，经市政府批准，新新电池厂合并到螺钉厂，增加电池车间。同时因市场圆钉供应紧俏，螺钉厂又增加了圆钉生产线。随后不久，企业又在长沙一家私营颜料店接收到一整套螺钉制造设备，通过协商，上级部门同意将这厂已在上海购置的螺丝机、打头机、锯槽机、抛光机等全套约值 4 万多元的新设备，无偿调拨给津市螺钉厂。1957 年，该厂由公私合营过渡到地方国营，正式纳入国家生产计划，主要生产木螺钉、圆钉、圆丝、标准紧固件，为中南地区唯一的螺钉专业厂。产品行销全国除台湾、西藏以外各个省、市、县，有一百多个长期重点客户，并有少量出口。因企业规模扩大，原在市区狭小逼仄的场地已不敷发展需要，遂于 1958 年迁至窑坡，分出电池车间，单独成立津市空气电池灯厂，同时支援开办津市五金工厂，于 1959 年与津市镀锌厂合并，增加生产电镀铁丝项目。1960 年，在中央四机部的支持下，生产农用标准紧固件。1973 年，由省机械工业局安排，增加大标准件螺栓生产。1975 年，分出小标准件车间，另建津市无线电标准件厂。计划经济时期，该厂一直是市属重点企业，职工人数最高时达 500 多人。也是各级领导来津必访的企业之一。企业先后兼并津市新新电池厂、津市镀锌厂，1959 年，更名为国营津市新津螺钉厂。在此后的很多年里，该厂一直被誉为津市的工业名片，受到省、部、地各级领导的数十次视察。

津市造纸厂　津市造纸厂始建于 1960 年，前身为津市松脂厂和人造木板厂，两厂因亏损严重，于 1962 年由地区林业局移交津市，合并改组为津市造纸厂。起初以稻草作原料，生产 40 克原白纸，产品粗糙，难以打开销路。1963 年，省委书记李瑞山偕省工业厅负责人来厂视察，看到津市有造纸资源优势，决定向该厂投资 17 万元，由此企业设备得以改进，加之全厂职工努力，自制单缸单网纸机一台，开发了以芦苇为原料造纸的新工艺，成为我省首家采用芦苇造纸的工厂。在 1960 年至 1965 年间，年产量由 62 吨上升到 411 吨，产值由 11 万元上升到 64 万元。此后，企业经过不断的设备改造和工艺革新，生产、效益不断攀登，于 2000 年达到巅峰，成为市属企业纳税大户，其生产的"雪丽"有光纸和书写纸畅销全国，一度成为市场抢手货。

津市玻璃厂　1928 年，江西人饶仪资等集资开办澧阳玻璃厂，生产吊灯、灯罩、饭鼓、花瓶、马灯等日用玻璃，3 年后因亏损而停办。1959 年大办工业，由津市红星日用品厂分出 37 名职工于中华路（原城隍庙街）组设金星玻璃厂，生产普通玻璃、明瓦及日用玻璃。1959 年，其更名为津市玻璃厂，于 1966 年在窑坡渡新建厂房。迁址后扩大了生产，主要产品有明瓦、灯罩、灯座、冬坛、宝坛、饭鼓、花瓶、糖缸、酒瓶、压花玻璃等。1971 年起，该厂向医疗器材方面发展，试制体温表和漏斗。体温表因环保不达标而停产，漏斗由普通型发展到标准型，从两种规格发展到 14 种规格。后又生产了磅瓶、培养皿、康维皿、染色缸、乳钵等医疗产品，民用和医用达 50 多种，产品行销全国各省市，部分染色缸远销港澳。

津市床单厂 津市织布厂于 1969 年自行制造 3945 型织布机 2 台，从此增加了宽幅蚊帐布和包单布的生产。1970 年，该厂在窑坡渡征地 8 亩，新建床单车间。建成投产后，因相距太远，难于管理，经市里批准，床单车间从织布厂析出，组设津市床单厂，主要生产各种规格的床单和包单。该厂拥有染、织、印一整套生产流水线，职工近 400 人，并配备有一支较强的花型设计美工队伍，年产床单 40 万条。

津市绢麻纺织厂 1969 年，为综合利用缫丝下脚料，经省计委批准成立绢纺厂，两年相继拨款 38 万元，并从长沙、株洲、广州等地无偿调拨部分设备，新购 1200 锭绢纺纱锭，于丝绸厂修建绢纺车间。1973 年，由国家投资 120 万元，增建厂房，完善设备，于 1974 年从丝绸厂析出，津市绢纺厂正式成立，是为湖南省唯一一家绢麻纺厂。该厂陆续生产腈纶薄呢、毛腈涤三合一、绢丝、绢绸、腈纶膨体线、绢棉球等十几个产品。1980 年经省、地计委批准，国家再投资 873 万元，扩建为津市绢麻纺厂，有涤麻中长纺锭 5700 锭，多臂多梭织机 180 台，苎麻设备 50 台，从此生产上分为绢纺和麻纺两大类，产品中增加了中长涤麻花呢、苎麻布、精干麻、麻腈纱、涤粘纱、涤粘布、棉麻纱及各种色织布、白市布等，其中绢纺和中长纺产品填补了本省的空白，年产值在千万以上，职工 1300 余人，产品除内销外，部分出口，是为市属最大的纺织企业。

第五节　驻津企业

"文革"时期，津市工业虽受到严重干扰，但仍在逆境中稳步前行。先后有湘澧盐矿、湖南拖拉机制造厂、四机部 8530 厂（津市电子管厂）这些省、部级中型企业相继落户津市。尤其是湘澧盐矿与湖南拖拉机厂这两家企业，他们在自身发展壮大的同时，也为地方工业的发展壮大做出了巨大贡献。湘澧盐矿，自正式生产的那一年起，即成为了津市工矿企业的缴税首户，其地位无人撼动，为津市地方经济做出了重大贡献，并成为津市盐化工无限拓展的源泉。而湖南拖拉机厂可谓是出师不利，产品刚试出便遭淘汰。为寻出路，三次更换厂名，终于走出泥潭，并以中联重科湖南车桥厂（最后的更名）为龙头，建起一条由数十家企业，数千人组成的汽配产业链，成为一个地方工业的引擎，功不可没。

一、湘澧盐矿

1959 年，湖南省地质局 403 队在澧县盐井镇勘探，发现内陆湖相沉积岩盐矿床，其面积达 8.18 平方公里，总储量约 1.56 亿吨，具有较高的商业开采价值。1967 年，国家计委批准澧县盐矿设计任务书，概算投资 4982.5 万元，并列入"三五"计划和国家"三线"重点建设项目，年产真空盐 30 万吨。

卤水加工生产成食盐，需大量的煤，津市以水运的便利而获得建厂权。1968 年，经省革委生产指挥组批准，澧县盐矿厂址定于津市皇姑山南麓炭山。同时，盐矿被列为 1969 年省基建重点项目，力争 1970 年建成投产。1969 年 6 月 12 日，澧县盐矿基建施工誓师大会隆重召开。津、澧两地 3000 余民工先后进入厂、矿区施工现场。

1971 年 1 月，盐矿落成投产（试产），时任省革委主任华国锋来津参加开工剪彩。4 月，常德地委出文，将澧县盐矿更名为湘澧盐矿。1972 年 1 月，10 万吨精盐生产线建成并正式投产，湘澧盐矿革委会一并成立。7 月，新华社发出《湖南省第一个大型食盐企业基本建成投产》，《人民日报》《解放军报》《光明日报》《文汇报》相继刊登了

▲盐矿的早期照片（1970—1980年）

这则消息。

湘澧盐矿落户津市，仅就业、税收两项使地方受益匪浅。

二、湖南拖拉机制造厂

1970年，湖南省革委会为落实毛主席关于"农业的根本出路在于机械化"的指示，决定在省内筹建一家拖拉机制造厂，最终选址在津市窑坡渡，一是因为水运便利，二是因为有基础。原先这里津、澧各有一家农机修配厂。1963年，津市的一家撤走后，其厂房及部分设备和人员都留给了澧县。省机械局将其所属的湖南农机厂与该厂合并，组建成湖南省拖拉机制造厂。

从1970年10月破土动工，至1975年6月第一台东方红-30拖拉机出品，历经4年9个月，在7.6万平方米的厂区内，已建成型铸、锻压、冲焊、底盘、总装、热处理6个生产车间，工具、机修、服务3个辅助车间，动力站房、仓库、运输系统及生活设施，安装支付使用的设备达798台。于此，一座崭新的现代化工厂矗立在窑坡工区。

▲1970 年代湖南拖拉机制造厂照片

　　1975 年 7 月 1 日，企业基建竣工通过验收，正式进入批量生产。截止到 1979 年，4 年多时间里，共生产拖拉机 7768 台。十一届三中全会后，农机市场出现萧条之势，拖拉机被迫停产，企业面临产品无方向、生产无任务、资金无来源、销售无市场的困境。为求生存，企业自找门路，先后试制和生产大小产品 90 多种，并开发和生产了"武陵牌"自行车和工业缝纫机。虽盈利不多，但稳定了人心，保住了企业。

　　1983 年，该厂通过市场信息，了解到汽车市场"缺重少轻"，供求矛盾突出，适逢以第二汽车制造厂为主体的东风汽车工业联营公司正在发展跨省市的横向联营，该厂经省经委批准，参加东风汽车工业联营公司，实行松散性的联营，1984 年开始参加东风公司组织的 DF60D 三吨载货汽车的联合设计，1984 年，共完成三台样机试制任务。经省机械厅与东风公司商定，1985 年，企业更名为湖南汽车车桥厂，确定以生产汽车车桥为该厂发展方向。

三、湘航津市船舶厂

　　津市为湖南省内河六大港口之一，船舶修造历史悠久。民国初年，津市始有

▲湘航津市杨湖口船厂

私营船厂，承接船舶修造业务。所谓船厂，不过就是三两个师傅领着一帮零工，于河岸建场搭棚，工具简单，除千斤顶外，其他都是鲁班的行头。长津轮船通航后，增加了轮驳修理，渐有机械工具出现。时至1949年，津市共有船舶修造业户14家，经过合作化运动后，一部分归属于湖南省湘航局津市船舶厂，因厂坐落在杨湖口，俗称杨湖口船厂。

自国家收编后，船舶厂渐见扩展，机械化程度不断提升，主要设备有地牯牛、霸王车、行河滚动器、绞车、碾砂机、捻缝机、带锯机、剪板机、锻压锤、压力机等几十种，随着生产的不断发展，遂由修造木帆船到水泥船、钢质轮驳船。船舶吨位也由几吨的小船到数百吨的大船。1980年代是企业黄金期，随着改革开放，流通领域加速，尤其是适合长江流域行驶的大吨位钢驳需求剧增，加之为基建用料服务的泥沙卵石船需求渐旺，每年修造各种船只均在100多艘以上，最高时达到300多艘。

该厂还为津市澧水大桥的建设做出了特殊贡献，津市澧水大桥共有四个水下桥墩，建桥墩需先打钢围堰以便施工，钢围堰直径横跨大，不好施工，全市工业企业几乎不能做，只有船厂比较接近。船厂承接4个水下钢围堰的制作，每个钢围堰重达几千吨，水位标高就有40米之上，墩高60多米，工程施工以焊工为主。那么高的桥墩，别说施工，站在上面都头昏，焊接往往是一蹲就是几小时，其艰辛可想而知，为了赶汛期，加班加点是常事。该厂轻工何喜球在一次施工中不慎从几十米的高空掉了下来，经抢救无效而殉职。

四、澧县津市轧花厂

津市轧花厂是民国时期由湖南省建设厅兴办的一家集棉花繁殖和加工，带有扶持性的农工企业。1963年，企业更名为澧县津市轧花厂，与棉花产地确立了关系，

▲1932年津市轧花厂最初的模样

▲津市轧花厂轧花车间

▲津市轧花厂棉花码头（1980年代）

企业这才进入稳定时期。

该厂归属于澧县后，一直未迁址，其原由一是澧县的棉产地大多在东境，即津市小渡口以东，加之津澧只有一家机制油厂，即澧东油厂。这种"连襟"关系使得该厂就像一个出嫁女，澧县是娘家，津市是婆家，就其关系，该厂与津市要亲密得多。1980年，澧县种棉面积由24万亩增加到50万亩，该厂扩大了规模，仅在生活设施上就修了三层职工宿舍一栋和60吨水塔一座。1984年，棉花大丰收，当年收购籽棉257467担，皮棉83471担，创历史记录。这种势头一直延续到1990年代初。由于是关乎国计民生的企业，该厂一直受到国家的重视和关注，仅1950年，该厂就出过两位省级劳模。

五、津市电子管厂

该厂不属于驻津企业，由于建厂时曾在南京和长沙等地抽调了一批工程技术人员和技工，是为四机部军管会直接下达办厂通知，并由国家投资，地方承办且带有一定军工性质，权且作为特例放在此节。

津市电子管厂是湖南省第一家由中央投资地方兴办的电子管企业。也是津市有史以来的第一家电子工厂。其选址津市，既有"小三线"建设的历史背景，也有本土适合办厂的地理条件（靠山、荫蔽、分散），这在当时的确是一件振奋人心的大事。建设者们抱着励精图治的决心，夜以继日，风餐露宿，从1970年1月破土动工，年底就拿出来了样管。

就在企业干得热火朝天时，须不知，外面的世界早已发生改变。从1960年代起，国外电子管逐渐被半导体和集成电路所取代。当国门再一次打开时，产品淘汰在所难免。企业一下子从天上掉到了地上。由于国内外形势发生了重大变化，我国的三线建设戛然而止。投入没了，产品也没了，企业像是一个被遗弃的孤儿。至此，从1980年代起，企业走上了一条为生存而战的崎岖路。30年里，谋求过多种产品的试制和生产，其中的小英寸黑白显像管一直坚持到企业改制的2003年。

▲电子管厂厂门

▲黑白显像管生产车间

　　身处关山芦家峪的电子管厂是个人才辈出的地方。数十年里，该厂为津市各部门和单位输送了大批年轻有为的干部。尤其是当年那些从南京、长沙抽调来的技术干部和技术工人，为该厂的建设作出了重要贡献，他们中的许多人连同他们的子女就此在津市扎下了根，我们在向岁月致敬的同时，也要向这些扎根于津市的老同志致敬。

附表　几个年份津市工商从业人员对比表

年份	人口总数	从商人数		从工人数	
		人数	占总人口百分比	人数	占总人口百分比
1953	43957	4716	10.7%	1670	3.8%
1963	64177	3433	5.3%	6482	10.1%
1973	66849	2657	4.0%	9688	14.5%
1983	86029	5377	6.3%	18104	21.0%

　　注：1. 1983年后，劳动部门再未进行大规模招工，工、商企业人员基本保持稳定。
　　　　2. 1985年扩郊，4乡3镇13.15万人随建制划入津市，工、商从业人员不再对比。

第六章　工业立市

1970 年以前，津市地方工业主要是围绕农业办工业，在 22 个市属工业企业中，按行业分有：机械企业 7 个；化工企业 3 个；纺织企业 3 个；轻工企业 7 个；建材企业 2 个。1969 年后，湘澧盐矿、湖南拖拉机制造厂、津市电子管厂相继在津建成投产，地方工业遂调整三年发展规划，以建立小而全的地方工业体系为目标，即电子工业体系、盐化工体系、纺织工业体系、建材工业体系、轻工业体系。这一期间，津市市属工业发展迅速，1972 年，职工人数突破一万，1976 年，年产值首次突破一亿。

1978 年，中共在十一届三中全会上对经济工作提出了"调整、改革、整顿、提高"新八字方针，津市根据自身条件，对现有五大工业体系作出调整。在逐一分析现有 100 多种主要工业产品后，优胜劣汰，主动放弃水泥厂、高压水管厂两建材企业，将大有前途的两家做味精的企业合并，来势不错的新产品酶制剂单独建厂，首次提出以食品、纺织、轻工、机电、化工作为工业立市的 5 大支柱产业。1990 年，津市工业总产值 3.72 亿元，占全市总财政收入的 64.33%，创汇 389.18 万美元，占全市创汇总额的 85.50%，工业已成为津市国民经济的主体及其他产业赖以发展的依托。

1993 年，中共十四届三中全会通过了《关于建立社会主义市场经济体制若干问题的决定》，计划经济开始向市场经济转向。这旨在打破几十年一贯制的政府下计划，企业管生产的生产经营模式，使得占全市工业 80% 以上的小型企业处于无所适从，处境艰难的状况。加之民营经济的崛起，全市工业企业几年之内便出现了塌方式的倒闭，仅有不到 10% 的工业企业挨到 2000 年的公有企业改制。所谓谋生者，必先死而后生，正是这种新旧的更替，蓄 50 年打下的工业基础，为津市日后的工业发展铺平了道路，也就有了日后的盐化工、酶化工、食品加工业、汽配产业链等新兴工业的出现，工业立市的战略定位没变。尤其是工业园高新区的创建，开启了津市工业的新纪元。

第一节　工业门类及主要产品

一、食品

津市食品工业起源于槽坊和斋坊，以酿酒为主的槽坊业历史悠久。津市历来为澧州最大的米市，米店老板顺便建个槽坊，如同就汤下面。

1952 年成立的康乐酒厂由 27 家私营酿酒户联营组设,津市槽坊业之发达可见一斑。斋坊属南货业,一般有点规模的南货铺均附有糕点作坊,如民国时期津市南货业的几大商号百禄斋、百福斋、芝兰斋等。斋坊除做糕点糖果外,还生产豆豉、酱菜、白酒,名扬九澧的黑豆豉及凤尾菜即源于此,津市南货铺生产的白酒驰名九澧。

1950 年代初,津市依托周边资源优势相继建了澧东油厂和澧南粉厂,对私改造后又建起了津市酒厂、津市干菜厂、津市糕点厂等企业,以此打下了津市现代食品工业的基础。但食品工业真正的兴盛是在 1970 年代,首先是澧南粉厂试制出味精并规模化生产,随之日化厂开发出糖化酶新产品,后又有澧东油厂转产生产味精,使津市食品工业初具规模。1980 年代,夹心糖厂引进意大利糖果生产线,食品工业又添新军,糖果生产一下跻身于津市五大工业行业之首。

2000 年公企改制后,味精厂、酒厂相继破产消亡,干菜厂、糕点厂均由各私营业主传承并发扬光大。酶制剂厂改制由民营企业鸿鹰祥承顶,现已成为全国最大的酶制剂生产出口基地,年出口酶制剂约在 30 万标吨左右,总资产达 1.6 个亿,年产值 3.5 个亿,年上缴利税 4000 万元。

小食品是津市食品工业的一大特色,自 2000 年起,市政府通过招商引资,以及举办各类食品评选推介活动,津市小食品行业呈蓬勃发展之势,现已有油类、肉类、鱼类、豆类、饮料、小食品加工企业 30 余家,涌现出张老头、十八子、绿康、南北特、大北农等年产值上千万的数家骨干企业。

1. 味精

津市生产味精的企业原仅澧南粉厂一家,后澧东油厂转产,增至两家。1981 年,两厂合并后,味精生产进入产销黄金期,每年上缴利税均在百万以上,于 1987 年达到 264 万元,成为津市工业企业名副其实的纳税大户,产品除拥有湖南大半个市场外,并涉足于中南广大地区,少量销往香港。"麦穗牌"大型广告牌矗立在武汉、长沙街头,1988 年,麦穗牌获全国首届食品博览会金奖。1990 年代开始出现颓势,后经几次改组未有成效,于 2000 年后退出市场。

2. 酶制剂

酶制剂是被逼出来的一个产品。津市日用化工厂原是一个生产雪花膏、哈利油等低端日用化工产品的小厂,1970 年代濒临倒闭。为寻生存,在厂长向顺滋的带领下,赴华东、华北等地调查市场,恰时酶制剂工业在国内刚刚崛起,发展前景广阔,向遂决定以本厂化工生产基础设施转产酶制剂。1980 年,该厂在四川食

▲1970 年代的酶制剂厂

▲1990 年代的酶制剂厂

品研究所鼎力扶持下，首次试制糖化酶告成，企业随之走出困境。1982 年，将业已停产的津市车辆厂兼并，利用其场地扩大规模，引进人才，企业不断得到提升，几年便跻身国内同行业前列。1985 年，其糖化酶年产在国内排名第二，上交税利125.18 万元。

1980 年代，酶制剂市场旺盛，企业蒸蒸日上，一切向好。1988 年，津市阳由乡投资 400 多万元兴办新型发酵厂，成为我市第二家酶制剂厂家。嗣后两家企业分分合合，终因体制等诸多原因未能形成合力。1990 年代开始，企业渐次式微，困境迭现，直至鸿鹰祥承顶，力挽颓势，酶制剂渐见曙光，并在企业改制中凤凰涅槃，成为我市工业的骄子。

3. 津市糕点

1956 年，津市私营斋馆 9 户成立公私合营糕饼加工厂，次年改为糖业糕点公司加工厂，沿袭传统工艺生产，年产糖果、糕点 600 余吨。1960 年代初，粮食匮乏，一度以野生植物为原料生产糕点，质量粗劣，但以花样繁多名闻遐迩。1970 年，改称地方国营津市糖果糕点厂。嗣后陆续添置糖果机、饼干机等 20 余种专用设备，实现机械化生产，有了现代设备的辅助，加上津市糕点业的扎实基础，遂即出现向好局面，新产品不断涌现，并在省、部各项展览评比中夺得桂冠，各种荣誉纷至沓来，产销两旺。即使后来企业改制，企业关门走人，但津市糕点不但未沉沦，反而火爆市场，出现了一大批像谭记、华华、姜师傅、张氏等糕点名坊。成为我市食品工业的"小鲜肉"。

4. 津市糖果

1986年，街办企业津市食品总厂以50万美元贷款引进意大利夹心糖生产线，年末竣工投产，年单班生产能力1224吨。该项目引进时为节约外汇，砍掉后工序包糖机部分，以致制糖与包糖不配套，设备效益未能充分发挥。投产后年产徘徊在500吨左右。1990年负债总额已达435.33万元，企业濒临倒闭。1994年，食品总厂改组更名为中意糖果公司，经营渐有起色，后因影视演员孙俪代为广告，由此产生名人效益，企业日渐红火，一跃而成食品行业骨干企业。2008年，公司迁入工业园，现已成为中南地区最大的糖果、果冻生产基地。其"中意"商标荣获"中国驰名商标"称号。2014年，金健米业整体收购中意糖果公司，组建成立湖南新中意食品有限公司。产品不断升级换代，坚果多多、酸奶果肉布丁等20多个新品相继上市，销售客户总量近200家，并同上海一嘉形成战略联盟，选择性地进入了大润发、沃尔玛、家乐福、永辉等KA系统，还成功将果冻产品出口到了美国。

5. 食品加工

津市是座人口密集的城市，肉制品需求由来旺盛，1931年，屠宰业公会成立。民国时期，肉案开歇无定，但一般维持在三四十余户，七里街市，划分上下两区管束，故时有津市肉案"48码头"之称。1953年，国家对生猪实行专营，私营肉案遽减。1955年，澧县废牛屠宰场移交津市。次年又新建两处生猪屠宰场。1960年，"津市肉食加工厂"挂牌。此后陆续添置设备，操作实现半自动化，并增设肉类加工点生产猪肉和牛肉卤、腊制品，品种达30多个，其中猪肉脯、蝴蝶腊猪头、五香牛肉脯等多次在常德地区同行业质量评比中夺魁。进入1980年代后，国家放开生猪市场，私营肉案猛增，1990年达225户。市肉食公司日生猪屠宰量降至35头左右，仅及个体肉案屠宰量的1/6。随着牲猪市场放开，一批私营加工企业应运而生，2000年后，市面有名的肉食加工民营企业有张老头、云露、湘泰、绿康等，产品多达数十种，其中的牛肉干、香酥鱼、腊猪头在市场走俏。现全市食品各类加工企业多达十几家，年产值上千万的有五家，业已成为食品工业的中坚力量。

二、纺织

1. 丝绸

1958年5月，省工业厅批准津市缫丝厂建设项目，投资60万元，设计规模为立缫机 120 台 2400 绪，一边建厂，一边派人到苏杭学习，次年 8 月建成投产，是年生产白厂丝 10.85 吨，开湖南缫丝生产先河。建厂初始，适逢"三年困难期"，蚕茧收购遽减。企业双向应对，一方面派人深入桑园区，传授养殖技术，扩大桑园面积，巩固和培植原料生产基地；一方面生产自救，多种经营，以缫丝下脚料蚕蛹为原料制作酱油获得成功。

1960 年，其织出首批绸缎"留香绉"4200 米，是为湖南织绸工业发轫。1970 年代是津市丝绸工业的发展期，市政府根据专业化生产要求，以该厂 4 个车间为基础，陆续组建绢纺厂、缫丝厂、绸厂、丝绸印染厂。1977 年，丝、绸年产分别达 32.41 吨和 109.41 万米，染整织物 195.7 万米，全行业总产值达 730.9 万元，实现税利 18.14 万元。

1980 年代，津市丝绸工业进入鼎盛期，涌现出了一批操作能手和技术尖子，以至于在省、全国各类业务比赛中成绩斐然，尤为津市人民记忆深刻的是绸厂出品的印花软缎被面。时值 1950 年代结婚和生育高峰期，新郎新娘将能有一床丝织软缎被面视为时髦，由于货源紧俏，一时一床"软缎"难求，1982 年，薛明在回贺龙老家桑植时，特意在津市作短暂停留，照例参观了津市工业的招牌企业——津市丝绸厂，丝绸人满怀崇仰和追忆，赠与薛明几床印花软缎被面留作纪念。

1990 年代，市场急剧变化，企业陷入窘境。库存大，资金占用严重，企业年年亏损，三厂延至 2000 公有企业改制，破产后产权易主，缫丝为万盛茧重组，绸厂为宏力纺织重组，至此，津市丝绸工业均为民营企业替代。

2. 棉麻

1958 年，7 个社合并为津市群力染织厂，3 个组合并为津市群英线带社，另有街办染织一、二社成立。1959 年，市群力染织厂改手织木机为电动铁木混合织布机，共 100 台，当年生产棉布 158.76 万米，印染布 42.11 万米，完成产值 116.71 万元。1960 年代初，棉花减产，棉纱供不应求，该厂被迫停产，1963 年，逐步恢复生产。此间，群英线带社增加腊线、橡筋带、力带、帆布裤带、罗布澡巾等多种产品生产，企业小有发展。1960 年代末，群力染织厂自制 3945 型织布机 2 台，始有宽幅棉织品出产，1972 年，群力染织厂在窑坡渡新建床单车间，于 1974 年竣工投产，当年生产床单 39000 条。同年，床单车间分出，另组床单厂。群力染织厂改称津市织布一厂，纤维纺织厂更名为织布二厂，棉织业渐成规模，1981 年，两厂合并，成立津市织布厂。

1980 年 8 月，津市绢纺厂改称津市绢麻纺织厂，生产中长涤麻花呢、苎麻布、精干麻、麻腈纱、麻棉纱、苎麻球等。1985 年，纺织厂又投资 50 万元建成 2400

▲1990 年代的绢麻纺织厂

▲车间一角

锭棉纺锭，形成绢纺、麻纺、棉纺三大生产系列。是年，市绢麻纺织厂、市织布厂、市床单厂、市线带厂累计完成工业总产值 1920 万元，实现税利 252.4 万元，是为历史最好水平。价格双轨制后，集体企业基本上失去了国家的扶持，加之企业负担重，织布厂陷入困境。绢麻纺织厂也因市场竞争激烈而举步维艰，虽凭大国企、设备新等优势维系一时，但体制的弊端终不能突出市场的重围，2001 年，绢麻纺织厂由左彪收购，更名为益林棉麻纺织印染厂。而织布厂早于它 10 年关门倒闭。

积 50 年打造出来的津市纺织业，以它雄厚的基础吸引了邑外的眼球，外地商客纷纷来津继业，他们多是纺织品的出口商，虽不懂企业织造和流程，但掌握信息，有一定数量的客户，于是，一时间内就有宏力、益林等企业驻津。

3. 针织

1950—1952 年的 3 年经济恢复时期，针织业又逐步发展到 20 家。1955—1956 年，针织业先后成立针织一、二社和公私合营新湘针织厂。1958 年，两社合并改组为国营建津袜厂，次年新湘针织厂亦并入，职工 265 人，以手摇机操作，年产纱袜 70 万双及少量手套、背心、毛巾等，产值 85.42 万元。1962 年，棉纱供应困难，袜厂停产，职工减至 40 人。1964 年 12 月，常德专员公署工业科行文该厂恢复生产，改称地方国营津市针织厂。次年，街道办起津市针织内衣厂（后改称津市第二针织厂），生产平口锦丝加固纱线袜，是年生产 13300 双。1966 年后，津市针织厂陆续从沪购进电动袜机 70 台，至 1970 年，手摇袜机全部淘汰，年产增至 135.61 万双。1975 年，试产锦纶丝袜和锦纶弹力袜，配套染纱、热定型工艺装备，化纤类袜乃逐渐取代线袜。1976 年，购进 2303 型高速经编机 3 台，增加经编布和锦丝头巾生产。1970 年代末，街办津市针织内衣厂增加膨体纱衫裤生产，年产 10 万余件。1980 年，市政府又投资新建津市羊毛衫厂，生产腈纶、毛线针织品，年产衫裤可达 60000 件（该厂 1985 年并入津市羽绒厂）。1984 年，津市针织厂引进日本大圆机生产经编涤纶蚊账和纬纶布，一时盛销。次年，生产弹力袜 41.57 万双，经编涤纶蚊帐 74700 床，纬纶布 29.77 吨，产值 280 万元，利润 35 万元，为历史最好水平。1986 年后，市针织厂不能适应市场急剧变化，领导班子更迭频繁，生产遂一蹶不振。至 1990 年，已累计亏损 220 万元。是年产值仅 44 万元，不及 1985 年 1/6。是时，街办小厂津市第二针织厂发展稳定，年产值逐年递增，产品增加到袜类、手套类、坯布类 3 个系列，袜子、手套年产保持 150 万双以上，1990 年，产值 159.3 万元。

1991 年，津市针织厂更名为经纬编厂，次年投资 41.85 万元进行纹衫生产线配套改造。生产出现转机，1992 年生产蚊帐布 75 吨，针织内衣布 10.18 吨。1994 年 5 月，经纬编厂与香港隆辉贸易公司合资组建湖南津隆针织有限公司，公司总投资 650 万元，建成从坯布到漂白、染色生产线，当年生产针织色布 500 吨。而此时境内的大小针织企业因市场疲软，相继关门停产，唯津隆公司一家持续生产，直至 2000 年公企改制为止。

三、机械电子

1. 机械

津市机械行业基础由来薄弱，在 1949 年以前仅有一家弹棉机修造厂和一个翻砂个体户，以及一些银器、锡铁匠人。1951 年，新华制造弹棉机器工厂改为国营新华农业机械厂，生产人力弹花机和畜力轧花机。1954 年，私营商业向工业转移，津市企业公司（公私合营性质）争取省五金公司支持，自筹资金 9 万元创办公私合营新津五金螺丝厂，年底竣工投产，次年"金钢钻"牌木螺钉年产达 230 万件，填补省内空白。1955 年，"新华"创始人之一的吴新元接任新华农机厂厂长。吴深谙机械，技艺精湛，其为主设计的多功位组合机床为该厂重要传统设备。上任后旋即组织力量开拓新品，同年试制打稻机成功，次年批量生产，年产达 3404 台。

1957 年，螺丝厂转为地方国营，正式纳入国家生产计划。次年，两厂在窑坡渡另辟新厂，新华农机厂试产排灌动力 120 型煤气机，1960 年年产 365 台，产值达 298 万元，获利 25 万元。同年螺钉产量亦达 5698 万件，为 1955 年的 25 倍。1958—1960 年大办工业热潮中，津市机械行业新增新华机械修理厂、轻工机械厂、砂轮厂、闸门厂等企业，未几因基础薄弱停办。1963 年，新华农机厂并入澧县农机修配厂，留下部分设备、人员迁回原址，改称地方国营津市机械厂，主营轧花机。次年，改进版80型轧花机问世，在全省棉机评比会上夺魁，1965年被省机械局批准为定型产品。1969年，市机械厂分为机械、机床、机修三厂。机床厂主产920型车床、612型磨床等，机修厂次年改称津市油泵电机厂，生产汽车机油泵配套用微电机。

津市螺钉厂于1954年建厂，时为中南地区第一家螺钉生产企业，也是市属工业企业在计划经济体制下的一张名片，历年来是中央、省部级领导以及国际友人来津参访的一家招牌企业。

1970年，湖南省革命委员会为落实毛泽东主席"农业的根本出路在于机械化"指示，以澧县农机修配厂（厂址在津市窑坡渡）为基础，合并省农机厂设备人员，筹建湖南拖拉机制造厂。当年动工，至1975年5月，累计完成投资1654万元，计30多个单项工程，近10万平方米建筑面积，上千台机器设备。该企业主打产品——拖拉机后因诸多原因下马，但以其通用设施和设备，最终成功转产，以生产汽车车桥为主，并成功地被中联重科收购，成为我市的机械行业领头羊，由数十家企业组成的汽配产业链得以生存和发展。

另有三家原隶属津市二轻系统的铁工厂、五金厂、轻工机械厂，在完成技术改造、产品升级后，以生产夯土机、皮革机械以及汽车半轴，先后步入津市机械行业。1990年，全市重要机械工业企业有7家，固定资产总值5000多万元，职工近4000人，年产10吨半挂车341辆。轧花机916台，耕整机3000台，油泵电机及分马力电机21191台，夯土机734台，木螺钉及标准件1.12亿件，元钉元丝2770吨，汽车后半轴14306根，200吨皮革机械158台。实现工业总产值4014万元，占全市工业总产值10.8%。

1991—1994年是津市机械行业发展的黄金时期，机械行业投资3500余万元完成技改项目9个，分别为3吨车桥、轻型车底盘生产线、汽车驱动齿轮生产线以及电工合金、微电机、密炼机、汽车半轴、油泵电机等。湖南鑫源（涔澹农场）缸套生产规模达25万只；津市油泵电机厂兼并机床厂后扩大规模，更名为津市油泵电机总厂，由市二职校创办的特种油泵厂，成为市油泵第二大生产厂家；市汽车锻造厂、东风汽配厂两厂专业生产汽车半轴，均为东风汽车配件供货商；市洞庭机械厂与长沙建筑机械研究院共同投资联合开发压路机，产品试制成功并通过省级鉴定；新华厂成立津市化工设备有限公司，生产多品种多规格的化工耐腐泵；市供销机械厂更名为润滑设备厂，兼并破产后的无线电标准件厂，与外资合作成立拓奇机电设备制造有限公司。

2000 年后，机械行业除汽配产业外，其他基本上处于下滑态势，相比其他行业来说生产仍在维持。实施产权置换后，新华厂重组为新华机械设备制造有限公司，油泵电机总厂重组为精士油泵电机有限责任公司，洞庭工程机械厂重组为洞庭机械制造有限责任公司，建华皮革机械厂重组为皮革机械有限责任公司，泰隆汽车配件有限公司重组为长沙高程公司津市汽配厂。其后，汽配民营企业先后有嘉诚、泰安、定升、超华、致远等一批年产值上千万的企业涌现。

2. 电子

1964 年，螺钉厂在四机部的资助下，试制小标准紧固件，并纳入国家生产计划，是为我市电子工业之萌芽。1969 年 10 月，四机部批准并投资兴建津市电子管厂，次年初破土动工。按"小三线"建设"靠山、隐蔽、分散"的选点原则，厂址选定南郊古大同山峪。规划生产中小功率发射管 30 万只，小陶瓷管 20000 只，超高频电子管 5000 只，首期投资 420 万元。迨至 1971 年 4 月，先后试制成功 Fu-5、Fu-7 玻璃发射管和 Fu-100F 金属陶瓷管，次年 7 月均成线批量生产。同期，市无线电厂以原"毛主席敬仰馆"为基础改建告竣，主产广播电视设备，当年生产 275 瓦、150 瓦、40 瓦 3 种规格扩大机 300 余台。

1970 年代初，全国兴起"电子热"，津市专门成立电子工业办公室，由于缺少国家投资，加之条件有限，多带有应时行为，倒是一些底能产品、绩效不好的单位想趁此出人头地而积极性特高，所谓"矮子里面拔将军"，在试制的众多电子产品中，唯有服装厂二极管车间的年轻人研制成功 WB-50 型立式半导体冰箱，开辟半导体深度致冷新路，并投入小批量生产。1976 年，螺钉厂划小标准件车间另组无线电标准件厂，至此，津市已有电子生产厂 4 家，小有规模。

在此后的三十年里，津市的电子行业一直进展不顺，电子管厂在正常运行不足十年后，因产品滞后，加之"三线热"早已过去，企业处于自谋出路的境地，在历经磨难后，最终在黑白显像管这一产品上勉强站稳脚跟。无线电厂因产品特殊，销售对象是国家电力部门，倒能维系基本生存。

1992 年 4 月，无线电标准件厂申请破产，于次年 3 月破产程序终结，作为中南地区最大的标准件厂，其破产属省内国有企业第二例。1993 年，电子管厂在省内首次开发生产小英寸黑白显像管成功，翌年与深圳中陆有限公司签订联合经营协议，中陆公司出资 100 万元，省内 3 家电视机厂拆借 100 万元，银行贷款 100 万元，企业扩大生产，年产量在 76000 到 100000 只，与此同时开发日用节能灯生产，其中显像管一直维系到 2003 年。1995 年，无线电三厂更名为石油化工仪器厂，

1996年，企业内部改制，由厂长江湘津等人控股。2000年，公有企业改制，无线电厂重组为电力设备制造有限责任公司，电子管的显像管生产线由辛绪伦个人承包，是年，主要产品产量为：载波通信设备331部，显像管30000只，石化分析仪265台。公有企业改制后，津市电子工业仅剩石油化工仪器厂一家。

四、化工

津市化工工业起步较晚，清末仅有硝磺和肥皂作坊，民国时期津市曾设硝磺局，统一办理附近各县的硝磺管理和征税。1952年，远东、美丽、正光、强华、南洋五家个体户组建津联肥皂厂，年均产15000箱，"大跃进"时期，澧水上游桐、木梓树砍伐殆尽，该厂关门闭业。1958年全民办工业，化学工业随之兴起，初土法上马制作酚醛树脂、太古油、硫酸等十多种产品，均因条件限制而半途而止。1964年，街道洞庭化工厂在为市五金公司处理一批过期油漆时得到启迪，遂派人到重庆油漆厂学习制漆技术获得成功，同年，企业更名为津市油漆化工厂。1970年，津市木屐油鞋社转向生产胶鞋、胶靴，因质次价高而销量低迷。于是派人到沙市橡胶二厂学习制作橡胶三角带，遂获成功，在市物资部门的支持下，当年企业更名为津市橡胶厂，除三角带外，先后曾试制板车轮胎、胶套圈、高压垫圈等。1984年，汪家桥办事处投资30多万兴建香料厂，翌年即出产品，质量超过日本同类产品的水平，后因污染严重而迁走。除此之外，津市还有日用电池和玻璃器皿两家企业。

1. 涂料

1964年，津市洞庭化工厂首次承接市五金公司，加工超贮油漆业务，以半截废油鼓熬油，边学边干，是为该厂转向涂料化工契机，职工以"半截油鼓闹革命"谑之。后工厂派专人赴渝学习造漆技术，陆续试制压滤机、搅拌机、手摇二辊碾漆机等20多台专用设备，年产油漆15.66吨，遂改名为津市油漆化工厂，成为油漆生产专业厂家。1967年，油漆产品发展到4大类30多个品种，产量达259吨，较1964年翻了4番。同年，"航海牌"商标正式注册，并试产中档醇酸漆类。1968年，工厂迁至南岸麓山新址，次年改称津市造漆厂。

1970年代末，企业筹资28万元改造设备，添置4500立升不锈钢反应釜、5吨漂油锅、53立升研磨机、15立升卧式沙磨机、3500立升调漆罐及全套检测仪器，实现配料、研磨、配漆、装罐、包装一条龙生产，日产能力达20吨。产品发展到硝基漆、氨基树脂漆等10大类180余个品种。1980年，企业投资22万元建成制罐车间，年可产各种规格铁包装桶100万个。1981年，油漆年产达2177.88吨，产值 918.1 万元，上缴税利 165.82 万元。同年 5 月，该厂参加全国油漆产品物理检测，送检 10 个品种中 8 个达部颁标准，其中 CO4-2 大红醇酸磁漆获全国第一。6 月参加湖南涂料行业质量检查评比，总分略逊于湖南造漆厂，名列第二。嗣后陆续推出酚醛水溶性自干漆、无光聚醋酸乙烯乳胶漆、冰烯酸烘漆、墨绿环氧黑板漆、氨基闪光漆等新品，产量逐步上升，1985 年，年产达 2669.38 吨。

1987 年，企业又投资建成 3 层立体式醇酸树脂车间，改造回流装置，更新工艺流程，年产首次突破 3000 吨。1990 年，该厂拥有固定资产原值 474.58 万元，职工 373 人，是年生产各类油漆 2386 吨，产值 875.16 万元，上交税利 275 万元。转产以来累计实现税利 2962 万元。1992 年，该厂将通过省级鉴定的石油树脂调和漆、松香改性聚酯调和漆、超快干氨基烘漆 3 个新产品投放市场，实行双轨制营销，在确保五交化二、三级站销售外，增设地级市销售网点，扩大产品市场占有率，全年实产油漆 3100 吨，创产值 2158 万元，实现销售收入 2192 万元，上缴利税 280 万元，是为历史新高。在弥补往年潜亏 46.18 万元后仍实现利润收入 56000 元。嗣后，进口调和漆大量涌入市场，企业在原料和销售两头在外的情况下难以匹敌，渐次衰落，1996 年后，企业以个人承租的形式继续经营。

2. 橡胶制品

1970 年代初，津市木屐油鞋社传统产品为市场淘汰，遂另谋生计，始以翻修板车、汽车轮胎为业，后自制成型机、硫化机、刷胶机等简易设备，土法生产三角带。其时全厂资金不足万元，只能快产快销，加速资金周转。原材料需从湖北公安购进，为节约运费，职工自己用板车连夜拖运回厂，工厂遂起死回生。至 1975 年，5 年共产三角带 220 万 A 米，上交税利 47 万元。1980 年，工厂迁至北大路新址，改称津市橡胶厂，逐步以机械化生产取代手工操作。1984 年，工厂贷款 75000 美元引进日本 DX-75 密炼机 1 台，次年三角带年产达 216 万 A 米，上交税利 42.8 万元。1987 年，为改变产品原料结构，节约国家外汇开支，试制橡塑三角带获成功。

1988 年，杨安平、徐新生等青年技术员以街办小厂利民制绳厂为基础创办利民橡塑厂，与华南理工大学共同研制开发 TE-1 型高分子防水卷材，次年产品通过省级鉴定，获华南理工大学科技进步三等奖、广东省高教局科技发明三等奖，于1990 年又通过国家科技发明奖励初、复审。建厂 2 年共产防水卷材 27 万平方米，创产值 178.46 万元，实现税利 26 万余元。

同年，市橡胶厂三角带产量达 283 万 A 米。全行业共完成工业总产值 362.3 万元，实现税利 73.8 万元。拥有固定资产原值 234.6 万元，职工总数 249 人。具备年产橡胶三角带 500 万 A 米，新型防水卷材 25 万平方米生产能力。次年，产三角带 392 万 A 米，防水卷材 13 万平方米，创历史最好水平。1994 年，防水卷材被市场淘汰而停产。1996 年，橡胶厂进行股份制改革，更名为鸵鸟橡胶有限公司，1998 年，橡胶三角带年产量降到 72 万 A 米，亏损严重，于次年停产。

3. 水杨醛

1984 年，街办津市油毡厂分出部分人力、设备另组津市香料厂，与武汉化工研究所合作，采用邻甲酚路线研制水杨醛，当年告成。次年年产 17.45 吨，产品通过上海检测中心检测，含醛量 98% 以上，具国际先进水平。旋 2 次贷款 221 万元，自筹资金 43 万元进行大规模技术改造，选定市境东北郊谭家湾另辟新厂，添置设备，扩大生产规模。1988 年，水杨醛产量达 101 吨，实现产值 1111.20 万元，上交税利 66.53 万元，5 年时间即由街办小厂崛起为年产值超千万元的企业。同年，该厂获湖南省"先进企业"和"区街工业先进单位"称号。产品进入澳大利亚、西德等国际市场。1990 年，生产水杨醛 113 吨，创产值 1250 万元，税利 38.3 万元，拥有固定资产原值 320 万元，职工 121 人，具备年产水杨醛 200 吨，香兰素 50 吨生产能力。此后，水杨醛产量逐年递增。1993 年，高含量水杨醛试制成功，并通过省级鉴定。1994 年，企业进行量化股份制改革，更名为津市市香料有限公司，生产逐年见好，于 1997 年产品产量跃至 200 吨。后因企业长期负债经营，市场价格波动无常，周边环境污染长期得不到解决，最终关门停产。

4. 玻璃

1928 年，市境有江西人饶仪所办澧阳玻璃厂，生产日用玻璃器皿。1959 年 3 月，市红星日用品厂分出职工 37 人，在中华路另设金星玻璃厂，生产普通玻璃、明瓦及玻璃料器。同年 11 月改为地方国营津市玻璃厂，于 1966 年迁至窑坡渡新址，生产花瓶、灯罩、压花玻璃等 10 余种日用玻璃。1971 年起，开发医疗玻璃器材，先后投产 14 种规格标准漏斗及磅瓶、培养皿、康维皿、染色缸、乳钵等。同年，市电子管厂玻璃车间建成投产，生产中小功率玻璃发射管玻壳。1980 年代初，该厂先后生产显像管玻壳及日用玻璃，未几中辍。1990 年，市境仅有 1 家玻璃厂，年产医疗、日用玻璃 50 余个品种共 181 吨，产值 51.4 万元，有固定资产原值 48.5 万元，职工 136 人。1990 年代后，广东玻璃行业兴起，迅速占领市场，市玻璃厂由于设施陈旧，技术落后，很快落伍，于 1994 年停产，成为市属国营工业企业倒闭较早的单位之一，其工人大多在广东玻璃制品工厂再就业。

5. 电池

1948年，津市有私营电池厂生产手电池。1952年，市人民政府鼓励私营商业向工业转移，雷立森等人遂在人民路组建新新五金电池厂，日产手电池数百只。1956年公私合营，该厂并入新津螺丝厂，于1958年析出，次年改为地方国营津市电池厂。生产"三羊牌"电池，因质量低劣，被消费者讥为"一夜光"。1960—1962年，夜间打鱼摸虾者甚众，电池销量陡增，遂添置设备，扩大生产，质量亦有进步。所产"飞鸽牌"电池参加1962年全国电池质量评比，名列第二。1979年，突破1000万只，产值240.8万元。1984年，增加镀镍铜帽半自动滚镀流水线两个系列，形成年产R20电池2000万只，R20、R14及R6镀镍铜帽4亿只的生产能力。铜帽部分供应省内外同行厂家。1988年，该厂招聘外地厂长失败，管理混乱，效益下降。1992年，企业利用本厂设备的优势，电池歇业，专以生产电池帽，次年与省轻工供销公司、省华轻国际经济合作公司联营组建湖南电池配件厂。1994年，产能达4.1亿只电池钢帽，当年实现产值418万元，利税2.2万元，甩掉连续4年亏损企业的帽子。翌年，产能上升到6.44亿只，产值实现546.9万元，"嘉山"牌电池钢帽远销17个省市49家电池厂。后企业生产逐年滑坡，效益衰退，于1999年关门停产。

五、轻工

1. 造纸

1950年代初，市政府鼓励私营商业向工业转移。1954年，津市五三皮蜡纸厂创立，聘请浙江师傅，以枸树皮、山棉皮为原料，手工操作，生产电池皮纸和蜡纸坯。1960年，市松脂厂和人造木板厂合并改组为津市造纸厂，自制787型单缸单网圆网木架纸机，以稻草为原料，生产原白有光纸，产品粗糙黑厚，由商业部门包销。1963年，中共湖南省委书记处书记李瑞山视察津市，批准向该厂投资17万元添置蒸球、漂洗机等设备，改木架纸机为铁架纸机。同年，以技术员孙贵年夫妇为主研制成了芦苇造纸新工艺，生产出克重稳定的32克漂白有光纸，为湖南芦苇造纸渊薮，1965年生产量达411.95吨。

1965年，五三皮蜡纸厂迁往大洼新址，改称地方国营津市蜡纸厂，次年投资30万元购置锅炉、蒸球、打浆机等设备，仿制侧浪式1092型纸机1台，改手工操作为机械操作。1969年，市卫星制索厂以稻草、废纸为原料生产瓦楞纸、包装纸、卫生纸，更名为红旗造纸厂，因产品滞销，未几停办。1973年，市蜡纸厂在侧浪式纸机上试制出卷烟纸样纸，1978年省、地批准其进行技术改造，用设备贷款添

▲津市造纸厂

▲窑坡造纸厂的芦苇停靠码头

置 1880 型多缸长网纸机 1 台，开始卷烟纸批量生产，侧浪式纸机改产皱纹卫生纸。次年，津市造纸厂购进 1575 型单缸双网散装纸机零件，自行加工安装成功，以液氯漂白新工艺替代漂白粉漂白，是年机制纸年产达 1506.7 吨。1981 年 5 月，由省造纸公司提议津市造纸厂与津市蜡纸厂联合成立津市造纸总厂，因管理不便两年后又分为两个厂。蜡纸厂改称津市大洼造纸厂，并贷款 130 万元加快技术改造，1983 年，卷烟纸年产达 1306 吨，获利 57 万余元。1985 年，后该厂发展趋缓，出现经营性亏损。

1986 年，津市造纸厂与邵阳造纸厂实行产品联营，引进该厂圆网纸机生产双胶纸专利，用全芦苇浆生产普压双胶纸和静电复印纸成功，从而减少木板浆进口，节省外汇。1988 年，省经委、省轻工厅将津市造纸厂列入"星火计划"，拨款 96 万元进行技术改造，购置 1575 型双缸双网纸机 1 台，生产规模骤增，是年年产即达 3848 吨，创产值 624.71 万元，利税 324.48 万元。职工人均创税利过万元，工厂被评为省级先进企业。双胶纸与静电复印纸双获湖南省新产品技术开发优秀奖和国家"星火计划"成果银奖。1990 年，其又分获全国首届轻工博览会银奖、铜奖。是年全市造纸行业共有企业 2 家，固定资产原值 1180.5 万元，职工 707 人，全市共生产双胶纸与静电复印纸 4176 吨，卷烟纸 1079 吨，卫生纸 131 吨，完成总产值 1145.9 万元，实现税利 336 万元，具备年产各类纸张 8000 吨的生产能力。

1990 年代，两造纸厂发生了很大变化。大洼纸厂因诸多因素于 1994 年关门停产，窑坡造纸厂经过新产品研制和设备改造，生产经营节节上升，于 1997 年生产机制纸 10289 吨，此后，又对 1770 纸机实施技术改造，为日后企业改制打下了坚实基础。2002 年 9 月，窑坡纸厂实施两个身份置换，"湖南雪丽造纸有限责任公司"挂牌成立，翌年 4 月，改制仅 8 个月，提供就业岗位 1000 余个，完成工业产值 6970 万元，销售收入 6565.56 万元，上缴利税 435 万元。

2. 蚊香

1980—1981年，市人民政府利用斑马蚊香经营优势，将市竹器厂、高压水管厂先后并入该厂。同时组建津市蚊香总厂，辖一、二、三、四分厂。1981年，全市蚊香产量达56800标箱，居全国首位。1982年后，国家调整外贸补贴额，故外销下降，但内销增长势头不减。嗣后又陆续开发无烟蚊香、中草药蚊香、气雾蚊香、电热蚊香等新品。1983年受轻工部委托，由谭贵忠主持草拟蚊香国家标准。1985年，斑马牌高级蚊香全击蚊虫时间、有机氯残留量、燃点时间及外观等各项指标全面超过"红牌坊"。年产蚊香10.03万标箱，1988年达16.42万标箱，为是年全国蚊香总产1/10（其中出口6455箱），产值2270万元，利税361万元。同年，以该厂为龙头组成全国蚊香行业最大企业集团——湖南斑马蚊香企业集团公司，成为拥有生产、科研、商业、外贸等25家成员单位参加的新型经济联合体。是年，市蚊香总厂进入省级先进企业行列。

1990年，全市（包括乡镇办江南蚊香厂和街办益民蚊香厂）共生产蚊香12万标箱，其中出口近万标箱，总产值2434.1万元，利税142.70万元，全行业共有职工921人，固定资产原值1289.9万元。主产品"斑马牌"高级蚊香先后荣膺国家质量银质奖、全国轻工业出口产品金龙腾飞杯金质奖、上海1988年"今夏之最"金棕榈奖、1990年轻工部首届全国轻工业博览会金奖。畅销全国21个省市自治区500多个县市及海外20多个国家和地区。

蚊香产业在市政府的大力倡导下，企业于1993年后相继与外资公司合资组建驱蚊系列产品，如气雾剂、药物电热蚊香、液体蚊香等，均收效甚微，尤以海南办厂企业盲目扩张为一大败笔。这期间，蚊香产量虽有提升，但营销失策及市场竞争日增，企业每况愈下。在2000年公有企业改革中，蚊香总厂改组为湖南斑马蚊香股份有限公司，但无力回天，2002年，公司整体出让，更名为湖南新斑马实业股份有限公司。

▲蚊香总厂30年未曾改变的厂大门

▲蚊香产品

3. 猪鬃

猪鬃加工为津市二轻工业仅次于蚊香的第二产业。其行业最大的特点就是不稳定，因市场在国外，常受国际政治风波的影响而跌宕起伏。1970年代初，国际猪鬃市场有所松动。1976年中美建交后，猪鬃外销更趋活跃。1978年，猪鬃年产达2931箱，其中水煮猪鬃1152箱，占总产量39.3%，省外贸确定该厂为全省唯一水煮猪鬃生产厂家。1980年，英、美、日等国向湖南定购水煮猪鬃1800箱，省外贸将全省各猪鬃厂生产的汉庄猪鬃全部集中于该厂加工，是年猪鬃年产达4800箱。

1981年后，猪鬃收购市场放开，各地纷纷办厂，遂先后与省内外14个县20多个供销部门联合建立收购点，解决原料不足矛盾，逐步形成年产水煮猪鬃万箱生产能力。1985年，猪鬃厂与中国土畜产进出口总公司湖南省分公司及津市外贸公司联营，猪鬃年产达9530箱，其中水煮猪鬃5262箱，实现产值591万元，上交税利98万元。迨至1990年，历年生产均保持在9200箱以上，产品大部分外销。1990年因上年北京动乱影响，出口减少近2000箱，加之销价年内4次下调，企业亏损90万元。1992年，猪鬃厂引进一名南京大学生物系的毕业生，利用猪鬃下脚料开发生产胱氨酸，颇有收效，后因规模太小而停产。1995年，猪鬃市场向好，企业扭亏为盈，但受资金困扰，产量难以回升，4820箱成为瓶颈，此后逐年下滑，于2000年停产，由杨帮进与人合伙租赁经营。2001年，由颜军收购重组为湖南金湘猪鬃实业有限公司，是时境内仍有多家私营业主从事猪鬃加工。

猪鬃与蚊香一样，是一项劳动密集型产业，以出口赚美元而外表光鲜，但每一缕猪鬃出自指间，个中艰辛少有人知。尤其是鬃脊毛，异常扎手，故凡在择毛车间工作的人没有一双好手。

▲猪鬃厂车间

▲猪鬃厂产品

4. 制刷

1922 年，九澧贫民工厂设编织科，生产羊毛刷、钢丝刷、衣鞋刷、牙刷等。民国 18 年，陈春庭在津市贺家拐开设春茂祥牙刷店，兼作麻将，从业 10 人。抗日战争时期，境内有牙刷作坊 8 户，年产 80000 把。中华人民共和国成立初，制刷业仍以私营作坊形式生产。1956 年，津市牙刷生产合作社成立，有社员 20 人，资金不足 200 元。1960 年代初，制刷企业发展到 3 家，产品达 10 余种，但设施简陋，工艺粗放。进入 1970 年代后，工业用油漆刷在市场走俏，制刷业乃全力发展漆刷生产，五金公司包销产品，经营渐有起色。1977 年，工艺制品厂试制出口油漆刷成功，次年外销 9000 打。1979 年，木制件厂、塑料二厂先后并入该厂，改称津市制刷合作工厂，仿制专用设备 50 多台，当年生产"海鸥牌"油漆刷 79000 打，全销西德、瑞典、泰国等国。嗣后产量逐年增长，1985 年达 28.22 万打，1988 年增至 36 万打，外销扩大到 30 多个国家和地区。1989 年，出口受阻，主要原料涨幅达 200% 以上，产品销价下调 50%，企业效益下降，1989—1990 年两年亏损 87 万元。1991 年，因出口拉动，年产油漆刷 50 万打，次年猛增到 80 万打，创历史最高水平。此时，因江浙一带乡镇刷厂兴起，企业产量逐年递减，1995 年仅有 21.11 万打的产量，1996 年，该厂被猪鬃厂兼并，油漆刷停产。

5. 制革

清道光二十年（1840）前后，市境有毕宏发的皮革作坊生产烟熏牛皮，其产品主要用于制作油鞋、木屐，是为津市制革起源。1950 年代初，牛皮为"部管统配"物资，资源不足，皮革业发展缓慢。1952—1953 年，19 名皮革工人先后组成"工力""工联"两个联营组，为国营畜产公司加工生牛皮，年产近万张。1956 年，联营组转为制革生产合作社，有社员 38 人，变来料加工为独立经营。次年生产牛重革 11.15 吨，轻革 6667 平方米。1958 年，津市红旗制革厂成立，有职工 142 人，同年试制再生革成功。1960 年代初，皮源锐减，省畜产公司停止对津供应牛皮，生产停顿。1960 年代中期，津市制革业另辟蹊径，新增猪皮革生产，遂重现生机。1966 年，津市生产猪皮革 10800 张（折牛皮 6300 张），1968 年增至 26600 张（折牛皮 16900 张）。1970 年前后，制革厂陆续添置大型制革专用设备，采用酶法脱色，实现重革快速鞣制、轻革无浴鞣制等新工艺，猪皮革年产稳定在 30000 张左右，1974 年达 62300 张。1978 年，省皮革公司确定该厂为牛皮革重点生产厂家。

1980 年代是津市制革最好的一段时期，1981 年，牛、猪皮革年产分别达 30000 张和 14.75 万张，工业产值为 438 万元，创利税 82 万元。尔后又两次用银行基建、设备贷款共 332 万元进行大规模技术改造，在北大路建成车间、仓库 6623 平方米，引进意大利片皮机、削匀机、平板式烫革机、真空干燥机、喷浆机等先进设备，形成年产 20 万标准张生产能力。1985 年，该厂迁入新址，改称津市制革厂，次年总产值 438.74 万元，实现税利 55 万元。1987 年后，牛皮市场放开，进价大幅度调高，生产形势渐窘。又因企业内部技术力量薄弱，职工素质与引进设备不相适应，产品档次低，质量欠稳定，销售市场乃逐渐丢失。1990 年，其猪、牛皮革产量不足 40000 张，仅为生产能力的 1/5，亏损 105.22 万元。1992 年，制革厂关门停产。

6. 革制品

光绪二十八年（1902），桃源人陈洪昌来津市开设油鞋作坊，雇工 4 人。民国后，制革业大规模改传统的熏皮制革工艺为药水制革工艺，加之压皮机的专用机械设备引进，皮革质量大大提高，市面上成批出现以此皮革制作的鞋子，即当时所谓的"东洋皮鞋"，年产一万多双。一时制革行业风行，大小 20 多家，从业人员近 200 人，一跃成为当时最大的手工业。其中汉口人刘云山开办的炳泰元皮革作坊，从业人员有 40 多个，有压皮机一台，采用化学制皮工艺，产品直运汉口。截止到抗战前夕，牛皮制革年产量达到 17000 多张。

1950 年代始，革制品加工从原有的作坊加工起步，通过组社、合社，逐步建起皮鞋厂、皮件厂、木屐社三家二轻工业企业。除木屐社途中转业生产橡胶制品，皮件厂、皮鞋厂两家企业一直持续到 2000 年公有企业改制。其中皮鞋厂以年产值过百万一度成为二轻骨干企业。而皮件厂的部分皮革制品通过外贸成为出口订单产品。

1980 年代革制品一度呈现向好趋势，全市（含街道企业）年产皮鞋 20000 双，出口皮箱 5000 口，皮手套 70000 打，皮鞋 60000 余双。皮鞋最高年份产量增至 11.42 万双。市皮件厂建成模压箱生产线，并联合省内同行，在深圳设立分厂，年产值达 154 万元。市皮鞋厂与上海光明皮鞋厂产销联营，引进旅游鞋、运动鞋及超尖皮鞋等产品，产量增至 90200 双。此间街办鸿达、九洲皮鞋厂相继投产。1990 年，全行业共有皮鞋厂 4 家（其中街办 3 家），皮件厂 1 家，固定资产原值累计 187 万元，职工 437 人，年产皮鞋 17.66 万双，皮箱 2460 口，皮手套 92500 打，总产值 392.3 万元。随后全行业呈现衰退趋势，时至 1990 年代末，除皮鞋回归作坊外，其他皆关门闭户。

7. 金属制品

津市五金制品发源甚早，明清即有为水上服务的钉焗、铁锚等，清康熙年间有了生产小农具的铁匠铺，民国时期更是有了铜器和白铁店多家，津市境内五金均属作坊家庭式作业，规模小，故又称"小五金"。截止到1949年，境内有铁匠铺18户，有铜器店孟华鑫、申德元、曾友记、申玉成等20多户，有白铁店吴吉兴、李兴友、徐正兴、周鸿顺等13户，各店制作五金商品，其中袁国华、段和泰的剪刀、剃头刀在澧水流域享有盛名。

中华人民共和国成立初，五金制品行业仍有97户301人继续经营。1955年，铁器生产一社成立，1957年，各类五金社增至8个，尔后或分或合，增设新厂，1965年，全行业共有企业11家，完成产值163.77万元，创利17.52万元，并有元钉、元丝、镀锌丝、铁页蒲滚等新品问世。1968—1970年，为解决企业规模过小、产品重复的矛盾，全行业调整改组为冷作厂、日用五金厂等7家企业，1975年生产煤油炉10000件，白铁桶8400个，藕煤炉7600个，铁制小农具30000件，其他日用铁制品15700件。产值、利润分别达448.42万元和34万元。1970年代末，金属制品行业按专业对口要求划出部分企业归口机电系统，1980年代初尚剩市五金电器厂（原锻造厂）和市金属制品厂（原冷作厂）两家继续经营。

1981年，市五金电器厂与湖南省煤炭科学研究所合作，研制成功81-2型节煤炉，较普通藕煤炉节煤25%～30%，投放市场后旋即走俏。1983年，金属制品厂开始82-3型节煤炉生产。1985年，五金电器厂与省煤科所再度合作，研制成功SMZ-220型大蜂窝煤灶。1989年，两厂共产节煤炉35.63万个，产值617万元，实现税利38.42万元。同年，市五金电器厂又推出新品——多功能微型餐桌炉，一时风靡市场，备受消费者青睐。1990年，两厂共有固定资产原值289.2万元，职工257人，生产"乐川牌"系列炉具10多个品种计43.19万个，实现产值592.6万元，上交税利38万元。

1990年代，五金电器厂与金属制品厂两家同以生产节煤炉为主的市属企业发生了变化，五金电器厂生产旺、效益好，但场地逼仄，难以形成大批量生产规模。金属制品厂场地大，但由于管理的原因，技术人才流失严重，纷纷外出办厂，生产不景气。经市政府批准，两厂合并，组设津市五金电器总厂，建5条新生产线，形成年产100万台节煤炉的规模，当年生产节煤炉45.8万台。而就在此时，节煤炉市场悄然发生变化，市场趋向饱和，煤气炉初现市场，加之周边民营节煤炉厂兴起，自带公有企业积弊的五金电器总厂难以与其竞争，生产经营一路衰退，于2000年停产，2001年由澧县刘继文等人收购重组为乐川燃具有限公司。境内时有3家民营节煤炉企业存续。

8. 塑料制品

1959 年，市商业局组建金华电木制品厂，以酚醛、氨基为原料生产胶木扣。后并入市日用五金社，继续胶木扣生产，年产 12000 箩。1968 年，胶木扣车间独立组成津市胶木电器厂，生产拉线开关、胶木灯头等电器件。同年，市布鞋厂引进聚氯乙烯制鞋技术，添置挤塑机、空压机等设备生产包塑凉鞋，当年生产塑料底 1800 双。1973 年，其增加注塑鞋、全塑凉鞋生产，是年生产塑料底 46800 双，全塑凉鞋 15.94 万双。同期市圆珠笔厂试产胶把启子、肥皂盒、塑料壶等塑料制品，1 于 975 年分出此项产品另组津市塑料制品一厂，发展中空容器吹塑。同年，以雨具厂为基础成立津市塑料二厂，生产聚料薄膜制品。至此塑料制品厂发展到 4 家。1975 年，全行业共生产塑料制品 159.64 吨，总产值 129.85 万元。1976 年后，市胶木电器厂陆续制成二级扁插头、安全灯头、吊合开关、双控开关等 7 种新产品，年产量达 89.61 万件。1978 年，塑料一、二厂合并为津市塑料厂，以聚氯乙烯为原料生产绝缘带。次年年产 22.01 万卷。1980 年,制鞋厂停止塑料鞋生产。1982—1983 年，街办朝晖、东升两塑料厂相继建立，生产塑料绳索及其他日用塑料小商品。同期市塑料厂投入 20 万元改造设备，试制成功撕裂薄膜、微型薄膜等，中空容器产品形成系列化。1983 年，聚乙烯制品产量达 179 吨，绝缘带达 93.8 万卷。1985 年，全市塑料制品发展到 6 大类 10 多个品种，总产值 343.34 万元，利润 13.8 万元。1990 年，全市共有塑料生产厂 9 家（其中街道、乡镇办 7 家），全行业工业总产值 483 万元，实现税利 30000 元。有固定资产原值 386 万元，职工 428 人，每年可生产各类塑料制品近 1000 吨。

1990 年代，街办、乡镇办、个体塑料厂增多，但均为小规模生产，无市场竞争能力，或关门或转产，仅剩 6 家惨淡经营，市塑料厂最终仅剩绝缘胶带一项产品，市胶木电器关门停产，其他小厂生产甚微。

9. 印刷

民国时期，津市印刷业随商业的繁盛而勃兴，其经营业务涵盖九澧流域及周边地区。1949 年，市境先后有 17 家印刷铺坊经营印刷业务。1952 年，由政府组织合成、自力、协华、昌明、利民 5 家印刷企业组成"统一发票联营处"，次年分开成立劳动、工人、利民 3 家印刷厂，于 1954 年 9 月又合并为地方国营津市人民印刷厂，有职工 35 人，承接账簿、表格、商标等印刷业务。1963 年，印刷厂制作扑克，始有彩色套印。1969 年，街办广益印刷厂改称红卫印刷厂，主营商标印刷。1976 年，市人民印刷厂采用凸彩和平彩印刷，石印全部淘汰，由平压机、胶印机、

402 型平台机取代。1980 年后，红卫印刷厂增加塑料、玻璃纸凸印印刷，向专业塑料印刷发展。市人民印刷厂完成彩印设备配套，1985 年产值首次突破 100 万元，业务范围辐射至邻县。尔后陆续添置 J2108 胶印机 2 台，TY615 自动平台机 2 台，年产能力达 8500 万印。1987 年，红卫印刷厂迁至北大路新址，添置四色、六色凹版印刷机 3 台，专事塑料印刷，年生产能力达 150 吨，遂改称津市装潢印刷厂。

1990 年代后，印刷业出现两种趋势，一是公办企业衰退，二是个体户发展迅猛。1992 年，装潢印刷厂停产。个体户罗安源创办印刷厂，采用树脂制版新工艺，承印《津市广播电视报》。1994 年，人民印刷厂投资 75 万元。购进日本三菱四色胶印机一台，产能提高到 80000 色令。私营现代印刷厂购进胶印机 2 台，二中校办印刷厂采用激光照排系统。同期，个体电脑打印店发展迅速，全市印刷业陡增到 53 家。1995 年，市人民印刷厂产值 350 万元，扭亏为盈，上缴利税 26 万元，2000 年公有企业改革后，该厂重组为人民印务有限责任公司。其他企业在设备更新、印刷质量上均有不同程度提高，截止到 2001 年，全市印刷业 19 家，除三家企业外，其余为个体店。

10. 包装

民国时期，市境有京花店生产鞋帽、糕点等纸盒包装。1956 年 2 月，京花纸盒生产合作小组成立，于 1958 年并入百花湘绣厂，停止纸盒生产。同年，街道重组纸盒小组，组员 5 人，承接市电池厂包装纸盒业务。1960 年代初，改称纸盒生产合作社。1964 年，其试产瓦楞纸箱，销路见好，1968 年投入批量生产。1976 年，纸盒生产合作社更名为津市纸箱厂，有职工 80 人，全部资金不足 40000 元。1979 年后，积累渐丰，遂在北大路筹建新厂，陆续添置远红外线干燥机、全张切纸机、30 寸分纸机、15 寸衬纸机等新型专业设备，生产逐年发展。1984 年产值达 100 万元，1988 年翻一番，达 200 万元，上交税利 10 万元。1990 年，全市共有包装企业 4 家，其中街办包装厂 3 家，经营纸盒、塑料包装业务。全市共生产纸盒 208 万个，纸箱 82 万个，产值 249.4 万元。

1992 年，盐业公司包装厂投资 67.9 万元扩建，年产编织袋 500 万条，内膜袋 1000 万条。1996 年，市纸箱厂和纸品包装厂生产纸品包装 321 吨，时有多家个体经营纸盒包装，2001 年，全市包装企业共有 4 家。

11. 服装

1952 年，缝纫师傅刘德山等 30 余人成立新中服装厂，1954 年，服装厂改组为津市缝纫生产合作社，1956 年，缝纫社、组各有 5 个，计 277 人。1961 年，增设敦煌服装社，承制高档服装。该社缝纫师周梅生技艺精湛，甚为市民推崇，顾客趋之若鹜。1966年，全市6个服装社改组成立服装一、二厂，除原有来料加工业务外，还接受市百纺公司加工订货。1978年，市服装一、二厂合并成津市服装厂，经营成衣业务，批量生产各类服装。1980年，完成工业产值210万元，其中成衣占80%以上。1984年，津市服装厂更名为津市服装公司，引进日本西装生产线，形成年产成衣40万件生产能力。1986年，津市羽绒联合总厂建成投产，从西德、荷兰购进成套水洗羽毛生产线和羽绒制品生产线，投产后陆续开发"奥多牌"系列羽绒制品45种，其中各类羽绒服装年产10000件。同年，市丝绸总厂与上海闸北鞋帽服装公司联营，成立津市市沪湘服装厂，始以童装、工作服应市，后推出呢料中山装、西装并投放市场，年产10000件。1987年，市服装公司获出口服装质量许可证，被省纺织品进出口公司指定为出口服装生产基地。至1990年，累计出口服装45万件，其中FA-7纯麻衬衣主销日本。同期市羽绒厂共生产各类羽绒服装20000件，沪湘服装厂共生产各类毛呢服装、工装50000余件。

1992年，羽绒制品厂更名为羽绒被服厂，至1994年，两次共投资90万元于技改，增添设备200多台，形成羽绒被服、出口服装、电脑绗缝踏花被、羽绒睡袋等产品。是年完成产值454万元。市羽绒总厂从1991开始添置设备，改造工艺，生产出口睡袋，销往欧美市场，产品分单、双，成人和儿童等规格，包括信封式和木乃伊式两种，于1992年获省新产品奖，1991—1994年，该厂共生产睡袋30.1万条，创产值3000余万元。1993年，沪湘服装厂和南区服装厂停产。市服装厂与香港湘德贸易公司联合投资成立湖南宏达服装有限公司，年均产值在500万元左右。1995年，全市生产各类服装41万件，此后，各服装企业总体呈下滑态势，2001年，羽绒总厂破产，全市仅剩个体服装店10余家。

12. 制鞋

民国时期，市境有个体手工业者加工缝制布鞋，从业者多为老年妇女，在街头摆摊设点，零星经营，无批量生产。1950年代初，津市成立布鞋生产合作社，手工生产家常布鞋，于1961年更名为津市布鞋厂，生产布底棉鞋、压帮布鞋等。1969年，合作社增加注塑布鞋、凉鞋生产，改称津市制鞋厂。1979—1982年，该厂与市湘绣厂合作生产绣花拖鞋、缎面绣花布底鞋、功夫鞋等，经销香港及加拿大。1981年产值为100万元，后因出口鞋包装霉变，企业倒牌，外销途径遂绝，生产逐渐萎缩。1985年后，市政府及主管部门对其实行扶植政策，经营始现转机，布鞋年产平均40万双以上，企业略有盈余。1989年，津市制鞋厂开发保暖鞋新品种，年产 40 万双，产值 500 万元，但生产大于销售，积压严重。1990 年初，企业占用流动资金 100 多万元，是年亏损 25.80 万元。此后，布鞋市场受江浙个体户冲击，企业每况愈下，产品积压造成流动资金短缺，1992 年布鞋产量低至 20 万双，随后企业生产停止。

13. 制帽

1938 年前后，市境有帽子铺 2 家，从业 4 人，以各类棉布、毛呢帽应市。1949 年，尚有 1 家继续经营。1955 年，制帽合作组成立，生产圆顶工作帽及鸭舌帽。1957 年，合作组扩为生产合作社，生产贡棉帽、夹帽、小青包等，有社员 36 人，次年更名为群星制帽厂。1968 年，其与湘绣厂合并为津市湘绣制帽厂，品种增加到 40 多个，职工 90 余人。1974 年，街办津市草帽厂创建，以简陋设备生产普通草帽，规模甚微。1980 年代后，市湘绣制帽厂开发冬帽、风帽、太阳帽、机绣帽系列品种，设计生产坚固呢全封闭防尘工作帽，1985 年产量达 25000 顶，产值 53 万元，利税 51500 元。同年初，身有残疾的谭兴佳接任市草帽厂厂长，时职工仅 11 人，且多年过花甲，累亏达 60000 余元。谭先对老年职工一次性安置妥贴，另招青工 23 人，尔后整顿管理，轮训职工，开拓新品，工厂焕然一新。1987 年广交会，谭携带产品赴穗，无缘进展厅，乃在会址前摆摊兜售，各类草帽因编制精巧、新颖别致，引起外商浓厚兴趣，意大利客商当即订购 240 打，小厂产品遂跻入国际市场，远销欧美和东南亚的 10 多个国家和地区。至 1990 年，草帽厂已累计生产各类草帽近 200 万顶，完成产值 375 万元，盈利 20 余万元，具备年产百万顶的生产能力。其产品有纽边帽、绣花帽、礼帽、星星帽等 100 余种。谭以病残之躯艰苦创业的事迹亦屡现报端。同期，市湘绣制帽厂因市场饱和，产品销路不畅，1990 年产各类布帽 19000 顶，生产勉能维持。1992 年，布帽年产量降至 12000 顶，不久，湘绣制帽厂停产。草帽这年产量达 385 万顶，创最高纪录。后生产逐年下滑，延至 1998 年，草帽厂关门停产，津市制帽历史终止。

14. 家具

1955 年，全市组成木器、圆木、车木、油漆 4 个生产合作社，于 1958 年合并为津市家具厂，生产床、桌椅、盆桶等，一年可产 10000 件。20 世纪六七十年代，木材供应减少，价格看涨，木质盆桶逐渐被塑料制品取代，1978 年后，家具厂乃向钢制家具发展，次年以 5000 多件钢木结构凳椅投放市场，销路畅旺。尔后该厂新品迭起，所产钢木拆装书桌在 1980 年全省家具评比中夺冠，书柜获第三名。1981 年后，又有拆装式钢木写字台、多用钢丝床、钢塑多用童床获部、省、国家级奖励。新品开发中，技术员李生泉建树卓著。其设计的 85-1 型钢塑多用童床，于 1985 年 4 月获国家专利，为境内第一个获此殊荣的产品，9 月又获省优质产品称号。是年家具厂年产家具 47600 件，创产值 169.79 万元，盈利 14.4 万元。1986 年后，市民消费水平渐高，家具市场持续活跃，街办及个体家具店应运而生，以新潮组合式家具补充市场。1987 年，市家具厂又推出李生泉设计的 87-8 型多功能车椅应市，该产品兼具沙发、躺椅、安乐椅、童车、童床五种功能，设计精巧，匠心独运，令人叹为观止，投放市场后旋即叫响。1988 年 2 月，该产品通过省级鉴定，9 月获国家专利。李生泉亦于是年被评为市内首批拔尖人才之一。1989 年秋，85-1 型钢塑多用童床又获全国儿童生活用品首届"金鹿奖"。同年，家具厂年产量增至 71300 件，产值达 411.17 万元，实现税利 31.52 万元。1990 年，家具厂固定资产原值为 143 万元，有职工 121 人，生产较上年稍逊。后受广东新潮家具影响，各家具厂关门歇业。

15. 文具

1950 年代，文具行业的组成由合作小组转变为文具厂，生产墨汁、墨水、胶水、颜色纸等产品。1960 年，市轻工局拨款 70000 元，抽调 30 余人筹办圆珠笔厂，购回旧设备 5 台，年底生产出湖南省首批圆珠笔 16600 支。1968 年，产量增至 41 万支，轻工部批准其为圆珠笔生产定点厂。1970 年，文具厂在北大东路建成新厂，添置自动铜头车、八道联合笔芯、液压注塑机等设备，开发 75 型掀动式圆珠笔和 76 型旋转式双色笔等新品，1978 年年产类圆珠笔 517.79 万支，产值 192 万元，利税 35 万元。1984 年，该厂引进英、美现代化专用设备，产品档次提高，产量达 714.62 万支，实现产值 277.10 万元，税利 69 万元。1989 年产值跃至 310 万元，在还清全部外汇贷款、消化原材料涨价因素后，企业仍盈利 12.4 万元。1990 年，市圆珠笔厂拥有固定资产原值 147.1 万元，职工 189 人。建厂以来，累计实现税利 817.2 元，为国家投资额的 4 倍。1990 年代，圆珠笔产量逐年下降，从 1990 年 770 万支降到 1997 年的 50.37 万支。1997 年，企业内部改制，组建长江制笔有限公司，未能改变颓势。2000 年，企业破产，圆珠笔生产历史终结。

第二节 高新工业区

一、园区概况

2003 年末，津市历时 4 年的公有企业改制完美收官，这意味着持续了近 70 年的计划经济体制下公有企业的历史将落下帷幕，也可以说是一个时代的过去。由于多数公有企业，尤其是工业企业改制成本严重不足，原国有划拨土地作为企业资产参与了改制，于 1958 年建起的窑坡工区已无拓展余地，而 1980 年代初期以北大路沿线建起的工业集群，也因城市飞速的发展而深陷民居之中。显而易见，这两大工业板块已跟不上津市工业发展的需求。于是，为津市工业的再一次腾飞，创建出一个长远且超前的工业园区就成了时任市委、市政府工作的重中之重。

津市经济开发区的建设于 2005 年年底正式启动，其位置于津市窑坡工区以南直抵新洲镇，西倚二广高速，东濒澧水河堤，规划面积 12 平方公里，水陆交通便利。坚持高起点规划、高标准建设、高水平管理、高速度发展，致力打造"工业新城、城市新区"。本着边建设边入驻的指导思想，一手抓对外招商引资，一手抓对内工厂南迁，截止到 2010 年，短短 5 年，建成区逾 5 平方公里，区内设施齐全、功能完备、特色鲜明、环境优越，入驻企业 57 家，涵盖汽配、盐化工、纺织、食品、建材等工业行业，41 家规模企业完成工业产值 56 亿元，入库税金 7661 万元，主要经济指标年增长率均在 40% 以上，连续四年获得"常德市园区建设优秀单位"称号，被誉为"起步最晚、标准最高、机制最活、发展最快、前景最好"的开发区，可谓初战告捷。

2012 年，津市经济开发区获批省级工业集中区。2015 年，获批省级生物医药新型工业化产业示范基地。2016 年，转型为省级高新技术产业开发区，同年还获批国家火炬津市生物酶制剂及应用特色产业基地。2018 年，其被授牌为"常德市生物医药与健康食品产业园"。现规划面积调整为 18.96 平方公里，建成面积近 9 平方公里，入驻规模（年产值 2000 万以上）工业企业 109 家。2019 年，园区规模以上

▲津市经济开发区

企业工业产值 265.6 亿元，实现综合税收 4.02 亿元。

二、主导产业

生物医药 该产业已被列入津市"十三五"重点培育项目，在生物酶制剂、甾体激素及医药中间体、医用氨基酸、动物原料药、植物提取等领域里具有一定特色和优势，形成本区域内特有的产业体系。截至 2019 年底，园区共拥有生物医药企业 18 家，其中规模以上企业 13 家，在建企业 5 家，全年完成规模工业主营业务收入 60.45 亿元，上缴税收 7036 万元。

装备制造 园区创建之初，以湖南车桥厂为轴心的津市汽配产业链业已形成。2008 年，湖南车桥改制为中联重科属下企业，即为中联车桥，随着投入扩大，多家协作企业入驻工业园，一时成为园区的主导产业。配套产品有半轴、轴管、制动鼓总成、支架总成、汽车工字梁、凸轮轴、挂臂锻坯、发动机油底壳及飞轮壳和单纯的铸、锻、结构件和机加工等基础件加工。主营业务收入由 2013 年的 27.8 亿元扩大到 2019 年的 66.78 亿元。

健康食品 园区现已初步形成糖果、果冻、糕点、豆制品、卤腊制品、果蔬制品、调味品、牛肉米粉、酒类饮品、保健食品、药食同源食品等多类型、多品种、多元化的发展态势，一些特色产品成为省内乃至全国知名品牌，中意糖果果冻、润农茶籽油、张老头牛肉干、津市米粉等产品的市场美誉度不断提升，"灵犀"山茶油获国际粮油展示会金奖，"鸿粉知己""中意""津市蕌果"等品牌的产品在国内各种食品会上获得奖项。2019 年，园区共有健康食品企业 41 家，其中规模以上企业 28 家，产值亿元以上企业 4 家，完成工业总产值 43.41 亿元。

盐化工 自 20 世纪七十年代初湘澧盐矿建成投产开始，盐化工就是津市人民的一个梦想，直到 2000 年后第一家外地盐化工企业引进津市，这一梦想才得以逐步实现。该产业即以湘澧盐矿和天盛电化为中心，沿大同路布局盐、碱各企业格局，规划 800 亩的企业用地，现有规模以上企业 7 家，分别为湘澧盐矿、渔经生物、汉瑞化工、大新颜料、天盛电化、裕达卤碱、鑫嘉源化工。因矿区矿藏储量丰富，盐化工产品市场空间很大，后续项目无穷，是我市工业最大的一支潜力股。

三、龙头企业

1. 湖南鸿鹰生物科技有限公司

湖南鸿鹰生物科技有限公司于 1978 年建厂，1997 年改制，是中国生物发酵产业协会常务理事单位、全国酶制剂行业重点生产企业、全国酶制剂创新发展服务联盟成员单位、湖南省农业产业化龙头企业、高新技术企业。

2011 年，公司迁址至津市高新区，先后投资 3 亿元，采用国际先进的自控发酵提取系统，对照 GMP 标准和食品添加剂标准，建成年产 30 万标吨酶制剂系列产品基地。目前，公司占地总面积 40000 ㎡，其中酶工程科技研发大楼 3000㎡；职工总数 410 人，其中大专以上学历 103 人，从事研发工作人员 94 人。2018 年，公司实现产值 5.1 亿元、税收 635 万元；出口创汇 421 万美元，是全国最大的酶制剂生产和出口基地。

公司主导产品为高纯度高转化率糖化酶浓缩液、耐高温 α－淀粉酶、β－淀粉酶、木聚糖酶、纤维素酶、β－葡聚糖酶、各种食品添加剂用酶制剂及饲料用单酶和复合酶等近 20 个酶制剂品种。其中，饲料用酶、造纸用酶、纺织用酶是国家重点发展的新型生物产品，广泛应用于饲料、造纸、纺织等领域，在促进应用行业改造传统工艺、推动节能减排、提升创新能力等方面发挥着重要作用。特别是"梅花"注册商标为中国驰名商标、湖南著名商标，并在英国注册，被授予"湖南省国际知名品牌"证书。

2. 湖南新合新生物医药有限公司

该公司是一家集甾体药物的研发、生产、销售于一体的具有产业集团性质的高新技术企业，是国内首家以植物甾醇为起始原料制备甾体激素药物中间体及原料药并实现工业化生产的企业。公司成立于 2013 年，占地面积 160 亩，具有年产 300 余吨甾体激素药物关键中间体的生产能力，主营业务包括甾体药物中间体及原料药的研发、生产和销售及相关产品的进出口业务。

公司主导产品为氢化可的松、地塞米松中间体、倍他米松中间体等核心技术产品，产品远销至美国、印度、西班牙等国家，初步形成了立足全国、延伸国外的产业化战略布局。2018 年，公司实现产值 8.1 亿元、税收 3157 万元；出口创汇

2298 万美元。

公司现有员工 569 人，研发人员 109 人，组成了一支由本科生为主干，博士、硕士为核心的技术团队，研发团队实力雄厚。公司致力于利用植物甾醇生产甾体药物的技术研究，开发了以植物甾醇为起始原料，通过微生物发酵和化学合成相结合的方式生产甾体药物的全新工艺路线，替代了使用半个世纪的传统黄姜路线，具有成本低、污染小、消耗低等特点。

3. 湖南中联重科车桥有限公司

湖南中联重科车桥有限公司前身为湖南汽车车桥厂，始建于 1970 年，2008 年7 月被中联重科收购重组。公司有注册资本 4.66 亿元，总资产 11.42 亿元，下设3 家控股子公司。

公司已形成商用车桥、工程车桥、客车底盘及客车三大系列产品结构，其中车桥产品覆盖轻、中、重系列汽车车桥和工程车桥，主要为中联重科、东风公司、一汽集团、江淮汽车等企业生产配套产品，产品品种齐全，产销总量位居国内车桥行业前列，三吨级车桥产销规模在国内位居第一。2019 年，公司产销车桥总成19.8 万根，实现销售收入 9 亿元，实现利润 2904 万元，上交税收 3032 万元。

公司现拥有生产线 44 条，生产设备 1443 台，其中重点设备 180 台，具备冲压、焊接、机加工、锻造、热处理、装配、涂装等制造能力。年生产能力达到 60 万根车桥总成、26 万件减速器制动器、52 万件后桥壳、42 万根桥冲压件零件、30 万根桥热处理自制件。

公司产品研发长期与一些国家级技术中心、科研院所进行合作，如车桥的开发试验、技术分析、项目支持。主要合作机构有：中国汽车工程研究院、国家汽车质量监督检验中心、重庆车辆检测研究院、东风汽车技术中心、中联重科中央研究院、湖南大学。公司内部建有疲劳试验室和力学试验室 2 个实验室。公司现有专利 60 项，其中发明专利 15 项。

2019 年 10 月，中联重科与津市市政府签订车桥产业园改扩建项目协议，实施战略调整，将工程车桥业务和商用车桥业务进行分拆，升级研发、制造、实验、培训、服务体系，投资 5.1 亿元建设行业一流的自动化、智能化的工程桥产业园。目前工程车桥项目前期工作和商用车桥战略投资者引进工作正有序推进。

4. 津市市荣迪实业有限公司

该公司由常德市优秀退役军人高守荣于 2001 年 4 月创办，是一家现代化经营管理的个人独资企业。公司占地面积 24300 平方米，注册资金 700 万元，主营带式输送机、工程爬架、自动喷射洗车机、斗式提升机等，是三一重工的配套厂家。

公司现有员工 150 人，其中高级工程师 8 人，其他技术人员 20 名，安置大量下岗工人、退伍军人超过 20 人，公司通过优先吸纳部队退役军人，引进优秀人才，规范企业管理，不断推动主营业务做大做强。

目前，公司被评为国家级安全生产标准化三级企业，拥有安全完整的生产体系。2017 年新引进的全自动喷塑线，为公司的发展奠定了更好的基础。"荣迪牌"带式输送机于 2013 年获得了特种设备国家生产许可证，拥有独立自主的生产经营权。TD75 通用带式输送机荣获湖南省名牌产品。2015 年，公司的港口装卸机械（斗式提升机）又荣获特种设备国家生产许可证，为规模化生产奠定了基础。

公司建立了健全的管理体系，追求工艺的先进性和合理性，产品质量稳定可靠，生产的产品销往全国各地，拥有良好的客户信誉。在研发管理体系方面，公司积累并建立了一套完备、前瞻、成熟的研发体系，打造了一支高素质、多层次、结构合理的技术研发队伍，核心技术研发人员从业经验超过 20 年，研发技术人员占公司总人数的 20%。

公司通过自主研发的带式输送机、洗车机等机械产品性能优异稳定，均已经通过国家主管部门的质量检测，获得了中联重科等客户的高度赞赏和信任。目前，通过科研攻关，公司共申请专利 6 项，其中 3 项已经获得授权。正在申请研发的常德市科技计划项目"基于动态设计的带式输送机绿色节能关键技术研究"对节约产品成本、降低能耗、提高产品可维护性及可靠性，减少环境污染有着重要的意义，同时具有较高的应用价值，能大大提升行业的技术水平。

5. 湖南新中意食品有限公司

中意糖果公司原来是一家街道集体企业，成立于 1994 年，1996 年改制，2008 年整体迁转入园区后迅速做大做强，成为中南地区最大的糖果、果冻生产基地。2009 年，"中意"商标荣获"中国驰名商标"称号。受多种因素影响，公司冲击上市未果，资金链断裂，于 2014 年进入破产程序。

为盘活闲置资源，有效发挥"中意"品牌效应，津市市委、市政府多措并举，成功引入中国粮食第一股——金健米业股份有限公司，整体收购原中意糖果公司，组建成立了湖南新中意食品有限公司。新公司成立后，成功取得了果冻、糖果、包材三大类产品的生产许可证，迅速恢复了生产，现有员工 200 人左右。新公司十分注重产品的开发和渠道的拓展，坚果多多、酸奶果肉布丁、功能性糖果、可吸冰激淋、嘿冰等 20 多个新品逐步上市，销售客户总量从 2015 年底的 21 家客户发展到了近 200 家，并同上海一嘉形成战略联盟，选择性地进入了大润发、沃尔玛、家乐福、永辉等 KA 系统，特别是同美国 Jelly•Brown 公司合作，成功将果冻产品出口到了美国。

6. 湖南省南北特食品有限公司

该公司是一家股份制民营企业，注册资金 660 万元。2007 年，其被常德市人民政府批准为"常德市农业产业化龙头企业"。2011 年，其又被常德市人民政府评选为"常德市十佳优秀企业"。2012 年，公司被常德市消费者委员会评选为"维护消费者合法权益先进单位"。

湖南省南北特食品有限公司主要产品有豆制品、酱腌菜二大类。南北特豆干采用精选东北黄豆，经过浸泡、磨浆、醋水、点浆、成型、烘干、卤制、真空包装、高温杀菌等多种工序加工精制而成。豆干经醋水点浆较一般石膏点浆更为科学、合理、营养、健康，且口感更为细腻、劲道，更是回味无穷。为了适应消费群对不同口感的需求，南北特豆干开发了砂罐卤干、牛皮豆干、石磨豆干三大系列，共计有二十几个不同口味的单品，品种齐全、营养丰富、口感独特、经济实惠，深受广大市民喜爱。

7. 湖南省湘澧盐化有限责任公司

湖南省湘澧盐化有限责任公司前身为湖南省湘澧盐矿，始建于 1969 年，2011 年改制为湖南省湘澧盐化有限责任公司，是一家集水溶采矿、盐硝联产、供热发电及机械加工为一体的大型国有制盐企业，具备年产盐硝 100 万吨的生产能力，年产值 4 亿元左右，年均实现利税 3000 万元左右。2019 年底，企业资产总额为 5.8 亿元，在岗职工 719 人（在职职工 1148 人），各类专业技术人员 79 人。主要辅原材料为煤炭、包装物和添加剂。产品主要有食用精制盐、工业盐和工业无水硫酸钠，食用精制盐主要用于食用添加，工业盐主要用于烧碱、纯碱及精细化工原料，工业无水硫酸钠主要用于印染、洗涤、制革、化工及医药行业。

自 1980 年代，价格双轨制实施，预示着计划经济向市场经济转型。1993 年，中共十四届三中全会通过了《关于建立社会主义市场经济体制若干问题的决定》，勾画出了"社会主义市场经济"体制的基本框架。这旨在打破几十年一贯制的政府下计划，企业管生产的生产经营模式，使得占全市工业 80% 以上的小型企业处于无所适从，处境艰难的状况，加之民营经济的崛起，尤其是来自乡镇企业的迅猛冲击，全市工业企业几年之内便出现了塌方式的倒闭，仅有不到10%的工业企业挨到2000年的公有企业改制。所谓谋生者，必先死而后生，正是这种新旧的更替，历50年打下的工业基础，为津市日后的工业发展铺平了道路，也就有了盐化工、酶化工、汽配产业链等新兴工业的出现，工业立市的战略定位没变。尤其是工业园高新区的建立，为津市的工业发展带来了一片曙光。

第七章　公企改制

　　1984 年，中共中央十二届中央委员会第三次全体会议通过的《中共中央关于经济体制改革的决定》，确立了对内搞活、对外开放的大方针。津市把改革与整顿密切结合起来，着重进行企业管理体制、经济承包、以税代利、浮动工资等方面的改革。由于改革没有先例，故民间常称之为"摸着石头过河"。历经一段不短的时期，改革既有成功的范例，也有失败的教训。1992 年，我市首例国营企业破产，开始着手尝试置换职工身份。几年时间，全市对 17 家国有企业依法实施了破产，陆续置换了1500 多名职工身份，逐步积累了一些改革经验。但总体上来讲，办法不多，触动不大，改革仅是浮于表层。随着企业在激烈的市场竞争中一个个"倒下"，有人发出了"等不起""拖不起"的疾呼。经过充分的调研以及结合外地改革成功的经验，中共津市市委、市政府终于在 2000 年 1 月出台《关于加快公有企业改革和发展的决定》，即后来人们所称的 1 号文件，由此拉开了为时 3 年的津市公企全面改革的帷幕。

第一节　小试牛刀

.

一、打破大锅饭

　　1976 年，津市工业企业亏损面达 37.5%，百元产值利润下降至 1.13元。1977 年恢复"文化大革命"中断的物资奖励制度，实施按劳分配，多劳多得的政策，生产得以回升。在 1976—1980 年第五个五年计划期间，本市工业持续稳步发展，工业总产值每年递增 12.68%。但也出现了一些问题，如，行业与行业的差距增大，行业自身的市场竞争力减弱，少数企业亏损严重，以及电力和原材料短缺等。究其原因，仍是"大锅饭"所致。虽说是有了物资奖励，但力度不大，额度不高，工人生产的积极性调动不起来，厂长权利有限，稍微破格一点，便有人告状。

　　1979 年，依据中央有关政策，市里有选择性地在几个单位进行扩大企业自主权试点，人、财、物三项职权下放到企业，以此调动企业生产经营积极性。两年后推及全市，企业自主权扩大至 10 项，将企业逐步推向市场。但此措施收效不大，企业自主权落不到实处，企业"婆婆"太多，一个工厂上面有主管局，主管局上面有经委，经委上面有政府。加之执行水平的差异，最终是风声大，雨点小，毛毛雨解决不了问题。

二、企业整顿

1983 年，中共中央作出关于国营工业企业进行全面整顿的决定，津市指定丝绸公司、味精厂、绢麻纺织厂、大洼造纸厂、造漆厂、蚊香厂等企业为整顿重点，以点带面。首先是整顿和建立领导班子：一是要求领导干部"三化"，即革命化、年轻化、知识化；二是完善经济责任制，即推行八项措施。1984 年 6 月，市整顿领导小组验收合格的有 14 家工业企业。干部"三化"是个硬指标：革命化指干部是中共党员；年轻化是指干部年龄需在 40 岁之内（个别适当放宽）；知识化是指干部的文化程度需在大专以上。于是，1980 年代的"文凭风"由此而来，不管是"铜匠"还是"铁匠"，看文凭，比学历，导致一些老同志提早下台，而那些毫无管理经验的"白面书生"不是做傀儡就是瞎指挥。经济责任制主要指劳动计酬：一线工人基本上实行全额计件，工时承包或利润包干；二线工人和行管人员实行百分计奖，无线电厂和油泵电机厂还实行浮动工资，这种打破平均主义大锅饭的举措收到了一定的效果。另企业管理基础工作也一项项得到落实，如绸厂的财务管理、新华工厂的技术管理、油泵电机的物资管理、针织厂的定员定额、味精厂的群众理财各有特色。是年全市工业经济明显好转，实现利税总额 5250 万元（其中市属企业 1971 万元），全员劳动生产总额达 12252 万元，均比往年有所增加。

三、厂长负责制

随着经济体制改革的深入，整顿与改革紧密结合。管理体制的改革是重点，即经济承包、以税代利、浮动工资等方面的改革，企业实行厂长负责制，明晰国家与企业、企业与职工、企业与厂长的关系，增强市场意识，启动内部发展动力。1985 年，地区行署指定津市造纸厂为厂长负责制的试点单位，取得效果后即在全市推行。是年市属 19 家工业企业选出正副厂长 45 人。在这些民选厂长中，有几例是很值得提及的。1985 年的津市造纸厂可谓处于进退两难的尴尬境地，谁来接这烫手的山芋？最终，副厂长贺镇贤不负众望，企业一年转危为安，二年"翻身道情"，三年面貌全新。同是造纸行业的大洼纸厂，刚在该厂完成毕业论文的市团委书记如愿以偿当选厂长，谁知理论与实践不是一码事，一年未到头，便退下阵来。津市针织厂和津市电池厂思想解放，相信"外来和尚会念经"，厂长由外籍人士担任，可事与愿违，没多久"和尚"被赶走……尽管对这种改革方式毁誉参半，但成绩还是主要的，当年市属企业实现税收首次突破 1000 万元，利税总额达 1971 万元。

四、承包制

1990 年代后，党的十四大进一步明确建立社会主义市场经济的要求，以"三个有利于"为标准，建立"产权清晰、权责明确、政企分开、科学管理"的现代企业制度，我市工业企业改革又有了新招：进行租赁经营、兼并联合、分块搞活等资产经营形式和产权制度的改革。由于承包经营责任制没有涉及产权，厂长负赢不负亏，加之企业自我积累、创新能力差，进入 1990 年代后，各种矛盾突显。1991 年，全市工业企业开始转换经营机制并建立现代化企业制度，市属各工业管理部门贯彻落实《全民所有制工业企业转换经营机制条例》及湖南省政府的《实施办法》，下放 14 项经营自主权。1992 年，全市工业企业转入第二轮承包，试选味精厂、造纸厂、湖南汽车车桥厂（该厂一度下放到津市管理）等 8 家企业为投入产出总承包试点。并在部分企业推行"一厂两制""脱壳经营""公有民营"等多种资产经营形式，企业内部开展劳动用工、人事管理、工资分配等 3 项制度改革，实行劳动合同制、优化组合和工效挂钩。至 1997 年 12 月，工业企业 43 家改组为股份制，股本金额 2886 万元。中成油墨化工有限公司、石油化工仪器有限公司等 7 家改制企业，经营者处于控投地位。但在多数改制企业中，由于个人股所占比例甚少，不久，即形成新的"大锅饭"。比较成功的仅有两家，皆因厂子小、抑或核心技术掌握在个别人身上，故而获得成功。

从 1977 年到 1997 年这二十年里，各种式样的企业改制一直未曾停息。既有 1980 年代的企业辉煌，也有 1990 年代的阴霾。1997 年，国有工业企业盈亏相抵亏损 302 万元。1988 年，国有商业利润达 621 万元，1990 年就只有 109 万元。1990 年代末，津市工业开始全线萎缩，大批企业关停破产，到上世纪末，全市工业总产值为 12 亿元，负债 11.7 亿元，超过资产总额 7000 万元。三分之二企业资不抵债。时有 20000 多名产业工人，9000 多名退休工人，9000 多名下岗工人，全市工业整体上已濒临生死存亡的关头。

第二节　企业之殇

一、负重前行

津市织布厂成立于 1981 年，由原津市织布一厂和津市织布二厂合并而成。若要往前追溯，其前身即是 1950 年代津市染织手工业户组合而成的多个染织生产合作社。染织业是津市传统的主要手工业之一，在合作社时期，各社为国营花、纱、布公司加工订货，即原材料、产品由政府负责，合作社只管生产，这是建国初期国家为恢复国民经济、解决失业、稳定社会的的一项大举措。合作社因是集体性质，入社条件不受限制，故入社者均年龄偏大。1958 年，各生产合作社合并成立群力染织厂（织布一厂前身），时有职工 484 人。后随企业发展，到了 1970 年代，这种具有一定规模的大集体企业，企业管理一切参照国营企业执行。这种由手工业合作化转变而来的企业均有一个共同的特征，即职工年龄结构偏大。如，1981 年两家织布厂合并成立津市织布厂时，在职职工有 414 人，退休职工有 280 人。退休工人占在职职工人数的 67%。按通俗的话来讲，即 1.5 个在职职工就要负担 1 个退休职工。而且这个比例逐年降低。到 1990 年代后，这个比例几乎是 1：1。

退休人员的沉重"包袱"仅仅是一个方面，1980 年代中期市场放开，价格实行双轨制，棉纱市场一度出现紧俏，津市织布厂作为集体企业难以得到计划内的棉纱，同样也难以得到银行部门的支持。困难重重下，企业曾一度开发市场紧俏的精干麻生产，虽有转机，但由于国际市场的突变和资金链的断裂而中途受挫，企业从生产危机转变到生存危机，也就在这时，这个有着千人的大厂得到了政府的关注。在政府的协调以及各部门的努力下，1991 年，津市织布厂做出了一项重大决策，孤注一掷，摒弃多年的老本行，卖掉设备，筹措资金，转业生产市场见好的高档包装纸，企业遂更名为特种包装厂。为祈盼这一举措能给企业带来转机，新厂在成立之日，特举行了一场隆重的挂牌仪式。

本土出生主管工业的副市长上台念祝贺词，他望着台下那一大片银丝飞舞的老人，情不自禁地喊出一句人们非常熟悉的电影台词："面包会有的，牛奶也会有的……"话未落音，全场掌声雷动。

有人没有那么乐观，说机制不改，这种"换汤不换药"的做法不能解决问题。还有人将"特种包装厂"挪揄为"特种包袱厂"，一时成为笑谈。果不其然，特种包装厂成立不到 3 年便停产了。迫于无奈，企业在征得政府及有关部门的同意后，利用原车间厂房，改建为殡仪馆，以此维系退休人员最低生活费的发放。运作几年后在市民政部门的干预下不得不撤销而转为仓库对外出租。直到 2000 年公企改制才彻底摆脱羁绊。个中艰辛，难以表述。计划经济时期，集体企业的负责人常将自己喻为是一只四处啄食的鸡，啄一口是一口，不啄就没有，真实地反应出了当时集体企业的严酷现状。

像津市织布厂这种由 1950 年代手工业合作社组成的企业，津市有 20 多家。几乎占了市属工业企业的 30%。这些企业大多是由"街道铺儿"演变过来的，底子薄，积累少，产品单一，技术含量低。计划经济时期倚仗国家的扶持且能生存或许"小富"。但一旦推向市场，便会"弱不禁风，摇摇欲坠"。1970 年代后正是这些企业的退休高峰期，这貌似不多的企业负担就如同压倒骆驼的最后一根稻草。纵观 1990 年代的津市工业企业，最先"倒下"的多是这些企业。

集体企业如此，国营企业也好不到哪里去。

大洼纸厂地处澧水南岸西陲的关山，是津市唯一一家不通公路的企业。造纸与水有关，当年就因关山潭的一口好水，大洼纸厂才迁来这里。因不通公路，距市区有近 7 里的行程，且隔河渡水，故职工一般每周只回家一次。这种情况直到 1978 年企业购得一艘机帆船后才稍有好转。大洼纸厂的前身是 1953 年组建的五三公司。后转业生产皮纸、蜡纸，直至后来的烟纸，也是一家老厂。当初造纸工艺是从杭州引进的，其工艺流程几乎就是蔡伦造纸。这种极为原始的协作生产方式使得企业的双职工特多，企业盛期依托于 1980 年代的烟纸生产，1990 年代后因进口纸浆价高货缺，加之烟纸税率提高，企业渐次陷入困境，没几年便关门停产。

手工操纸也好，现代操纸也罢，均无个人技术可言。企业关门后年轻人尚可外出打工，而即将退休或已退休人员则处境艰难。企业远离市区，且交通不便，故企业在寻求出路时毫无招数，只能靠卖设备来维系护厂人员的工资和退休工人的退休费。由于"坐吃山空"，退休人员的退休费始从每月 100 元、80 元，最终仅有 50 元。由于地方孤野，企业职工在单位的直管公房无法挪作他用，因公房停水停电，只能在市区租屋居住，这样，每月每人的 50 元钱付完房租、水电及其他硬性支出后便所剩无几。多数退休老人生活窘迫，有些只得靠拾荒补贴家用，甚至还发生过一对老职工双双坠楼身亡的悲剧。

二、产值陷阱

产值与经济效益一直是计划经济体制下企业难以化解的矛盾。企业上面有主管部门，主管部门上面有政府。一级管一级，产值是上面制定的，因无条件可讲，理解执行，不理解也得执行，直接给企业带来的恶果就是产品积压，产品压库即导致资金压库，销售跟不上，导致企业无力再生产，形成一种恶性循环。

津市鞋厂是个有着 300 多人的大集体企业，主要产品是各种式样的布鞋，并有少量的外贸出口。这是一个技术含量低的劳动密集型企业。左右这个企业经营的核心部门即是厂设计室。鞋子穿样式，式样好，产品才有销路，这是关键所在，故每年从厂设计室出品的鞋样样式多达数十种，以满足市场不断变化的需求。1980 年代，企业一度向好，拥有自己的布底棉鞋和压帮布鞋 2 个当家产品，虽有江浙人的竞争，企业仍能过上有饭吃的小日子。主管部门的产值任务是属下所有企业的总和，故在下压任务时有彼此之别。俗话说，听话的骡子跑断腿。在这里释为越听话的厂长背负的产值就越高，当然，也不排除人为的迎合。1986 年，鞋厂的年产值还只有 50 万元，1989 年就达到了 520 万元，三年增长 10 倍。时隔两年，这个厂就垮了。

津市床单厂是一家以生产床单、被单为主的纺织企业。因是大路货，产品主要销往小城市和市墟，因价廉物美，一直畅销不衰。1980 年代实施家庭联产承包制后，农村购买力日渐增强，加之市场放开，人们把目光逐步转移到中高档的沙市、上海床单上，尤以城市年轻人为甚，结婚用的床上用品几乎无一例外为中高档床单。市商业部门对该厂产品也由以前的包销转为部分销售。不得已，该厂将原来的供销科一分为二，成立自销队伍，但收效甚微，产品仍积压严重，为减轻资金压力，企业不得不将退休人员的退休费长期以床单折价的方式发放。1990 年代后，尽管企业为开拓市场想尽了办法，但产品积压依旧没有得到解缓，甚至出现 5 年前的产品还未销售的情况。万般无奈，企业想出一条"全员销售"的思路，即发动全厂职工销售，初始颇有成效，有关部门还将此作为一个经验在全市加以推广。没料不久便出了问题，这种以亲戚朋友为销售对象的方式有了一次，就很难有第二次。于是，有经济承受能力的贱价出卖，没能力的只能积压在家里。资金回不了笼不说，还因价格紊乱而搞乱了市场，得不偿失。最终企业出一昏招，对那些既领了床单，又未向企业交钱的职工一律作除名处理，一次便就处理 105 名，导致职工连年上访，甚至发生集体到常德中级法院静坐的严重后果。此案直至全市公有企业改制时才得以妥善处理。

三、市场之争

乡镇企业即是由公社时期的社队企业演变过来的，不过，此时已不仅是一个名称的改换，而是从"土八路"到"正规军"的换装。它由于有自己灵活的机制适应市场调节和导向，不受计划经济体制下的条条框框束缚，有独立的经营自主权，且"船小好调头"，适应能力强，特别适合那种技术含量少的劳动密集型行业，故被誉为"异军崛起"。二轻工业全是集体企业，集体企业少有国家资金投入，故企业负责人常常把自己喻为一只鸡，鸡寻食是刨一口，吃一口，不刨没的吃。乡镇企业也属集体企业，但它是只猴子。鸡的夺食能力远不如猴子。

创建于1959年的津市胶木电器厂是一家制作胶木灯头、拉线开关、插头插座等日用小电器件的专业厂家。1970年年产量达到10万余件。经过1974年的技术改造升级，以及1977年的新厂建设，产品种类不断增加，1978年年产量达到101.99万件，正品率达到97.7%。8年时间产量增长10倍。由于狠抓质量管理，其产品多次在中南地区及湖南省二轻厅获得奖项。1980年代后，随着家电走进千家万户，企业根据市场需求及时研发试制出多位组合插座，产品大受欢迎，一时脱销。

好日子没过多久，市面上出现仿制产品，外形上没有两样，但价格差异大。仿制产品更便宜，企业故失去竞争力。企业经过仔细研究，发现这种仿制品的铜件部分异常削薄，铜件是插座中的贵重件，少了它肯定是少了成本，所以就有价格优势。但这种低劣产品会带来安全隐患，可在市场上这种隐患一时又反应不出来。通过市场调查，这种情况不仅是单一的一个插座，几乎在类似的产品中普遍存在，而且这种产品就出自江浙一带的乡镇企业。问题找出来了，但没有应对之策。怎么办？继续坚守，却又举步维艰。1986年产值还有106万元，到了1989年年产值只剩下46.7万元了。也就在这时，有销售人员将其他企业的产品贴上自己的商标在市场上销售，这就如同饮鸩止渴，没两年，自己的牌子也搞臭了，再想回头，已经没有路了。类似于胶木电器厂的这种情况远不是一家两家。

四、双轨制

1985年实行计划经济与市场经济接轨后，企业原材料和产品在供销方面由以往商业部门统购统销，改为选购自销，我市工业企业第一次遇到了产品积压问题。其直接原因主要是原材料的涨价。螺钉厂是钢材耗量大户，年需钢材至少在4000吨以上，而计划分配只有1000吨，仅为所需的四分之一，计划钢材和议价钢材时价为之前的二分之一。钢材如此，棉纱价差也大得吓人，津市纺织企业户数几乎占了全市工业企业户数的四分之一，国营企业尚有一点计划内指标，但另外几家集体企业几乎全靠买议价。味精厂是用粮大户，每年需求量数千吨，国家对粮食价格放开后，除保证国家仓储外，几乎全是议价。津市大洼纸厂除进口纸浆价格上扬外，烟纸税率的大幅度提高几乎是致命伤。有人给这个往年纳税大户算了一笔账，照当时那种情况，企业的盈亏点应在月产 250 吨左右，而企业实际只有 110 吨，怎能不亏。

最为严峻的还是纺织行业。由于原材料的涨价，丝绸工业年产值由 1986 年的 2215.57 万元下滑到 1989 年的 1658.40 万元；绢麻纺厂年产值由 1986 年的 1376.33 万元下滑到 1989 年的 845.40 万元；针织厂年产值由 1986 年的 265.48 万元下滑到 1989 年的 55.00 万元；织布厂年产值由 1986 年的 275.56 万元下滑到 1989 年的 84.50 万元；线带厂年产值由 1986 年的 115.87 万元下滑到 1989 年的 74.90 万元。

五、三角债

企业"三角债"其实早在 20 世纪 80 年代中后期就开始形成。这几乎是全国普遍存在的一个现象。据国家统计，1985 年中央政府开始抽紧银根后，企业账户上"应收而未收款"与"应付而未付款"的额度就大幅度上升。到 1991—1992 年间，"三角债"的规模曾发展到占银行信贷总额三分之一的地步。其中，商品交易秩序的紊乱、结算纪律的松弛、信用观念的淡薄，是三角债产生的主要原因。国家如此，津市也不例外。

1991 年 5 月的某一天，津市制革厂干了一件惊天动地的大事，四个职工将宜昌某单位的一辆 90 新款桑塔纳采取诱骗手段开回津市，径直开进了津市法院大院。院长感到事情重大，即刻向市里有关领导汇了报。那晚，市政府小会议室的灯光彻夜通明。这事还得从头说起。1988 年，津市制革厂（甲方）与湖北宜昌某厂（乙方）因经济纠纷一案在津市法院开庭审理，结果甲方胜诉，法院判决乙方应在本年度内偿还拖欠甲方货款 15 万元。然而，几年过去了，制革厂不仅没得到对方的一分钱偿还，反而倒贴了数次差旅费。

1991 年 3 月。新厂长上任，面临企业困境，有人提出了这 15 万元货款的事，并就如何讨回这笔货款献了一计。厂长踌躇不定，欠债还钱天经地义，况且法院都判了，可要不回怎么办。职工献的这个计，虽说不妥，但也实属无奈。眼见着财务账面上仅剩下几百块钱，厂长把心一横，豁出去了，临出发前，对担负此行的四位职工千叮咛万嘱咐不要弄出"事"来。谁都清楚，厂长所说的"事"是指什么，那一时刻，每个人心里都有一种"壮怀激烈"的感触。

好在一切出乎意料地顺利，对方小车司机在知晓受骗后，未做任何反抗。这边倒客气，将司机请到后排，夹于两个大汉中间。只是开车出了点问题，带去的老司机玩不好这个"洋玩意"，90新款桑塔纳，无级变速。别说开，见都没见过，加之紧张，汽车如同大海行舟，好在夜间车辆不多，历时两个小时，终于平安抵达津市。按预先方案，小车直接开进法院，对方司机被安排住进宾馆，并留下字条给司机回去交差。

翌日，湖北警方来津，在市委、市政府、法院等有关部门的协调下，从法律法规以及企业现况的角度，本着实事求是、有理有据的办事方针，双方取得共识并签署调解协议。一场令人揪心的债务风波就此平息。

时隔两年，也就是1993年5月的某天，市味精厂厂长跟往常一样，从家中出发，由大码头一侧旋梯上桥去厂里上班，没想就在到达桥面时，便被几名大汉围住，其中一人用麻袋迅速将厂长从头套到脚，拦腰一搂，塞进一辆早已停靠在桥上的吉普车，疾速离去。前后不到一分钟，待现场行人醒悟过来时，吉普车早已看不到影子。

这是一起因债务纠纷引起的绑架案。起因是味精厂欠了湖北公安县某单位一笔货款，对方在多次追讨无果的情况下，而采取这种极端方式来索款。欠钱理亏，你不仁，他不义。没什么好说的。最终津市派人去湖北，一手交钱，一手"提货"。一波刚平，一波又起。也就在味精厂的事情处理完毕不久，这种绑架索款的案件接连发生了好几起。令人惊骇的是，新洲油厂厂长在被绑架的过程中窒息身亡。

第三节 两个置换

一、动员大会

2000 年 2 月 12 日,也就是正月初八,是春节假期后的第一天上班,按惯例各单位要开碰头会,碰头会也叫收心会,寓意年已过完,新一年的工作开始。与往年不同的是,这年的碰头会是全市各单位集中一起开的,大会地点在红旗剧院,台上"动员大会"会标赫然醒目。听说这会原准备在年前开的,市里为了让大家过好春节,才推迟到年后。其实,企业改制的风传在年前早已是沸沸扬扬,而且是春节期间最"时髦"的话题。但当这一天真的来临时,大家不免心里有些忐忑。与会者除政府各部门、机关团体外,还有各工、商企业负责人。

大会由市委副书记主持,市长作动员报告,常务副市长宣读改制方案,市委书记作大会总结。动员报告是精神层面上的,也就是老百姓常说的"大道理"。但"改制方案"牵涉到每一个家庭,全场人员皆侧耳倾听。全文七大项三十条近五千字,其中"新词"特多,什么两个置换、两个解除、破产重组、股份合作制等,这些名词不仅第一次听到,而且生涩难懂。尽管宣读人逐字逐句地反复解释,但下面的嗡嗡声一阵高过一阵,主持人不得不数次重申大会纪律,与往常不同的是,主持人面部毫无愠色,倒是有些善解人意的样子。

中途没有休息,临近中午,上卫生间的人很多,这里仿佛成了第二会场,大家喋喋不休地议论着那些听来的新名词,"什么叫身份置换?""什么叫买断?买断工龄是哪门回事?"这时市委书记走了进来,人们或许是没在意,或者是看见了也装着没看见,市委书记的头衔似乎没有早前那么令人敬畏了,大家仍在争论,这时,有人不知是故意还是有意地提高了嗓门:"不懂是吧!我告诉你,这买断工龄就是门槛上剁鸡巴——一刀两断。"在场所有人都笑了,市委书记也笑了。

大会最后一项照例是市委书记讲话,书记的发言很简单,先是阐述了体制不顺,机制不活是津市经济滑坡的根本原因。然后说到只有进行一次脱胎换骨、凤凰涅槃式的深刻变革，津市工业才有希望、才能发展。改革不是要端大家的饭碗，而是要让大家都有饭碗端。并引用了《黄帝阴符经》里面的一句话："谋生者，必先死而后生。"最后，书记就大家对改制方案里的一些名词释义不清作了进一步说明，并将卫生间里听来的一段"诠释"重复了一遍，引得全场哄然大笑，会场气氛顿时轻松了许多。

二、改制步骤

强化领导　由市委书记、市长带头，市纪委书记挂帅，45 名市级领导每人联系一至两家企业，每月保证有二分之一的时间下企业督促、指导企业改革，协调解决改革中出现的困难和问题。各企业主管部门必须以服务和服从企业改革为己任，自觉为企业改革开路、让路。为保证职责和责任落到实处，市里专门制定了"下、免、撤、抓"四项纪律。每一改革企业派驻一个改制工作队，协助企业搞好改制各项工作，其工作表现列入干部年终考核。

先易后难　截至 1999 年底，全市公有企业 119 家（市属、部门、街道）。经过摸底排队，2000 年计划完成重点改制企业 32 家，2001 年 50 家，2002 年 37 家。实际情况是：2000 年年底前已有 60 家公有企业完成"两个置换"；2001 年至 2002 年是攻坚战时期，改制处于僵持阶段，众多的矛盾一时难以解决，截止到 2003 年 4 月，全市已有 107 家公有企业完成两个置换，余下 26 家属于"三无企业"，即无资产、无厂房、无生产场地，即是兴办公司时由各部门单位组建的商业企业，最终由政府资金兜底于 6 月底完成。至此，从 2000 年 3 月开始历时 3 年的全市公有企业改制落下帷幕。

三、改制形式

1. "股"，即股份制改造。主要是对那些资产有规模、产品有市场的运转正常企业。

2. "并"，即兼并收购。兼并收购是企业实行低成本扩张的有效形式，对能与大企业形成互补优势的中小型企业，宜以优惠政策鼓励大企业对其兼并。

3. "卖"，即拍卖出售。对小型工业企业和商业企业都可以采用拍卖出售方式进行改制，拍卖收入一次性缴齐养老保险和置换在职职工工龄后，顺利改变企业性质。

4. "破"，即破产重组。对属于重复建设、长期亏损、扭亏无望、资不抵债的企业，坚决破产，破产后可重组或关门走人。

5. "送"，即零价转让。一些资不抵债或资债相当、股份制改造推不动，破产又批不准的企业，如企业设备完好，产品有一定市场，发展仍有潜力，可采取零价转让方式，转给民营主或外地商。不求所在，只求所有。

6."租"，即股份制租赁。由有经营能力的职工出资入股组成新的股份合作企业，租赁原企业的有效资产进入市场，其债务仍挂在老企业账上。

四、改制成本

市政府设立改革专项资金，资金来源有三条渠道：一是通过出售直管公房，用以收购企业闲置的房地产；二是通过处置企业的国有资金，主要是通过出让企业使用的行政划拨土地使用权筹措资金；三是由财政安排一部分资金，市财政通过先征后返的办法筹措资金。津市共有 119 家公有企业，20000 多人，在职职工 15000 多人，离退休职工近 7000 人，在职职工置换身份按人平 6000 元，需 9000 多万元，离退休按人平 3 万元，需 1.9 亿多元，两项共计 2.8 亿元，采取的三项措施基本上解决了改革成本支付问题。

五、人员安置

退休人员的安置　按国家社保政策有关规定，企业改制时应向社保机构为离退休人员以货币形式一次性缴足 10 年的养老金。实际情况是，我市有这种能力的企业只有 4 家。根据这一实际情况，政府采取相应对策，企业离休人员一律由政府财政负责，实施 100% 发放。企业分类型能一次性留足 5 年养老金的，其退休人员全额发放；不能留足 5 年的实行比例发放，但不能少于 75%；改制前企业参加社保的，改制时又无能力补缴社保的，其退休人员一律纳入社保，并按月到民政部门领取城镇居民最低生活费。

在职职工的安置　一是积极鼓励企业置换后重组，恢复和增加就业岗位。二是原则上改制后的企业优先安排原有职工，安置 60% 以上 2000 人，三年免交企业所得税，劳动、工商免收管理费。三是培植新的经济增长点，增加就业岗位，竭力打造"汽车工业园"和"食品工业园"。四是推动社区服务中心，优先安置下岗职工。五是完善失业保险，积极为下岗工人办理好下岗优惠证，由劳动就业管理中心免费为下岗工人举办各种类型的再就业培训，减轻全市下岗职工就业压力。

六、公平公正

据统计，2000 年津市市区人口约在 8 万人左右，而参与公有企业改革的人数约 2 万 5 千人，若把离退休人员加起来，约有 3 万多人。也就是说，这次的公有企业改制基本上牵涉到每一个家庭。改革必须有广大群众的积极参与和支持，这种支持是建立在"公开、公平、公正"的原则上的。如何做到这一点，一是做到信息公开，尤其企业的资产处置、置换金公示必须登榜上墙，做到人人清楚。二是充分完善社会保障工作，特别是确保那些年龄偏大、能力较差、身体有病的职工生活有保障，后路有着落。三是改革要立足于稳定发展两不误。在这个问题上，无线电厂就是一个典型的例子。当企业改制方案决定企业资产整体出售时，报名的有两家，一个是原企业的部分职工，一个是社会上的老板。于是，改制工作队根据这一情况，明确表态，在同等价格又不违背原则的情况下，优先卖给原企业职工，并做好另一买主的思想工作。公平还体现在一视同仁上，据初步了解，这次全市范围内的改制，无疑会有一批市领导的亲属涉及其中，但没发生一例受照顾，如市政协一名副主席，三个子女中有两个买断下岗，这也是改革能顺利进行的原因之一。

七、改制阵痛

公有企业改革的核心即是"两个置换""两个解除"，聚焦在一点上："买断工龄"。按津市的实际情况，除极个别企业外，绝大多数企业的个人买断金最高为10800元（最高年限为36年）。2000年，我市公有企业职工的年龄结构正处于"中年期"，即70%的职工在40—50岁之间，约为17500人，这其中能以各种形式再就业的也不会超过7500人，这意味着有近万名下岗职工去寻找新的工作。由于多数企业属于流水线生产，大部分的职工没有一门容易找到工作的技能。而他们的买断金平均在6000元左右，且这个年龄段的人多是上有老、下有小，这个严酷的现实问题不是用"壮士断腕""破釜沉舟"等豪言壮语所能解决的，这是一种撕心裂肺的阵痛。于是，便出现了一批批不同类型的上访群体。

职工上访　员工一直以企业为家，如今却要离开自己为之工作了十几年乃至大半辈子的企业，强烈的失落感不难理解。此时此刻，个人与企业、个人与厂长多年积累的矛盾和怨恨在此时一起爆发。无线电厂的改制方案一波三折，前两次在厂会议室举行，第一次没通过。第二次投票箱竟被人从三楼扔下来砸得粉碎。没办法，第三次只好选择在市兰苑宾馆举行。螺钉厂企业留守负责人被几个职工锁在了三楼铁门内，一整天饭都没得吃。绢麻纺厂厂长被单位女工"软禁"在办公室，副市长去解救也一同"搭载"。电子管厂职工到市里上访，副市长在会议室"陪"他们坐了一通宵。市信访局更热闹，天天人潮如涌，接待需等待叫号……床单厂被除名的105名职工连夜赶往常德中级人民法院门前静坐，要求改判津市法院对他们的一审判决。改制时期的每一天，许多人都像是在与时间赛跑，时有一句流行语："这是最后的机会了……"改制对企业来说是一场解剖手术，但对每一个职工而言，却是一次告别。

退休人员上访 截止到1999年底，全市有参加社会养老保险的企业104家，在职职工17180人，离退休人员6669人。退休人员的养老金实行差额发放，即企业应缴数额与应发数额的差，由劳动局社保站与企业进行结算，再由离退休人员到各单位领取。自1990年代起，由于企业效益不好，常常出现社会养老金欠费现象。这样就导致企业长期拖欠离退休人员的养老金。很多企业月退休费不足100元，仅占退休金的三分之一或四分之一。此次企业改制，退休职工担心企业快没了，退休金往后找谁去，再者，老是每月50、100的这么发，往后日子怎么过。津市地方小，历来有个习惯，那就是企业遇有什么问题，一般是"集体"看"国营"，"小厂"看"大厂"，在退休工人上访问题上依旧如此。螺钉厂在市属国企中是老大，由于倒闭早，退休工人多，退休金从1994年就开始欠发，退休职工曾多次到市里上访，是有名的上访大户。这次的上访很特殊，来去都排队，为首的举着毛主席画像，由于问题一时得不到根本解决，他们就一次次排队来，一次次又排队回。津市电子管厂外地人多，由于企业处于半停产状态，退休金不能按时足额发放，加上职工在当地举目无亲，其生活面临很大困难。当该厂退休工人上访时，接访的市领导总会想尽办法帮他们解决一点问题。织布厂的退休女工都是祖母级的群体了，她们识字不多，也没"口才"，就只是拉着改制队员的手，一个劲地讲1958年的"大跃进"："俺孙子都比你大，俺说话不怕丑，夏天煮纱、晒纱，俺都是打起赤膊干的……"她们当中有很多中共党员，也都是在那个年月入的党。笔者曾主持和参与过7个企业的改制，亲眼目睹过无数次这种既揪心又感伤的画面。令人欣慰的是，2003年3月，全市退休职工的养老金得到了真正意义上的社会化发放。迨至2009年，全市企业退休人员历年欠发的养老金得到了补发。

涉军群体上访 在企业工作的复员转业以及参加过国家对外战争的退伍军人、伤残军人统称为涉军群体。2001年的某月某日，由30多名企业军转干部组成的上访队伍来到市委办公大楼前，要求市委领导接受他们的上访诉求。这是所有人始料不及的，因企业具有干部身份的人很多，一般分行政干部和技术干部两种，军转干部除有专业技术的外，大多为企业行政干部。从津市的情况来看，他们多在企业从事管理工作，并担当一定的职务。由于没有一技之长，原企业组建的新公司不愿将他们组合进去，客观上来讲，这是一个不得不解决的问题。但也有人持不同观点，认为军转干部和企业干部身份都一样，不能分彼此。公说公有理，婆说婆有理，在当时国家没有另行规定的情况下，地方对此一筹莫展。故而上访不断。典型例子是螺钉厂的张传义，于 1950 年参加抗美援朝，广西人，营职干部转业，在螺钉厂任专职副书记，企业停产早，只发 100 元生活费，老家乡下还有一个 90 多岁的娘，每月寄去 50 元赡养费，剩下的 50 元无法支撑家用，因经济拮据，多年未探家，实在令人感叹。军转干部上访 3 年后，上面有了专门政策，问题这才得到解决。随之而来的是志愿兵，他们上访的理由很充分，在部队时，志愿兵的待遇是参照干部待遇执行的，既然军转干部得到了安置，那他们也应该有安置。但上面没政策，地方也不好办理。志愿兵的上访颇为周折，由于他们实行了网络联系，此间他们共组织实施了以省籍组团的两次进京上访活动。最终还是国家三部委联合行文，对这类群体进行了妥善安置。紧接着是战退军人的上访，也是一波三折，直至 2007 年国家出台相关政策，仿效志愿兵安置处理，至此，延持多年的企业涉军群体上访才算真正解决。

第四节 破茧化蝶

一、新闻关注

2002 年 7 月 2 日,《湖南日报》刊登了时任中共津市市委书记的文章《加快县市工业化进程的探索与思考》。这年,正是津市公企改制的攻关时期,此文的发表,既有对改制工作一个时段的总结,也有对改革方面的一些思考。从中也可看到津市在改革方面的一些举措。现将此文中的四个部分内容摘录如下:

一、实施"三项创新"是破枷锁、凝内力,加速工业化进程的首要前提

主要讲改制后津市工业企业发生的巨大变化。一是制度创新后,由原酶制剂转体为民营企业的鸿鹰祥生物工程有限公司,一年产值达 1588 万元,比上年增长 57%。二是科技创新,全市投入的技改和科研资金累计近亿元。仅湖南车桥厂投入技改资金就达 2900 万元,产值和销售收入均突破了 5 亿元。三是经营策略创新,积极鼓励弱小企业靠大靠强,求得生存与发展。全市共有 8 家民营企业为湖南车桥厂生产零配件,年创产值过亿元,仅嘉诚公司一家,就实现利税 100 万元,一跃成我市重点企业。

二、大力招商引资,争上项目、善借外力,是加速工业化进程的捷径

一手抓改制、一手抓招商。我市围绕企业产权置换、城市开发经营、农业结构调整、基础设施建设等,筛选出质量优、效益高、发展前景良好的项目。对上积极争取国家投资,对外广泛吸纳外资,对内努力启动民间资金,全方位、多层次地大上、快上项目。为促进招商引资,狠抓经济发展环境整治,打黑除恶,营造稳定的社会治安环境。为营造公平有序的市场竞争环境,实行一条龙服务、挂牌保护、统一收费等措施。

三、深化农产品加工是长链条、增活力，加速工业化进程的必然选择

农业是工业的基础，农业产业化与推进工业化相辅相成。大力调整农业结构，发展农产品加工业，实现一、二产业的相互渗透、整体联动。积极引导乡镇企业、合资企业、私营企业把丰富的人才、技术、资金转向农产品加工。到目前为止，全市农产品加工转化率达到了25%，农业加工产值为农业产值的1.1倍，占工业总产值的20%。培育出了蓝光蓝果、中意糖果、张老头牛肉干、绿康香酥鱼、柳叶湖色拉油等省内外知名品牌。

四、推进城市化进程是活流通、强拉力，加速工业化进程的有效载体

城市与工业同为衡量现代文明程度的标志，二者互为依托、相互促进。对城市有形、无形资产实行全方位开发和资本化运作。遵循筹资手段多元化、建设主体企业化、设施享用商品化和政府调控规范化的原则，对城区土地实行垄断经营，滚动开发。加大直管公房出售力度，促进资源优化配置。大力招商引资，吸纳外来资本、民间资本参与城市建设，加快城市开发经营的步伐。城市形象和品味得到了极大提升。

2003年5—6月。《湖南日报》A2版接连刊登《新世纪津市全方位推进改革纪实》之一、二、三、四、五、六。此时，津市公有企业改制工作已接近尾声。正如中共常德市委书记在津市改制的头一年所预期的："津市的广大干部群众敢为人先，已经走在了常德市改革的前列。我们相信，津市只要按照目前的改革思路坚定不移地抓下去，一定大有希望。"话好说，事难做。从2000年1月到2000年10月，市委、市政府、市改革办、市国土局共出台6份相关文件，可见其改革繁重与艰难。

3年时间，119个企业解除对政府的依附，2万5千多名职工解除对企业的依附。改制过程中虽"波澜起伏"，但无一例恶性事件发生，这不能不说是个奇迹。改制的成功使津市再一次声名远扬。2008年，湖南省国资委将湖南汽车车桥厂的改革工作全盘委托给津市市政府。津市随即组成改革工作队，积极协助该厂改革领导小组开展工作，历时半年，这个有着40年历史，3000多名职工（含退休人员）的国营中型企业，圆满完成改革工作，并成功地被中联重科收购。

二、改制前后

1. 商业

国营和集体商业在 1990 年代中期全面滑坡，大部分商业门面逐一以承包、出租的形式给单位职工或社会人员经营，个别大型商场如百货大楼、五交化等仍在惨淡经营。由于商业系统内部结构较为简单，基本上只牵涉到门面和货物，加之改制前已基本厘清，故在改制中较为顺利。市百货公司因踞有百货大楼庞大的资产，一时难以变现，在几个回合下，终以整体资产对外出租，职工买断金作为股份参与租金分红的方式变现，五交化公司仿效其模式。商办企业因有企业资产，改制也算顺利。干菜厂经过改制，由原副厂长领头成立绿康食品公司，继承和发扬原企业资源和产品，企业办得红红火火。糕点厂改制后，由原企业职工领办的糕点坊群雄四起，先后有苏利世、谭记、华华、姜师傅、张新春等众多名坊面市，其产品质量和生产规模足以支撑津市原有的糕点行业，并有发扬光大之势。

私人商业蓬勃发展，各种连锁店、专卖店、实体店、小超市如雨后春笋。其中具有代表性的商家有：综合类——丰彩超市、广兴超市；家电类——三联家电、六合家电、万景家电；餐饮类——天源大酒家、圣地亚哥、开明饭庄、兰桂坊、金峰楼、刘聋子粉馆；纺织服装类——梦洁家纺、老裁缝、伊人岛、波司登、金狐狸；运动装——李宁、安踏、匹克、乔丹；糕点类——万利隆、苏利世、谭记、华华。

2000 年后，津市商业的基本格局为三街两市：三街即和平路商业一条街、城隍庙商业步行街、金城银座商业步行街；两市即丰彩超市、广兴超市。随后没几年，好润佳、步步高等大型商场入驻津市，集民居、购物、餐饮、娱乐为一体的综合商城——宝悦乐城更是引领现代商业新潮，令市民目不暇接，而以信息网络技术为手段，以商品交换为中心的电子商务，更是让我们与境外市场愈来愈近。

2. 工业

改革后，津市工业的主角已由原来的公有企业转向了民营企业。2005 年，我市共有工业企业 60 余家，而由原公有企业演变过来的企业仅有 20 余家。这说明民营企业的时代已经到来。产业结构也有些调整，由从前的小而全到改制后的以汽配产业、盐化产业、纺织产业、食品产业为主导的工业格局业已形成。其中以中联重科为龙头的汽配产业，以湘澧盐矿为龙头的盐化工是我市工业的基础。而以鸿鹰祥为龙头的食品产业则是我市工业的增长点。汽配、盐化、食品，三驾马车并驾齐驱，成为我市工业强市的主力军。

机电类 津市机电行业改制后业已消失的产品有：原津市机床厂生产的车床、磨床等；原津市建华皮革机械厂生产的磨革机、刮软机、披皮机、裁料机、压合机等；原津市洞庭机械厂生产的自动内燃夯土机；原津市螺钉厂生产的各种型号螺钉及圆钉圆丝；原津市供销机械厂生产的手摇油泵；原津市电子管厂生产的黑白显像管等产品。但以汽车配件生产的民营企业异军突起，2005 年，全市有汽车配件生产制作企业 16 家，完成工业产值 9 亿元，实现销售收入 82821 万元，完成入库税收 2247.73 万元。基本形成以湖南车桥为龙头，以邦乐客车、鑫源缸套、嘉诚汽车部件、定升实业、超华汽配、洞庭机械、致远汽配、高程汽配、泰安锻造为骨干的汽车配件加工产业链。

轻化类 2000 年改制前，津市轻化行业大小企业共有 20 余家（不含街办）。其产品包括各类油漆、橡胶制品、电池、圆珠笔、玻璃制品、家具、鞋帽、印刷纸品包装、塑料制品、胶木电器、金属制品、皮革制品、皮件制品、油漆刷等数十种产品。这些企业多在 1990 年代中晚期停产或半停产，故在企业改制中实施"两个置换"，关门走人，其产品也随之销声匿迹。唯有造纸、蚊香、猪鬃、五金电器等市属重点企业还在维系生产。2000 年实施"两个置换"改革后，津市造纸厂资产重组为雪丽造纸有限责任公司；津市蚊香总厂重组为湖南斑马蚊香股份有限公司；津市猪鬃总厂实施破产后由颜军收购重组为金湘猪鬃实业有限公司；津市五金电器总厂破产后由刘继文等人收购重组为乐川燃具有限公司；津市人民印刷厂经企业股份制改革后，更名为人民印务有限公司。

2011 年是雪丽造纸有限公司成立的第十个年头，也是企业的鼎盛期，公司完成产值 45730 万元，销售收入 34944 万元，入库税收 1801.89 万元（时为津市排名第二，仅次于湘澧盐化）。公司历经几年的扩张，已有日产 210 吨的漂白苇浆生产线一条，日处理 15 吨商品木浆生产线两条，1760 长网机生产线 9 条，自备热电厂一座，日处理 4 万立方米污水处理站一座，两条 1880 高速纸机在建。公司固定资产原值 3.2 亿元，占地面积 366300 平方米，员工 1000 余人。殊不知，也就从这一年起，该公司危机迫近，这是后话。

2002 年，湖南斑马蚊香股份有限公司整体出卖，更名为湖南新斑马实业股份有限公司。早在 1990 年代中晚期，津市蚊香产业即渐显败像。这种劳动密集型的低利润产品毫无应对市场变化的能力，改制只是企业内部的改变，而没有对市场产生影响。衰败只是时间早晚的事。果不其然，该厂尽管在 3 年内进行了改制，最终也没逃过破产的命运。对此，原二轻供销公司经理刘后敦提出过自己的见解："一是对市场误判，当初市委、市政府将'一城六支柱'作为我市工业发展战略提出，本身就是错误的指向，一城，即指蚊香城，一个技术含量并不高的普通日常用品，怎么担当得起引领全市工业的这一重任呢？此时市场上已有了同类产品'黑猫神'、赵本山代言的'睡得香'等，加之乡镇企业有体制上的优势，这时的蚊香市场已是危机四起。二是营销失策，1980年代中期之前，蚊香产品一直由市日杂公司和二轻供销公司分销，多年努力，已在湘鄂川三省有了稳定的市场，后企业为了扩大销售市场，自设销售公司，经过协商，各自划出销售领地，互不侵扰，但没执行多久，厂方违规，持自家产品的优势，随意侵占对方领地并切断货源，最终迫使两家营销公司退出市场，自己唱独角戏，然而，此时市场乱了，再去修复已是万难，故蚊香厂的衰败在所难免。"新旧管理体制转换过程中，干部任用以年龄划线，一刀切，使得老厂长杨远伟过早退居二线，这也是蚊香厂走向衰退的一个重要原因。

金湘猪鬃实业有限公司成立于2002年，主要生产水洗、水煮猪鬃及漂、染猪鬃和切鬃等产品。其产品采用传统工艺与现代科学结合，产品具有弹性好、吸油充分、挺直度高、根条软硬适中的特点，是行业中的佼佼者。2016年，该公司被评为省级龙头企业，2018年实现销售收入13800万元。产值12000万元，出口创汇1200万美元，实现纳税330万元。

纺织类 2000年改制前，我市纺织行业有丝绸公司（缫丝厂、印染厂、绸厂）、津市绢麻纺织印染厂、津市床单厂、津市针织厂、津市织布厂、津市线带厂等多家企业，职工人数近4500人，是为津市工业行业中人数最多的企业。通过企业改制、招商引资和鼓励民间资本投资等措施，津市纺织工业得到了长足发展。2009年，全市纺织工业企业8家，均为规模企业（年产值过千万），拥有资产5.1亿，具备16.5万锭纺锭生产规模，实现产值7.614亿元，占全市规模工业的14%，实现税收1100万元，从业人数达2258人，年产值亿元以上的企业有4家。

盐化类 2000年前，境内只有盐化工企业一家，即湘澧盐矿。在计划经济年代里，因各种因素的制约，以盐为原材料发展下端产品的愿想只能一次次化为泡影。2004年，随着温州天盛化工落户津市，短短几年，即有汇湘等规模在千万年产值的化工企业进驻津市。2005年，全市盐化工规模以上企业共有10家，它们分别是湘澧盐化、渔经生物、汉瑞化工、大新颜料、天盛电化、裕达卤碱、三鑫化工、汇湘化工、首信化工、广汇气体。目前，盐化工仍处于上游产品为主，中间单一，下游没有的状况，产业链短，加之作为盐化工母体的湘澧盐矿，仍有广阔的发展空间。故盐化工也是津市工业发展最大的潜力股。

食品类 1996年，津市味精厂破产后重组为湖南麦穗味精制造有限公司，但在市场竞争中仍斗不过它往日的"徒弟"河南周口味精厂。究其原因，一是破产重组只是甩掉了企业债务，体制不变，旧的债务没有了，新的债务又来了；二是企业退休人员的包袱仍然存在。味精厂的前身是澧南粉厂和澧东油厂，这是两家成立于1950年代初的老厂，退休人员几乎与在职人员成1比1的比例，而昔日的"徒弟"周口味精厂起步虽晚，还是个乡镇企业，但机制活，包袱轻，仅这两项就优胜于津市味精厂。时仅四年，味精厂再度破产，这个曾雄霸于中南味精市场20年的津市工业骨干企业最终土崩瓦解，黯然离场。顶起津市食品行业这面大旗的是鸿鹰祥生物工程股份有限公司。

2010年，鸿鹰祥挺进津市工业园，投资2.5个亿，征地240亩，建设年产30万标吨酶制剂系列产品生产线。2013年，项目正式投产，当年实现产值2.5亿元，纳税3000万。公司建成国外研发中心1个、院士工作站1个、省级研发中心2个，拥有88项发明专利、1项国际发明专利，主导和参与了酶制剂行业6项国家标准的制定。截至2018年，公司产品销往全球20多个国家，100多个国际合作公司，在中美贸易战的影响下，仍然实现出口3000万美元，是2013年的两倍。

2000年后，由公有企业改制后分蘖或民间新办的各类食品厂多达20多家。它们虽然规模小，但"人多势众"，颇有影响。津市因势利导，积极扶持，并举办多期食品展览评比节。为扩大其规模，将有发展潜力的食品厂相继引进工业园，现已入驻的有绿康、张老头、南北特、十八子、润农、大北农等30余家食品规模企业。

三、改制回眸

2003年，时值全市公有企业改制基本结束，两篇关于我市公有企业改革的报道引起社会巨大反响。一篇题为《走出峡谷——原津市市造纸厂改革纪实》，另一篇题为《嬗变——原津市市绢麻纺织厂改革纪实》。两篇文章讴歌了那个时代的改革，以及改革中的人和事。

首先看津市造纸厂，改制后为雪丽造纸有限公司。改制8个多月，提供就业岗位1000个，完成工业产值6970.07万元，销售收入6565.56万元，上缴利税435万元，分别比前一年同期增加1510.84万元、1079万元、233万元。2011年，也就是改制后的第十年，公司完成年产值45730万元，销售收入34944万元，入库税收1801.89万元。与十年前相比，可谓是天翻地覆。这种改制，不值得讴歌么？

再看绢麻纺织厂，改制后为益林麻棉纺织印染厂。改制一年，年产值4500万元，比改制前的1300万元净增3200万元，销售收入4480万元，上缴利税260万元，多项指标创历史新高。企业员工被誉为"益林人"。企业有如下闪光点：原厂90%的干部职工依旧在益林就职，企业以250万元资金用于年久失修的生活区改造，员工子女考上大学（正取）公司赞助奖学金。一个民营企业做到这份上牛吧？

2015 年，津市 3 家重点企业相继宣布破产：嘉诚汽车配件有限公司、益林棉麻纺织印染有限公司、雪丽造纸有限公司。随即企业进入破产清算程序。这一突如其来的反转着实令人感到诧异，更为震惊的是，这 3 家企业的负责人均已身陷囹圄。笔者曾采访过有关知情人，其表示："融资难，这都是民间借贷害的。""盲目拓展，战线拉得大，自己又没有驾驭能力。""一言难尽，各方面都有之。"众说纷纭，莫衷一是。

作为 2000 年改革的亲历者和实践者，新华机械设备有限责任公司董事长傅辉的一席话颇为真切："改制不单是对一个企业的人事制度和工资制度的改革，它涉及产品、市场、技术、人才、资金等方方面面。我们现在是内外两线作战，内线是当地的从业环境，具体讲就是各职能部门与企业的关系，不是说解除企业对政府的依附，政府就撒手不管了。部门服务企业不能只是一阵子。外线是开拓市场，这就靠企业自己，市场的竞争本身沿海地区与内地就有差别，像我们这种股份合作制企业，老企业的沉疴痼疾是随同而来的，如人员老化，技术人才和熟练技工严重缺失，你要一个浑身是痛的年老病人和一个身强力壮的年轻人打仗，你能打得过吗……我不是替他们辩护，他们自身也有问题，但有些事也是不得已而为之，就拿集资来说，他向银行喊不到钱，不向社会集资怎么办？明知是高利息，明知难以还上，可还得借，企业要运行，一个月光工资就得上百万，你说他不借……怎么行？" 20 年前傅辉才三十多岁，亲自参与了新华工厂的改制。那时的他，可谓踌躇满志。现在的他还不到六十岁，却已两鬓斑白。

新华厂是在 3 年前从市区搬来工业园区的。出厂门后四下观望，呈井字状占地 9 平方公里的工业园区给人一种现代工业的气象，建园已有十多年了。在这十多年里，一批批的来，也有三三两两的走。有的沸沸扬扬，朝气蓬勃。有的冷冷清清，门可罗雀。其实，物竞天择，适者生存。生物进化是这样，企业成败也是这样。如此说来，改革永远不会停止。

四、政企关系

自 2003 年市属公有企业改制完毕后，原企业与主管部门的隶属关系发生的改变，按当时的时髦话来说：婆婆变成了媳妇，即由原来的指令变成了现在的服务。为使这一角色的转变来得更快、更顺，2007 年，在市工业发展局的组织和协调下，各行业纷纷成立协会组织，再由各协会联合组织成立企业家协会，协会秘书长由局机关派一干部担任，并采取任期制。这种安排令各企业有了一种归属感，有事找娘家。当时改制业已完毕，部门服务企业的热潮渐已褪去，公有企业一下子变成了民营企业，私人老板面对众多的职能部门，常感到门难进、脸难看、事难办，企业家协会虽属民间组织，但有政府引导，有娘家人撑腰，故而深受企业老板的拥戴。工业发展局为使这项工作落到实处，采取机关干部包片包点的方式进行一对一的服务，并将各自履职情况纳入年终考核，收到了很好的效果。

附一号文件：

关于加快公有企业改革和发展的决定

一、指导思想与目标

（一）以党的十五届四中全会《决定》为指针，以"三个有利于"为标准，以搞活企业、发展经济为目的，坚持工业立市，走"改革、调整、治理、引进、创新"之路，采取"卖、股、租、破"等多种形式，促使全市公有企业基本改变为私营、股份制、股份合作制等多种所有制企业。不断加快我市工业化、城市化、社会化的进程。

（二）坚定不移地推行改革，实现两个转变（转变思想观念、转变经营机制）、两个"买断"（买断企业产权、买断职工工龄）、两个解除（解除企业对政府的依附、解除职工对企业的依附）的目标，力争2000年有条件的企业全部完成改制，2001年内基本消除纯国有、纯集体企业。

二、积极推进企业产权制度改革

（三）要因企制宜地推进企业改革：1.有较多净资产的，可改建为公司制企业并争取上市。2.对资大于债或资债相当的，可改建为有限责任公司或股份制合作企业。3.资不抵债的，可破产重组或先分立后破产。4.企业资产可由原企业法人代表、职工或其他法人和个人进行风险抵押、负债经营或购买。

（四）市政府成立公有资产管理委员会，代表政府行使公有资产管理职权。通过在国资部门组建公有资产经营公司，规范公有资产产权交易行为，统一管理和监督公有资产进行多种形式的处置。

（五）企业改制，其资产必须由具有国资部门认证的资产评估机构进行评估。符合核销条件的资产，财政、国资部门应按照有关规定认可并准予核销。

（六）原有企业非经营性质资产应从评估后的企业净资产中划出，由国有资产管理部门委托改制企业代管。可举办独立经营、自负盈亏的经济实体，也可向社会出租出让。

（七）整体购买我市企业并就地组织生产的，除土地以外的资产（包括无形资产)的购买费可在评估价格基础上优惠30%—50%。其一次性缴足购买款的，可在此基础上再优惠10%。一次性缴款确有困难的，可分期付款，但最长不超过3年，即第一次不少于应付款的50%，第二年付应付款的30%，第三年付完。租赁或承包我市企业，可只租赁或承包企业的生产经营权。被租赁、承包企业的债权债务和人员负担由原企业负责处理。上市公司兼并我市企业，企业资产大于负债的，可全部无偿转让。企业债务、人员包袱沉重的，可以用有效资产和存量资产置换股权。

（八）企业改制，职工出资置换的国有净资产收入，一般借给改制企业有偿使用，在3年内由财政和国有资产管理部门与改制企业按每年3%的标准签订有偿使用协议，其费用可在税前列支。实行整体出售改制企业，企业职工个人出资少于应置换的国有资产时，其差额部分作为国有股设置。股份制或股份合作制企业国有股所得红利由国资部门收取，改制企业资金确有困难的，经国资部门同意，国有股红利可作为国有股扩股准备金留存企业。

（九）企业进行股份制或股份合作制改制的，鉴于内部员工持股的企业起步时股本金较少，改制时土地使用权可不进入企业资本金。1995年清产核资时，土地使用按土地级差价格50%进入企业资本金的部分在改制时也可退出。改制后的企业应按国家有关规定办理土地使用手续。

（十）企业改制，在"买断"干部职工工龄、缴纳社会养老保险金等之后的资产，职工一般可按个人入股金1比1的比例为其配股。企业董事会成员及高级管理层人员出资比例应高于一般员工的5至10倍（提倡法人代表控股），并可以按个人入股资金的2倍为其配股。但个人配股总额不能超过企业可分配资产的35%。5年内，各类人员配股不能转让、变现，董事会成员或高级管理层人员因故离职，原有配股及接替人员配股由企业股东会或董事会依照有关法规和章程自行决定。

三、妥善处理企业债务和人员负担

（十一）用好国家金融扶持政策。企业债务负担较重，但生产经营前景较好的，银信部门应积极争取以"债转股"、挂账止息、核呆等方式帮助企业解决债务负担。符合破产条件的企业，要果断依法破产。同时，企业在改制中应主动处理好银企关系。

（十二）市财政设立"企业改革专项基金"，主要用于支付改革成本。其资金主要筹措渠道：财政安排、国有资产收益（包括政府掌管的房产和行政划拨给企业的土地使用权处置收益）、社会筹措、政府募集等。改革基金由市财政设立专户统一管理，由市改革领导小组审批使用。

（十三）企业现有资产及其收益（包括国有集体资产出售、租赁、承包国有股和集体股红利，通过转让方式取得的土地使用权出让等）应在国资部门监控下，优先用于"买断"在职干部职工工龄和按标准缴纳退休职工社会养老保险金。"买断"干部职工工龄，由原企业按资产存量和个人工龄等实际状况对干部职工给予适当经济补偿，企业与干部职工签订协议并报市劳动部门备案。原企业干部职工在广州企业中改称企业员工。原企业干部职工"买断"工龄后应以各自不同的劳动者身份继续缴纳社会养老保险金。

（十四）企业在解决人员负担时，如其资产难以变现，可将资产量化到职工后，共同入股组建股份合作制企业。退休职工的社会养老保险金，企业经国资部门同意可以用未变现资产暂时进行抵缴，由市"改制基金"予以担保。

（十五）企业安置下岗职工超过就业人员总数60%以上的，经劳动部门认定，税务部门核准，3年之内免征所得税，工商、劳动部门免收工商管理费和劳动用工管理费，其他部门管理费减半征收。

（十六）对获得省部级以上奖的新产品，3年内免征新产品所得税，用于新产品开发。

（十七）科技人员进行科技承包、引进技术成果、开发新产品的，科技成果受益单位可从新增的税后利润中，连续3年提取5%—10%的金额奖励给做出贡献的有关人员。以高新技术成果向企业出资入股的，高新技术成果的作价金额最高可达到注册资本的35%。

（十八）对具有高级以上职称或本科以上学历并具有中级职称的各类专业技术人才到我市企业工作的，市政府给予5000元奖励，从下企业工作的当年开始，一年兑现1000元。对上述人员已在企业连续工作10年以上的，一次性给予5000元奖励。

四、努力为企业改革和发展创造良好环境

（十九）购买、租赁我市企业就地生产的，前两年免缴企业所得税。第三年至第五年减半缴纳企业所得税。凡改为股份制或股份合作制的企业，3年内减半征收企业所得税。

（二十）改制企业中原属民政企业、校办企业、劳服企业、老年福利企业、乡镇企业的，通过改制不原有企业享受的有关优惠政策。

（二十一）企业因改制而必须办理的手续，各部门在规费收取上应一律从低。资产在500万元以下、500至1000万元、1000万元以上的，资产评估费控制在

1000、1500、2000 元之内，破产费控制在 10000、20000、30000 元以内（上级有关规定低于此标准的，按上级有关规定执行）。工商注册登记按变更登记收取50 元费用。商标变更登记费每证控制在 400 元以内。公安、环保、卫生、劳动等其他部门需要办理变更手续的，一律只收取每证 10 元工本费。税务、国土部门办理税务、土地登记证书，每证收取 10 元。企业已有房屋产权证书的，建设（房管）部门办理房屋产权变更登记，只能收取由建设部统一监制的房屋产权证书工本费每证 10 元。除此之外，不再收取勘察丈量登记等其他费用。供水、供电单位和邮电部门为企业办理水、电、通信等过户手续，免收过户手续费、开户费。企业不增加用水、用电，不要求供水、供电单位进行管网改造的，供水、供电单位不得向企业收取增容费。劳动、工商、税务、卫生等行政部门，对下岗职工的合同鉴证书、管理费、登记费、证书费、求职成交服务费等一律免收。

（二十二）推行"凭证收取制度"。统一向企业发放收费手册，明确企业缴费项目和标准。凡收费手册上没有的收费项目，企业有权拒绝。设立"治理经济发展环境办公室"和治理经济环境"市长热线电话"，随时接受和处理各类投诉。对在我市兴办投资额在 100 万以上的企业或投资兴办的高新技术企业，市委、市政府为其颁布"无费企业证"，3 年之内免收一切规费（工本费除外）和所得税。市委、市政府在城区建立"民营工业园"，凡进入"工业园"投资办厂的，3 年之内免收一切规费（工本费除外）和所得税。3 年之后，"无费企业"或"民营工业园"内企业投资额年递增速度达到 50% 的或投资规模达到 1000万的，各类规费和企业所得税再减半征收 3 年。

（二十三）凡在我市投资兴业办厂的，实行一条龙服务。一站式审批，收费办证从优从快。我市有权批准的项目在十个工作日之内办完所有手续。我市无权批准的项目，市政府及其职能部门明确专人负责办理有关手续。凡市外客商来津投资项目，统一由市招商局办理相关手续。所有依照法规收取的各类费用，统一由市招商局一家归口收取。

（二十四）企业年税收超过 100 万元的，市委、市政府按当年实现税收1% 的比例对法人代表给予奖励。其中个体私营企业年税收超过 20 万元的，按形成地方财力金额的 20% 给予奖励。市委、市政府设立"特殊贡献奖励基金"，专门用以奖励连续 3 年产销过亿元、税收过千万的企业法人代表以及在招商引资等方面工作做出重大贡献的有关人员。（奖励办法另行规定）

（二十五）坚决治理"四乱"（乱收费、乱罚款、乱摊派、乱检查），实行治理"四乱"负责制，对有关责任人和当事人给予撤职、调离或清退处分。坚决克服"四难"（门难进、脸难看、话难听、事难办），提高机关办事效率，严厉追究推诿扯皮、玩忽职守和失职渎职等行为。坚决打击"四霸"（路霸、水霸、市霸、地霸），对此开展专项斗争，严肃处理纵容包庇和暗中支持"四霸"的有关干部。同时，对阻扰、打击、破坏企业改革的人和事，坚决依法处理。

五、加强对企业改革的组织领导

（二十六）市委、市政府成立全市公有企业改革领导小组，负责组织、指导、协调全市企业改革工作。各企业主管部门也要成立相应组织机构。明确由"一把手"负总责，并将企业改革工作纳入年度岗位目标责任制考核。

（二十七）积极探索在现代企业制度条件下，发挥企业党组织政治核心作用的新途径、新方法。要妥善处理好"新三会"与"老三会"的关系。企业党组织要切实保证、监督党和国家方针、政策在本企业的贯彻执行，参与企业重大问题决策，支持法人治理机构依法行使职权。领导和支持工会、共青团等群众组织及职工代表大会依照法律和各自章程，围绕搞活企业积极开展活动。

（二十八）全市各级各部门一定要站在全局的高度，密切配合，形成合力，积极支持企业改革与发展，结合各自的职能与职责，为企业排忧解难，搞好服务。凡违反本《决定》的，对有关单位和责任人给予严肃处理。

六、其他

（二十九）本《决定》适用于国有、集体工商企业（包括乡镇企业、部门企业、街道企业等其他公有制企业）。从公布之日起执行。本市以前所发有关企业改革的文件继续执行，但与本《决定》不一致的，以本《决定》为准。

（三十）本《决定》由市公有企业改革领导小组负责解释。

中共津市市委　津市市人民政府
2000 年 1 月 31 日

第八章　工商记忆

第一节 工业符号

　　计划经济时期，津市工业企业的构成大致分为三个组成部分：一是中华人民共和国成立后，由传统的手工业通过社会主义改造而先社后厂建起的企业，也就是我们通常所说的二轻工业；二是由商转工的公私合营企业，后经私改陆续转化为地方国营企业；三是历年来由国家投资兴办的工业企业。截止到 2000 年公有企业改制，市属工业企业有 56 家，职工 18000 余人。改制完毕后，原有的工厂及厂名大多就此湮灭于历史之中，仅有极少数以新的体制和名称得以重生。这些工厂最长的有近七十年的历史，最短的也有三四十年。在那个工业兴市的年代，一厂两代人不在少数，个别的还有三代人，工人是这个城市最多的一种称谓，他们在各自的工厂、各自岗位勤奋工作的同时，也完成了自己成家立业、养老抚小的人生经历，故而那些曾经的工厂也承载了他们一生最难以忘却的岁月。

一、丝绸大院

　　大院是种昵称，在汉语词典里通常指房屋多、进深大的院落。始建于 1958 年的津市缫丝厂，从单一的缫丝起步，逐步发展成集缫丝、织绸、炼染为一体的完备的丝绸工业产业链，其厂区也就像燕子衔泥一般一点点扩大，功能也在一步步健全完善。因离市区远，加之女工多，为满足女工的哺乳需要，该厂是津市最早有母子间的单位。为便于职工生产生活，工厂相继建起了母子间、双职工宿舍，并配以商店、理发店、托儿所、幼儿园、开水房、小吃部、女工卫生间、俱乐部、篮球场等一应生活设施，迨至 1980 年代，这里有职工、家属近 4000 余人。虽三家企业时分时合，但厂址未变，加之产品关联紧密，三企业始终就像一家人，在这里，企业就是家，家就是企业。于是，丝绸大院便成了大家对工厂共同的称谓。

1. 大院里的工厂

缫丝、织绸、印染，三家企业彼此毗邻，东濒澧水，西北倚山，南有长山湖潆绕，近 200 亩面积的宏大厂区呈半岛形态，湖岸犬牙交错，风景优美。厂区与生活区井然有序，颇有现代工厂的气派。从 1960 年代起，丝绸大院一直是省、部级领导频频来厂视察的单位，就连九澧一带在外工作的闻人、游子回乡省亲，也会专程来丝绸大院看一看，大院无疑成了津市工业的一张名片。试举几例：1959 年，中共湖南省第一书记张平化来厂视察；1962 年，中共湖南省委书记李瑞山来厂视察；次年，李再次来缫丝厂视察，指示"开展植桑养蚕，发展湖南丝绸"；1964 年，中南局书记处书记王首道来厂视察；翌年，湖南省副省长徐明、广州军区文副司令员视察津市，专程参观了缫丝厂；1970 年 5 月，中共湖南省委书记华国锋来津视察新建的湘澧盐矿，也专程来到了丝绸厂。最富有戏剧性色彩的还是胡军长来厂那次，胡军长是九澧人，早年跟随贺龙干革命，1970 年代回乡省亲时，听说津市丝绸厂很有名气，一定要来看看。那天，他在乘车赶往窑坡的路上，发现一位哭哭啼啼的女子迎面走来，胡军长见状赶紧下车探询，得知那女子刚被厂里除名，问明原委，胡军长叫那女子上车随同来到大院。厂领导对胡军长的到来既高兴又诧异，一再声明此女工是一而再，再而三地违反厂纪厂规才被除名的，实在是不可救药。胡军长对此表示异议，说："不能说不可救药，没有什么是毛泽东思想战胜不了的……"厂领导顿时哑语，最终表示接受胡军长的批评，收回除名决定。于是，

▲丝绸总厂（吴秋英/供）

胡军长挽救失足女工的故事很快传遍了津城。

2. 大院里的劳模

中共十一届三中全会召开后，国家提出优先扶植发展轻纺工业的政策，给丝绸工业带来了活力，迎来了丝绸工业的黄金十年（1980—1990 年）。缫丝、绸厂、印染三厂同时扭亏为盈，创历史最好水平。当时流行一首《光荣属于八十年代的新一辈》的新歌激励了无数年轻人，这期间，国家部委办在全国范围内对丝绸行业举办了各种操作比赛和竞技表演，丝绸大院每次出征，都能凯旋，各种荣誉纷至沓来，都说丝绸大院不仅出产好产品，而且还是一个出产劳模的地方。

1977 年，丝厂青工朱云香参加全国缫丝种子选手学习班，学习结束后进行了个人表演赛，夺得第二名。1978 年，朱参加南方六省操作表演，在自缫挡车中名列第一，被评为全国"三八红旗手"。

1978 年，年仅 18 岁，进厂才一年多的徒工邹红，在参加南方片区立缫操作表演时，一举缫出 4A 优质丝，夺得第三名。1980 年 10 月，邹红与同厂的程念珍代表湖南省参加中纺部在浙江召开的全国缫丝操作经验交流会，在全国 20 个省 112 名选手中，邹获得总分第五名的好成绩，被树为全国立缫操作八大优秀种子选手之一，同年被评为省劳动模范。

1980 年 12 月，湖南省举办全省缫丝操作选拔赛，一共选出 10 名操作能手，津市丝厂一举囊括前 9 名。

1982 年 9 月，湖南省举办全省缫丝操作经验交流会，会上进行操作个人竞赛，津市丝厂又囊括了前 6 名。

1983 年，青年挡车工葛凤姣被评为省纺织系统劳动模范和地区文明青年标兵。

1985 年，绸厂青年挡车工蒋春云参加全省第三届丝织操作运动会，被评为唯

▲缫丝比赛纪念留影

一一名"省级操作能手"，尔后又获"五一劳动奖章"殊荣。

劳动模范，仅仅是一个群体的缩影，她们是无数个丝绸女工的代表，在她们身上，折射着一个时代的光影。

3. 大院里的文体生活

1965年国庆节前夕，正在部队服役的熊大军请假回津结婚，不巧的是，他的准新娘——丝厂女工正在紧张地排演根据同名作品改编的《南方来信》话剧，而且担任主角，准备在国庆节参加市里演出。厂里考虑这种情况，打算更换主角，却被准新娘拒绝了，她觉得这是一个非常难得的机会，于是跟准丈夫打起商量，推迟婚期，身为军人的准新郎爽快答应了。丝绸姑娘能歌善舞，是市工会汇演的中坚力量，这里人才济济，谁也不会轻易放弃一次舞台表演的机会。1977年冬，绸厂美工李若收到广州美院的录取通知，这是"文化大革命"后的第一次高考，李若欣喜若狂，他家在长沙，此时此刻很想和家人在一起分享这喜悦，然而春节会演迫近，作为厂里的台柱子若这时离开，势必会对会演产生影响，再说这次他和厂幼儿园园长夏小林排演的藏族双人舞《逛新城》是个夺冠节目，全大院都给予厚望，李若考虑再三，决定还是留下，果然不负所望，舞蹈《逛新城》获得演出第一名，这也为他在丝绸大院的几年工作画上了一个圆满句号。1980年代后的文化生活，褪去了些政治色彩，企业一方面在向"四化"进军的同时，也在为职工增添丰富多彩的文化生活想尽办法。为满足职工需求，大院专门在澧水河边建了一个舞厅，并破例将一位二轻系统的音乐闻人调入大院任工会专干，这样做，既丰富了职工的文化生活，又加强了企业的凝聚力。

文艺如此，体育也不赖。那些年，由市总工会和市体委联合举办的篮球赛逢年过节一个接一个，女子队自然没得说，纺织行业，又是上千人的大院，随便挑几个

▲1958年，首批缫丝姑娘在窑坡荒山上排练元旦节目

▲1977年，津市丝绸厂参加市职工春节会演

都不得了。但男子队亦然不可小觑，总能挤入前几强，每次凯旋，总会在大院引起不小的波动。企业的文体活动搞得有声有色，既是对一个企业精神面貌的考量，也是一个企业是否有战斗力的体现。从 1960 年建厂初期开始实行职工工间操始，在历年由市里或厂里举办的各种文体活动中，大院职工的表现无疑都是一流的。它不仅是一项企业文化，更是一种凝聚职工向心力的粘合剂。在丝绸大院建院 60 周年的大庆活动中，很多人在回忆起这些往事时，总会情不自禁地表达这个意思：那时，工作很辛苦，工资又不高，但我们很快乐。

4. 大院里的记忆

不知道有多少个孩子是在大院里出生和长大的，大院虽分有生产区和生活区，但顽皮的孩子总能找到一条去偷窥大人工作的途径。在同龄人中，他们很早就知道了什么是马达、什么是电线、什么是上班、什么是下班这些工厂特有的名词，以至于他们长大后与在市区长大的孩子有很大的不同。工厂是一个集体，流水线工作的最大特征就是协作精神，于是就产生出一荣俱荣，一损俱损的集体荣誉感。另一方面就是独立能力强，爸妈要上班，生活上的很多事得自己去做，如早晚到开水房去打开水，到食堂去买饭，自己洗脸洗脚，写作业，睡觉。所以，人们经常说，大院里长大的孩子就是不一样，出门一点不用大人担心。

下面是一位大院里长大的孩子——现旅居海外的周晓娟写的一篇记叙散文：

▲大院里的幼儿园

丝绸大院应该是津市1960—1980年代的一个非常生动的地方。丝厂、绸厂、印染厂、绢纺厂、床单厂，人群密集，生机盎然。工厂里面有职工宿舍，上班、下班、上学、放学、吃饭、打球、看露天电影、吃冰棒、吃馒头、在工厂打热水、集体淋浴……

丝绸大院的附属幼儿园非常优秀，夏天还提供清凉绿豆汤。在幼儿园或玩耍、或操练、或启蒙学习，用时髦的话讲，与不上幼儿园的孩子比较起来，算是赢在了起跑线上！

二十世纪六七十年代的中国，到处都在抓革命促生产，我妈所在的复摇车间也不例外。这个车间奇热无比，尤其是在南方的夏天，我现在还记得我妈和她的同事们整天都是一脸的汗……绚丽的丝绸里沁透了工人们多少心血！

我还没上小学，偶尔去车间。我妈的车间很高，外面围墙临街处开有若干个小窗户（复摇车间很热，有利于排热）。我经常就在这些小窗外玩耍，从小窗望进去能看见车间里大人的腿脚。如果这些腿脚不再忙碌了，就是快下班了。怎么让这些腿脚停下来呢？我注意到了，每当一工人把车间门口上方的一黑色玩意儿往下拔时，妈妈就下班了。有一天，我玩的实在无聊了，见车间里面的腿脚老是走来走去停不下来，便偷偷摸摸搬来椅子站上去把那东西拔了。轰轰烈烈的车间立马鸦雀无声，接下来就听工人们说："停电了，停电了，下班……"那年我才四五岁，竟敢在'文化大革命'期间把工厂的电闸关了。现在想想都还有些后怕。

工厂大院人多，孩子多，好玩！夏天消暑的东西还蛮多，小西瓜在床铺下滚来滚去，抓一个出来独自享受享受！拿冰棒票去领冰棒，装在暖水瓶里能放一段时间。白糖冰棒不错，绿豆冰棒就算是奢侈品了。

工厂大有大的气派，标志之一是有自己的露天电影。哇，我的同龄人没有不爱看电影的！工厂的电影放映员是我崇拜的偶像。放电影那天是个重要的日子，放学路上的脚步是快的，谁先到家就搬上好几把凳子去占地，站好了就地看摊（要不然人家会挪动你的位置）。晚饭就由我姐或我妹送来吃。要是她们空手来替换我，我是不高兴的，在室外吃饭有多爽啊！记得那年冒雨看《洪湖赤卫队》，荧幕上是湖水，操场上也是满地的雨水。

丝绸大院如今早已物是人非，但在我们这代人心里，在那里发生的事依然历历在目……

（摘自周晓娟的散文《津市，一道可以移动的宴席》）

5. 大院里的故事

2018 年是津市丝绸大院建院六十周年，这无疑在很多人的心里卷起波澜，第一批进厂的缫丝姑娘，如今快要成"80"后了，即使是最后一批招工进厂的小姑娘，也已到了退休年龄。自 2000 年公有企业改制后，大院的工厂均已易主成了民营企业，虽在感情上一下转不过弯，但好歹工厂还在运行，机器还在转。曾住在一起兄弟姐妹陆续搬出了大院，剩下的越来越少。改制时还很年轻的工友们，为了生存，自找出路，在外打拼多年，如今陆陆续续回来办理退休手续。老一辈有着这样一个愿望，希望能在有生之年与昔日的姐妹再聚一聚，年轻的也想趁此回大院再看一看自己曾经工作的地方。在中国人眼里，60 是个大数，既是一个甲子，也是一个轮回，于是，藉此来一个大团聚就成了大院每一个人的心愿。

心动不如行动，工厂从来就以办事雷厉风行而著称，在几个热心人的串联下，事情很快有了着落：大会组委会、大会会标、大会内容、大会程序、经费来源、后勤保障等一一得以落实。最为棘手的是到会人员的多少难以预测，丝绸大院 3000 多名职工，现今分布于全国各地，为使更多的人能参加这次庆典，组委会特将庆典日子选定在清明节过后。组委会主任易法元——原大院的最后一任厂长（人称末代皇帝），当年企业改制，置换职工身份时，他的心情是沉重的，总有一份莫名的愧疚，趁这次大团聚，他要把这份愧疚偿还给大家，当数个爱心人士送来捐款时，这位看上去坚强的汉子几度哽塞，竟然说不出话来。组委会的成员中有老厂长、老书记、老工会主席，以及许多自告奋勇的志愿者，点点滴滴，无不充溢着丝绸一家亲的情谊。

从 1958 年建厂，一批又一批的年轻女工，为津市的丝绸工业奉献了自己的一切，无论是始初的风餐露宿，还是最后的下岗浪潮，无论是欢笑，还是泪水，她们无怨无悔。2018 年 4 月 27 日，庆典在市兰苑宾馆举行，矗立在进门口的签字墙分外醒目，上面会标的标题是：丝绸人风雨同舟六十载，澧水畔激情相约话春秋。一下子便将人带回到了那激情燃烧的岁月，陆续前来的丝绸人激动不已地在上面签下自己的名字，师徒、师兄妹久别重逢，纷纷在签字墙前合影留念，场面既喜气又感人。庆典大会上，老厂长唐淑珍的发言，更是点睛之作，她从四个方面对什么是丝绸精神作了精准的表达：一是艰苦奋斗，无私奉献的创业精神；二是求知若渴，干中学、学中干，不断进取的学习精神；三是面对困难，发愤图强，永不言败的硬骨头精神；四是干群一致，互帮互助，丝绸一家亲的团结精神。正是这种丝绸精神，支撑着几代丝绸人走到了今天，丝绸大院永远是丝绸人魂牵梦绕的精神家园。老厂长说出了大家的心声，她的讲话被一阵阵掌声打断。会上，丝绸社区书记发表了祝贺词，宏力公司（前绸厂）覃总发表了热情洋溢的感言。紧

▲六十周年庆典合影

▲组委会与爱心赞助人士合影

▲回娘家

接着是丝绸人自编自演的文艺节目，一下子又勾起了丝绸人对已逝岁月的回忆。演出结束后，大家乘车回了老家——丝绸大院，在覃总的带领下，大家参观了自己熟悉的车间，全新的现代化设备让大家眼花缭乱，欣欣向荣的生产景象抹去了大家心存的那一点伤感，时代在前进，好日子永远在前头。留给庆典发起人易法元的空间是大会的最后一个项目——聚餐，他高举酒杯，满怀激动地向各位来宾、各位爱心赞助人士、各位志愿者频频致谢，并以极度自豪的口吻自问自答道："是谁有这么大的感召力，是谁有这么大的凝聚力，能将天南海北的丝绸人聚集在一起？答案只有一条，那就是，丝绸大院永远是丝绸人的幸福老家。"台下一片掌声。

翌年，笔者来到缫丝厂，想拍几张照片作为津市工业的留存，厂区已是面貌全非，环顾四周，你只能在那些残垣断壁处想象着它从前的样子。湘北公路建成后，窑坡中心西移，早前傍澧水河的襄窑公路因不再维护而变得萧条冷落，坑坑洼洼，好半天也没见走过一个人，一切表明这里即将成为过去。深秋的阳光仍有几分和煦，我在选择拍摄角度时，竟然发现几个年龄大的妇人在一角晒太阳，她们也在看我，对我的举止毫不感到惊讶，其中的一位似乎还有意配合我拍照，从她的衣着装扮上来看，我看出了她的与众不同，这些年，城里的拆迁房或工厂的废墟上，常常会被进城的小商小贩们用作经商或居家的场所，我想，这老太应该不是。前去试问，果不其然，老太竟是当年的缫丝姑娘，旁人急不可待地向我介绍说："李师傅在城里不是没有屋，儿女又孝顺，可她偏偏要住在这破房里，你说，她是不是有福不会享？"旁人所说的破房子，即是她身后的那栋老宿舍，从外面的样式可看出，是那种1980年代时兴的单元房，木质门窗大抵脱落，黑洞洞的看去有些峥嵘。我用疑惑的眼神盯着老太，老太脸上露出略带点羞涩的浅笑，她对我说："不是不会享福，而是住惯了，都几十年了，不想走，舍不得走。"她还告诉我，像她这种情况的还有几个，都是1958年的那批。她还说，其实也知道在这里住不长，社区劝过几次，但住一天是一天，哪天真要拆，二话不说就搬，绝不给政府添麻烦，她说话的语气很坚定，尔后看了看天，说是太阳偏西了，要去收回晒在外面的被子。望着她有些蹒跚的背影，我一时哑语，脑子里忽就响起了汪峰的那首《北京北京》："我在这里欢笑，我在这里哭泣，我在这里活着，我在这里死去……"其实，大院的故事还远没有结束。

二、一机孵三机

1958年，在全国大办工业高潮中，津市兴办了机械修配厂、电机厂、砂轮厂、闸门厂。后由于原材料缺乏、设备落后，效益差等原因，加之时遇中央对国民经济实行"调整、巩固、充实、提高"的方针，津市对这批工厂采取了"关、转、并"等措施，将津市的机械行业压缩成津市机械厂，值得庆幸的是原有的机械门类得以保存了下来。1968年，市里根据该厂技术全面的特点，采取母鸡下蛋的方式，一厂分三厂，以求津市在机械行业有一个大的开拓。津市机械厂仍以生产农机为主外，另成立津市机床厂，以生产磨床为主，津市机修厂以机械修理为主，时称津市三机。多年后，三厂各有建树。企业职工由原来的100人发展到500人。这就是日后被津市人津津乐道并引以为豪的"母鸡（机）下蛋"的发展模式。

1. 津市机械厂

该厂原名叫津市新华制造弹棉机器厂，于1943年由原浙铁的几位中共地下党员在津创办，1949年7月津市和平解放后，整体资产交给了人民政府，取名为公营新华农业机械厂生产人力弹棉机和畜力轧花机。1953年，其更名为地方国营新华农业机械厂，1955年由常德地委工业会议部署该厂试制人力打稻机，次年批量生产，年产3000多台。1957年，工厂增设修配车间，并于1958年扩大规模，在窑坡新建厂房，以生产农机产品为主，职工增至500余人。1962年，津市电机厂并入该厂，增设电机车间，至此，该厂已由单一的农机制造变成了有机械修配、电机制造的功能较为完备的机械企业，为几年后"一机变三机"打下了基础。1963 年因国家压缩政策，津市新华农业机械厂一分为二，一部分并入澧县农业机械修配厂，其他迁回原油榨街旧址，更名为地方国营津市机械厂，以生产轧花机为主。1964 年，机械厂改进原产品机型结构，创制 810 型轧花机，一举成功，于 1965 年进一步完善定型，当年产量猛增至 2427 台，为上年的近 5 倍，同年 10 月工厂迁至于建设街，厂

▲新华机械厂

房面积比之前扩大了 3 倍。1975 年为适应湖南拖拉机厂（津市）东方红 30 型配套，经省机械局批准，试制 1G-125 旋耕机，通过鉴定，形成年产 3000 台的生产能力。1980 年，因拖拉机停产，旋耕机下马，1981 年经市政府批准，津市机械厂更名为津市新华工厂，以生产 80 型皮辊轧花机为主，由于机型轻便，出花率高、性能稳定，加之农村家庭联产承包责任制全面实施，一时供不应求，产品销往山东、河南、河北、湖北等重点产棉区，直至 2000 年企业改制，该厂成为首批股份合作制民营企业。

2. 津市机床厂

1966 年，机械厂为适应人民公社农具修配厂和拖拉机站的需要，引进长沙第二机床厂 C618 标准机床图纸，在此基础上加以改进，设计出 C920 通用车床。该机型适用于机械制造修理，车削各种工件和螺纹，稍加改装还可进行镗孔工作，比 C618 车床造价低三分之一，多功能、造价低，极适合农村市场。基于这一点，市里才决定将执行此项工作的修配车间剥离出来，单独成立一家生产机床的企业。该企业主要产品如下。

M3130 型卧轴柜台磨床：用于磨刻机械平面，以电动机带动操作，质量通

▲津市机床厂车间

过会议检查为合格，年生产能力为 40 台，1980 年因大水受灾而停产。

M612、M6025、M7130 型万能工具磨床：主要用于刃磨金属、切削刃具，如钻头、绞刀、丝攻、铣刀、插齿刀等，还可磨削零件的外侧和平面，耗电量小，质量符合国家标准，有年产 80 台的生产能力，磨床是该厂的主导产品。

KY120 型地下牙轮钻机：经长沙矿山研究院设计，采用电液传动，水力排渣，用深孔分段爆破的方法，进行天（溜）井掘进，是先进的地下矿山穿孔机具产品。经过吉林省 7 个矿山使用，由长沙矿山研究所、中南矿冶学院等单位专家鉴定，各项功能指标合格，填补了国内采矿机械的一项空白，该机广泛用于冶金、有色金属、黄金、煤炭、建材等行业，投产后各地纷纷订货求购，一度成为机床厂的主导产品。

C920 型普通车床：1971 年被纳入常德地区生产计划，先后生产 383 台，除供应本地外，还销往湖北、江苏、山东等地。因该产品主要供应公社一级的农机修配厂和农机站，家庭联产承包责任制实施后，销售链条断裂导致该产品停产。

津市机床厂位于南岸鹿头山东麓，其中型铸车间规模属全市第一。计划经济时期，生产均由部、省计划下单，并负责包销，企业只管生产。产品质量与上海、杭州、桂林等同类厂家接近或相等，其中 7130 型平磨机略有优势而被选为军用。1980 年代后，市场渐次开放，产品由包销逐一走向自销。因是小厂，亦不能驾驭市场，企业渐陷入困境，此间做过很多努力，如为市家具厂研制的拉管机，为该厂打开钢木家具市场起了重要作用。1985 年，为支援无线电标准件厂，该厂被调走 10 余名技术骨干，从此企业一蹶不振。1988 年，津市机床厂终被自己的同胞——津市油泵电机厂（前津市机修厂）兼并。

3. 津市机修厂

由于新华农业机械厂历来有农机修理这项业务，尤其是 1958 年为农业排涝而研制的动力煤气机批量生产后，每年均有几百台的生产量。1960 年，中央提出"调整、巩固、充实、提高"八字方针，该厂缩减了主机生产，加强了修配业务，提出了质量第一、维修第一、配套第一的调整规划。1962 年，津市电机厂（原由澧东油厂电机车间剥离单独成立）并入新华厂，增设电机车间，当年生产电动机 64 台，这便为 1969 年分厂成立单独的电机生产打下了基础。1968 年，电机车间从新华厂析出，成立津市机修厂，初以电机修理和电风扇组装为主，后生产机床用小型电机及汽车机油泵，是机械工业部指定的我省唯一的油泵电机生产厂家。1970 年，企业更名为津市油泵电机厂，除机床用电机外，其他主要产品如下：

▲油泵电机总厂　　　　　　　　　▲油泵电机总厂车间

汽车机油泵：1974 年生产的 BJ212 汽车机油泵为齿轮外齿合式结构，装配北京越野 212 吉普，是汽车发电机的润滑系统配件，年产量在 15000 台左右。1980 年，又制成东风 140 汽车机油泵，装配东风 140 载重汽车及同类型车配套使用，年产量 10000 台，产品行销全国 24 个省市。

手制动总成：1976 年新增汽车油泵配件生产，制成 CALOB 汽车手制动总成，为中央盘式，适用于解放 CALOB 汽车及其同类型车手制动系统，使汽车稳定地保持在停放位置，或配合脚制动器同时使用，迫使紧急停车，后又制成东风 EQ140 手制动总成，为车轮制动式，适合东风 EQ140 型汽车及其同类型车配套使用。

三相电泵：1971 年开始生产 DB、JQB 系列三相油泵，供汽车风机的冷却润滑系统输送润滑油使用，附有压力继电装置，实现主机联动，产品为国内厂家配套使用。

津市机修厂坐落在麓头山东麓，北靠津市一中，与机床厂一左一右呈拱卫状。1988 年，机床厂并入该厂，仰仗其先进的车床设备及颇具规模的型铸车间，生产能力大大加强，遂与广州电器科研所联合开发油泵电机系列产品，企业迎来生产、销售旺势。企业于 1990 年代初步入鼎盛期，一跃而成津市机械行业之首，历任厂长被市人大确立为五大常委之一的工业代表。

三机的分设，是市机械工业由小变大，由弱变强的典范，一机变三机，既壮大了机械行业队伍，又扩充了机械行业门类，几十年来，一直被津市人津津乐道。有人说："机械行业是工业的母业。"意为有了车、钳、刨、铣，企业可随时转向，虽说发不了财，但也饿不死人。这话不严谨，但若是从津市几十年工业发展的情况来看，似乎无一不是如此。2000 年津市公有企业改革，全市 68 家市属工业企业已有近 70% 的工厂处于停产或半停产状态，而当年的三机（机床此前已合并到了油泵）却依然坚挺，是全市少有的"三无"（无下岗工人、无工人上访、无拖欠工资）企业，也是全市少有的以自有资产改制重组的企业，这不能不令人感叹。

三、二轻一条街

1954 年 9 月，津市市政府设置手工业管理科，负责全市手工业社会主义改造的领导工作，时有手工业 805 户，从业人员 2571 人，其中个体户 768 户，从业人员 2021 人，首先建立制索、制伞两个生产合作社，尔后进行样板示范。1955 年，全市手工业社会主义改造形成高潮，大多数手工业者纷纷申请加入各种社组，经过分期分批的工作，1956 年实现了 14 个行业的全行业手工业合作化，全市组成 36 个生产合作社，29 个生产合作小组，共有社、组员 2457 人，占全市手工业从业者人员总数的 99.7%。1956 年手工业产值为 295.11 万元，比 1953 年增长了 3.9 倍。

这种形式的合作社（组），特点是门类多、规模小，管理机构全称为津市手工业合作社联合社，简称手工业联社，属集体所有制经济联合组织。从 1958 年到 1968 年这十年中，因诸多原因，社组数次分分合合，大浪淘沙，优胜劣汰，迨至 1970 年代初，系统通过"关、停、并、转"，重新排列组合，将原有的合作社（组）均升格为厂，大小 30 余家。手工业联社又称二轻工业局，两块牌子，一套班子。经过近三十年的努力，这些企业都有了长足的发展，形成以蚊香、猪鬃、制革为骨干的工业门类，1970 年代后企业实行归口管理，先后有织布、造漆、汽锻、硅元件、橡胶制品、洞庭机械、红旗造纸、敦煌服装等企业析出，所以手工业联社有津市工业之母一说。1980 年代是津市二轻工业发展的黄金期，即便是从前那些名不经传的"街道铺儿"，此时也已"鸟枪换大炮"，堂堂正正地称谓起"厂"来了。

由于历史的原因，这些二轻企业原多置身于市区的大街小巷里，地窄房矮，又多是木房子，由于引进了电力，加之易燃易爆物品增多，给生产安全带来了极大隐患。如木屐社转产生产橡胶制品，一年内发生两次火灾；服装厂生产硅元件，一场大火差点成了灭顶之灾；洞庭化工厂生产油漆，也是烧了一次又一次；皮鞋厂身处于一栋多进穿堂楼里，走进去一道一道天井，如同小孩过家家一般。1980 年，市里将早已丧失功能的北大堤拆除建街（今车胤大道），藉此将原市区内的工厂一一迁至于此，3 年时间，基本迁完，一时大街两侧工厂林立，气象万千，尤以东区集中，因都属于二轻企业，二轻一条街由此得名。它们分别是猪鬃厂、皮件厂、橡胶厂、塑料厂、金属制品厂、车辆厂（酶制剂）、洞庭机械厂、棕刷厂、胶木电器厂、圆珠笔厂、家具厂、布鞋厂、纸箱厂、装潢印刷厂、蚊香总厂、制革厂、二轻经理部等 17 个工厂和工商部门，占市属工业企业的 30%，职工人数 4346 人，占市属工业职工的 23.3%，总产值 6440.74 万元，占市属工业总产值的 27%。

第二节　企业传奇

一、一个屋檐下的两朵奇葩

1956年，手工业大搞合作化，几家制作庙香的个体户组织起来，成立了一个生产竹杆蚊香和皮纸蚊香的合作小组。搞了几年，生意不好不坏，如同鸭子汆水，掀不起个浪来。

1958年3月，市民政局将社会待业个体商贩及街道闲散劳力22人组织起来，自筹资金2000元，在新建坊正街开办一家制作痱子粉、洗发粉、杀虫粉及鞋油的化工组。后取名为社会福利化工厂。

1959年大兴工业，集小成大，市里将这两个合作小组组合，更名为津市洞庭化工厂。该工厂生产糖粉、果汁露、汽酒、汽水、香精、雪花膏、清凉油、哈利油、肥皂、立德粉等十几个产品，下设蚊香车间。

时隔多年，这个组合"家庭"成了大器，分别组设蚊香厂和造漆厂，以其蚊香、油漆两大产品，双双跻身津市市属工业企业十强。

1. 蚊香厂

蚊香车间于1963年从洞庭化工厂析出，更名为津市蚊香厂，将传统的圆条型盘香改为方条型盘香，生产"河马"牌内销蚊香和"斑马"牌外销蚊香，当年出口近千箱。1964年，为发展生产，将厂迁至杨湖口，建成年产6000箱蚊香的厂房，自此，企业走上了一条励精图治的发展道路。1974年，蚊香厂在南岸阳由建高级蚊香车间，专门生产出口蚊香。嗣后由于质量赶超日本"红牌坊"，境外市场销售强劲，蚊香销量跃居香港首位，与此同时，国内市场一片大好。企业不失时机扩大规模，先后将津市竹器社兼并，设为蚊香第三分厂，后又将市高压水管厂兼并，设为第四分厂，遂组成津市蚊香总厂。

1980年代是蚊香生产的黄金期，1985年，斑马牌高级蚊香全击蚊虫时间、有机氯残留量、燃点时间及外观造型等各项指标全面超过日本"红牌坊"。1988年年产蚊香16.42万标箱，为是年全国蚊香总产量的十分之一，产值2270万元，利税361万元。同年，以该厂为龙头组建了全国蚊香行业最大的企业集团——湖南斑马蚊香企业集团公司。集团旗下拥有25家单位，成为集生产、科研、商业、外贸于一体的新型经济联合体。其产品获1988年上海"今夏之最"金棕榈奖、1990年轻工部首届全国轻工业博览会金奖，并多年在香港及中美洲地区保持销量第一、质量第一、卖价第一。深受国内外广大消费者的好评和喜爱。蚊香一时成了津市人外出必须携带的见面礼。

1990年，全市共生产蚊香12万标箱，其中出口近万标箱。时值市领导班子换届，新一届领导班子首次提出"一城六支柱"的战略目标，"一城"，即为蚊香城。1992年5月，蚊香总厂斛马换将，为津市蚊香奋斗近30年的老厂长杨远伟因年龄"过线"而退位，致使津市蚊香在"一城"的口号下越滑越远。津市蚊香厂衰落的原因主要是：

一是盲目扩张乱投资。从1993年至1997年短短4年间，企业先后与香港两家公司合资办厂，投入资金574万元，在海南办厂投资800余万元，另投资建成特效绿仙菊酯和高效氯氰菊酯两条生产线，总投资约2000万元。这一时期荣辱共存：一方面是各种荣誉纷至沓来，1994年至1995年，斑马牌高级蚊香先后获得第二、四届北京国际博览会金奖，1995年斑马牌蚊香获湖南省名优产品称号。另一方面是坏消息不期而至，新投资的项目不是收效甚微，就是血本无归。

二是销售市场混乱。自建厂以来，蚊香产品即由市日杂公司包销，嗣后，二轻供销公司分得一成，两家近30年的苦心经营，各自建立起了自己的销售网点。扩大企业自主权后，蚊香厂建起了自己的销售公司，并与两家经销商签订协议，划分各自销售范围，初还循规蹈矩，不几年便乱了套。厂家自恃是自己的产品，打破游戏规则，随意"侵犯"对方"领地"，导致局面失控。两家经销商无奈退出市场，原是三角支撑的销售市场如今变成了单划桨、独撑船。蚊香厂表面上是垄断了市场，实际上是削弱了力量，毕竟营销学不是一日两日学得来的。

三是行政干预加剧。企业的重大抉择似乎都需听从市里的指令，这使得企业的当权者无所适从，更为要命的是，企业利润如同韭菜，隶属关系、"要害"部门、银企关系等均是被割韭菜的理由，当然，美其名曰"赞助"，"赞助"是最好的托词。老厂长杨远伟常年唠叨："蚊香的利润，就好比针尖上面削铁。"这话，既是诚言，也是忠告。杨在位时，以其资历，这类割韭菜的事例是绝对不会发生的。2001年，年仅66岁的杨远伟退位，这一年，蚊香总厂更名，变为股份制企业。

2000年，全市公有企业改制，企业实施"两个置换"，蚊香总厂改组为湖南斑马蚊香股份有限公司。2002年，该公司整体出卖，更名为湖南新斑马实业股份有限公司。至此，自1963年蚊香车间从洞庭化工厂析出，成立津市蚊香厂，该企业走完了它整整 40 年的历程。回望来时路,最令人怀念的一段时光还是 1980 年代,生产、销售两旺,一厂变四厂,最令人振奋的是,全厂干部职工都相继分到了福利房,这在当时整个工业企业中实属罕见。所谓瑕不掩瑜,在蚊香人的眼里,这个"瑜",指的就是这一黄金时期。

2. 造漆厂

1962 年,洞庭化工厂因产品质次滞销,工人只得自寻门路。这种"自生自灭"的街道企业在那个年月极为普遍。许是"天不灭曹",1964 年,市五金公司一批过期油漆需加工处理,有人通报了这一信息,"病急乱投医",在任何条件都不具备的情况下,工厂用简易工具手工操作竟获得成功。这一"柳暗花明"的巧遇如同给洞庭化工厂打了一针兴奋剂,企业立马找准方向,向油漆制造行业进军,遂更名为津市油漆化工厂。从 1964 年到 1967 年不到四年,产量翻三番,油漆产品增至四类三十多个,并增加了中档醇酸漆的生产。

油漆系易燃易爆炸物品,因该厂坐落在市区老屋,历经两场火灾后,1967 年,该厂花了一年时间,自筹资金 24 万元,在南岸麓山下(原陶器厂旧址)建起新厂,更名为津市造漆厂。工人们曾自嘲道:烧死了就是一只鸡,没烧死就是一只凤凰。1979 年,企业筹资完成了技改,实现配料、研磨、配漆、装罐、包装一条龙生产,日生产能力达 20 吨,产品发展到硝基漆、氨基树脂漆等 10 大类 180 余个品种,并制定了《航海牌涂料产品说明书》,使企业在标准化上迈进了一大步,遂企业逐年在设备、产品开发上加大投资,陆续在各个级别的质量检验评比中获得好评,并被授予各种荣誉,为产品的销售铺平了道路。截止到 1980 年代末,企业拥有资金 300 万元(其中固定资产 181 万元),职工 356 人,占地面积 3 万平方米,年生产油漆能力 5000 吨,年产值达到 827 万元,成为本市重点企业之一。

1989 年至 1993 年是造漆厂的鼎盛期,几年时间,年产值从 800 多万上升到 2200 万元,利税上缴一直稳定在 200 万元以上,1993 年更是达到了 290 万元的峰值,成为全市市属工业企业第一,仅次于湘澧盐矿的纳税大户。1990 年代开始,国家放开油漆市场,传统的销售模式被打破,企业产品由原来的"五金公司"包销,逐渐转向到了自产自销,为顺应这一形势,企业先后在株洲、衡阳、湘潭、岳阳、益阳等地级市开设销售网点 15 个,年产值一度以 20% 的速度递增。1993 年,企业实现产值 2200 万元,达到建厂以来的峰值,年上缴利税一度占全市工业企业的 10%,企业综合经济指标为全市第一。

形势大好的背后,其实也是危机四伏。1990 年代后,随着乡镇企业的兴起,油漆生产厂家泛滥，假漆、次品漆大量涌入市场，他们以低廉的价格，灵活的销售手段分得市场的一杯羹，而正规的生产厂家处境艰难。此时，津市造漆厂所面临的困境主要有二：一是生产销售运行紊乱，由于原材料市场和销售市场两头在外，进货难，销售难。进货难在于，油漆的主要原材料是梓油，澧水上游的石门是梓油的主产区，由于"大跃进"时期的大炼钢铁，梓树遭受到了严重的砍伐，元气一直未得到恢复。销售难在于，现今市场开放，争夺资源便不可避免，销售一改"包销"到"自销"，固然要花费企业的很多精力，这其中既有网点的合理布局，又有销售的专业学问，无一不影响着销售周期以及资金回笼，哪一个环节出问题都会影响企业的正常运行。二是企业负担日益加重，由于造漆厂一直承顶着效益好的光环，除正常的缴税外，其他诸如合理的和不合理的"苛捐杂税"应接不暇，导致企业严重"失血"。仅以1987、1988、1989年为例，上缴税金分别为207.62、146.50、256.3万元，而企业实现的利润分别仅为22.77、23.63、0.27万元。树大招风，为各项隐形支出已经成为企业的"祸害"，毕竟是公有制企业，企业负责人的任免权在上面，厂长即使想抵制，也是有心无胆。仅拿年终财务关账一事来说，那年月全市大多数企业不景气，盈利的就那么几家，任务完不成，只能让这些盈利的企业顶重头。所谓顶重头，即财务缺口由银行贷款填上，而银行利息由企业背着，这一"莫须有"的利息无疑加重了企业负担，这种情形一直持续了好几年，当然这都是体制上的弊端造成的。1994年，企业负责人更换，继任者显然担当不了这扭转乾坤的大业，没两年，企业关门停产。

从一个街道作坊起步，七八个"婆婆姥姥"创业，从生产痱子粉、哈利油到生产各类油漆，企业最盛时有职工近400人，年产值2000多万元，从1980年代到1990年代，连续8年上缴利税过百万，最高年份达290万元，居全市市属工业之首，这不能不说是个奇迹。

二、百年猪鬃

民国初年，炳太源皮革作坊在加工猪皮革时，顺带有少量猪鬃加工，与革皮一同运销汉口。真正形成产业是在抗日战争时期，由一批从汉口逃难来津的猪鬃从业者兴起的。由于猪鬃为重要的战略物资，国际市场需求量大，尤其是各参战国争购，猪鬃一时成为紧俏商品。是时协盛盐商金慕儒独具慧眼，与汉口人联合筹办大华猪鬃厂，年销猪鬃300余箱，按当时的牌价猪鬃每箱法币5万元，而出口到美国的价格高达67万元，相差达十多倍之巨。尽管如此，金老板仍是赚得盆满钵满。湘潭俗为我国五大猪鬃产地之一，1944年湘潭沦陷，难民大量来津，这其中不乏有猪鬃行业的手艺人，故而形成湘鄂两帮，又因各自猪鬃原材料来源不同，资源领地扩大，为日后猪鬃业的发展埋下了伏笔。抗战胜利后，大批难民返乡，虽然制作猪鬃的师傅回去了不少，但仍滞留下了一些人，他们就像种子一样，播撒在了津市。

1950 年，由群生、联华、湘生、湘和、集中、恒太湘 6 户合并组建公私合营津市猪鬃加工厂，这即是日后津市猪鬃厂的前身。猪鬃加工属于劳动密集型企业，设备简陋，机械化程度极低，在多年操作实践中，虽在工艺、设备上做过一些改进和革新，但总体上来讲，仍是一个传统手工行业，由于产品主要销往国际市场，诸多原因均会影响价格的波动，但该厂终能以质和量的优势成为湘省猪鬃出口重要生产厂家，并以强劲之势持续 30 多年，利税上缴一直保持在全市市属工业的前列，成为津市二轻工业仅次于蚊香厂的骨干企业。

企业的滑坡出现在 1990 年代中末期，国内市场开放后，民间小厂如雨后春笋，它们在机制上的优势显示出市场强大的竞争力。而此时的津市猪鬃厂如同老牛上坡，已是力不从心。2001 年，企业整体资产出让给长沙市金湘猪鬃实业有限公司，由于新公司在各个方面具备有利条件，持续百年的津市猪鬃由此获得新生，并发扬光大。

三、炉子的故事

津市在 1960 年代前，居民生活燃具仍是以传统的封火灶（泥砖自砌的土灶）为主，耗煤、耗时、还污染空气。由于此灶封火性能差，没有隔夜火，每每清晨，各家各户忙于生火，一时街头巷尾，烟雾缭绕，空气中满是一股烟熏味。加之大多数工人在窑坡渡上班，赶车赶船要时间，想在家节约点早餐钱都不行。1960 年代末，津市冷作厂生产藕煤炉，这是一种用铁皮和陶土炉芯加填充物组合而成的圆柱形炉具。虽在省煤、便捷、控污上有了很大的提高，但也存在着一些问题，如火力差、燃烧不彻底、封火不稳定、炉芯易破损等。尤其是火力，那时期一般家庭人口多，火力跟不上，做饭耗时长，说不好还吃夹生饭，便成了这一炉具推广的障碍。

1981 年，由津市五金电器厂引进湖南省煤炭研究所科研成果，制作 81-2 型节煤炉，该炉具有结构合理、生火快、接火好、火力猛、封火保温性能好、炉胆耐用等优点，一下改变了人们的传统用灶习惯，随即得到普及。此时的金属制品厂（原冷作厂）即刻停止藕煤炉的生产，转向生产节煤炉。那时的藕煤分机制（煤建公司藕煤厂）和自制两种，机制的紧实耐烧但价贵，自制的不如机制的质量好，但价廉，在那个工资尚不高的年代里，大多数人家为了省钱，还是选择了自制。自制藕煤是件体力活，这给了那些"准女婿"们一个大显身手的机会，每逢星期天，只要不下雨，津市街巷里弄到处有做藕煤的，年轻人高高地卷起裤腿，一截白一截黑，两手握藕煤机，在那里来来回回，就这么个"苦差"，不知成全了多少对青年男女。

1990年代是个浮躁的年代，随着市场逐一开放，以及企业体制改革的深入，那些持有一技之长的企业工人早已按捺不住自己躁动的心。加之此时的乡镇企业如火如荼，向他们伸来橄榄枝，节煤炉毕竟不是一个技术含量高的产品，于是，在那些年里，津市有无数个专做节煤炉的"小分队"奔赴四方。面对这无法控制的形势，津市五金电器厂只能在质量上和品种上抢占制高点，从家用到小型机关食堂用以及餐饮业用等系列产品相继问世，并将濒临倒闭的金属制品厂兼并，成为一个拥有近500名职工的市属重点企业。1994年，企业生产节煤炉44万个，完成总产值1003万元，销售收入1049万元，上缴利税50.2万元，是为年度最好水平，但公有企业体制的弊端依然存在，矛盾依然无法化解，此后，生产经营一路衰退，2000年全市公有企业改制，企业破产后由澧县刘继文等人承顶，组建乐川燃具有限公司。

四、一朵梅花两个人

从日化到酶制剂，是企业产品品种的改变。从酶制剂到鸿鹰祥，是一个企业的飞跃和升华。这是两宗影响津市食品工业的大事件。完成这两宗大事件的，一个叫向顺滋、一个叫李洪兵，若从年龄上区分，他们是两代人。

1979年，时任津市日用化工厂一把手的向顺滋，在企业亏损局势下，主动外出调查，为企业谋寻一条新的出路，在全国兜了大半个圈后，终于捡回了一根救命的"灵芝草"，这就是酶制剂。酶制剂是一种高效的生物催化剂，以黄豆粉、玉米粉等为原料，通过微生物深层发酵提炼而成，用于酿酒、酿醋、生产葡萄糖等，有简化工艺、减轻劳动强度、节约粮食、降低成本、提高产品质量等多种优势。在与四川食品研究所正式签订技术合作协议后，对方采取一帮到底的方式，派工程技术人员到厂协作培养菌种、制订工艺流程、培训人才、改进设备，并帮助推广应用新产品，1980年生产出糖化酶123吨，获利6万余元，这是向顺滋上任6年来第一次看到的回头钱。企业随即更名为津市酶制剂厂。是时，工厂仍匿身于一条狭窄的小巷之中，为寻求场地，曾一度依附于一家大厂。由于酶制剂这一产品还不被大众所认识，故也就未引起有关部门和领导的重视，正因如此，酶制剂差点被扼杀在摇篮里。向顺滋凭借着一股韧劲，四处游说，八方求援，终争得市政府支持，将已关门停产正在寻求出路的津市车辆厂并入酶制剂厂，该厂才有了一处安身立命的场地。企业在向顺滋的领导下，一手抓生产，一手抓基建，不到一年，就建成了年产

1400 吨的糖化酶生产线，翌年生产超过设计能力，年产糖化酶 1786 吨，实现利润 56 万元。此后，企业逐步走上稳定发展轨道，并仿造外地模式建有自己的食品研究所。时至 1980 年代中末期，企业无论是从技术水平还是生产规模均已跻身全国同行业前列，这是继味精厂之后我市第二家食品工厂。1990 年代后，受市场冲击，加之国营企业诸多弊端显露，企业经营每况愈下，竟到了入不敷出的境地。

当向顺滋还在酶制剂这一新兴行业呼风唤雨的时候，李洪兵还在大学的课堂里学化学分析。机缘巧合的是当他毕业出来找工作的时候，向顺滋已从酶制剂厂的厂长位置退了下来，此时，乡镇企业势头正旺，宝刀不老的他即与人在阳由乡新办了一家酶制剂厂，李洪兵正好借船出海，开始了他与酶制剂结缘的人生旅程。一个产品两家厂，这在当时看来是一种无序的竞争，竟隐藏着平常人看不见的玄机。两家企业曾一度合并，但因诸多原因矛盾重重，后不得已分灶吃饭，一家是国企，一家是乡镇企业，一个铁饭碗，一个泥饭碗，很多人无疑选择了国企，而当年一同来乡镇的大学生，竟只剩下了李洪兵一人。人们常说，机会是留给有准备的人的。人的能量最大值，往往是在背水一战时显现。没有自己的努力，即使机会来了，接也会接不住。果不其然，在李洪兵孤身一人在乡镇打拼时，身为国企的酶制剂厂已是夕阳西坠，沉积多年的体制弊端使得企业不堪重负，度日如年。1997 年，羽翼丰满的李洪兵与人合股组建鸿鹰祥生物工程有限公司，当年以承租的形式接替酶制剂厂经营。2000 年，市公有企业改制，酶制剂厂对外公开拍卖，鸿鹰祥以 420 万元夺标，该厂更名为湖南鸿鹰祥生物工程股份有限公司。有了这个平台，从此，李洪兵的"酶"事业做得风生水起，蒸蒸日上，产品出口欧美等十几个国家，并由此衍生出多个生化企业，为津市的食品工业做出了重大贡献。

五、一个被称为常青树的工厂

1970 年，在全国大办电子工业的一片浪潮中，津市镇革委会相应成立了电子工业办公室，专门负责电子企业的产、供、销业务，在没有国家投资的情况下，鼓励一些企业试办小型电子产品。是时手工业联社属下企业最多，于是有服装厂试制二极硅管、皮件厂试制麦克风、蚊香厂试制硅整流元件、圆珠笔厂试制接线柱、家具厂试制硅高频小功率管、安装队试制继电器等。最终大多数不了了之，唯有服装厂的硅元件弄出了一点名堂，后资源整合改组为津市硅元件厂。时有国家的小三线项目电子管厂入驻津市，无线电厂正在筹建之中，一个以生产二极硅管为主的小小企业几乎淡出人们的视线。

许是无娘的孩子天照应。创业几年，企业收获颇丰，1976 年，该厂南迁，企业有了更大的发展空间。1979 年，硅元件厂扩充为津市无线电三厂，企业产品已由单一的硅元件发展到以半导体致冷为主的系列产品，广泛用于石油化工、科研和民用生产部门。其中半导体航空煤油冰点测定器，是为石油部门检验航空煤油凝点而提供的专用设备，代替原有的干冰法，填补了我省空白，曾获省科技二等奖，江湘津由此被共青团中央授予"全国新长征突击手"光荣称号。半导体冰箱于 1976 年经过定型鉴定，性能达到设计要求，与机械冰箱比较，有结构简单、检修方便、体积小、重量轻等优点，被评为 1984 年省优新产品。

津市的数十家市属工业企业，大凡在不同时期有着不同凡响的荣耀与辉煌，如以麦穗牌命名的澧水龙舟赛、以斑马牌命名的春季长跑、以雪丽牌命名的春节晚会等全市性的大型群众活动皆给全市人民留下深刻印象，而以工业特色著称的丝绸大院、二轻一条街更是美誉有加。这些似乎都与该厂不着边际。但该企业的变化却在悄然无声地发生。1990 年，该厂生产的半导体制冷微型器销往西德，是为我市首例高科技出口产品。为突出产品特征，1995 年，无线电三厂更名为石油化工仪器厂。1996 年，该厂列为我市第一批改制企业，由江湘津、王仲飞等人控股，企业再次更名为石油化工仪器股份有限公司。

衡量一个企业经营的好坏，无外乎从产值、利润、税金 3 项指标来评判。企业改制后，人们往往又会以这 3 项指标来评判改制成败与否。查阅历年的工业统计，令人惊讶的是，该厂无论是在改制前还是在改制后，这 3 项指标一直是在同步递增，无一负值，成为全市市属工业企业的唯一。有人说，这个厂有个好班子，人心齐、泰山移。也有人说，这个厂有个好产品，对象是大国企，背靠大树好乘凉。更有人说，这个厂人不多，也就几十人，好管理。一个企业能长久不衰，固然有它诸多方面的原因，但决定因素还是在人，

人们所说的"三驾马车"是这个企业的特色，即厂长常年呆在深圳，以其窗口密切关注和捕捉行业最新动向和信息，副厂长负责生产，书记坐镇企业，兼管技术室。该厂的技术室分甲、乙两个，内部形成竞争，技术员实行绩效工资制，下保基本数，上不封顶，极大程度地提高了技术人员的工作积极性。公司班子三人分工明确，各司其责，故又被人称为"铁三角"。

津市石油化工仪器厂从 1970 年建厂至今，整整半个世纪，无论是在计划经济体制下运行，还是受改革浪潮洗礼，还是在现实市场经济下的博弈，该厂都能立足于不败之地，且能历久弥新地发展，故在津市工业界有常青树之誉。

第三节　岁月钩沉

一、"津庄"迷踪

清光绪十三年（1887），粤商卢次伦与人经石门泥沙到湖北鹤峰拟开铜矿，无意探测到湘鄂边境丰富的茶叶资源，适中国红茶出口正旺，与英籍商人过从甚密的卢次伦发现了这一巨大的商机，遂回粤筹资。次年春天，在湘鄂边境小镇泥市创办茶号"泰和合"，以红茶生产为主，取名"宜红"，粤人"泥""宜"不分，其本意是泥（宜）市产的红茶，也有宜乎其红之意。茶号下分管事、工厂管理、文书、司账、管钱、运输、总务、研讨、赈济、分庄等10个部门，并在五峰、长阳、鹤峰、石门4县的茶区设茶庄数十个，办理采购和运输，又在津市、汉口分设津庄和汉庄。红茶产量逐年上升，由5万斤、10万斤、12万斤，到光绪二十五年（1899）接近30万斤，达到鼎盛时期。从业人员6000余人，有运输船只100余艘，骡马1000多匹。卢为运输便利，建成从鹤峰至津市的青石板路350多公里，修通各茶区山路250余公里，整治宜市至石门县城溇水河段的险滩危石50余公里。1919年，卢因第二次世界大战爆发，生意受挫，加上桑植盗匪搔扰，"宜红"的生产、运输和销售均受到严重影响，遂将"泰和合"红茶号关闭，并将残余分庄转让给手下门生——鹤峰人张佐臣经营打理，自己返回广东故里。

"津庄"，即是泰和合茶号驻津办事处，还有与之相同的一家在汉口。泰和合的红茶原材料遍及石门、鹤峰两县，但制茶在泥市，其产品出路唯有水陆两路抵达津市转输汉口，再由汉口出口，这也是卢次伦不惜重金修筑泥市至津市二百多里石板路以及疏浚泥市到石门一百多里溇水航道的原因所在。"津庄"的职责就是将从泥市运来的红茶重新包装，再用大船运转汉口，继而出口英国。从光绪十四年（1888）泰和合出茶，迄至1919年泰和合收束，30年的过往，一时可谓是"轮蹄帆楫，交相趋赴"。而卢次伦本人无论是去汉口还是回广东都会途径津市，并在他的庄号停留。令人疑惑的是，如此庞大的贸易活动，津市未曾有过物件遗存，唯有两份资料略有提及，一是1959年的《津市简志》中有这样一段话:"清咸丰至光绪年间(1851—1909)的六十年间为津市商场鼎盛时期,这时的茶商、木商、油商、盐商、钱庄均分别产生了,大商人首先与汉口发生了交易,然后与沙市、宜昌有了往来,逐步与长沙建立了关系……最大的茶商,广东人卢月池开设的泰和合业务很大,他为了业务发展,曾单独修筑了通往津市的道路。"卢月池即是卢次伦。撰写于1980年代的《津市建筑志》在城建篇中,也有清末民初时泰和合在津大建房屋的记载。如此看来,"津庄"还真不是空穴来风。

1950年10月,湖北鹤峰县贸易公司分别于津市、宜都两地设立物资采购站,在津市采购站设大码头,1962年,津市采购站升格为鹤峰商业局驻津办事处。巧合的是,鹤峰商业局驻外办事处只设两个,一个津市,一个汉口,与当年泰和合的"津庄"和"汉庄"如出一辙。无法判定鹤峰驻津办事处就是当年的"津庄",但事实是,1919年泰和合收束,卢次伦将残余分庄转让给手下得意门生——鹤峰人张佐臣经营打理。虽红茶不再有往日的辉煌,但生意一直在做,这可从1947年津市输出的货物单中看到,当年出口茶叶5000箱(红茶、洋装),进口火油(煤油)20万桶(来自美孚、亚细亚),红茶和火油与英商无不关联。1949年8月,中共津市市委、市政府成立,政府各部门机构相继设置,办公用房极度紧张,市委一度借用富商胡彬生私宅办公,时间长达3年之久。试想,一个外地商业机构此时却能顺畅入驻大码头,而且是一栋宽敞明亮的三层楼房,那只有一种解释,从前这里就是鹤峰人的地盘。

1919年秋,当泰和合做完最后一桩红茶后,61岁的卢次伦在张佐臣的陪同下从泥市来到津市。此时此刻置身于大码头,他的心情是复杂的,三十年间,他不知在这个码头上往返过多少次,当年英气勃发地来,如今霜染两鬓地走,不免满腹惆怅。而作为"津庄"的新主人,张佐臣的心情与卢次伦全然不同,他在临近的集贤楼摆下盛宴,一是为自己的恩师饯行,二是为即将归属于自己的津庄同仁敬上一杯酒……历史是否真有过这一幕,尚可存疑,但卢次伦最后一次离开湘北,一定是在津市乘的船,这一点倒是毋庸置疑。

二、从浙铁到新华

"浙铁",全称为浙江省铁工厂,是浙江省主席黄绍竑在抗日战争初期开办在丽水地区的一个军工厂,有三千多人,下设四个分厂,制造步枪、轻机枪、手榴弹等军事武器,供应抗日前线。1939年,中共浙江省委派出特委在"浙铁"建立了党的总支部。同年,周恩来同志来工厂视察,从此,"浙铁"的抗日活动就开展得更加火红了。工人们积极为抗日前线增产军火,党还建立了外围组织——浙铁员工工余社,(即工人俱乐部)。工余社有话剧团、歌咏队、图书室等组织,还在工人中组织了读书会，学习马列主义的基本常识，为党培养和发展了一大批工作骨干。李群、高培勋、仇甬夫、吴新元、贾劲生、蔡镇铭等同志都是在这些活动中培养出来的党员。

1941年"皖南事变"后，中共浙江省委和"浙铁"党总支遭到严重破坏，为保存革命力量，"浙铁"党总支有计划地将一些暴露了身份的党员转移，于是，李群于1942年初离开"浙铁"来到湖南。不久浙东沦陷，工厂遣散，工人四处流散。是年8月，李群、高培勋、仇甬夫、吴新元、贾劲生、蔡镇铭相继在湖南衡阳相见，遂成立中共党支部，由原厂党总支委员李群任书记。因与组织失去联系，几人只得一边寻工，一边找党。他们于1942年底辗转来到津市，开始落脚新洲，后迁往津市市区，在油榨街租得三间门面，备置一些简单工具和设备，开始生产小型弹花机及简单农具，建立津市新华弹棉机器厂，注册"星球"商标的总厂在温州，江西、湖南各设有分厂，他们打的就是这一合法招牌。

津市的环境对他们较为适合。一是周边滨湖各县都是棉花产区，产品对路，易生存。二是他们在津市的老乡多，除江南会馆外，抗战时期来津的上海老同兴酱园更有他们的至亲挚友。这一切使他们很快地融合于地方。他们一边工作，一边找党，同时开展一些党的外围活动，如通过工人读书会的形式，发展了袁都银、王维银两位同志入党。1948年，他们与左承统领导的中共澧县工委取得联系后，又陆续发展了陈洪洲等一批党员，并积极配合当地党组织开展武装斗争及迎解工作。1949年7月，津市和平解放，新华工厂整体资产移交政府，政府融资，将其厂更名为津市公营新华工厂。全厂24名中共党员根据工作需要先后调任省内外各个地方，同时也有部分同志留在了津市。

中华人民共和国成立初期，津市的机械工业基础十分薄弱，尽管新华工厂的规模还很弱小，但有小不愁大。果真，在此后津市工业的发展中，新华工厂一步一个脚印，从农机的简单修造到轧花、皮辊、电机、车床等产品的生产，涉足各机械门类，尤其是以母鸡下蛋的方式"一机孵三机"的创举，一时传为佳话。纵观新华的发展史，也正应验了那句"星星之火，可以燎原"。

三、夹街往事

明清时期，津市的街市仅有河街、正街、后街三条。这种三街并陈的格局大抵与长江中下游的所有市镇一样。夹街原是正街与河街之间的隔离道，或者说是防火道。民国后，随着人口的递增，这里因均为后墙院屋，常被新增居户用来搭棚建房，使得本已狭窄的通道斗折蛇行，逼仄处仅一步之距。因均为木房，故而火灾不断。1937年夏，新码头某纸炭行老板邢瞎子吸食鸦片，不慎失火，大火燃烧一昼夜，从新码头一直向东延烧至祁家巷，烧毁数百户房屋。人们再建房时，将其遗址让出些道来改为门店，店铺连片就成了街。于是，有人说夹街是烧出来的。

夹街雏形的形成约在轮船业出现以后，这时人口渐密，当街门店早已插不进足，便另寻途径，夹街虽窄，但酒香不怕巷子深，故在此开店的多是餐饮业。1935年，企园酒家从大码头迁至这里，俨然成了领军商铺。而抗战爆发后的1938年刘聋子粉馆迁来于此时，这里已是列肆如栉，幸得姐夫慷慨接济，刘松生舀得了最后一瓢羹。

夹街既没有正街的商业氛围，也没有河街的码头气息，更没有后街的消闲雅静。它完完全全就是一个吃喝嫖赌，寻欢作乐，繁杂喧哗的市井。抗战时期，这里几乎汇聚了津市城里所有吃食：从津津点心铺的糖果糕点到企园酒家的烧烤筵席，从零食小吃到坐堂餐……应有尽有，任人选择。以特色小吃著称的就有春乐园的炸春卷、向麦生的小笼汤包、满庭春的蒸饺、新合楼的伏油包子、刘聋子的牛肉米粉、半步楼的三鲜麦面、王盛锦的卤菜、拐子巷的王饺儿等。而以承办筵席为主的馆子大大小小就有几十家，其中长沙人开的企园酒家与本地人开的澧阳楼最富盛名。企园酒家的官筵烧烤席与民筵燕翅席既能迎合外地来的达官显贵，又能满足当地商贾缙绅的需求。澧阳楼则以本地出产的江、湖、河鱼，以及澧水上游下来的冷水鱼为食材，将几十种不同种类不同大小的鱼用煎、炸、蒸、煮的烹饪方法做出风味迥然的全鱼席，使人望而生津，赞不绝口。

白天，这里行人摩肩接踵，酒馆茶楼高朋满座，小吃店前门庭若市，剧场戏院座无虚席。到了晚上，华灯初上，满街人影憧憧，猜拳行令，声色犬马，管弦丝竹，笑语喧哗，混合成一组行乐交响曲回荡于夹街上空，真有如"商女不知亡国恨，隔江犹唱后庭花"的醉生梦死。

最繁闹的还属地处夹街的众乐、长津两家剧场。那时流亡的剧社多，武汉的汉剧、四川的川剧、岳阳的花鼓戏加之本地的荆河戏轮番在这些场子里演出。大热天，人们汗流浃背地坐等开场，这时，就有堂倌端来汗巾把子。他们一手端盆，一手捏着汗巾，朝着人堆里抛去。一时间剧场内你呼我应，汗巾把子在空中纵横交织，把把不落地，搏得满场喝彩。戏未开演，便让人们饱了一回眼福。剧场老板倘若闻得当代大侠——慈利人杜心五途径津市，必想方设法请他来剧场献一回艺。这时，杜大侠就会相邀本地的药功大师傅冠雄前来同台竞技，两人高超的武功获得台上台下一片叫好。

堂班一般依附于大旅社，是在警局挂了号，且按月缴纳了花捐的，故而做起生意时落落大方。但同做这种生意又不去警局缴花捐的是那些被津市人叫做私窑

▲夹街（李光耀／绘）

的地方，私窑藏匿于夹街里的每一个角落，窑姐妆扮粗俗，年龄悬殊大，服务不择对象，退伍军人、过往商旅、鳏夫游民、工匠小贩，以及澧水河上的船古佬、排古佬等都是她们的主顾。那些初来乍到的毛头小伙，由于过于紧张，往往会弄出一些惊险而刺激的故事：待还在小巷中驻足张望时，冷不防被人从后缚住了脖子，正要呼喊，却又闻得一股脂粉香，于是晕晕乎乎被人拽进了门。这种经历被人反复传说，便给原本神奇的夹街抹上了一层神秘的色彩。排古佬一般下一趟津市得需十天半月，报酬也就几块光洋，这点钱也只能在夹街待个三两天，当他们花完这点钱再找个拉纤活返回大山时，心里便又在划算下一次来津市的时间。

夹街的繁华到 1945 年戛然而止，复员潮将这个城市的人口恢复到原状，但这条街的香粉气一直延续到 1952 年，当最后一名鸨母离开夹街时，这里的喧嚣才真正偃旗息鼓。

四、澧津烟厂

1947 年，津市新华制造弹棉机器厂于沙市建立分厂，具体由陈洪州和袁都银两人负责，由于轧花辊用的白铁皮采用当地复兴烟厂的包装材料，因此陈、袁两人与烟厂老板杨振之熟络，后杨参加了由新华中共地下党组织的沙市新民主主义大同盟，关系进一步密切。沙市解放后，因与复兴烟厂同等规模的烟厂有几家，竞争激烈，杨振之颇感生存艰难，1950 年春，经津市新华厂驻湖北沙市办事处袁都银动员，复兴烟厂迁来津市。

经津市人民政府筹划，由市政府、驻军 480 团、复兴烟厂 3 家合资组建"公私合营澧津烟草公司"，即澧津烟厂。王文臣（公方）任经理，张祖坤（军方）、杨振之（资方）任副经理，制烟厂由杨振之担任厂长，下设会计、技术、保管、供销 4 室。厂址初设在关庙，1951 年后迁南岸阳由垸堤（原镇大洋油池）。公司资产初为一亿六千五百元（旧人民币），后扩展到六亿多元（旧人民币）。其拥有小型卷烟机 2 部，压梗机 1 部、30 匹马力的动力机 1 部及切丝、炒丝、磨刀机等整套制烟设备和技术人员，生产"和平""进军""五一""国防"等牌名香烟。日产香烟 6 箱至 8 箱（每箱 250 条），年均产值 20 万—30 万元。企业有固定工 32 人，计件工和临时工 70 余人。烟草来自河南许昌、贵州邓县，产品销澧水流域及湘鄂边境县市。

复兴烟厂属于家族型企业，联营后，劳资双方矛盾不断，加之三方管理有些不协调，厂长杨振之心存芥蒂。1951 年 7 月大水，工厂漫水受浸，设备受损严重，加之部队调防，军方撤资，生产日显艰难。后经济结构调整，因常德地区有新湘烟厂和澧津烟厂两家，而此时津市已由市改为镇，为理顺销售市场，常德专署决定澧津烟厂停办，资方人员返回沙市，设备及技术人员并入常德新湘烟厂（常德卷烟厂的前身）。至此，澧津烟厂从 1950 年 5 月开工到 1952 年 7 月停办，一共才运行两年多的时间。

就新湘和澧津这两家烟厂的规模和潜能来比，澧津都要优于新湘，况澧水流域上游诸县均能生产烟叶，若是处在同一个自由竞争的经济环境下，日后的那个年产值数十亿的卷烟厂说不准是在常德还是在津市。无独有偶，时隔 6 年，也就是 1959 年，常德专署将经中央轻纺工业部同意正在筹建中的有 5 万纱锭、1000 台织布机的津市棉纺厂停建，设备和部分培训人员移交常德棉纺厂。

五、支边青年

澧水属山溪型河流，支流多，支干流共有 9 条，故有九澧之称。溇水是澧水最大的一条支流，慈利人称其为后河，发源于湖北恩施州鹤峰县下坪乡云梦村，自西北向东南，经鹤峰城至大野坪，再沿湘鄂两省边界到江口朱家村，进入湖南省桑植县境，于慈利县城汇入澧水。河长约 250 公里，流域面积约 5048 平方公里，这是澧水九条支干中唯独一条来自外省的河流，许是这种"血缘"关系，鹤峰、澧州两地交往源远流长。

鹤峰县属武陵山腹地，山大人稀，交通闭塞，民国以远无公路，唯有靠溇水和威盈河出境，溇水流向湖南，在慈利汇入澧水，威盈河流向湖北长阳，两水均不能航运，丰水期仅走排筏。由于威盈河的流域面积和流经长度仅是溇水的三分之一，故鹤峰境内的商贸基本上与湖南发生关联，也就是和津市发生往来。清光绪年间，粤商在石（门）鹤（峰）边地创办"泰和合"茶号，为此打通石门至津市水陆交通，使得津市与鹤峰间的贸易关系更为紧密。民国时期，鹤峰出产的桐油、生漆、五倍子、茶叶等山货土产以两路运抵津市，一是通过鹤峰江口至慈利江垭入澧来津，二是由鹤峰走马坪集散，尔后沿水陆两道辗转来津，两处往返均在半月以上，即使耗时耗力，也不能物资文明滞后太远。1931 年，鹤峰始从宜都、津市输入煤油，比津市晚了近 20 年。同时输入的还有津市的百货、布匹、煤油等生活用品。被津市人称道的鹤峰毛尖，即是从这一时期开始输入的。

鹤峰历史上有很长一段时期属于土司领地，经济十分滞后，中华人民共和国成立后，鹤峰刚建起国营商业，人才奇缺，鹤峰县政府只能求助于津市市政府为其招收一批工商干部。从 1952—1956 年间，先后 6 批次，近百名津市知识青年去了鹤峰。1958 年石清公路（石门至官渡）未修通前，石门西北乡仍只有一条岩板骡道，也就是说，当时从津市派出的人出了石门县城就得走路，到石门西北边陲南镇 145 公里，再到鹤峰县城 120 公里，全靠步行，而且挑着几十斤的行李。现年 96 岁的冯里英在回忆起当年鹤峰的情景时仍唏嘘不已："1952 年我刚满 30 岁，是所有去的人中年龄最大的，7 天的行程，别说那些十六七岁的小青年，就是我也吃不消，尤其是过黄虎港峡谷，两根铁索搭几块木板，悬空几十丈，人走在上面摇摇晃晃，两腿直打颤，难怪有人说，'人过黄虎港，爹娘都不想'，唉，那时真不知是怎么走过来的……"

到鹤峰后，他们分别从事商业、林业、金融等工作，初始多在下面的区、社，生活、工作异常艰苦，吃包谷饭，点松油灯。由于他们中的大多数从事财务工作，白天走村串乡，晚上点灯算账，长此以往，一些人很早就患上了结核病。"那时县境无有一条公路，出行全靠徒步，因山道崎岖，很多时候走路的时间要比工作的时间多，大多数区社还没有电话，给县里送报表，一个往返，少则三五天，多则一星期。那时还有匪患，即使是在白天，一个人走路还很恓惶。山大人稀，好半天见不着一个人，实在是憋得慌，只得唱歌壮胆，山里空旷，有回声，一句唱出去，几句回过来，听着听着又怕了……"后任鹤峰县林业局局长的夏正荣回忆起这段往事，快九十的人了，脸上竟漾出一丝羞涩的笑。

这批人，除少数因特殊原因中途折返外，均已在鹤峰扎根。他们从基层做起，日后渐次成为鹤峰商业、林业、供销等战线的顶梁之柱，为鹤峰的商业发展和经济建设做出了重要贡献，并付出了自己宝贵的青春和年华。首批去鹤峰的陈云湘和胥春铭是两口子，均从事财务工作，因表现积极，两人都入了党。1978 年，陈云湘因病去世，年仅 47 岁，出殡的那一天，县委、县政府领导都来为他送葬，其遗体安葬在县革命烈士陵园。陈留下年仅 39 岁的妻子和两个年幼的孩子。当时鹤峰县的条件远不如津市，县组织部鉴于这情况特殊，准备与津市组织部联系将胥调回津市，胥谢绝了组织照顾，一人支撑起这个家。原津市高升旅社老板的长子张伯雁去鹤峰前就有高中文化，在当时算得上是高学历人才，业务精湛，双手能同时打算盘，其财会水平在恩施地区享有很高声誉。冯里英辗转在区、社基层工作了二十多年，他将自己的三个子女分别取名为北霞（鹤峰北镇）、江霞（鹤峰江口）、本鹤（鹤峰），以示纪念。

时光荏苒，岁月如梭。一晃六十年过去了，胥春铭上鹤峰时才 16 岁，如今都已是"80 后"了。当年想回家的时候因交通不便，乃至几年，甚至十几年才回津市一次，如今交通方便了，可身体又不行了，受不了旅途劳顿，就是真能下津市，也住不了几天，因为鹤峰那边有他们的儿孙，有他们的牵挂，实实在在的是他们的第二故乡。其实，纵观津市与鹤峰的历史，就如同溇水和澧水一样，从未剪断。

附：津市去鹤峰部分人员

冯里英	张伯雁	张远培	夏正荣	陈云湘	陈雄模	陈瑞庚
朱世隆	熊清泉	杨德明	杨忠鼎	杨天贵	杨文志	龙立生
雷海华	雷厚华	童振荣	刘唐清	魏文清	黄志军	汪学泽
曾才清	肖北海	王辉轩	左训南	胥春铭	李珍连	李先珍
李巧年	黄祖英	何惠珍	张秀英	许月英	温爱珍	匡国英
吴秋英	邹高玉	余巧云	皮惠兰	罗继英	庞云霞	翁爱珍

（因年代久远，难以收集，若有遗漏，敬请谅解）

六、八大标兵

1950 年代，尤其是 1956 年公私合营后，随着劳资关系的改变，人们不再把劳动看成是谋生的必须，而是对党、对国家的一种报恩。这种境界的提升，极大地激发了广大群众忘我的劳动热情和无私奉献的精神，以致工作起来不分昼夜，不嫌脏累，不计报酬。1957 年 11 月 13 日，《人民日报》发表社论，提出了"大跃进"的口号，1958 年 5 月，中共八大二次会议正式通过了社会主义建设总路线，号召全党和全国人民，争取 15 年或者更短时间，在主要工业产品的产量上超英赶美，会后，全国各行各业迅速掀起"大跃进"高潮。

在这十年中，津市的经济建设大致可分为两个阶段：第一是从 1953 年开始的第一个五年经济建设计划时期，津市逐步在由商转工的城市转型中获得成效，截止到 1957 年底，津市已有地方国营工厂 9 家、公私合营工厂 9 家，生产产品有电力、轧花机、老虎钳、木螺钉、圆钉、食用油、毛巾、汗衫、袜子、蜡纸坯、电池皮纸、电池、白酒等 20 多种。初步奠定了地方国营基础。第二是从 1958 年开始的"大跃进"时期，由于贯彻党中央提出的"全党办工业，全民办工业"的方针，盲目地大干快上，"卫星厂"如雨后春笋，一时达 77 个，尤其大办钢铁和水泥，更是劳民伤财。然而，任何事情都有它的正反面，除应时的炼钢和烧制水泥失败外，津市的小商品生产得到了长足发展，除恢复 31 个小商品生产外，还新增了 21 个品种。

这是一个劳模、英模辈出的年代，在这十年里，一个仅有几万人口的小城，先后有向德元（澧东油厂工人）于 1956 年在北京出席全国劳模会、张书麟（澧东油厂书记）于 1958 年在北京出席群英会、谢顺兰（女，旅社经理）于 1957 年在北京出席全国妇女积极分子代表大会、姚华堂（卫星索厂厂长）于 1960 年在北京出席全国民兵积极分子代表大会并被奖励一杆新式半自动步枪。在京期间，他们分别受到党和国家领导人的接见并与其合影留念。另有数十人被评为省、地区劳模和先进个人。为保持和激励这种态势，中共津市市委自 1957 年起，在全市范围内开展一年一度的评先（先进单位、先进个人）活动，1959 年，经市委、市人委提议，在全市工商战线评选出 8 名代表树为标兵，鉴于行业及性别的代表性，经逐级推荐，最终评审出的这八大标兵分别是：

王锡纯（交通）　冯瑞武（工业）　孙常银（工业）　姚华堂（工业）

李少柏（工业）　李万静（商业）　谢顺兰（商业）　庄永凤（商业）

八人的相片和事迹被张贴在市区最繁华路段的橱窗中展出，这就是名噪一时的津市"八大标兵"。八大标兵的评选，是在当时特定历史背景下的产物，旨在最大限度地激发人们建设社会主义的热情和干劲。与其说是表彰个人，不如说是彰显那个时代，因在这八人身上，是无数个劳动者的缩影。

七、津市建工

1. 源流

自津市城镇雏形出现之日起，凡街道、桥梁、公用设施及商、民用建筑物，无不成于建筑工程，故津市建筑业亦历史悠久。明清以岩桥、宫庙最为华丽，《澧州志》中有"连阁千重、炊烟万户"之表述。晚清以后，门户洞开，商业进一步繁荣，推动了建筑业的大力发展。从建工、建材至建筑工艺水平，不乏佳作，代有能人。建工大致可分泥工和木工两类。泥工——津市人俗称瓦匠，历来姓贺的多，据贺姓族谱记载，其一世祖来自江西南昌府丰城，于大元年间（1271—1370）孝廉典牧慈利州，由官落屯十八都（今鹤峰走马），澧水流域贺姓几乎均源出于此。津市杨湖口的贺家湾、柏枝林的贺家台为其后裔聚集地。他们与后来的江西商业移民不同，以农为本，忙时耕种，闲时务工，一把泥刀，勿需投本，这在传统的农耕社会里倒是勤俭持家的最佳选择。手艺人多以家传，贺姓聚族而居，故津市贺姓瓦工多也就不足为奇了。木工来自四乡，以易、龚姓为多。民国时外来建工陆续来津，主要以长沙、宝庆的建工为主，俗称"南帮"，其建筑风格新潮，并在建材使用上大有改观，如推广生漆和改良漆，石库门面以麻石子掺和少量玻璃渣、水泥、石粉装饰，使人觉得雄厚坚固。"南帮"与"本帮"基本上没有什么联系和往来，通常是各做各的"生意"。

人众，必有拔萃者，出类拔萃就是这个意思。民国时期的传奇瓦匠贺家道就是一例。清光绪十八年（1892），贺家道出生于柏枝林贺家台，自幼聪颖，对建筑颇有天赋，因技艺精湛而备受推崇，尤以古建筑修葺见长，其做的本帮瓦工的绝活

"堆画"更是精美绝伦，30 岁不到便被推举为津市泥工头脑，与南帮头脑朱叔钧齐名。他常被造屋建店的商贾聘为"掌墨人"，先后主持承建了喻义和金号、喻茂顺银楼、伟章绸庄、伟纶绸庄、陈谦和药房、饶同仁药房等大商铺，这些建筑造型新颖，大气美观，一时惹人注目。

1936 年春夏，湘军第 19 师师长李觉（何健外甥）在澧县县长等一行陪同下游览关山烟树旧景，休憩于中武当，见道观破落，遂带头捐资，在同行人中募得光洋二千，以作修葺之资。贺家道以其技艺声誉得以中标，费时 8 个月，终使中武当道观焕然一新，再现重檐飞阁，画栋雕梁的雄伟景观，贺家道因之声名遐迩。嗣后，津市万寿宫、天后宫、关庙、城隍庙、刘公庙等宫殿庙宇的修葺，贺无不参与其间，尤以"堆画"技艺，使得建筑愈益增色。可惜天不假年。贺家道在他盛年期本可在津市建筑业大展宏图时，因积劳成疾，终致卧床不起，于 1940 年正月去世，年仅 39 岁。

1950 年代是津市建工的鼎盛期，1950 年 10 月，津市建筑工会成立，市总工会主席王树桥出席开幕仪式并讲话。建筑工会集泥、木（大小架子木、园、砻、船木及附属车、雕木）、磬、石、漆、锯板、白铁等大小 13 个行业，计 1200 余人，下设劳保、生产、财金、文教四个科室。继 1950 年兴建皇姑山粮库始，短短几年里，津市建工先后承建湖北公安县县委大会堂、街道、面粉厂，安乡县委会、粮库、邮电局、日杂仓库、百货仓库，常德县石板滩、蒿子港粮库及办公楼，石门县商业局三层大楼、米厂及粮库，慈利县县委会、电厂、江垭中学，澧县粮食局、粮库、人民银行，华容县中学等大型建筑工程，并多次参与国家级的建设项目，一时饮誉九澧。

2. 荆江分洪

1951 年 3 月，受市政府派遣，津市建筑 150 名工人由李家金带队赴湘鄂交界地黄山头镇，参加荆江分洪南闸建设。南闸共有 32 孔，64 个闸门，津市负责其中两孔的施工。主体工程完工后，主持施工的长江水利委员会特留下津市建筑队，交由李家金负责荆江分洪南北二闸纪念亭的建设，并协助纪念碑的石砌施工。

北闸距沙市上游 15 里，纪念亭与纪念碑分别建于闸的两侧。南闸纪念亭建于闸一侧的黄山头山腰。现已辟为公园。进门拾级而上数十步可见阶级两边各有一亭隐于绿树之中，色彩鲜艳，飞甍翘檐，古色古香。再拾级数步，两边各有一碑，上面刻有毛泽东、周恩来等党和国家领导人的题词，以及时任荆江分洪总指挥李先念写的《荆江分洪记》。纪念亭由李家金设计，津市建筑队参加的技术人员有李家金、江维炎、周桂生、张运顺、穆柏勋等。因表现突出，李家金、黎海云、周春泉、黄德胜、雷忠鑫等被评为劳动模范。所有参加者均获得"荆江分洪纪念章"一枚。

3. 援建机场

荆江分洪建设后，津市建筑队载誉归来，名声远扬，受到中国长江水利委员会的器重。该委员会在承担国防重点工程——许昌机场时，点名要津市建筑工人前往援建。

1953年3月，津市建筑工会副主席李家金率首批锯工50余人赴河南许昌，做好后续工人进场的材料准备。端午节前后，近200名泥、木工人及后勤人员进场，旋即投入紧张的基建施工。200多人编为3个中队，包括两个泥工中队、一个木工中队，负责的建筑有：跳伞塔、水塔、地下油库等钢筋混泥土结构设施，另有民航服务部、车库、办公楼、锅炉房等砖木混合结构设施，共二三十个项目。工程完工后，工程指挥部验收，项目全部合格。

1954年元月，机场竣工，指挥部召开万人庆典大会，特邀津市建筑队负责人李家金上主席台就坐。会上对津市建筑队在工程速度、质量、技术、安全等方面进行了表彰，并授予其2米多长锦旗一面，上写着"建筑的生力军"5个金光闪闪的大字。

八、三洲街牛马行

牛马行，即是做牛马交易的场所，同时也做宰坊，牛肉贩子将贩来的牛牵到宰坊宰杀后，再拿去卖肉。老师傅每宰一头牛，工钱为一斤牛肉。三洲街牛马行是境内唯一的一处牛马交易所，做此业的多为回人。民国时期津市的牛行主要有魏学同的"魏善芝"牛栈、马绍银的"马玉记"牛栈、魏先烈的"魏义发"牛栈、"李鸿章"牛栈等数家。津市回族的起源无考，但三洲街有清真寺和回民巷，与之对望的桥北又有他们的牛马行，历史无疑渊远，且"魏善芝"牛栈传至魏学同时已是第七代了。因信仰和习俗的相同，后期来津的回人也大多集聚于此，说起三洲街牛马行，人们就自然地把它和回人联系在一起。

1918年，冯玉祥率部进驻湘北，即任湘西镇守使。他因公务常往来于常澧之间，尤为津市街市的繁华所震撼，那一句"堪比山东府治"的惊叹流传至今。三年后，冯部撤离，随军武术教官李光荣毅然脱队，留在了澧城。经人撮合，李光荣与同是回人的县师爷遗孀组成家庭。一年后，喜得一男婴，李给自己的儿子取了个同晚清名臣李鸿章一模一样的名字。初为人父的李教头从长计议，亟回河南老家处理家务事宜，好一心一意在南方过日子，不料途中染疾殒殁。再度成为寡妇的女人相信这是命，故摒弃一切幻想，一门心思将小鸿章抚养成人，幸得娘家接济，日子虽过得艰难，小鸿章仍是一天天长大。

▲牛马行（傅宇华／绘）

因是回族，李鸿章打小就在牛马行里滚爬（牛马行多是回人经营），熟络如家，十五岁便能相牛、宰牛，后嫌澧城冷清，便携母来津独立门户。津市周边多为滨湖垸乡，历来为澧州牛马交易大市，而此行业又多为回人，故人们常将牛马与回人联系在一起。三洲街桥外紧挨郊野，茅舍便利，加之水草丰盛，牛马行最旺时多达数十家。这里也是回人聚居之地。李来津虽晚，又是独姓，但性情爽朗，为人忠实，待人和睦，尤以业务精湛，很快服得人心，站稳脚跟。有一年，湖北公安一匪首来津，因患病歇住李家长达一月之久，李家如客相待，分文未取，毫无抱怨。日后，有一次李鸿章在湖北贩牛，返回途中，被一伙土匪打劫，那头目听得李鸿章一名，立马前来解索松绑，好酒好菜，供为上客，还护送李鸿章出境。此事一时被人称为传奇。李鸿章也常以此告诫后人行善积德。

1950年代，各牛马行组成合作社，李鸿章被推为社长。此后虽名称和隶属关系几次变异，但津市人还是习惯称它为牛马行。每到秋冬两季，三洲街桥外自成一景，牛马行棚内棚外全是牛（还有少许骡马），那条东西贯通的马路上，人们或牵或赶着牛朝牛马行走去，老是断不了线。这情景几乎成了一代人的回忆，尤以那些当时半大的孩子记忆为甚。放完学，他们去牛马行牵头牛到后面的野地里吃上几个钟头的草，就能得到两分钱的报酬。

1966 年，邢台发生大地震。为尽快恢复灾区生产，中央指令湖南为其组织一批耕牛。任务最终落在津市。李鸿章拿出浑身解数，足迹遍及整个湘鄂边区。牛棚不够，他就用南岸的一个废弃窑厂临时代替。上百个日日夜夜，上千头经过检验合格的耕牛源源不断运往北方。为此，李鸿章得到地市两级的嘉奖。

1967 年，涔澹农场驻军的一个骑兵连解散，几百匹军马无法处置，最终向津市求援。李鸿章除了会相牛外，还会相马。这一次，他又以自己的一技之长圆满地完成了任务。马在北方主要用作交通工具，而军马又优于一般的马种。这一次的交易不仅部队满意，北方来的地方同志也满意。而李鸿章本人也因为父亲的老家做了一件大好事而欣慰。

九、彭仙旸和他的"群众会计学习班"

1940 年，18 岁的彭仙旸怀着一股从军救国的热情，考入驻津国民党 53 军"干部训练班"，短期培训后，因学绩优良，受到军长周福成的赏识，当了一名军需官。两年后，彭仙旸考入军政部属下重庆军需学校桂林二分校，该校开设的课程主要有：经理通论、粮秣经理、政府会计、军队会计、商业簿记、成本会计、经济学、审计学、法律学、票据法等 20 余科。彭仙旸毕业后依然回部队从事军需工作，时间长达 8 年之久，抗战胜利后，曾随部队辗转到过越南、台湾等地执行接收敌资任务，1947 年，部队驻防北平，此时内战烽火骤起，彭感前途无望，遂请长假离开部队，从戎 8 年，无染任何不良恶习，倒是业务精湛，官至三等军需正（上校衔）。1949 年元月，北平和平解放，时已为庶民的彭仙旸与妻子响应政府压缩城市人口的号召，毅然返津。

1950 年代初，人民政府刚刚新建一批企事业单位，急需会计人员。加之税务部门为了贯彻执行国家新的税收政策，要求私营企业经营管理建账建制。而当时津市工商企业的会计核算，一直沿用传统的上收下付的单式记账，难以适应经济发展和经济管理的需要。因接受过新式记账法教育，时任联诚绸庄管账先生的彭仙旸毛遂自荐，主动向政府提出举办"群众会计学习班"，这一举动很快得到了政府的回应和支持。从 1950 年 3 月到 1951 年 9 月（后因彭受聘于津市企业公司负责财务而停办），历时 18 个月，共办 5 期（一期 3 个月），共培训学员 300 多人。结业者经市文教科审查，文教科在学员"结业证书"上加盖"津市市人民政府"大印。这些学员结业后除被当地政府相关部门录用外，有的还凭这本结业证书在异地参加了工作，其中最远的还去了新疆。

1951 年 10 月，津市首家大型商业企业——津市公私合营股份有限公司成立，作为津市稀缺的财会人才，彭仙旸被聘请为财务课课长，由于工作出色，工资标准与总经理同为最高级 300 工薪分；1952 年 10 月，彭调入我市首家工业规模企业澧东油厂，担任会计课课长；1958 年，缫丝厂成立，彭又被调入该厂，主管财务工作。适遇我国三年经济困难期，缫丝原料蚕茧减产，为渡难关，该厂发展多种经营以维系企业生存，彭发挥其特长，经济核算到班组、机台，实行班组定任务、定编制、定质量、定消耗、定成本的"五定"，个人定产量、定质量、定消耗的"三定"。企业在这三年中不仅无亏损，而且连续两年盈利。

作为津市财会专业的元老级人物，彭这一生都在与其专业打交道。除兢兢业业干好本职工作外，无论是在上班期间的业余，抑或退休后的返聘，培养财务后续人才成了他终生的追求。尤其是在市政协担任常委期间，九年内，他与市有关部门联合开办工业、商业的各种培训班共 24 期，培训学员 1580 人，创设"津市会计咨询服务所"，并围绕振兴津市经济撰写有关论文 23 篇，其文章汇编成册，名为《管见集》，这本书被分送至市党政领导及有关部门，拳拳之心，可见一斑。

十、援津技工

毛泽东在《纪念白求恩》一文中这样写道："一个外国人，毫无利己的动机，把中国人民的解放事业当作他自己的事业，这是什么精神？这是国际主义的精神，这是共产主义的精神，每一个中国共产党员都要学习这种精神。"其实，在 1950 年代津市大办工业时期，就有很多上海、杭州、长沙等大中城市的技工，为了津市的工业建设，舍弃都市的繁华，义无反顾来到这个洞庭湖西岸的湘北小城。他们或举家迁徙，或在津市成家立业，时光荏苒，岁月如梭，几十年过去了，他们已至耄耋之年，抑或长眠于津，一切即将湮灭在时光的尘埃里而鲜为人知。现在有句时髦话叫："向岁

▲申办报告

▲招生简章

月致敬。"津市的工业由小到大，由弱到强，这其中除有津市市委、市政府的正确引领，以及全市人民的发愤图强外，另与这些陆续援津的技师们为津市工业的起步与发展做出的巨大贡献是分不开的，故而在向岁月致敬的同时，也要向他们致敬。下面就以能追溯的技师来津工作的情况列举如下：

周仁元，上海人，1953 年受聘津市电厂。电力是工业的基础，成立于 1916 年的津市光明电厂仅能维系市区部分商业和民用照明。为适应地方工业的发展，1953 年，在政府的积极扶持下，由企业公司为其注入资金，津市光明电厂改组为公私合营津市电厂，派企业公司副总经理朱永濂外出寻找发电机组。北京日化厂无偿赞助一台 4 吨锅炉，后因能量小了一点，朱又跑北京计委，替换了一台 6.5 吨锅炉，随后经国家电力部介绍到太原，调回一台 10 吨锅炉。由于缺乏安装维修技师，朱通过组织关系找到上海鸿祥兴船舶厂，聘请电力师傅周仁元来津负责安装维修，并为其办理调津户口和工作手续，周仁元技师及其家人由此落户在了津市。

毛忠林、毛景雅、王国良、王素琴、毛雅丁，杭州人，于 1954 年受聘津市五三蜡纸厂。津市五三蜡纸厂的前身是五三商贸公司，因贯彻中央六项措施，不与国营商业公司争市场，于 1954 年转业拟定生产蜡纸。时任企业公司副总经理的朱永濂凭借对江浙一带熟悉，专程赶往造纸发达的浙江衢州、杭州一带进行考察，衢州蜡纸厂生产的"风筝牌"铁笔蜡纸享誉国内外，经与该厂技工王光吉师傅协商，由他负责搭建一条流水作业线，所需要的全套班子一共是 10 人。那时期还是私营经济，不要说老板放不放人，就是工人愿不愿意来也还是个问题，而且这 10 人来自三个不同的私营企业，朱永濂仅凭人一个，嘴一张，竟成功地将他们游说到了津市。于是，津市就有了"星光牌"铁笔蜡纸，因工艺、技术与杭州那边丝毫不差，其产品畅销不衰。60 多年过去了，当年这 10 人中有 5 人留在了津市。王国良回忆起这段往事，曾自嘲地说道："当时把津市听成了天津，跑到新华书店看地图，杭州只是两个圈，而天津是三个圈，人往高处走，水往低处流嘛，我就这么来了。"而毛忠林晚年最大的喜好，就是在后湖的茶肆喝茶，他说，看到后湖，就像看到了西湖，也就看到了家。

沈兆海、王广训，上海人，于 1954 年受聘津市螺钉厂。1954 年，津市螺钉厂（当初叫新津螺丝厂）创建，以企业公司为主体筹措资金，选定厂址，订购设备，培训工人，由企业公司副总朱永濂负责筹建和投产。朱先后到上海跑了十多家螺钉厂调查考察，最终选定上海国华螺钉厂代为培训，津市选派 6 名青工在该厂实习，并从上海主管局选聘沈兆海、王广训两名技术人员来津指导生产。该厂当年筹建当年开工，由于生产正常，产销对路，产品在省内畅销不衰，供不应求，1955 年至 1958 年，四年时间，净获利润总额达 27.34 万元，成为当时工业企业盈利大户。沈、王两技师来津时都已有了妻室儿女，沈兆海小一点，第二个孩子出生不满周岁，为不耽误时间，沈将孩子寄托在上海，而王已是三个孩子的父亲。沈、王二人，以及他们的家人本可过上大城市的生活，为了津市的工业，毅然决然地从繁华的大上海来到津市，由此也改变了他们家人的命运。沈长期担任厂技术副厂长职务，1980 年代乡镇企业突起，有人出高薪聘请沈去兼职，而沈不为心动，坚守于企业，体现了一位老技师爱厂如家的高尚情操。

黄连庚，上海人，于 1959 年受聘津市圆珠笔厂。1959 年，朱永濂调入市轻工业局任副局长，到上海寻求工业项目，上海轻工业局推介圆珠笔是个理想项目。经介绍，朱与上海华丰圆珠笔厂协商接洽，对方同意为津市代办建厂和培训员工。津市随即派出 32 名学员来沪，后又聘请上海塑料技师黄连庚来津指导生产。次年，该厂顺利开工生产，至此，黄连庚以及他的家人也落户在了津市。

朱起亮，湘潭人，1942 年至 1949 年在贵州大定发动机制造厂担任技师，1949 年，该厂迁往台湾，朱因念母而滞留大陆。1950 年，朱在等待湘潭县政府安排工作，正遇津市针织工会负责人湘潭籍王某回乡探亲，王极力撺掇朱来津工作。朱来津后见猪鬃前景可观，而朱的老家猪鬃业较为发达，遂回乡招募数批人次来津从事猪鬃行业，为日后津市猪鬃行业发展打下了基础。1950 年，由 6 家猪鬃加工户组成津市猪鬃加工厂，从业人员多达 280 人，其中半数以上都是朱引进的湘潭人。朱本人任加工厂厂长。因朱懂机械，20 世纪五六十年代，在他的领头下，先后试制出各种简易机械十多种，在减轻劳动强度的同时，也提高了产品质量。

施伯长、张磊，上海同济大学建筑系毕业生。1958 年，时任螺钉厂厂长的朱永濂为筹建镀锌车间来沪，正遇施、张两人被打成右派，朱见其是人才，遂盛情邀两人来津工作。两人来津后，施随即主持望江楼的设计与施工，而张则投身于窑坡工区的厂房建设。几十年中，两人为津市的建筑业做出了卓越贡献，尤其是濒临澧水河边的望江楼，几乎成了津市风物的一张名片。张磊直到 1979 年右派平反才调离津市，他参与了津市的每一项重大建设，如窑坡工区、市电子管厂，尤其是他主持设计建造的津市防洪大堤工程，可谓功在千秋。

此外，还有一些短期来津援建的外地技工。如 1958 年筹办镀锌厂，以当时的市场看，镀锌圆丝是我省热门抢手货，投资少，见效快。为此，时任螺钉厂厂长的朱永濂与上海一家镀锌厂联系，争得培训和提供技术服务，随即在上海订购全套设备并聘请技师来津安装和指导生产。开工不久，产品畅销城乡，深受用户欢迎。为整合资源，镀锌生产线并入螺钉厂。

令人感到诧异的是，以上这些人才的引进，几乎都与朱永濂有关。他在回忆这段经历时，情感是复杂的。一方面因能为津市的建设引进人才而欣慰，在此过程中的所有艰辛付出都是值得的。另一方面由于自己的缘故使得那么多的人失去了大都市繁华的生活，尤其是在企业处境艰难，退休费都不能足额发放时，又使得他心里常掠过一丝丝的歉意。有首歌叫《祖国不会忘记我》，其中的一段歌词是对这段历史最好的诠释："不需要你认识我，不渴望你知道我，我把青春融进祖国的山河，山知道我，江河知道我，祖国不会忘记我。"

十一、工人俱乐部

明末清初，津市初具商埠雏形后，市井文化便始于各个会馆庙台的戏楼中，最盛期达 20 余处。演出初以地方传统戏曲为主，民国后随商业繁盛，京剧、话剧、歌咏、小歌舞等表演形式相继出现，有固定室内演出场所 5 家，露天场所 1 家，人曰天乐花园，有点类似于汉口的大舞台，是江湖人演艺和手艺人喝茶的地方。除此之外，堂班的艺技也是其中的一种，汉口沦陷逃难来的汉剧名伶周梅芳，母女二人都是花旦的好角色，虽长期被达官贵人包养，凭的不是色，而是艺。1949年津市解放后，解放军和南下工作团引入秧歌、腰鼓、化装演唱等北方表演形式，对于有着浓厚现代文艺细胞的津市人来说，一看就会，很快，"学员"就成了师傅。那年月，中心运动多，演出频仍，津市与澧县常有互动，无能从服装还是演技，津市都拔得头筹，一时风头出尽。

1954 年，津市工人俱乐部建成，这是继 1951 年工人电影院建成后，又一个津市工人自己的文化娱乐场所。俱乐部地处原惠政桥东侧，南通大码头，北接三洲街，东西横贯，其交叉中心称人民广场，广场南侧原为沟港积淤，地势颇低，易蓄雨水，故有筲箕洼之称。此处又是津市的附中心地带，也是各种游行队伍必经之地，加之 20 世纪五六十年代市文化馆紧挨俱乐部，东北两面建有街头宣传橱窗，委实是津市的文化娱乐中心。俱乐部正门面东，北与西是高高的围墙，后门面西北。每每节假日或搞运动，都有悦耳的管弦乐从大院内传来，吸引着四面八方的孩子赶来看热闹，他们或拥挤于后院的栅门朝里窥探，或借助于围墙外的树干翻墙入院，因是彩排，翻进去也就翻进去了，不会被人撵出来。

1950 年代是中苏关系的黄金期，每到周末，俱乐部和文化馆就会联合举办一场舞会，适逢还会放映一场苏联电影。《莫斯科郊外的晚上》《红梅花儿开》《喀秋莎》等苏联歌曲疾速在年轻人中传唱。1960 年代后，随着城市人口的增加，原有的两家影剧院远远满足不了观众的需求，经市委宣传部批准，工人俱乐部可正常放映

▲演员 1965 年参加俱乐部汇演

▲工人汇演

电影，不同的是，服务对象主要是工矿企业，厂工会统一买票，带有点福利性质，少许对外出售。正因如此，守门制度自然要松弛些，这给了那些无钱买票的孩子们极大的空档，往往散场人出，可以发现三分之一都是些看白戏的孩子。为整肃秩序，俱乐部特聘请一名市郊蚕桑场的哑巴当验票员，哑巴年轻力壮，极其负责，见有小孩埋头钻逢，便像老鹰抓小鸡似地将他拎出来，果然，秩序大有改观。多年后，业已长大的孩子回忆往事，不一定想得出当年看了哪些电影，倒是对那壮如豹子的哑巴记忆深刻。

　　虽说是工人俱乐部，但也不囿于工交和财贸战线，常有社会其他团体，尤其是教育战线的学校，借用场地举行排演或演出。可以这么说，工人俱乐部即是津市文化的一个缩影，也是所有津市人的记忆。"文革"期间，许多活动被视为"封、资、修"受到禁止，俱乐部一度处于停顿状态，要么是批斗会，喊声如雷，要么是追悼会（各种类型的"烈士"），那时不放哀乐，一般广播激情四射的毛主席语录歌，节奏快，铿锵有力，参会者无不斗志昂扬，一点哀伤都没有。1970 年代样板戏出台，适逢一年一度的春节职工汇演恢复，但节目单调，仅囿于八个样板戏，有年演出，就有三个单位同演沙家浜第四场《智斗》，事后观众议论纷纷，有的说某某刁德一演得好，很阴，有的说某某胡传魁不像，太瘦，裤子都穿不稳。但对三个阿庆嫂倒是评价一致，麻利，比戏里不得差。他们都清楚，这三个扮演者原都是荆河剧团的花旦，专业。总之，对此毁誉参半，褒贬不一，这事民间差不多议论了一年。

　　打到"四人帮"后，政治氛围有所松动，俱乐部的演出节目日渐丰富。1978年，由宗先福编写的话剧《于无深处》在上海工人文化宫演出，即刻引起全国轰动，津市财贸文工团随即将其排演，该团演出水平不仅在全市独占鳌头，且在常德地区、省城长沙都是赫赫有名的。1962 年，《一粒米》《财贸战歌》等节目参加省职工文艺会演，分获一、三等奖。1965 年，应邀赴常德、澧县、石门、慈利等县市演出话剧《南方来信》，复赴长沙公演，均获好评。这次演出的《于无深处》紧贴现实，加之久未看到这种演出形式，演技又好，获得观众高度赞誉，连续演出十多场，观众逾2万多人次。

1981年，工人俱乐部重建，并更名为工人文化宫。重建期间近乎停顿了两年，1982年，春节会演恢复，更名为"津市之春"。嗣后，工人文化宫的大型活动均由市委宣传部、总工会、文化局、体委、文化馆联合举办，其内容也随之有了变化，大致分为文艺、体育、游艺。1985年，国庆歌咏比赛，预赛47场，数万余众参加，决赛之日，市体育场万人云集，市委书记陈本洪、市长吴志新与20多支代表队同台高歌。此后，经济改革大潮波及群众文化，逐渐引进竞争机制，小型竞赛活动增多，职工会演的氛围冲淡，不再见往日的单纯与热情，其欢悦成分大大减弱。

1990年代后，虽每年的活动仍在举办，由于企业形势严峻，停产与半停产的工厂日渐增多，除几家驻津大企业外，市属企业参与的个数和职工人数年年减少，后来几乎成了机关事业单位的专场活动，昔日那些个文工团的老戏骨们，也就凭了一份执着，归缩于某个公园角落、澧水河边抑或某个树荫脚下，三两人过一把戏瘾。

十二、津市工业学校

津市职工业余教育始于1950年代，最初是扫盲，1960年代后是职工夜校，针对性地举办工业行业的各类培训。"文革"时期，职工夜校更名为"721工大"，1970年代后由市总工会设立职工学校，采取脱产与半脱产的教学方式，时间几月到半年不等。一些条件好的单位也在本行业内部办班，如津市二轻工业局于1984年建立二轻工业学校，湘航船舶厂开设船舶焊接培训班，成为省内首家领取建造300吨以下中小船舶企业资格证的生产厂家。1981年，市经委建工业学校，对本市职工进行在职教育和就业前教育，直至1990年代与电大合并。

第九章　工商人物

时代就是一个舞台，而同在一个时代出生的人都是这个舞台上的演员。舞台有大小，角色有主次，虽是同台出演，可剧情的跌宕起伏，人物的悲欢离合还是得由主角来演。风云多变的二十世纪，无疑是湘北小城津市最富有戏剧性的一场大戏，从满清到中华民国再到中华人民共和国，一个世纪横跨了三个朝代。若以商、工划界，恰好又是各自的半个戏场。商业的繁荣，换来了"小南京"之誉；工业的勃兴，迎来了"湘北明珠"之赞。那一拨拨的人物上场，就如同生、旦、净、末、丑，可谓是你方唱罢我登场，每一次的出演都是美轮美奂。

第一节　商界人物

民国时期的津市富商，几乎都有同样的经历，即十二三岁从商做学徒，出师后独立门户，渐渐做大做强，最终跻身富人行列。这其中固然有天时、地利、人和的因素以及不可求的机遇，而其本身的睿智过人和经商之道无不显于其中。不足半个世纪的中华民国可谓是多灾多难、战事频仍，却又是一个机遇与挑战并存的年代，在一个自由经济模式的商埠，商人往往是这个城市的引领者和担当者，他们的所作所为，都将影响着一个地方的繁荣与安危。

1949 年，既是一个世纪中间值，又是两个朝代的分水岭。若用一首古诗来形容这种时代的变迁，那王安石的《元日》最为贴切：爆竹声中一岁除，春风送暖入屠苏。千门万户曈曈日，总把新桃换旧符。疾风骤雨的时代变革使每一个人身陷其中，无一幸免。勇进与彷徨、积极与消沉的交错，是这一时期人们思想的主要特征。有的凤凰涅槃，得到了重生，有的沉舟侧畔，搁浅在了岸边。这里面无论是人物身份的转换，还是对命运多舛的感叹，都是一个时代的色彩。

一、张思泉

若论起津市最大的买办资本家，当数大名鼎鼎的张思泉。其间津市最有气派的外商经销处，就是他所经营的"津市镇大美孚煤油公司"。

张思泉原籍澧县城关镇，生于清同治十年（1871），早年学徒，出师后帮工5年，后以积蓄和某富商的资助，于光绪末年在澧县北门独资经营乾泰昌花纱行。由于其精明干练，经营有方，业务日趋发达，家道渐丰，宣统年间（1908—1911）已是澧洲殷商。辛亥革命后，政局动荡，张思泉有财无势，遂将乾泰昌花纱行交亲侄经管，于民国初年来津落户。

张思泉在津市定居后，挟其雄资插足津市金融业，开设"裕记钱庄"，后又以该庄名义发行面额铜圆一串文的纸票（总额折合当时银圆20万元），在九澧各县流通使用，如异军突起，逐鹿于"九澧门户"的商场。

其时，外商煤油侵入津市，大量倾销，经销者获利颇厚。1922年冬，经销美孚煤油的"正大煤油公司"经理殷仁卿，创办"津市昌明电灯公司"，结束了经销美孚煤油的业务。张思泉遂乘机通过原"正大煤油公司"总账张阆轩出面，派长子张伯俊同赴汉口与美孚煤油分公司洽谈，签订经销合约，张以银圆一万二千元作为押金，双方同意美孚煤油公司按期交轮由汉运津，价格由美孚公司决定，先货后款，按月记帐，在津由张经销美孚煤油及其副产品。合约签立后，张思泉积极筹备开业，择定新码头正街（现人民路）修建营业处所，定名"镇大美孚煤油公司"，张思泉自任经理，开张营业。

"镇大"创业之初，根据业务需要，张思泉又以银圆800元在津市阳由垸河畔，购地5亩，修建油库、油池，以备贮油之用。当时在津市，"镇大"系新型建筑，石库门面，门首两侧花台，围铁栅栏，店堂宽敞明亮，内悬一块白底黑字招牌："镇大煤油公司美孚经销处"。柜台内侧立有黑色褪光金字竖牌，上书美孚广告词："光耀全球"，四字熠熠发光。整个铺面气派恢宏，高居于闹市中心，引人瞩目。

张手腕灵活，博得"美孚"的信任和支持。"镇大"开业伊始，"美孚"第一次就拨给煤油多达40万斤，时值银圆4万多元。张继"镇大"之后，遂又开设"申昌油行"，大量收购桐油、棉花、苎麻等土特产运销汉口。"镇大"为扩展业务，先后普设销售网点，以占领九澧各县煤油市场，计在大庸、慈利、石门、临澧、南县、华容、安乡、澧县等地设代销店17处，经销店5处，在市内设代销店45处，并在汉口、长沙、大庸、慈利、溪口设立专庄，负责调运和收购桐油。由于网点密布，销路广阔，每年销油量达80万斤左右，营业鼎盛。

1925年，张思泉结识了澧州镇守使贺龙。张当时家大业大，为了护家产，设法结识贺龙，交往应酬，过从甚密，情谊日深。贺当时驻节澧州，经常来津，食宿均在张家，张特辟精室供贺下榻，并请好友作陪。贺、张年龄悬殊，相处时，贺称张为"二嗲"，张则直呼贺名"云卿"，关系之亲密可以想见。

1928年，贺龙因革命失败，由沪潜返湘西，途经津市，驻南岸关山古大同寺，派副官找张借3000银圆，拟回桑植重建队伍，以图东山再起。张慨然允诺，遣亲信于当晚将款如数送去。张恐此事泄露遭害，保持绝密。除送款人外，家人均不知悉。贺收款后，一再向来人嘱托转达他对张的谢意。

1930年秋，贺龙率红军进占津市，迳来"镇大"，发现铁门紧闭，连呼数次，无人应声。经邻人告知张已逃往安乡，贺闻后顿足说："别人跑了，你张二嗲不该跑，我贺龙不会杀你呀。"说罢，令士兵从后门翻越进屋打开大门，遂驻司令部于"镇大"。此次驻扎期间，除"镇大"存油全部被没收拍卖外，其他什物保存完好，一无损毁。1935年，贺龙再度率部进驻津市，仍驻"镇大"，时张思泉已经作古，物在人亡，贺唏嘘不已，知交旧雨，已无复聚首矣。

张思泉在日常经营活动中，十分注重商场信息，因而消息灵通，往往预先获悉"美孚"煤油价格涨落内情，从中获利。张并利用期前待交"美孚"货款，挪作其他经营，攫取厚利。由于财源多门，赚钱有术，因而几年之间，"镇大"蜚声九澧，名噪一时，坐拥巨资，一跃而为商界翘楚、津市首富，"张二嗲"之名，妇孺皆知。

张思泉急功好义，开明大方。民国创立后十余年间，军阀混战，烽烟不息，津市南、北军队往来频繁，经常勒索捐款，商会为保地方，竭力筹措应付。张常在筹款会上认捐巨额，一无吝色。当时，津市教育经费没有专款，地方设法开辟财源，决定征收煤油捐，金额占当时教育经费的80%，张无异言，按期缴纳，后因美商提出抗议，奉令停止征收，张思泉不改初衷，照捐不误。他这种热情襄赞地方教育事业的精神，尝为人所称道，并且，他被作为社会贤达列入1938年版的《澧县县志》。

张思泉儿孙绕膝，有七子八孙，人财两旺，晚年纳福，嗜吸鸦片，终日吞云吐雾，从此放松店事，"镇大"后期日渐式微，已无复当年豪气了。

1931年7月，张思泉在津寓谢世，享年60岁。

张思泉纵横商场大半生，遗产丰富。死后，后人念其毕生辛劳，丧事甚奢，堪称空前。停柩达两月之久，大做道场。送殡行列长亘里许，沿途松柏铺地，见人"发孝"（即竹布一段），轰动一时。靡费高达光洋两万多元。

二、禹惠堂

禹惠堂，清咸丰九年（1859）出生于宝庆府团山乡。因家境贫寒，12岁那年，经祖母托人说情，随本家信客来津学艺。临行前，祖母将一把破伞和借来的1200文铜钱交给他。人称孝子的禹惠堂见祖母弯腰驼背，母亲形容枯槁，不禁泪如雨下，硬是从1200文盘缠中拿出400文递给母亲。

禹惠堂自学徒开始便格外勤奋，深得店主器重，经营之道，悉得主人传授。在长达50多年的经商阅历中，有两宗大商事显示出他超出常人的胆略和睿智。一是民国初年，军阀混战，人心不稳。个人和商家都拒绝使用地方政府发行的纸币，禹惠堂却独具慧眼，敢于担当风险，令他的商号敞开收进纸币，一时人如云涌，连外地客商也纷纷到他的店铺抛出纸币，店中存货，顷刻告罄。禹惠堂又全力组织货源，依旧照收不误。事过之后，其所有仓库，纸币堆积如山，数额惊人。后来战事果然平静，纸币恢复流通。禹惠堂一下拥资百万，骤升为九澧首富。二是投资房产业。禹惠堂发财后并未就此收束。他预测津市商业还会扩充和膨胀。于是，便花巨金买下津市多处繁华地段，大建门面，鼎盛期竟达七八十间之多。这些门面一部分出租，一部分自营。期间规模较大的铺面就有"大德生"油行、"蔚茂恒"绸庄、"裕利"钱庄、"吉熙和"榨坊等。

禹惠堂一生经营有方，其鼎盛期不仅家财万贯，且在大庸及津市邻近置田万亩。积累财富至少在三百万元（银圆）以上。他还乐善好施，对地方公益事业不遗余力。每逢商会摊捐，不够部分全由他来买单。还委托罗怡和药店的罗竹三编写《验房新篇》一书，共六册，散发民间，惠及于民。《验房新篇》一书还获得国际红十字会勋章。1926年，贺龙响应广州国民政府，率部北伐，传令禹惠堂三天之内筹12万银圆充饷。禹惠堂二话没说，届时果然筹集到位，交镇大煤油公司经理张思泉雇60部鸡公车（每部2000块）一次送往澧县。

多子多福、儿孙满堂是中国农耕文化的思想，作为一个在封建社会出生的人，禹惠堂自然也脱离不了这种窠臼。他一生婆了8房太太，家事缠身，难免在事业上分心。1927年，也就在那12万银圆送走之后，禹惠堂心灰意冷，毅然诀别商场，回到老家宝庆，侍奉父母，恪尽孝道。

三、胡彬生

胡彬生（1901—1971），江西吉安人。14岁辍学从商，经族叔介绍到长沙元昌祥钱庄学徒，后转入湘潭裕通元钱庄学徒，期满先后受雇于湘潭、长沙等地钱庄。因工作认真，勤谨将事，他为庄主周丽川所倚重，周遂畀其以常益分号经理重任。越两年，胡彬生被擢为津市裕隆钱庄经理，遂举家迁居津市。

裕隆钱庄当时在津市系独家经营，业务兴盛。彬生积累亦丰，开始投资其他企业，徐图发展，曾先后兼任公成押当、美商德士古煤油公司津市经销处副经理。羽翼日渐丰满，不甘屈居人下，乃辞去裕隆钱庄经理职，自营德和钱庄。1935 年，他与人合夥组设津市工农银行，兼任经理。胡善于经营，坚守"信誉"，工农银行创业不久，发行票币即流通市面。后该行发生火灾，受到损失，胡恐发生挤兑，造成不良后果，遂未雨绸缪，迅即走访各大户，要求分别贴出代兑该行票币的招贴，群众由是心安，照常使用其票币，工农银行从而安度难关，且信用更著。以后，一帆风顺，生意发展，他更向长沙、常德等地有关企业投资，扩张经营范围，建立经济据点，成为津市商场闻人。

1937 年，抗战军兴，胡彬生收束钱庄，开设祥和油行，机构遍及长沙、武汉、广州、常德、大庸等地，为当时津市商业翘楚。除主要经营桐油外，该行另在行内暗设复和庄，以祥油为掩护，大宗经营花纱、猪鬃、五倍子、食盐、煤油等业务，因其具有资金充裕、信息灵通等优势，祥和油行一时声名大振，冠盖云集，成为津市商场活动中心，甚至某些地方事务亦尝取决于此。1942 年，胡加入国民党。藉母六秩寿诞，胡托人恳请国民党军政要员为其母题词赠匾，以耀门庭。时国民政府主席蒋中正赐签名照片一帧，孙科、于佑任、张群、王敬久等亦送牌匾多幅。翌年，日军犯境，祥和物资向南疏散途中被日机炸毁，损失颇巨。归来后，重振旗鼓，继续经营。1947 年，胡趁代表湘省商联出席南京全国商联大会之际，会后赴广州、香港考察桐油市场，由是开展了桐油外销业务，两年间，大获利润。祥和油行是为九澧地区绝无仅有的经营出口贸易的企业。

津市各界为借助胡之财力和名望，投其所好，纷纷给予各种其名誉头衔，胡则欣然受之，其挂名之职数十，市境无人出其右，人均尊称"彬嗲"，胡亦以此自谊。胡母信佛，乐善好施，胡秉承母意，举凡赠药送疹、救灾施棺、办年赈、兴学堂等地方善举，辄解囊相助。岁毕年尾，常顶风寒亲赴贫民家发放年米寒衣。

津市解放前夕，境内少数富商挟资外徙。胡一时犹像不定。其时，共产党地下组织派龚道广（党的外围组织"湖南进步军人民主促进社"成员）进入津市商会，及时向胡进行宣导工作，胡遂坚定留津决心，亦劝导商界朋友安心经营。其后，龚常以祥和油行为据点秘密集议，胡均参与协助，尽力于和平迎解工作。

津市和平解放后，胡彬生腾出宅院让与军管会办公，使他有更多机会接触党政领导，学习党的政策，加深对党的民族工商业政策的了解，因而日后在各项运动中都能事先带头。1951 年 9 月，胡响应政府号召，将祥和油行资金投入公私合营津市企业股份有限公司，任副总经理兼办公室主任。1955 年，胡被选为津市政协第一届常委，1957 年，又被选为津市人民代表和津市工商联副主任。这年二月，胡以特邀代表身份列席全国政协会议，并与出席全国工商联代表一起列席最高国务会议第十一次（扩大）会议，聆听了毛泽东主席作的"关于正确处理人民内部矛盾的问题"的报告。1960 年春，他被下放到市百货综合商场门市当营业员，翌年秋调任津市信托公司副经理。1966 年"文革"开始，胡屡受冲击，再度被下放到市食杂果品门市部，卒于 1971 年，终年 70 岁。

中共十一届三中全会后，有关部门为胡落实政策。市政协召开座谈会，邀集胡的后裔和各界代表，纪念其逝世十周年。

四、金慕儒

金慕儒（1903—1980），原名金行美，桑植人，土家族。他自幼聪颖，靠族人资助读了几年私塾，后因父母相继去世而辍学，因羡慕读书人，便自己改名为金慕儒。金 14 岁跟人学染艺，由于勤学苦做，技艺大涨，邻里四乡争而求染。此间，跑遍龙山、永顺、石门、慈利、大庸、桑植等县，为他日后从事生意打下了基础。金性情豪爽，仗义疏财，行艺中贫者少取，贫困者分文不取，老少无欺，民间口碑甚佳。金的另一大特征就是爱好结交，既攀附权贵，又结交布衣。这其中既有当朝的党政要员，也有落草的绿林好汉，甚至有土匪强盗。而他与贺龙的故事更可称为传奇。这种错综复杂的人际关系无疑给他的一生蒙上了一层神秘色彩。

金慕儒 18 岁那年，遇上了他当染匠时的一个胡姓朋友，胡某劝他做鸦片生意，金权衡再三，适逢政府对鸦片采取"以征代禁"的政策，故抱着试一试的心态涉足毒界，没想举手之劳，便换来日进斗金。他头脑灵活，常以地区价格之差、以物易物的方式获取更大的利润，如此三番五次，便从一个穷小子摇身一变成了腰缠万贯的富人。桑、庸、慈一带，历来民风强悍，乡村野汉、草莽山寇出没无常，加之这里也是贺龙领导的红军活动区，围剿与反围剿战事不断，鸦片利大，同时也是一个危险行业，稍有不慎，即会暴尸山野。金慕儒凭借自己的人脉资源以及为人处世的豪迈，遇事总能化险为夷、安然无恙。

金慕儒有一堂兄金习吾，平时不务正业，游手好闲。一次，金习吾带一所谓大哥的周某来找他借资返乡，金慕儒明知对方是土匪，不仅借给钱，还摆酒席饯行。时隔不久，金慕儒在四川买回 500 斤烟土，途径湖北某地，恰遇周某在此占山为王，专干拦路抢劫的勾当，见是金，不仅未抢，还派人护送出境。一次，贺龙部军饷紧缺，派人找金借钱，金二话没说，倾其所有，自己回家种田。马日事变后，因金为农会会员而遭到追杀，金跑到汉口找到贺龙，贺龙热情接待，并将借款如数归还。

1928 年，金慕儒在津市开设恒昌美土膏店，由于货源不愁，生意兴隆。1941

年后，政府禁烟，金随即转行做桐油生意，后又改为协盛油盐号，均获丰利。此间，贺龙正在湘鄂边创建红色根据地，因物资匮乏，常派人来津市找金帮忙，金总是竭力而为。看到金的经商才能，贺龙曾数度邀请金加入革命，均被金婉言谢绝。津市和平解放的前两个月，时任湘鄂边绥靖主任兼14兵团司令官的宋希濂来津，在时局那么紧张的情况下，竟选择金的私人商宅下榻，可见金的为人实属非凡。

金出身卑微，仅是个商人而已，但他能在乱世中游刃有余地经营着自己的事业。除因性情上的缘由外，使他广结豪士而得之襄助的，还有他个人的非凡机警和智能。津市为一商埠，同时又是一个移民城市，商业的竞争同时也是商帮的竞争。金不结帮拉派，在津市商界留有口碑，并得到推崇。津市解放后，各项运动中冲击频繁，但他仍能处事不惊，心平如镜，70多岁高龄时仍在街道蔑器社编织竹篮。

五、胡异三

胡异三，湖南大庸人，生于清光绪二十四年（1898），18岁始在大庸"李裕和"绸布杂货号学徒。三年期满，胡即独当一面，东下津市为该号坐庄8年。此经历为其日后在津市开疆拓土奠定了基础。

1927年，胡异三独立门户，自设商号，同曹菊舫往返于津、庸，做水上运货生意。利用在津期间建立的人脉和信誉，他赊购布匹、绸缎、毛呢、香烟、药品、盐、糖等日用杂品，薄利多销，脱手快，资金周转迅速，积累也快；后又扩大经营范围，在湘西北各县山区，廉价收购土特山货，生意越做越大，获利日厚，4年间，便拥有流动资金数万银圆。

在国民政府对鸦片采取"寓禁于征"政策期间，胡异三经不住厚利诱惑，曾一度插手经营鸦片，颇有收益。后感觉风险太大，恐得不偿失，毅然歇手。抗战后期，他将主要经营转移至大庸。除购置田产外，他将大部分资金连年用于低价收购市面上滞销的五倍子、棉花、桐油、茶油等土特品，只进不出。大量囤积在私宅"刘家仓屋"内，静观局势。抗战胜利后，交通恢复，出口物资价格暴涨，胡趁机清仓，不仅未受半点损失，其值成倍增长，发了一笔不小的"胜利财"。

在胡异三整个从商生涯中，广交英才，参赞决策，以收集思广益、众志成城之效。早年，他利用宗族和戚友关系，联络胡叙伯、胡醉六、李继禹、曹菊舫，成立"五人财团"，首在大庸开设"谦和"百货号，继以银圆500元兼并当时津市濒临破产的"复兴荣"，仍用原招牌经营土特杂货。与此同时，他还吸收各地民间富余资金，渗入异地扩大经营。如与向醒予在常德组设"瑞和"纱号，胡任名誉经理；与高晓明在桃源成立"仁昌"绸布庄，胡任监察（相当于董事长）；在津市组设"怡和"绸布庄，胡任总监察；抗战期间，又与津市殷商胡彬生等合资组设祥和油行，胡任副总经理。后又根据业务需要，以"祥和"为核心，其内部组成胡异三、胡彬生、胡醉六、胡叙伯、曹菊舫的"五人财团"，并在长沙、汉口、广州、香港等地设有专庄。

纵观胡异三一生，白手起家，惨淡经营，先后开设铺面十四五个，加盟干将二十余人，可谓声势浩大，其所积累的流动资金少说也在一二十万（银圆）之巨。老一辈知情者估算，连同胡的不动产匡算，胡所凝聚的财富，按1990年代人民币折算，总数应在五千万以上。很难相信，就是这样一位巨贾，平素节衣缩食，一件粗布棉袄竟然补丁加补丁穿了十几年。

六、孟体仁

孟体仁，祖籍湖南新化。新化产煤，其父归属新化船帮，遂其幼时随家迁居津市。1920年，孟体仁毕业于澧州中学堂，即由家族资助考入北平朝阳大学，受"五四"影响，于1921年加入社会主义青年团，次年加入国民党。1926年，他毕业返津，遂与人筹建国民党澧县县党部，任澧县第二高小（津市）校长，曾手书"彻底改造旧社会、努力发展新文化"对联悬挂于校内，以示抱负。是时，随着北伐节节胜利，国内反帝浪潮兴起，津市因外商企业较多，抵制外货尤为激烈，运动期间，孟异常活跃，以其高学历、新思想的光辉形象吸人眼球，并当选国民党津市市党部党务主任及商民协会主席。商民协会是对旧商会的一种革命和更替，成立那天，在万寿宫后坪召开万人大会，孟带领民众高呼"联俄、联共、扶助工农"等口号，散会后又举行了游行，齐唱《国民革命歌》等歌曲，声震街市。此时，同业公会纷纷成立，孟又当选为津市煤炭业同业公会理事长。这一时期，孟出尽风头。

不久，省长何健发动"马日事变"，一场急风暴雨的大革命顷刻被扑灭。孟体仁银铛入狱。"悔过自新"的孟体仁出狱后沉默了一段时间，后藉安化人的鼎力相助逐渐在政商两界复苏，先后出任国民党津市清乡委员会副主任、国民党津市特别区党部委员、津市挨户团暨铲共义勇队等组织头目，一身数职，积极参与捕杀共产党人。此间，商会恢复，会长改称理事长，孟膺任理事长一职，但民间仍习惯称谓为会长。1930年，会长一职被常德人陈建勋所取代，孟失势，遂戚然外出谋事，不成，颓然返津。1935年，孟获得澧县第二区区长一职（辖津市），而此时，陈建勋任期届满，孟蠢蠢欲动，思东山再起，又恐难与陈匹敌，遂抬出伍葆元。伍为辛亥老人，曾任石门县县长，在澧水流域政商两界均有影响，其家产均在津市。伍惜才，应允。故在伍葆元的2年任期内，商会会长实际上是孟。两年后，抗战爆发，伍去职，孟顺利接任。抗战时期的津市可谓是大千世界，一是难民，二是驻军。人口陡增十几万，百事纷扰，难以驾驭。孟既有风光日子，也有惊骇的时候。任职期间，令他最有成就感的就是抗战一周年的献金活动，3 天，共计捐款 30000 元（银圆），省内多家报纸相继报道，他本人也得到了省、县及驻军的表彰。后因其另有他谋，于 1942 年交由常务理事曹友钦接替理事长。

1949 年，临近津市解放，孟携妾潜逃至四川成都。1951 年，他被人民政府缉捕回津，公审后被依法判处死刑。

七、龚道广

龚道广，字鄂荪，生于 1913 年，澧县人。15 岁进入长沙明德中学，1933 年考入上海暨南大学，毕业后留学日本。1937 年抗战军兴，次年，他辍学回国参加抗战，因懂日语，遂被选入国民党军事委员会国际问题研究所第三科，任上校科长，主要从事南京汪伪集团的谍报工作。1941 年，龚因父病逝辞职回津，继承家业。

作为一个地方商界领袖，龚道广曾有过两个头衔：一个是最后一任的津市商会理事长；一个是首任津市工商联筹委会主任委员。前后履职 4 年，跨越两个时代。龚道广经历了他一生中的荣耀与耻辱——从一个新政权的宠儿到新政权的囚徒，这种巨大的落差使得这段历史变得扑朔迷离。

1949 年 6 月的一天，时任湘鄂边区绥靖司令部司令官兼第 14 兵团司令官的宋希濂乘船从沙市突然来津，下榻于商会会长金慕儒的协盛商号。传说宋此行目的是受蒋公之命说服驻津国民党第二军军长陈克非以拒白崇禧之调遣。几天后，金慕儒携子神秘消失，本已是惊弓之鸟的老板们更加惶惶不可终日。随即，陈克非的第二军撤离津市，市区由游杂部队江正发团所控，大户商人纷纷外逃，社会秩序一时混乱。就在这紧要关头，由中共地下党牵头，与津市商界头面人物胡彬生、朱振炎、王明富、聂锡桂等串活，几经商讨，终在商会召集的有各同业公会理事长参加的联席会议上，公推龚道广为津市商会理事长。龚临危受命，在会上表态："克服一切困难，保护商民，维持秩序，一俟时局稳定，即行依法选举。"

将此时的津市喻为一个火药桶恰如其分，弹丸之地，除有江正发的一个团外，另还有国防部二厅驻津别动队、津市肃奸组、军统局湘西督导组、中统局渝汉交通线津市站、别动军津市联络站等军宪警机构，加上本市的警局、水警队，或明或暗，虎视眈眈，一触即发。再者，江正发性情暴戾，反复无常，给稳定工作带来极大困难。龚道广时值中年，凭借渊博的学识和商人的智慧，置生死而不顾，整日斡旋于虎豹之间，终化险为夷，迎来津市和平解放的这一天。

解放初期，龚道广仍受到新政权的信任和重用，依然活跃在津市政、商两界。

此间，由他倡导和参与起草的津市各界代表意见书，为政府振兴地方经济的各项决策提供了重要依据，并对津市如何从"商"转"工"提出了前瞻性意见。1951年2月，龚代表津市工商界出席湖南省税务工作会议，会上发言，引来全体与会者的阵阵掌声。1951年10月，龚道广当选为津市市各界人民代表大会副主任。然而，在他事业正干得风生水起时，1952年8月，津市第三次镇反，龚道广终因历史上的那点"事"而被捕入狱，判处死缓，后在改造过程中表现积极，被减刑为20年。

1972年的夏天，在湖南茶陵劳改农场的龚道广仍怀揣着一种叶落归根的念想，回到家乡津市。当他回到五通庙河街老屋时，家人和亲属对他的归来惊悚万分。不久，自知此处不能容身的他悄然离开津市，依然回到了原来的农场，也就在那年腊月三十的晚上，万念俱灰的他上吊自尽。

八、朱振炎

朱振炎（1913—1995），津市人，出生于一个小盐商家庭。他从津市小学毕业后考入长沙明德中学，1932年于北平冯庸大学高中部就读，一年后转上海商学院附设会计科学习，于1934年在湖南省棉业试验场长沙场当练习生。1936年，他被调至中央事业部农业实验所，抗日战争爆发后请长假回津，先后在津市澹津高小、电灯公司工作。

1940年，时任重庆国民政府国际问题研究所第三科科长龚道广回津将朱发展为成员。一年后返归重庆，任国际问题研究所第三科科员。半年后请长假回津，继承家业，并涉足西医、桐油等业，任津市盐业同业公会理事长。抗战时期，津市盐业极一时之盛，盐号多达数十家。因抗战胜利后的复员潮，加之长江水运恢复，盐业一落千丈，朱遂即组设津市盐业失业人员合作社，自任总经理。采取一切措施，平稳市场，安定人心。

1949年后，朱振炎以极大的热忱积极投入到这场时代变革的大潮中。1950年8月，他被选为津市市各界人民代表大会代表，并被协商推举为津市市工商联筹委会秘书长。时值新政权刚刚建立，百废待兴，加之市委、政府大多是北方人，对情况不了解，许多工作都得由本地人做向导才能展开。津市的工商业者从业者以中小业主为众。而从前的那些活跃在工商界的头面人物就是一个风向标。朱与其同仁与新政权同心同德，在支前筹粮、整修街道、工商登记、统一货币、购买公债、协助办税、筹组公私合营企业、迎接全行业公私合营等各项运动中不遗余力，恪尽职守。因表现突出，朱于1956年调入津市政协，并作为工商业代表选进常委。

1957年整风运动开始，朱振炎作为政协督导入驻市工商联。朱后来被划为右派，开除工作，并以现行右派及历史反革命罪两项判刑入监，直至 1978 年平反。苦难岁月并没有让朱振炎消沉，豁达与乐观始终充盈着他的晚年生活。1980 年代津市修志，作为历史的亲历者和见证人，朱写了多篇极有史料价值的回忆文章，尤以那篇回忆青春年少时光的《忆黄猫球队》为特，时隔 50 多年，读来仍生动有趣，令人有身临其境之感。这也让人从中看到，一个对生活充满热爱的人是不会轻易沉沦的。

九、王明富

王明富，祖籍江西。清光绪年间，其父王炳亭在澧县开设染坊营生，后因亏蚀，举家迁居津市。光绪二十二年（1896），王明富在津出生，七岁失父，一度随母回娘家鼎城周家店务农，后因姐出嫁津市，遂随同返津。

1906 年，王明富 10 岁入达遵三花行学徒，出师后即在各店帮工达十余年之久。1920 年，他与姐夫郁某合伙开忆利杂货店。1925 年，王明富以铜元二千串独自盘下德和大南货店。1928 年，澧水流域发生水灾，王即从事粮食买卖，未及一载，便赚得光洋四千元，由是财力渐丰，步入小康之局。追后，亿芳斋南货店亏损歇业，王即承顶，另租门面营业。为发展业务，采取前店后坊策略，逐步增设酱园、豆豉、糕点制作，规模日增。该店生产的酱瓜独具一色，清香甜脆，味美爽口，堪称一绝，深受人们喜爱，被誉为渡淡佳品，畅销澧水流域上游各县及鄂西一带。

王明富勤俭办店，黎明即起，事必躬亲，且深谙用人之道。店员多为可靠戚友，恩威相济，由是业务蒸蒸日上，德和大牌号得以在津市商场崭露头角。抗战时期，由于恶性通货膨胀，货币贬值，捐税繁重，地方恶势力时有勒索，更以子孙众多，食指浩繁，因之负担日重，业务渐衰。王为乱中图存，仰靠封建会门庇护，一度参加乾坤洪帮。

王明富古道热肠，擅言辞，乐于排难解纷，并热心地方公益，曾出资捐助修建西郊大石桥，在商界深孚众望，历为津市南货业及商会理事、监事、常务理事长。一度担任师益小学校长。

1949 年 10 月，王明富以工商界代表身份，出席"津市第一届各界人民代表大会"，并被选为协商委员。在市政府领导发动下，修街委员会成立，王明富兼任修街委员会材料部部长。此时王已年过半百，每天凌晨率队跋涉至 20 余里外搬运砂石，众人一时观感一新，影响极佳。他还在日后各项运动中争当表率，曾担任湖南省人大代表、湖南省政协委员、湖南省工商联常务委员、津市市人大代表、津市市人民政府副市长、津市市政协副主席、津市工商联主任委员等职。1955 年和 1964 年，王明富两度参加全国工商业联合会代表大会，受到党和国家领导人的亲切接见。

"文革"期间，王明富备受冲击。但王矢志不渝，仍坚持每日阅读报刊，关心国事。"文革"结束后，落实政策，被定为"有功人员"。1981 年，中国人民政治协商会议津市市委员会召开三届一次会议，王受特邀，以 84 岁高龄出现在会场，受到与会委员的热烈欢迎。1982 年 2 月，王以年老久病不治在家谢世。享年八十有五。

十、郭贻万

郭贻万，1932 年生于湖北省公安县。1946 年，14 岁的郭贻万来津学徒帮工。1951 年参加革命工作，先后任市工人合作社股长、市贸易公司政治办主任、市副食品公司支部书记、市粮食局局长、市财贸办公室主任等职。1980 年，被选为市人民政府副市长。

他从参加工作起，一直从事财贸工作，整整战斗了 42 个春秋，呕心沥血，谱写了许多感人的篇章。他不仅在津澧一带很有名望，而且在澧水上游及湘鄂边区各县市也享有一定的声誉，人称"财贸通"。

"当官不与民作主，不如回家卖红薯。"郭上任后，就把这一题款作为自己当"七品官"的一句格言，事事处处想着市民，关心市民。

1982 年，有段时间，市民普遍反映吃白豆腐难。一天，他没等天亮就起床逛早市，从生产街一直逛到汪家桥，发现沿街摊点卖黄干子的多，卖白豆腐的少，且到处排长队。早饭后，他深入到市蔬菜公司、豆腐厂调查原因。经过查询，原来是生产白豆腐的利润小，厂家不愿经营。针对这一情况，他一方面做思想工作，另一方面找粮食部门增拨黄豆原料，扩大白豆腐生产。不过几天，他又带领财办的干部推起车子到大街小巷叫卖，把一车车的白豆腐送到市民手中。这一举动，既感动了市民，也带动了蔬菜公司、豆腐厂的干部和工人，他们除增设供应网点外，也推起车子上街卖豆腐。市民吃白豆腐难的问题很快解决了。

当时，市民还反映肉市上短斤少两问题严重，他知道后，每天早晨背上一杆秤，到各菜场检查肉市。有一次，在大码头肉市检查时，有一市民买了十斤肉，他提起一称少了少半斤多。忙问："你在哪里买的？""我在我哥哥案上买的。"他笑地道："兄弟之间还少秤啊！你哥哥肉案在哪里？跟我去找他补！"

为什么要短斤少两？据营业员讲："每卖一百斤肉的损耗率，一般是 3 斤，而公司规定只给 2 斤，公司扣我们的，我们只好扣市民的。"他一听觉得有些情理，于是找到肉食品公司领导商议，及时将损耗率由 2 斤改为 3 斤，并在每个肉案上挂上一把公平秤，让市民自己称肉复秤。从此，短斤少两的现象大大减少了。

1983 年春节前夕，市场上的芙蓉烟供应非常紧张，市民很难买到，他心想，今年过年一定要先市民，后干部，把烟的问题安排好，至少每人要买上一包，专门开会进行研究。会上就有人提出说："其他县市都未安排，我们安排有困难。"他当即发了话："再大的困难我们也要想办法！"会后，他同副食品公司经理驱车赶到常德卷烟厂，一条烟也未到手，扫兴而归。第二次又到常德找地区副食品公司求援，结果又扑了空。离春节只有 5 天了，他急得跳脚。"不到黄河心不死，我一定要硬着头皮找专员去！"

人有情，天无情，天空降下了鹅毛大雪，天寒地冻，路烂泥滑。他为了市民一包烟，冒风雪，顶严寒，第三次夜行驱车至常德找到了行署何副专员和财办主任，汇报要烟。他们看郭副市长这股拼命精神，当即答应研究后解决。他听道这"解决"二字，冰冰的心一下变成了一团火，连夜赶回津市。第二天听说解决了 200 箱烟，他才露出了一些笑容。消息传开了，没有哪个不为他的这种精神而感叹。

他推车卖豆腐，秤杆查肉市，三上常德办年货，在津市街头巷尾已传为佳话。《中国经济日报社》《湖南日报社》也先后作了新闻报导。

1982 年 9 月间，津市副食品公司在常德烟厂调不到计外常德烟，给市场安排带来很大困难。正在这时，适逢湖北沙市市召开物资交流大会，他和副食品公司负责人应邀参加了大会，在会上看到只有郴州烟，没有常德烟。他想：远隔千里外的郴州有烟，而近在咫尺的常德为什么没有？感到脸上无光。他眉头一皱，计从心来。当即与副食品公司负责人商量，来一个"先斩后奏"，在会上签订了 3000 箱供货合同。他回津后当即赶赴常德向行署何专员汇报，说在沙市交流会上，一气之下，签了 3000 箱常德卷烟的合同。何副专员一听，拍着他的肩膀说："你有胆识有气魄，为常德人争了光，这 3000 箱算数。"第二天，何副专员召集常德烟厂和地区副食品公司负责人进行会议研究，全部解决了烟的问题，还在会上表扬了他。会后，有人说："市长，你这一着棋走得好，得了表扬又得烟。"津市副食品公司调回这 3000 箱烟，既扩大了销售，又增加了经济效益，一举数得。

1982 年，津市地方产品工商两家大量积压，仅百纺公司一家就积压 300 多万元。面临这一严峻局面，他非常着急。11 月下旬，他带领经委、计委、商业、供销等部门的负责人，出动两部汽车，装上电池、味精、丝绸等 20 多个品种的地方产品，深入湖北枝城、枝江、襄樊、荆门、天门、潜江、五峰等十多个县市，巡回展销。连续 20 多天，行程 6000 多公里，推销产品达 1000 多万元。有天行至五峰县，已是下雪天气，山高路滑，地势险要。他为了推销产品，沟通新老渠道，冒雪闯险，硬是把车子开到了县城。该县县委书记、县长亲自出面接待，组织订货会，签订了几百万元的供货合同。

1990 年，津市工业部门缺乏资金，有些工厂处于停工状态。他想："我虽只管财贸，但工业有难，不能袖手旁观。"是年 3—4 月他偕同市经委副主任张书麟两上北京，多次找轻工业部办公厅领导汇报，经多方筹措，答应给津市 8600 万元的固定资产贷款。随后，他们又在中国人民银行贷到了 3000 万元的流动资金。当时，内地资金紧张，其贷款只好安排在西藏地区解决。这是一件多么不易办到的事情，而他却想方设法办到了。

十一、王永寿

王永寿（1919—1983），津市人，7 岁入澹津小学读书，13 岁辍学，先后在市境油行、布庄、百货店学徒 4 年。他于 1936 年失业，次年至 1949 年 8 月，王永寿相继在十余家店铺帮工。

中华人民共和国成立后，王永寿入市百货公司当营业员，因工作认真负责，于 1954 年被评为市劳动模范。王在三尺柜台内，勤谨敬业，经常义务加班，利用工余时间，熟记经营的 600 多种商品的产地、规格、价格、质量、性能，既做售货员，又为顾客当"参谋"，慕名而来的顾客络绎不绝。

中共十一届三中全会后，年近花甲的王永寿老骥伏枥，不断摸索，总结出"四快四准"的营业经验，即顾客进店接待快、顾客问话答复快、顾客挑选商品拿得快、算账找零快；答话准、拿货准、揣摩顾客心理准、算账找零准。

王永寿厮守柜台 50 年，对顾客"百问不烦，百拿不厌"，身体力行，颇受邑人赞誉。1980 年，津市二中 4 名女学生进店买手帕，还未近柜台就高声大叫，王立即拿出 30 多种花色的手帕供其挑选，并热情耐心地逐一介绍手帕的产地、质量、价格，女学生摆头不要，王走进货房又抱出 20 多种花色手帕，一件件展开，女学生仍是摇头，王不厌其烦："这些都不中意，我明天到批发部进些新花样的手帕，欢迎你们明天再来，好吗？"女学生们大笑，连声道歉："王师傅，俺们不是来买手帕的，是来'买'你的服务态度的，果真名不虚传！"

1971—1981 年，王永寿连年被评为津市先进生产工作者。1980 年，他被评为市服务标兵、最佳营业员，被湖南省商业厅命名为"服务能手"，并当选为津市市人大代表。

王永寿对商业工作情有独钟，虽年事渐高，但仍刻苦学习各地方言和普通话，让南来北往的顾客乘兴而来，满意而归。1982 年，王永寿获得湖南省劳动模范殊荣。

第二节 工业人物

　　津市的传统手工业几乎与商业同行，近代工业始于民国，但只能算浅尝辄止抑或是浮光掠影，实业救国是中国近代民族资产阶级救国救民的梦想。1951 年春，由津市有儒商之称的禹禹三等人发起组建的澧东机制油厂，算是吹响了津市向近代工业进军的号角。向工业转型，将津市由消费型商业城市转变为生产型工业城市，是中华人民共和国成立后津市工商界的共识。嗣后，一个个工厂拔地而起，从皇姑山北麓的开拓，到窑坡工区的建立，以及北大路东端的二轻一条街。五十年筚路蓝缕，几代人前赴后继，终于夺得"湘北明珠"的美誉。

　　津市工业有两大特征：一是多由手工业孵化而来，由小聚大，由弱变强，最终"儿孙满堂"。列数津市市属工业企业，它们几乎占了70%。二是由"商"引领。1950 年代，由于多是由商转工，工厂的领导者大多是过去的老板、掌柜。后逐一替换，均由 1950 年代转干的原商业学徒担任工厂领导。计划经济下的公有企业，在工人当家作主的口号下，以及领导者调动频繁的情况下，很难显示出个人的能力。这就是人们常说的大锅饭之弊。然而，也就有那么一些执着者，以不依不饶的韧性以及坚定不移的信念，将一个个濒临倒闭的企业救活，将一个个弱不禁风的企业变得强大。

　　凡此种种，我们把这些在不同时期、不同领域，以不同方式为津市工业做出过卓越贡献的人记录在案，以表达我们的敬意。

一、禹禹三

　　禹禹三（1899—1960），字琼韩，邵阳人，早年毕业于武昌师范学校（今武汉大学），在桑梓任教 3 年，后改行从商。1939 秋，禹禹三定居津市，于大码头正街开设大中油行，与胡彬生、胡异三、龚道广、王明富同为津市工商界名流。他对津市的经济发展有颇多见解，素为商界所推崇，尊为儒商。

　　1951 年春节，市委书记张邦信会见刚成立不久的市工商联筹委会负责人时，向大家传递了市委对津市今后经济发展将由消费向生产，商业向工业转型的重要信息。与会者异常高兴。这显然是 3 个月前由他们执笔的《津市市各界代表意见书》起了作用。某日，龚道广、朱振炎、何伯康相邀前往祥和油行，适逢禹禹三、胡异三两人在座。大家议论下一步如何做。何伯康就发展津市榨油工业做了详尽分析，指出三个有利条件：一是原料充足，二是历史悠久（市区就有油榨街），三是销路不愁；再者下脚料还可生产其他副产品。经过反复论证，统一了认识。他们专门向市委书记做了汇报。经市委研究，很快得到了批准，并指定由禹禹三承担这一项目。

禹禹三随即对此项目的实施进行了如下两项工作：一是外出考察，经过对比，确定了以天津榨油厂为蓝本。当时国内 7.5 吨卧式螺旋油机为最先进，具有操作方便、日产量高、出油率高、消费低、成本低等优点。再者，天津榨油厂的技术、管理最为先进，值得借鉴。禹禹三与其助手何叔康当即绘制了生产工艺流程图、房屋建筑平面图，及人员、资金、产量、产值、消费、成本、利润等图表。回津后，他们又到棉花业、粮食业、油业同业公会进行调查，为此写出一份项目可行性报告送交市里。在得到市里批准后，立马着手第二项工作，即筹集资金。由市工商联筹委会拟出认股书，在津市工商界内发行。禹禹三首先带头签名，并以大中油行全部资产 3 万余元一次性认股。油行盐号见他带了头，信心倍增，纷纷响应，争先恐后地赶来认股，以致认股额度远远超出预算的 30 万元。市委藉以因势利导，批准了一批商店转业户，成立筹委会。禹禹三被任命为筹委会负责人。

在市委与筹委会共同策划下，将南岸皇姑山南麓的大同寺作厂址，企业命名为津市公私合营澧东油厂。历经 4 个多月的紧张筹建，澧东油厂终在 1951 年 10 月 1 日竣工开业。市委常委张瑞峰任董事长，张云卿（公方）任书记兼厂长，禹禹三（私方）任副厂长。公私共事是一种新的共事关系。禹禹三以他的学识并借鉴外地经验，编制出整套企业管理、营销策略的方案，送请公方厂长审议，并与公方共同建立了工务、业务、财务、总务 4 课企业管理机构，采取集体办公，职权分管，责任到人，推行民主集中制。

禹禹三虽为副厂长，但实际履行企业全责，事无巨细，一一过问。从车间到化验室，到处都能看到他的身影，率先垂范，恪尽职守。那时他已是 50 出头的人了。他的敬业精神除了得到工人们的崇敬外，也赢得了公方厂长的赞许。在位期间，几任厂长（公方）无不给予他政治上的信任，生活上的照顾，职权上的尊重，业务上的支持。教师出身的他非常重视知识的引进，除主动联系高农（湖南省高等职业农校）建起厂化验室外，还高度重视职工文化的提高，自编教材，亲自讲课，并自学俄语，而且学以致用，他的"两高两低以水定汽"的先进操作法，对指导车间生产起了非常大的作用。

他的付出与努力得到了回报。澧东油厂的棉籽出油率和菜籽出油率均超出全国标准。车间工人向德元于1956年出席湖南省先进代表大会，被评为全国劳模，并出席全国群英会。厂支部书记张书麟于1958年出席湖南省先进代表大会，被评为省劳动模范，并出席全国先代会。在这些劳模的背后，他总是默默无闻地充当推手。在治理生产环境方面，禹禹三还是一个优秀的园丁。澧东油厂依山傍水，他带领职工利用工闲时间在厂区内栽植花草树木，即美化了环境，又陶冶了情操。

禹禹三是市工商联第一届执委，市政协第一届委员。他还颇有学者风度，喜爱书法，热爱科学，勇于实践。极富开拓精神，他身教重于言教，敢于尝试，在毫无前辙可鉴的情况下，开"商转工"之先河。1960年10月，禹禹三因病去世，年仅61岁，从1951年澧东油厂挂牌，他在该厂整整工作了10年时间，一个旧式的知识分子，抱实业救国闯荡了大半辈子无所成就，却在人生最后的十年里了却了自己的一桩心愿，是以无憾。

二、朱永濂

公元1949年，对于中国来说，是一个改朝换代的年份。而对于这个国家的某一群体来说，则是一个重要的分水岭。这一群体，在日后的许多年里被冠名为"资本家"。自津市成埠的几百年里，商贾作为这个城市的引领者，其身份是在不断变换着的。许是一夜之间从庶民跃身于商贾，抑或又从商贾沦落为庶人。中华人民共和国的成立，伴随而来的新的经济秩序的建立，私有制逐一被公有制所代替。震撼的不仅仅是一个时代，而是一大批身处其境的人。或迷茫徘徊，或销声匿迹，抑或柳暗花明、重获新生，均为一代人的命运。

组建于1945年的"锦纶"绸庄，不仅未能分得抗战时期津市商业"畸形繁荣"的半匙羹，反而在胜利后的复员潮中，陷入市场回落，物价大跌，存货贬值的窘境。但这一切对于有着6年学徒、5年店员经历，兼备会计、出纳、采购、业务等商务资质，且已有4年老板资历的朱永濂来说，既是一次挑战，也是一种历练。凭借"徽商"的基因和十几年从商的阅历，在民国最后几年，市场萧条、通货膨胀、治安混乱、竞争激烈的环境下，"锦纶"终以"惨淡经营"而立足，并跻身于津市绸布业有影响的名店之列。绸布的采购大都来自长沙、汉口、上海等大口岸，尤以江浙为甚，故而大点的店面均在货源地设有专庄或代庄，且一般老板都能做到事必躬亲，朱永濂也不例外。说起苏杭，绸庄老板个个都是很熟络的。殊不知，正是这一经历，为他日后的人生埋下了至关重要的伏笔，一切始料不及。

1951 年 9 月，在自愿参加的原则下，津市工商联组织布匹、百货、油盐、药材、香烟、南货、纸业等 7 个行业的 29 家大户，组成"公私合营津市企业股份有限公司"。朱永濂代表私方任副总经理（公方任总经理，另一个副总经理为胡彬生），分工兼管人事、业务。

1954 年春节期间，朱永濂受市委之命筹建螺钉厂，从争取项目到基建、购置设备、引进技师，至建成投产，仅用了 10 个月时间。翌年所产生的利润便将设备及厂房投资全部收回。该厂是为湖南省第一家机制螺钉厂。

同年，由私于于 1953 年创办的五三公司由"商"转"工"生产市场紧俏的蜡纸，缺乏技术和技工。朱永濂利用筹建螺钉厂跑上海的间隙，到杭州一带实地考察，几经周折，终于引进一整套造纸工艺流程和技工 8 人。企业得以正常运行。日后，这家造纸厂成了津市工业的骨干企业。

1958 年，国家在津市投资筹建湖南省第一家缫丝厂，此时的朱永濂正由市里派驻上海做江浙一带的联络工作（如同现在的驻沪办事处，只不过当时仅有他一人），于是由他担负起了学员（首批 150 人）的培训、设备的引进等工作。企业投产后，因检测设备不配套，他又几经往返，找到北京轻工业部，由设备司司长亲自批给黑板机一台，问题才得到圆满解决。

1959 年，朱永濂调至市轻工局，在沪考察工业项目时，当地轻工局向其介绍圆珠笔是一个很有前景的项目。他即刻想到了津市的文具厂，经介绍与上海丰华圆珠笔厂取得联系，一番周旋，对方同意代办建厂和培训，并委派塑料师傅来津指导。日后的津市圆珠笔厂曾一度成为二轻骨干企业，30 年累计上缴税额 3459.3 万元。

有人进行过粗略的统计：从 1951 年到 1960 年这十年里，由他引进和参与新建的企业多达十几家；由他引进的各类工程技术人才不下于 50 人；由他联系外出培训的学员累计近千人。人言：谋事在人，成事在天。若把这一切仅归于商人的睿智，委实太肤浅了些。除了商人必备的智商之外，还需些什么呢？其实，这一答案只需在他生平中的雪泥鸿爪里，便能略见一斑。

1951 年，市场萧条，为搞活经济，他率先采取深购远销、送货下乡等措施，达到了渡淡目的。《新湖南日报》为此做了专题报道，武汉《长江日报》作了转载，朱永濂受邀参加了在武汉举办的中南六省两市首届物资交流会。

1950 年代初，我市电力设备仅有 90 匹小动力一台，工业发展严重受阻。朱永濂先后向上海、北京、太原等地求援，得以添置一批锅炉和发电机组，供电不足的现象很快得到了改观。那时，我市的消防设施极为落后，灭火仅靠两辆老式的水龙。朱永濂不知从何处弄来了一辆苏式嘎斯车，经过改装，竟成了津市当时最先进的灭火神器。

1954年，朱永濂出席湖南省首届民主青年大会。

1957年，他当选为市工商联秘书长，出席中华全国工商联代表大会，并参加了天安门国庆游行活动，还参加了几内亚总统塞古杜尔的欢迎仪式。

1958年冬，朱永濂正在上海出差，碰巧遇到了两个刚被打成右派的同济大学学生，在一片嘘寒问暖的谈话中，两个年轻人愉快地接受了他的邀请，来津从事建筑事业。于是，就有了日后名扬九澧的望江楼、和平饭店。

1950年代末是津市大办工业的高潮期，为此，朱永濂作为"能人"常年出差，曾两度春节在外。除夕之夜，一家两处，只能听着炮竹过年。

1980年，朱永濂再次当选为市人大代表，并被选为市人大常委会副主任。同年12月，他又被推选为湖南省政协委员。

1983年，朱永濂在京出席中国民主建国会第四次全国代表大会。会议期间，他在政协礼堂参加了全国工商联成立三十周年庆祝大会，并与同为安徽老乡的全国人大副委员长孙起孟建立了个人书信往来。

回顾朱永濂的这一生，用他自己的话来总结："解放以来，我走过了一段漫长历程，虽然跟得满头大汗，但还是顺当的。"简简单单的一句话，既是他个人后半生的写照，也是一个时代的光影。

三、张瑶如

张瑶如（1908—1969），津市富商"镇大美孚煤油公司"老板张思泉之子。因排行第五，常人称"张老五"。瑶如天资聪颖，读"四书""五经"，不但过目成诵，且能理解词意。他尤喜《墨子》，并有钻研，为日后爱好土木建筑打下了一定基础。

1925年，张瑶如受父亲指派负责管理本市45处代销店，得以在家研读百家，并潜心研究土木建筑，伺机到汉口、长沙、沙市等地观摩现代建筑，拜师求学。其父病逝后，虽仍与兄长一起打理商务，但精力却放在建筑上。延至执管"镇大"后依然如故，致使亏蚀日甚一日，难挽残局，终在1949年6月宣告破产。

许是因祸得福，中华人民共和国成立后，昔日的"镇大"少爷不但没有受到冲击，反倒以建筑特长被政府重用，被安排到市建设科工作，至此，张瑶如以极大的热情投入到了新津市的各项建设工程中去，有机会充分发挥自己的专长。

1949年10月，津市修街，成立委员会，下设4部，张瑶如任工程部副部长，由他勘察设计，修建三合土马路 1650 公尺，并将原麻石路下中间下水道改建为三合土路面下两边下水道。1950 年春，张瑶如主持在后街修建津市有史以来的第一条水泥路，路长 250 米。1951 年，时值津市大建设阶段，张瑶如先后主持修建光明电灯公司、津市政府大楼、津市武装部、津市人民医院门诊部、津市百货公司、津市国营饭店、津市人民银行、津市新华书店等主要公用和民用建筑。

1952 年，澧县人民政府迁至津市麓山头，瑶如深孚众望，被委以为主设计，并在山头打井一口，解决饮水问题。随后，他又新建津市人民医院于皇姑山东麓，其设计款式与质量堪称其代表作。此时的张瑶如正值中年，风华正茂，被市人民政府给予高度信任与重用，津市市政工程、公民用建筑无不经其设计和审查，他先后又主持修建了津市一中、一完小、二完小、三完小、六完小及津市第二中学。

1955 年，张瑶如设计建造双济桥，将原木质桥改建为双孔混凝土结构桥梁，并设孔闸以调节洪水，全部工程仅用了 8 万 5 千余元，桥闸结实美观，实为市区一景观，每到排涝泄洪，无数市民赶来围观，对保证北郊农业一季春收起了巨大作用。1958 年，瑶如任市政府建设科副科长，时值窑坡工区开发，许多中小型工厂项目上马前的土木建筑施工，他无不参与设计与研究，亲临现场，日夜奋战，不辞辛劳，表现出高度责任感和使命感。此后又是长达五公里的襄窑公路的修建，从勘探、设计和施工，均由其一手经办。

有人做过粗略统计，从 1950 年到 1960 年的十年里，由张瑶如一手设计和施工的大小项目不低于 100 个，涵盖桥梁、商楼、办公大楼、医院、学校、工厂、道路、大小公用民用设施等，其中相当的一部分都是地标性建筑，成了几代人的记忆。故民间有传："不说张瑶如，难写津市建筑史。"

难能可贵的是，作为津市城建的主要责任人，他时时把关心群众生命财产、体贴贫民疾苦放在心上。1950 年代的津市，老房多，私房多，危房多，尤以河街为甚，对一般房屋业主申请拆屋，他总是先现场勘查，然后才做答复。特别是在汛期来临之前，他都要对市区的危房进行一次仔细的巡查。那时市郊进城有多处是木板桥，洪水常常将木板冲走，每遇这种情况，他都会亲自带人去找，直到找到为止。

瑶如的一生，前半世经商，为商不奸，虽家财万千，但生活简朴，粗茶淡饭。民国时期，便显露出建筑方面的天才，"镇大"门面的设计就出自他手：石库门，两边各置一铁艺小栅栏，里面载花木，一改一般商铺的俗气。他没上过一天大学，其建筑天赋全凭自悟自学，故被民间尊称为"土工程师"。

"文革"期间，城建行政瘫痪，瑶如成天无所事事，忧心忡忡，精神沮丧，终染病上身，于 1969 年 6 月不治逝世，年仅 61 岁。

四、蒋鸿文

蒋鸿文（1920—1989），浙江省崇德县人，6 岁丧父，靠母亲养蚕度日。因家贫，蒋 13 岁辍学，进杭州联华织物厂学徒。1935 年，经人介绍进上海九予丝织厂做职员。学习丝织原料的保管、使用、丝织准备和织造工艺。1937 年，受抗日战争影响，工厂解散，蒋失业回乡，1940 年，经表叔介绍入杭州复旦丝织公司任设计员。1945 年，蒋鸿文从报上看到上海万象织造厂招聘厂长启事，即赴沪应试，击败对手十多名，被聘任为厂长。

在万象织造厂履职期间，蒋鸿文为该厂设计的棉织缎条提花手帕的组织结合和意匠图绘法被国内纺织高等院校列入纹织设计教材。1948 年，万象织造厂解散，蒋再度失业。

1949 年 10 月，蒋鸿文应旅大工业厅招聘，赴大连棉纺厂任技师。1951 年 1 月，中央人民政府纺织工业部成立，蒋鸿文被调往该部生产技术司毛麻丝局工作。次年 4 月，他晋升为工程师（技术 7 级）。此间，蒋为准备研究丝绸工业的管理体制，全面调查江、浙、沪、鲁丝绸工业，撰写《华东丝纺织工业的情况报告》并印发各司局。蒋编写的《丝织传统产品的准备工艺和织造工艺》被用作与国外技术交流的材料。蒋翻译国外技术资料《苏联绢丝质量标准》《分等规定》等被生产技术司印为参考文件。1955 年，全国纺织厂厂际竞赛，蒋担任华东区丝纺组副组长。嗣后，蒋有多部关于丝织方面的学术报告在《中国纺织》等刊物上发表，并担任 2 名朝鲜留学生的技术培训导师。

1958 年 3 月，蒋鸿文被划为右派，工资连降 2 级。同年 7 月，他调至湖南省轻工业厅纺织处，其时，蒋对湖南绸厂的建立和发展作技术指导，并积极促成津市缫丝厂的立项与建立，帮助津市缫丝厂实行简易缫丝，快出样丝。

1961 年 4 月，在津市方面的要求下，蒋鸿文调津市缫丝厂，次年任副厂长。蒋在津市缫丝厂及后来的丝绸厂工作期间，先后设计出丝织被面、涤弹细星光绸等丝织产品百余种。其中，有为呢于 1978 年被评为湖南省优秀产品，交织软缎被面于 1979 年被评为省信得过产品，留香绉、康乐呢被评为 1979 年全省较佳品种，与人合作的丝麻交织品——鱼谏绸新工艺于 1982 年获湖南省人民政府颁发的科技成果四等奖，并获中国纺织工业部新产品奖。

1978 年，纺织工业部为蒋鸿文平反，撤销其处理决定，恢复名誉。次年，蒋任津市绸厂副厂长。1983 年，蒋任丝绸公司科研所所长、副总工程师。翌年，蒋鸿文当选为政协津市市委员会副主席，市科协副主席、市工程师协会主任。同时，蒋鸿文还是中国纺织工程学会会员、津市纺织印染学会理事长。

1981 年 1 月，蒋鸿文病逝于津市。

五、向德元

向德元（1931—1979），澧县人，7 岁时随父定居津市，入学 3 年即辍学，后进花行做童工，至津市和平解放。

1951 年 4 月，向德元进公私合营澧东机制油厂参与筹建工作。1952 年，向调至榨油车间，发现机榨出油率比手榨出油率低。这台榨机是从天津刚买回的时属我国最先进的专业设备，向并未因此而放弃自己的好奇心。为弄清原因，向从首道工序克皮机和六角园筛着手，计算二机的转数，仔细观察棉壳、棉仁的分离过程，终于找到症结。向德元改进磨片，调整大小头角度，将机榨棉壳含仁率降低到 1% 以下，出油率由原来的 11% 上升到 12%，工厂当年增产食油 12000 公斤。

1954 年，向德元受工厂派遣赴吉林四平市榨油厂学习李川江操作法。向虚心求教，细心揣摩，很快掌握"李川江两离两低以水定汽"操作法。回厂后，向把学来的先进技术用汇报会、示范操作等形式进行推广，把个人技术优势转化为集体技术优势。当年棉籽出油率达 14%，创造全省、全国的最高纪录。向仍不满足已取得的成绩，继续探索提高出油率的途径。在技术员何叔康指导下，与同事一道改革炒蒸锅，将一层加为三层，改进螺旋推进器装置，终使出油率再度提高，棉籽出油率达 14.8%，甜菜籽出油率达 32%，胜利油菜籽出油率 36%，一年增加食油 30000 余公斤。向由普通工人晋升为七级技工，连年被评为市模范共青团员、市先代会群英会代表。1956 年，向德元出席湖南省先代会，被评为全国劳动模范，出席在京举办的全国群英会，受到中共中央领导人毛泽东、刘少奇、周恩来、朱德等人接见。同年，向当选为市政协委员、市总工会委员。

1957 年，整风运动开始，向德元任厂整风小组组长，代表群众直言进谏，在旋即而来的反右派斗争中受到伤害。向不计较个人得失，忠诚事业始终不渝。1960 年代，向患肝硬化腹水，几度处于危险状态，领导和医生劝其长年修养，均被婉言谢绝。向坚持与病魔作斗争，带病工作。1979 年 10 月，向德元病情恶化，医治无效，终年 49 岁。

六、许世杰

许世杰（1926—1997），津市人。其曾祖父是清咸丰年间津市最大的盐商——许和兴号创始人。或许是应验了那句"富不过三代"的老话，到了他父亲这一代，家道中落，昔日的许家大少爷，竟堕落到市肥料管理处当了一名清洁工。许出生时，正逢大雁过境，遂取名雁儿。6 岁时，由祖母托情，他被送至由祖母娘家樊姓任校长的津市澹津女校读书，勉强读了 5 年，11 岁那年开始进店学徒。4 年学徒，8 年店员，6 次失业。从他这辈开始，许家再也看不到一点少爷的影子了。

1951 年 6 月，许世杰参加革命工作，先后在市公安局下面的派出所当民警、在消费合作社任秘书股长、在市商业局办公室工作、在市纤维厂任厂长。1960 年，他调至澧南粉厂，任副厂长 1 年即转为正厂长，这一干，就干到了退休。

许厂长来的不是时候。澧南粉厂创办于 1952 年，初是因滨湖地区盛产豌豆（蚕豆），为制粉的上好原材料，而粉又是市场的畅销货。谁知刚生产不到两年，豌豆纳入统购统销，原材料无保障，只得寻求替代品。好不容易物色到红薯、土豆、莲藕、菱角等，生产刚走上正轨，又遇三年困难期，原材料采购愈加艰难。可以这样说，这个以农副产品加工且无毫技术含量的企业随时可关门走人。如何躲过这一危急，或者说拯救这个濒临倒闭的企业，这便成了许世杰来厂的使命。

一次偶然的机会，许得知从制粉的下脚料中可制取味精，于是成立试制小组，自己亲自担任组长，三个人、三口锅、一个工棚。由于不能耽误正常生产，三人只能轮流加班加点，没日没夜，用他自己的话讲，即使失败了，也没损失什么。另外两个工人见厂长都这样了，不仅没怨言，反而干得更欢了。所谓咬定青山不放松，功夫不负有心人。就凭这股"蛮劲"，他们于 1969 年试制出粉末味精 70 斤。紧接着，企业引进设备，扩大规模，仅用 4 年的时间，便完成了企业转型，经国家有关部门比准，成为生产味精的专业工厂。

1974 年，企业正式更名为津市味精厂，从此，企业不断地在规模上、技术上、效益上向更高的目标迈进。1978 年，"麦穗牌"味精在国家工商总局注册商标。同年产品打入香港市场。该厂一跃成为市属重点企业。有人说，没有许世杰，就没有后来的津市味精厂。这话是否成立暂且不说。现实生活中，人们往往看到的是一件事情的结果，而忽略产生这一结果的过程。从三口锅做起，历时 20 年的努力，其中的艰辛与付出鲜为人知。正如许世杰的老伴所说："好多年，人家过年是往家里跑，他过年是往外头跑。"

1980 年 5 月，55 岁的许世杰从当了 20 年厂长的岗位上退了下来。3 年后，58 岁的他卸任厂党委书记一职。此时的味精厂，如日东升，正向它的鼎盛期迈进。

七、向顺滋

"巧媳妇难做无米之炊"，对一个家庭来说如此，对一个企业来说又何尝不是如此。1974 年之前的津市日用化工厂，仅还是一个生产肥皂、洗衣粉、哈利油、雪花膏等近乎于作坊式的小企业。厂房狭窄，设备陈旧，工艺落后，产品质次价高，企业连年亏损。这一年，向顺滋调来该厂，书记、厂长（革委会主任）一人兼。企业的出路在于产品，经过一段时间的思考，向顺滋认为，就依靠企业目前的产品是没有出路的，但如何寻求新的产品，一时又没有眉目。彷徨中过去了5年，1979年，企业累计亏损达26万元。向顺滋终于坐不住了，领着一帮人，走上了一条外出寻"米"之路。

在走访了北京、上海、山东等十多个科研单位后，向发现新近崛起的酶制剂糖化酶工业具有广阔的发展前途。决定选定糖化酶作为企业今后的发展方向。从日用化工到生物化工，这是一种行业的跨界，也就是说，企业原有的一切都得推倒重来，这需要有极大勇气和创新精神，向义无反顾，决定转产酶制剂。1979年底，他与四川食品研究所正式签订了技术协作协议书，对方采取一帮到底的办法，派工程技术人员到厂协助培养菌种，制订工艺，培训人才，改进设备，并帮助推广应用新产品。与此同时，向积极引进人才，加强企业的软实力。1980年，企业生产出糖化酶123吨，获利6万余元，一个濒临倒闭的企业，起死回生。

1981年，企业正式更名为津市酶制剂厂。该厂糖化酶投放市场后，津市、澧县、桃源、沅江各酒厂取代曲酿酒，得到很好的效益，产品供不应求。原厂房破旧狭小，不能适应扩大生产的需要，随后同津市生物化学厂、津市味精厂联合办厂，发挥集中发酵的优势，但仍不能满足市场日益增长的需求。1982年，联合厂分离独立，经市政府批准，津市车辆厂因产品滞销停办，并入酶制剂厂。两厂合并后，利用车辆厂场地、人力，一手抓扩建，一手抓生产，投入改造资金120万元，不到一年的时间，就建成了年产1400吨的糖化酶生产线，扩建后的第二年（1983年）就超过了设计能力，年产糖化酶1785.62吨，实现利润56.46万元。

自1980年生产糖化酶以来，企业搞活了，但生产周期长，风量要求高，能源消耗大，品种单一，企业后劲不足。该厂瞄准全国同行业先进水平与省内酶系列空白，于1984年与福建省微生物研究所签订技术协作合同，引进该所新选育的B11-1菌种，投入生产后，1985年平均发酵水平较上年增长28.93%，达到8300W/mt，达到国内同行业先进水平。发酵周期由原来的140小时降为100小时，糖化酶年产量达到2339.88吨，占全省产量的79.81%，居全国同行业第二位，上缴税利125.18万元，比上年增长121.71%，生产成本下降20.6%，销售价也从2000元/吨下降为1800元/吨，增强了市场竞争能力。

该厂还相继与中国科学院北京微生物研究所、山东食品发酵研究所等科研单位协作，成功地试制了精制糖化酶、精制淀粉酶、葡萄糖异构酶三个新品种，可形成 300 吨精制酶生产能力，开拓精酶取代粗酶的广阔市场前景。其中新研制成功的食品级糖化酶（精制糖化酶）经上海科研部门采用，证实可替代进口产品，被轻工部初评为优秀新产品。尔后，该厂又与中国科学院北京微生物研究所签订了开发啤酒、高麦芽粉生产用的 B- 淀粉酶的合作协议，被省科委列入新品种开发项目。同时，企业选派职工 30 人到上海科技大学等高等院校，进行专业培训，并增设中心实验室和菌种室，为企业准备充足的后劲。

正是向顺滋的努力，为津市的食品工业增添了酶制剂这样一个好产品，也为日后鸿鹰祥的崛起奠定了坚实基础。

八、杨远伟

杨远伟（1934—2001），津市人，于 1950 年参加工作，先后在新洲镇财贸部和津市火箭人民公社党委担任部长和党委秘书。他曾任津市洞庭化工厂书记、厂长，后调到津市蚊香厂任书记、厂长，直至退休。

1970 年，杨远伟调到蚊香厂任书记时，刚满 36 岁，正是年富力强的年龄，而这时的企业，正处于发展的一个关键节点上。企业于 1966 年因改进了原材料配方，并建成了关键性生产设施——转盘式烘房，以致月产量由原来的 600 箱提升到 814 箱，形成年产万箱的生产能力。以后由于原材料"滴滴涕"货源紧张，外销只能限量供应，连续几年外销徘徊在 3000 箱上下。但内销却成倍地增长。可不到两年，质量下降，造成产品滞销，库存积压严重。更为要命的是，因"滴滴涕"有积累性残留，对人体健康和生态环境均有不利影响，市场对此颇有议论。

摆在杨远伟面前的两大任务：一是扩大产品外销；二是尽快找到滴滴涕的替代原料。经过两年的努力，蚊香厂引进日本除虫菊酯为驱虫剂，制成斑马牌高级蚊香，当年出口 746 箱。1974 年，企业在南岸新建高级蚊香车间（后改为蚊香一分厂），在香港市场上，"斑马牌"高级蚊香声誉鹊起，除原有纸盒品外，增加了铁盒高档包装盒。从此，蚊香生产在稳定的状况下，逐年都有一定的发展。1980年代是蚊香厂大跃进的年代，从 1975 年到 1985 年这十年里，固定资产（原值）从 36.2 万元增加到 510 万元，年产值从 231.4 万元增加到 1152.4 万元，税利从 42.3 万元增加到 408.8 万元，职工人数从 239 人增加到 460 人。

在企业逐年盈利的同时，杨远伟十分重视关心职工的福利，尤其是职工的住房问题。在住房问题上，要把一碗水端平，确实是件很难的事，这也考量着一个领导者的能力水平。1980 年代，蚊香厂在市区多处建宿舍，先后多达十几栋，数百套住房，却没有发生一起职工因分房而闹事的。事后有人找他"取经"，他淡然一笑："人没了私心，什么事都好办。"

杨远伟的"抠"是有名的，1980 年代末，随着经济体制改革的进行，市场空前活跃，社会上流行招待风，并给它冠以一个既时尚又体面的说词：吃工作餐。面对这种世风，杨远伟想出了一个应对办法，就近办了一个职工小食堂，来的即是客，就多加一两个菜而已。有人说他小气，更有人压住火气用了揶揄的口吻说道："杨总就是抠，这么大的家业，一两餐饭吃得垮？再说，又不是你杨大人私人掏钱。"可他没把这事放在心里，他常说："干蚊香这一行是针尖上销铁，全靠一双手做出来的，不当家不知油米贵。"杨远伟 13 岁从商学徒，这种克勤克俭的理念在他心里早已根深蒂固。

一个企业的故事，有时就是一个人的故事。1980 年代兴盛领导干部"三化"，按当时的标准，杨远伟已经过线了，要让位了，但他以其公认的领导能力和无数个荣誉光环破了这个例。1992 年，他年届 58 岁，这是上级领导给他的底线。这年的 5 月，市委组织部找他谈了话，谈完转身，他既没有回厂，也没有回家，而是直接到了他的"娘家"二轻工业局，大局已定，谁也改变不了，曾在行政部门工作多年的他深谙此道，他仅是把这事告诉"娘家"人，并说明他要到 9 月才满 58 周岁，说完，茶也没喝就走了。这种无端的举动，是一种人生失落，抑或是对企业的眷念和不舍。30 年过去了，当年的那场"告别"，笔者就在现场，至今仍历历在目。

2001 年 2 月，杨远伟因病去世，时年 67 岁。也就在这一年，市公有企业改制，蚊香总厂"易帜"，改为民营企业。

九、谭贵忠

1980 年 4 月，香港消费者委员会出版的《选择》杂志，刊登了一篇蚊香质量试验比较报告。参加这次试验报告的产品有日本、西德、菲律宾和中国的 14 种名牌产品。津市市蚊香厂生产的斑马牌蚊香以质量优良、价格适宜名列前茅，深受香港消费者的欢迎。自 1977 年以来，斑马蚊香在香港竞争日益激烈的蚊香市场中逐步站稳脚跟，销售量一跃榜首。如此荣光下，却很少有人知道为创立这一名牌产品而付出艰辛劳动的幕后英雄——津市市蚊香厂技术员谭贵忠。

斑马蚊香刚进入香港市场时并不吃香，由于价格低而被经销商当做名牌产品的"搭头"。1975 年，其在香港销售量仅为日本名牌产品红牌坊蚊香的十分之一。从那时起，身为斑马厂的技术员谭贵忠便暗暗下定决心。一定要为斑马蚊香打个翻身仗。决心好下，但真要实现这个愿望实属不易。当时厂实验室除了一台普通药物天平外什么都没有。工人配料全凭经验，检验蚊香质量好坏除了观察燃点时间外，对驱蚊能力等主要指标毫无办法。谭贵忠为了掌握第一手资料，他来到长沙，找到一位大学生物系的退休教师，白天听课，晚上只身一人来到溁湾镇附近的猪栏、污水坑、稻田观察蚊虫的生活习性，采集标本，整理笔记。经过一个多月的学习，谭贵忠回厂后立即搞起了试验，成功地优选出取蛹饲养蚊子的方法，解决了驱蚊试验用的蚊子来源，保证产品质量检验的连续性，并获取了大量数据。根据这些数据，他随时调整原料配方。在车间工人的全力配合下，终于使击毙蚊子的时间从 20 分钟缩短为 18 分钟，逐渐向国际知名品牌红牌坊靠拢。1976 年，斑马蚊香在香港的销售量从倒数第一位一跃至排名第三。1977 年，斑马牌跃居第一。

此时的谭贵忠并未满足现状。他清楚地认识到香港市场竞争激烈，稍有不慎就会一落万丈。为了寻求更环保、更安全、更理想的驱蚊药物，他想到了祖国中药这个大宝库。几年时间里，他翻遍了《本草纲目》《赤脚医生手册》《中草药防治手册》《湖南药物志》，汇集了湖南、广西、江苏等许多地方的偏方、验方，走访了十几位名老中医，记下了二三十万字的心得笔记。他还亲自进山采药，配制了七百多样中草药药方，进行了一千多次试验，终于筛选出 20 多种驱蚊能力强、资源来路广的中草药，毙蚊时间由原来的 18 分钟再次缩短到 13 分钟。

夏天有次乘凉，几个同事来串门。言谈中谭总觉得蚊子在骚扰自己，而客人几乎没有什么动静。谭觉得奇怪，问："你们就没有蚊子咬吗？"客人笑道："你们家喂的蚊子怎么会咬我们？"谭以为他们开玩笑，又问了一次。客人们见他认了真，也就敛起笑，说："还真没怎么感觉。"谭突然像有了醒悟，冒出一句："你们是洗了澡来的。"同事们一头雾水。若有种药物加进蚊香以此来吸引蚊子，那不就更好地起到灭蚊的效果了吗？他的这种想法很快得到药剂室其他同仁的支持。经过一年多的时间，终在上百种草药中试制出一种近似人体分泌物的"助效剂"，将它用在 79 型蚊香里，其毙蚊时间由原来的 13 分钟又缩短为 10 分钟，在翌年全省蚊香质量评比中获得第一名。

4 年里，在谭贵忠的努力下，斑马蚊香的毙蚊时间从 20 分钟变为 10 分钟，缩短整整一半的时间。全厂上下无不在说："谭贵忠是被蚊子咬出来的药剂工程师。"

十、唐淑珍

1958 年无疑是个火热的年代，这年的夏天，市区某处打出了津市缫丝厂招工的牌子，消息传开，立刻引来不少人的关注。因主要招收女工，那些刚走出校门抑或在家带弟弟妹妹的女孩对此充满了好奇心。且不说工厂是怎么回事，就是那个远离市区澧水南岸的窑坡渡，对大多数从未走出家门的女孩都是一种憧憬。唐淑珍，一个刚刚毕业的高中女生，在招工办两张临时拼凑的办公桌上，毅然地填写了自己的招工表，成为首批156名青工的一员。多少年过去了，至今已无法考证当年有多少人是受了她的影响，但拥有高中学历且长相端庄秀丽的她，无疑是一个引人效仿的表率。或许，连她自己也未知，这一"草率"的选择，竟让她的一生定格在了纺织行业上。

知识就是力量，现代企业不仅需要一大批一线的熟练工，更需要的是高素质的管理人才。没几年，对企业工艺生产流程了然于心的唐淑珍很快就走上了管理岗位。缫丝厂从1958年由最初的缫丝逐一发展到缫丝、织绸、印染、绢纺、服装等一条完备纺织产业链的这30多年里，唐淑珍一路追随，先后出任过生产科长、厂长、党委书记，直至津市丝绸工业公司经理。

成立于1983年的津市丝绸工业公司是津市丝绸工业的最高组织形式，除拥有缫丝、绸厂、印染、绢纺4厂外，另在市区拥有一座商场和一个销售公司。厂区内还建有职工宿舍、幼儿园、篮球场等生活设施，每到周末和节假日均有职工篮球比赛和露天电影。在此工作生活的工人及家属有近三千余人。厂区被人俗称为一个温馨的名字——丝绸大院。

考虑到企业的持续发展，唐淑珍于1984年任公司经理时，就曾向市里提议过在市境内办一所纺织中专学校。这无疑是她在纺织行业工作了多年而产生的前瞻性意向，引起市里的高度重视，无奈后因各种原因未能实现，至今都是她的一个遗憾。

津市丝绸与纺织是津市工业的支柱之一，职工人数最高峰时达到四千人。其中大部分是女工，为津市的工业兴起做出过重大贡献。在她们当中，产生过众多的全国、省、部、地区及行业等不同等级的劳动模范和操作能手。唐淑珍仅是她们当中的一个代表。

十一、邹庆珍

1971年8月，走出中学校门的邹庆珍，没有像很多人那样幸运地招工进津市的电子管、丝绸大院这些赫赫有名的国营大厂，而是来到了从北岸城区南迁至麓头山脚下没几年的集体企业——造漆厂。此时的造漆厂刚刚褪去"街道铺儿"的外衣，虽说厂地面积有4000平方米，但两三栋车间，一排干打垒的宿舍，三面都是农田，怎么看去都不像一个正儿八经的工厂。不过，幸运的是邹庆珍分得了一个好工种，在厂化验室当了一名化验员。

造漆属于化工企业，化验室不仅把关产品质量，而且还是一个开发新产品的科室，邹庆珍十分珍惜这个岗位，认真钻研技术，任劳任怨工作。1974年，邹庆珍被派往兰州参加化工部举办的为期半年的全国化工技术培训班，学习油漆制造技术。回厂不久，她先后担任厂质捡科、技术科科长。任职期间，参与了厂里的多项技术革新与设备改造，为厂扩大生产和提高产品质量创造了条件，产品由原来的四大类扩大到硝基漆、氨基树脂漆等十大类。在1980年的全省涂料行业评比中，津市造漆厂略次于湖南造漆厂，名列第二。同年5月，在全国油漆产品物理检验中，C04-2大红醇酸磁漆获得全国第一名。于1982年在全省油漆产品质量厂际竞赛中，津市造漆厂荣获全省第一名，邹庆珍当年选为湖南省第六届人大代表大会代表。

1983年，邹庆珍被津市科委推荐到大连理工学院化学工程系脱产学习2年，1986年，即被任命为主管技术的副厂长，于1989年获工程师技术职称，随后被任命为造漆厂厂长。在任职期间，该厂主要经济指标均按15%—25%的速度递增，连续几年利税上缴均在200万元以上，1993年上缴利税290万元，成为全市仅次于湘澧盐矿的缴税大户，位居全市市属工业企业之首，并被列入常德地区企业纳税百强单位（排名31）。邹庆珍在注重企业经营和发展的同时，也十分关注企业职工的福利，造漆厂离市区较远，双职工比较多，在其短短的四年厂长任期之间，挤出资金，一是在市区购买了两栋商品房，二是在厂区内修建了一栋单元式的职工宿舍，除双职工优先外，部分有特殊贡献的单职工也分到了房。集体厂、集体工与国营厂、全民工历来有着一定福利上的差距，作为集体性质的造漆厂的职工也能分到福利房，这无疑激发了全厂职工的自豪感和工作热情。

邹庆珍属于技术型的厂长，许是化验员出身，无论当年在检验科还是技术科，以至后来当了厂长，重视产品质量、注重产品开发是她一贯的作风。没有产品，企业难以生存，没有质量，有产品也上不去，这也是她治厂的法宝。1979年在她任技术科科长时，她便为该厂产品自编了一本11万多字的《航海牌涂料产品说明书》。在担任厂长期间，该厂开发的聚胺脂黑板漆成为省优质产品，实现了该厂省优产品零的突破，完成了石油树脂、快干胺基漆、腈纶树脂、耐水砂纸漆等四项新产品的开发，企业曾达到年生产油漆3100余吨，实现产值2158万元的经营规模。1993年，邹被省经委授予"湖南省技术开发先进个人"称号。由于邹庆珍工作成绩突出，各级政府以及相关部门多次给予表彰和奖励，多家媒体，如湖南省电视台的专题节目《澧水银屏》，以及报纸媒体《常德日报》《中国化工报》等，也曾先后对邹庆珍的先进事迹进行了报道。

十二、刘青云

"青云直上"一词,出自《史记·范雎蔡泽列传》,"贾不意君能自致于青云之上"。纵观刘青云的一生,他确有过这种一般人难以青云直上的人生经历,从 1968 年成立津市镇革命委员会的那一年起,直到 1978 年,十年间,革委会主任换了一茬又一茬,而刘青云的副主任一职却满满地当上了头,实属津市闻人无疑。

津市是个商埠,在其数百年的历史中,从业者无外乎就两大类,一是从商,一是从工。男孩子长到十二三岁,念过书的找家商铺去学徒,没念过书的去学艺。津市的铁器业算得上是桩最古老的行业,有首童谣流传至今:"张打铁、李打铁,打把剪刀送姐姐,姐姐留我歇,我说我不歇,我要回去学打铁。"学铁匠门槛低,无需担保,故历来为那些贫苦市民的选择。上门拜师的那天,给孩子买件挡铁屑火星子的生牛皮围兜,再给师傅送上一捆老叶子烟或是一壶白酒就行。这种情形一直延续到中华人民共和国成立后。稍有不同的是,学艺者不再是一字不识的白丁。不过,与同辈比,只算是识几个字。

虽说是手工业,但与其他行业的作坊相比,铁匠铺可谓是寒酸到了头,"铺"破不说,津市早前的铁匠铺大多只是一个棚。冬天八面来风,好歹有个铁炉,不然,会冻个半死。徒弟进门扯三天风箱,第四天就得拿捶,打铁既要有力量,也要有胆量,学打铁最怕的不是挥不起铁锤,而是害怕铁屑星子溅到身上,哪怕是芝麻大一点,溅到皮肉上都是一个坑。最要命的往往越是害怕,这样的事情就越会发生,铁匠麻子多,许就是这个原故。刚学艺的小铁匠们除了身上的那件牛皮兜外,里面是赤条条的,这样铁屑星子一旦溅进来后即可迅速抖掉。业内有句俏皮话:"伤脸伤身都没事,要是把命根子点燃了,那这辈子可就完了。"环境的恶劣与行业的艰苦练就了铁匠们由来骁勇生猛的性格。

"文革"期间,津市红铁兵煊赫一时,是为津市影响力最大的造反组织之一。这个在 1950 年代由若干个铁器社和钉焗社组成的津市铁工厂如同蛟龙出水,文攻武卫期间,每人背负一把大刀或一杆步枪,游行时总是走在队伍最前列,威风凛凛。铁工行业是一个江湖味道极浓的行业,有影响力和号召力的人往往不一定是这个企业的书记、厂长,那时的刘青云仅是铁工厂的一名普通工人,也不是中共党员,却能在一夜之间摇身一变成为红铁兵的政委(有人说刘是看了《铁道游击队》的缘故,知道政委要比司令大),除了那个时代的荒唐外,刘青云的足智多谋由此可见一斑。

1968 年 2 月 16 日,津市镇革命委员会筹委会成立,按当时的要求须有军队、干部、群众三个方面的代表。津市红铁兵作为津市最有影响的群众组织,身为红铁兵政委的刘青云自然入选革命群众代表。同年 9 月 17 日，津市镇革命委员会正式成立，刘青云以镇革委会副主任的身份坐在了主席台上。1969 年，津市参加湖南省举行的"活学活用"毛泽东思想积极分子代表大会，刘青云又是津市十名代表之一。此时的他，可谓是真正的青云直上了。1976 年"四人帮"倒台，"文化大革命"宣告结束，逐一对期间发生的"打砸抢"进行清算，刘青云审时度势，忍痛割爱，以革委会副主任的名义，将期间自己的"亲密战友"——红铁兵司令王某揪出来进行批斗，让他再一次渡过"难关"而稳坐钓鱼台。直至 1978 年革命委员会完成其历史使命，刘一不是党员，二不是干部，不好安排，这才卸职回到工厂继续当他的工人。

既然得来全不费功夫，"削职为民"后的刘也就能很坦然地面对。潮起潮落既是一种自然现象，那它势必会遵循某种自然规律，能掌握这种规律的人，从来就不缺失机遇。果然，在沉默几年后的 1984 年，刘青云再度成为津市新闻人物。由他独资创办的津市市通用机械厂成立，是为我市首家民营工业企业，固定资产 50 万元，员工 30 余人，占地面积近 3 亩，这在当时可算得上一个有模有样的企业，固然掀起了一场不小的波澜。恰逢经济体制改革，工厂一些有技术有能耐的人正跃跃欲试，刘青云的这一行动，无疑是决了大堤的口子，让人走出藩篱，一时纷纷停薪留职出来办厂。算算津市改革开放后的民营工业企业之滥觞，正好是从这一年开始。1993 年，津市市人民政府表彰十佳个体私营企业，刘青云的通用机械厂名列其中，其再度成为津市时代风云人物。市委党史办为此对刘青云进行了专访，并以《我要为党的私营政策争口气》为标题作了专题报道，社会反响很大。

历史从不以成败论英雄。尽管刘青云晚年穷途落魄，但这也无妨诋毁他这一生中曾有过的辉煌。有人说他善于钻营，见风使舵，就是个投机主义者；也有人说他有勇有谋，每一回都能站在时代的风口浪尖，不愧为一代枭雄。褒贬不一，众说纷纭。客观地评判，将他视为津市工商界的一个人物，这无论从他的个人履历，还是时代影响，都名副其实。

第十章　澧水印记

津市位于澧水尾闾，东濒洞庭，西倚群山，北连涔、澹二水，南扼澧水入湖咽喉，水路四通八达，因而水运发达，为澧水流域交通要冲。

明初，澧州、安乡各设水马驿，津市位两驿之间，大船至津不能上驶，行旅多于此换船或改陆行，遂设官渡，津市由此成为省、府、州、县间往来中转地。明中叶，由于对山区的开发，澧水货运渐频，津市以其自然条件，成为物资集散中转港口，故客货运输初见端倪。

清代，随着社会发展，转口物资种类、数量与日俱增。津市为澧州盐岸，每年额销淮盐20600引至35600引，因省督销局设于津市，盐均运集津市后转销各地，由此引发盐与粮食的交易，并带来织布、榨油、碾米、酿酒、戽斗等手工制造与加工业的发展。因其产品、原料、燃料等皆赖水运进出，津市始现码头，装卸搬运成为专业。清政府遂在津设厘金总局，于澧水各港口设厘金卡，对落地及船载货物抽取厘金，故其时的津市，官商士子，漕船商舶，此往彼来，帆樯相望，极一时之盛。

民国以后，随轮船的出现，历来单一的木帆船运输，乃一变而为轮帆并行。此时，大量工业品的涌入与农林产品出口的加剧，旧有航路已不敷需求。随着新航线的不断出现，津市水运一时呈膨胀之势，由是津市"自庸桑诸县所出诸产，胥集于是以贩运武汉，而易外货以散卖各地"的地位业已确立。

抗日战争时期，津市水运时起时落，初因长江下游城市沦陷，轮、货纷纷疏散西来，津市水运一度旺势。后因长江封航，洞庭湖布雷，轮驳成为日机重点袭击对象，损毁严重，往来船舶一度锐减，仅凭帆运支撑。抗战胜利后，随着难民复员，津市市场渐见凋敝，商业萎缩，水运式微。

1949年，津市和平解放，水上交通很快恢复，轮、帆两业初以支前运粮，后经整合，分别组设民船合作组织和轮运公私合营公司，随着国民经济的恢复，水运能力显著提升，1953年货运量达到25万吨，周转量达到4145万吨公里。1956年公私合营，分别成立津市木帆船运输合作社和省航运厅驻津办事处（简称湘航），从此，轮、帆两业走上了有计划大规模发展的道路。

自1950年代津市城市转型大办工业，物资流通加大，为适应发展，轮运加强船队及港口机械的建设，帆运则加强运输工具的更新与改造，故此津市水运有了较大发展。1964年货运量达到40.46万吨，周转量达到了12760万吨公里。1970年代中期，国家强调支农运输，提倡磷肥，以及各地用煤自供，因上、下河船止于津市等原因，津市成为常德地区农用石灰、磷肥、工业用煤的中转港口，湘航与常德地区11县市航运企业以及社队农副船只一时云集津市（俗称大会战），日平均停港轮帆达300余艘，载重量约6000吨左右，南北港区一片繁忙，1977年完成货运量61.69万吨，港口吞吐量达200万吨，为津市水运史上的黄金时代。

1978年，枝柳铁路建成通车，澧水上游来津物资逐年减少。但随内河与长江的通航恢复，津市水运仍是一派兴旺。1980年代中后期，伴以公路建设的加快，津市水运呈现衰落态势，1990年代后，帆运退出历史舞台，滨湖航运和长江航运均受到陆路运输的冲击而委缩，加之体制上的缺陷，截止到二十世纪末，津市航运公司名存实亡，湘航转为民营。如此这般，2000年后，津市水运仅剩下湘澧盐矿的盐运、煤运，石门和澧县矿石的中转以及澧水河的砂卵石营运了。

湘有四水，湘、资、沅、澧。澧水是最小的一条河流，可她又是最神奇的一条河流，她不仅在上游造就出了风光旖旎的张家界，而且还在尾闾诞生出了湘北明珠——津市，若将这条美丽的河流寓意为一幅长长的画卷的话，那么，张家界就是这幅画的主角，而津市则是这幅画的印章。

第一节　长河帆影

一、帆船运输

1. 澧水帆运

澧水有温、茹、淶、溇、黄、道、涔、澹和澧九条支干，但真正形成航道的除主干外，仅有溇、溇、道、涔、澹五水。溇水会澧甚早，有百十里行程。溇水在主干澧水北与之平行，会澧前的一百多公里，几乎将石门县从西到东穿了个透，故而又有石门的母亲河之称。道水是一条唯一绕主干澧水南岸而行的河流，从慈利五雷山出发，由石门白洋湖出官渡桥入临澧境，会澧前，东西流经了南岸的大半个县境。发源于石门的涔、澹二水皆绕北而行，各自像一把弯弓，在澧阳平原的千里田畴上，硬生生地锯出几条隙缝。如此枝节繁复的澧水水系，编织了一幅形如迷宫、漫际于湘西北的水网。

澧水主干自津市上行经澧县、合口、石门、慈利、大庸至桑植，长283公里，除津市至澧县可常年航行100—200吨驳船外，再往上溯就只能走10吨左右的木帆船了。明清时期，上下往来的物资除了食盐外仅是些农副产品，这种简易的商品流通使得市镇的发育极为缓慢，这一点，可从清乾隆及与同治年间编撰的《澧州志》里一目了然，百年间，市镇格局几无改变。民国伊始，伴随着工业品的入境，商品流通由农副产品集散转变为工业品与农副产品的斟换，同时也促进了澧水流域农林产品的出口，市场顿时变得活跃起来，商业不再是守株待兔，坐等顾客。庄客的出现便是例证。最早外派坐庄的是津市的油业和布匹业，他们将点设置在大庸、慈利等各个大小关隘水口，在扩大自身贸易的同时，也搞活了一个地方的经济，如慈利的江垭，原仅有十几户人家，不几年，便成了一个繁华的小镇。坐庄是双向的，1916年，18岁的胡异三始在大庸"李裕和"绸布店学徒，三年期满，遂东下津市为"李裕和"坐庄八年，以此为日后在津谋图发展打下了基础。果不其然，十几年后，胡跻身津市富人之列。同一时期的上河人（津市对石门以上的通称）还有金姓、兰姓等如出一辙。此时澧水的帆运，可谓是帆影点点，号子不断，呈现出一派繁忙景象。

溇水发源于武陵山北支干，是澧水的第二大支流，当年粤商卢次伦在溇水的上游泥市创"泰和合"茶号，就有对溇水水运的考量。原溇水航道仅止于水南渡，由此上溯十几里到泥市，因河道乱石遍布难以通航，卢次伦只得耗巨资加以疏浚。"泰和合"驻外仅有两个茶庄，一个设在津市，曰"津庄"，一个设在汉口，曰"汉庄"。《石门文史》有这样表述："高峰时，泰和合日发茶船百艘……"溇水滩多水急，每艘船的载量仅为几吨，但接踵而行，那场景一定颇为壮观。涂子白，江西建昌人，晚清时其父赴石门水南渡巡检司任司官，其随家一同迁居。水南渡属于西北乡重要关隘，涂早年做油盐生意，获利不少，名声很大，于是有人捉他家"财神"，涂子白只得携家带口迁居津市三洲街。1926年，李子浩、涂子白合资在津市新建坊正街开设益大正油行。因涂有人脉资源，生意做得风生水起，该行很快成为津市油业翘楚。有趣的是，溇水流经才百七十里，而沿途乡市无数，民国列肆上百的就有泥市、古市、磨市、皂市等数处。其中磨市一度成为石门西北乡著名的桐油集散地。九澧之一的黄水也在这途中注入溇水，黄水一名由雄黄而来。雄黄是门稀缺药材，曾为津市国药业的招牌之一，使溇水成为澧水流域极具经济价值的一条河流。

溇水发源于湖北鹤峰县。横跨两省的溇水通航航道有近130公里，其中的鹤峰段仅有65公里，鹤峰未有公路前，溇水是通往外界的主要交通线，全县多半物资需由此进出。此条河段有两个重要的码头，一个是鹤峰的江口，一个是慈利的江垭。由于滩多水浅，船载量不到5吨。中华人民共和国成立后，两县先后对各自河道进行过疏浚，之后，慈利段常年可通航15—30吨船舶，鹤峰段季节性可通航3—25吨。尤其是鹤峰一方，河道疏浚一度延伸到了县城，并在江口码头建起了船舶修造厂、药材加工厂、木材集材场，俨然想把这里作为县域经济发展的突破口。除船运外，溇水放排由来惊险，江口以上河谷深切，水流湍急，礁石重叠，放排非本地人莫属，即便这样，排毁人亡的事仍有发生。据《鹤峰林业志》记载，曾有25名职工在此殉职，公职人员如此，民间就难以计数了。

道水的流经地几乎均为稻谷产地，石门县唯一成规模的产粮区白洋湖便置身于它的流域中。据《澧州志》记载，从清康熙年间起，临澧县（那时还叫安福）即为澧州漕粮的主要供给地。道水是条小河，从道口（入澧口）至县城枯水季节仅有水深0.5米，县城以上枯水季节水深0.3米，故只能行驶一种叫岩板船的小船，这种船的船体由木板构成，无棹，轻巧灵活，单人驾驶，浅水使篙，用软帆，平时以桨转向，不用舵，驶风始放舵下水，船尾有插篙孔，供停泊时插篙固定船位，载量不超过 5 吨。因体阔身短，又喜欢集群而行，河中行驶时宛如一群胖头鱼，而停泊靠岸时，又像是一堆急待上岸的螃蟹。1956 年 6 月 6 日下午七时许，突然狂风大作，暴雨如注，风力约在八级以上，停泊在九码头的临澧县帆船社来津送粮的 65 只岩板船不堪一击，船只尽被打翻击沉，津市遂组织上千人参与抢救，打捞泥谷 26.7 万余斤，但仍损失了 2.3 万斤稻谷。

涔、澹二水傍津市北漾洄，澹水迫近澧城和津市，多处与澧水串流。早前澧州盐岸设于津市品元宫附近，品元宫紧挨后湖，而后湖又与澹水相通，故盐船可沿澹水西行经蔡家河、蔡口滩、樟柳、十迴港、澹阳桥直抵澧城。涔水流经颇为曲折，全程 114 公里，几乎贯穿了澧县的整个北乡，又因受地形的侵扰，几度折西回流，以致浸润了大半个澧阳平原。这是一片丰产粮棉油的肥腴之地，每逢金秋时节，稻棉相继上场，时为船运最忙碌的时候。涔水拥有众多的码头和市镇，码头以白杨堤、周公渡、梅家港、青泥潭、曾家河等较为著名，而市镇，像垱市、槐市、梦溪虽历史无考，但都应算是古镇了，民间的涔阳古镇之说，至今也没人说个准，倒是涔阳的存在无人质疑，屈原《九歌·湘君》："望涔阳兮极浦"，大多数文化人还是能吟诵的。码头也好，市镇也罢，均为粮米起家，继后又有了棉花。粮棉的交易需场地，于是，码头、市镇应运而生。

澧水干流以及各条支流均需逆水而行，尤以主干和溇水为甚。于是，从船工中分出一个派类，即人们所说的纤夫，一船一支纤，纤夫的多寡，完全由里程的长短和货物的重量来定，纤夫中既有船工，也有临时聘用的雇工。澧水属季节性河流，中上游滩多水急，拉纤不仅靠气力，也是一门技术活，吃这碗饭的人大多是上河的船古佬或排古佬。上游地形复杂，有的地方需临时加人或让本地人接纤，当然，这其中也有拉霸王纤的，故船主一般会入青红帮的山头，遇到事时好有个遮挡。下行船与上行船通常的载重量是二比一。除此之外，其他被称为小河的航行则要简便得多，虽也有逆行，但纤轻，上行时通常是女人扶舵，男人拉纤，抑或男人扶舵，母子拉纤。1955 年，澧水河道整治，仍留有 8 条纤道。

2. 滨湖帆运

滨湖帆运主要由澧水洪道、四水（湘、资、沅、澧）联线及开湖航道组成，即是津市通往环洞庭湖地区以及由此通往湘中湘南的航道，这一运输多为外籍船帮所为，澧水船帮少有参与。过洞庭湖后，来津市虽为逆水，但水深面阔，仅以风帆和橹桨便可航行，故滨湖航行不需拉纤。滨湖帆运由来已久，粤汉铁路未通车之前，津市的南货均由湘潭中转，斟换的是澧州的稻谷和棉花，不过，那时的舟楫还不算稠密，直至晚清有了湘中的煤炭和五金加入后，各地船帮才趋之若鹜来津。清光绪三十四年（1908），湖南开办帆船、划船船捐，50—100 石（1 石等于 120 市斤）收钱 200 文，100—200 石收钱 300 文，200—400 石收钱 400 文，以此递增，每半年收一次。首次开征船捐，无疑与这一时期的水运勃兴有关。

民国时期，滨湖帆运异常活跃，这时，轮运虽已出现，但帆运以其船只数量上的优势仍占大头。抗日战争爆发后，长津线虽未阻断，但轮船目标大，屡遭日机袭击，损失惨重，加之常被军事征用，这时的湘中湘南尚未沦陷，由滨湖水运转津市陆运入川的战时孔道业已建立，滨湖帆运一时不堪重负，就连沅水中上游辰溪、沅陵一带的船只也赶来参与帆运。战后复原，这些船只中的一部分滞留在了津市。1953 年，民船实行民主改革，定港定籍，津市港外邑船户竟占了半数以上。

3. 荆江支流帆运

与津市水运有关的荆江支流有三：松滋河、虎渡河、藕池河，皆为清朝不同时期长江在荆江南岸的溃口，不塞成河。澧水东去，与松滋河交汇于汇口，又汇虎渡河于小河口，再汇藕池河于舞口。三水成为津市北通长江，直达荆、沙、宜等地的水路要道，历史上为湘鄂边经济发展和物资交流起过重要作用。

江水，津市人又称北水。清咸丰六年（1851），太平天国起事，长江水运阻塞，淮盐源运切断，澧州开始借运川盐剂食，津市督销分局在虎渡河会涔水处花畹岗设川税局征稽川盐税收，此为荆江支流川盐帆运至津之始。民国时，津市去沙市宜昌可走观音港，出北河口逆松滋河西支北上，于黑狗挡入虎渡河出太平口时为黄金水道，轮帆均可通行。荆江支流航线的开通，除缩短津市至长江的里程外，更重要的是紧密了湘西北与荆州地区，尤其是松澧平原的经济联动。抗战时期，长江水运中断，荆江南岸的松滋、公安、石首等数县粮棉运销只能走津市，一时使得津市成为湘省的最大棉花集散地。1938 年武汉沦陷，大量汉口船民以及汉江船民上溯移至沙、宜一带，无形中加快了湘北与荆州两地的物资流通，这种流通一直维系到 1940 年 6 月沙市沦陷。1945 年，津市新华工厂在沙市、宜都分别设立分销处和分厂，在往来于津市和江陵之间的船上，来自汉江的船工陈洪洲被发展成中共地下党员。中华人民共和国成立后，急需干部，因陈洪州对沙市、津市两地熟络，两地都争，最终陈选择了在津工作，曾任津市工交科长和总工会主席。

附表 民国时期帆船运输主要物资流向

货类	地点	运往地	最高（年）	最低（年）	常年
棉花	澧县、临澧、石门、汉寿、安乡、公安、松滋	大庸、桑植、永顺、来凤、宝庆、汉口、长沙、湘中、湘南、四川	20万担	4万担	
粮食	澧县、临澧、安乡、公安	长沙、石门、慈利、大庸、桑植。	300万担	100万担	
桐油	桑植、大庸、慈利、石门、永顺、保靖、鹤峰	汉口、长沙、广州、湘潭、衡阳、滨湖各县	13万担	4万担	
皮油	慈利、石门	汉口			2万担
五倍子	龙山、桑植、永顺、慈利、来凤、鹤峰	汉口			5万担
梓油	慈利、石门	汉口			1万担
木油	慈利、石门	汉口			5千担
百货	汉口、长沙、广州	澧水流域诸县、南县、华容、公安、松滋、石首、四川			14万担
药材	四川、澧水上游诸县	河南、江西、湘潭			20万担
布匹	长沙、汉口、上海、苏杭、宁波、广州	澧水流域诸县、湘鄂边各县、四川部分县			约12万匹
卷烟	长沙	澧水流域诸县、湘鄂边各县			2千箱
川淮盐	沙市、宜昌、常德	澧县、临澧、石门、慈利			12万担
煤油	汉口、长沙、常德	澧水流域诸县、湘鄂边各县			20万桶
柴油	汉口	津市中转			1千吨
煤	湘中南、辰溪	津市中转			6百吨
雄黄	石门	汉口、长沙			2万桶
茶叶	澧水上游诸县、鹤峰	汉口、长沙			2千箱
牛皮	澧水上游诸县	汉口、长沙			1万张

二、机构沿革

1937年，津市实行船舶登记与编联水上保甲，津市编成水保一个，隶属津市水警队。同年，津市成立商业船民同业公会，楚麟堂出任同业公会理事长。1938年，湖南第六船舶大队命令所属百石以上船只集中于津市，遂与津市船业公会合署办公，楚麟堂被任命为副大队长。1952年，"湖南省民船联合运输社津市分社"成立，辖安乡、澧县、临澧、石门、慈利、大庸六支社及津澧直属大队。1954年，整顿帆船编队，整理后有中队13个、分队45个、小组189个，共有帆船1302只，载重量9845吨。1956年3月，"津市港木帆船高级运输合作社"成立，是为澧水流域第一个高级运输合作社，有船1235只，载重量6766吨，入社船工2438人，分别来自全国11个省109个县市。后因轮帆分管，30吨以上船折价归公，划属湘航津市办事处，后又重新定港定船，部分船返回原籍。高级社改体，遂组建津市木帆船运输合作社（津、澧）。后两社分分合合，澧县终在 1960 年再度析出，1974 年，"津市木帆船运输合作社"改为"津市航运公司"，时公司拥有船厂一家、学校一家。1981 年，常德地区航运公司撤销，部分财产和 192 名职工转入津航。时至 1982 年，津航有职工 623 人，船只 189 艘，载重量 4469 吨，动力 1550 马力。时至 1980 年代末，澧水上河航线断航，公司经营重点转向滨湖和长江流域，船运设施经过历年改造更新，木帆船渐次消失，均被机驳船代替，随着经济体制改革深入，职工先后以承包、租赁、买断的形式实行了身份置换。2000 年，津航正式解体，至此，集体航运历史落下帷幕。

三、排筏运输

津市木材出自澧水上游桑植、永顺、龙山、大庸、慈利、石门以及湖北鹤峰、五峰等县。楠竹出自桃源，市区停排坞址为青龙庙至小渡口，绵亘数里。湖北木材由津市转往武汉，有少量木材惠及津市。鹤峰木材笔直少节，适合打家具。1990 年代前后，结婚时兴男方自己打家具，有很多的津市新郎得到了这种实惠。津市木材一般运抵岳阳集材场，少许放至武汉、南京等地。每一排筏约有 2000 立方米，排工 50 名，时间至岳阳需 40 天。1960 年代改轮船拖带，每排增至 4000 立方米，排工 20 名，用时仅需 20 天。1953 年，常德森工局在津设集材场，加之另有湖北鄂西州的森工局，且澧县先后在津设立木材采销站，市总工会排筏工会特聘请桃源陬市师傅传授扎排技术。1957 年，竹木运输社成立，有职工 128 人。1970 年代是津市竹木起卸最繁忙时期，大量的木材来源于鹤峰，伐木成为该县主要税源之一，并得到了国家林业部的多次表彰。进入 1980 年代后，竹木流向随公路的兴起而改变，津市竹木运输站建制被撤销，鹤峰来材也逐年减少，直至 1990 年代后完全关闭，延续千年的排筏业在澧水河上就此消失。

放排是一项笨重且危险的工作。由于河谷深切，从上游桑植至中游石门段，河道长 226 千米，但水流落差竟达 600 余米，故而沿途险滩毗连，水流湍急，险象环生。木材以杉木、枞木为主，杉木用途广泛，枞木及其他硬木杂材多用于工程用料。入秋后伐木，待来年汛期，便将杉条扎成二三十立方米大小木排，趁山洪暴发，分别集拢于各溪流或支流，这一过程俗称"刹靶子"，尔后再将各小排组合成大排进入宽面水域，这才叫放排，故放排的整个惊险过程都在"刹靶子"这一环节。但更为惊险的还是"赶筒子"。杂木树粗质重，难浮于水，只能锯成一截截 2 米多的筒子。所谓赶，即是先将它们滚下山，待溪沟发水，两边站人，各持

▲排到津市（建设局/供图）

一把带抓钩的长杆，将筒木一一顺流逐下。遇到阻塞，只能下水操顶，往往是在
潭水中进行，水深不着地，人处于一种泅水状态，俗称"踩软水"。这很危险，因
人的注意力在前方，保不准后脑勺突地飘来一个筒木，命陨一瞬。筒木被赶出溪流，
便借杉排的浮力按比例搭载而出。1971年，一群桑植人来到溇水源头金家河锯杂
木筒子，忙了一个冬，攒下上千根筒子，眼看一年的生计来源得以实现，谁知一
场突如其来的大暴雨，将其全部冲走，桑植人欲哭无泪，最终靠当地人的施舍返
回故里。

1959年鹤峰木材排运价格表（单位：立方米/元）

起点	止点	杉条	松木	枕木	杂木	拴皮（吨）
城关——跳鱼口	津市	10.2	12	13.1	3.8	48
跳鱼口——洞脑壳	津市	9.35	11	12.1	12.65	44
洞脑壳——老村渡口	津市	9.01	10.6	11.66	12.19	42.4
老村渡口——黄牯洞	津市	8.25	9.7	10.67	11.16	38.8
黄牯洞——两河口	津市	7.65	9	9.9	10.35	36
两河口——狗子洞	津市	7.14	8.4	9.24	9.66	33.6
白日垭——江坪河	津市	5.78	6.8	7.48	7.82	27.2
唐家渡——江口	津市	3.4	4	4.4	4.6	16

四、船民纪事

1. 天主堂与磨市船业公会纠纷

这是一起由码头泊岸权属引起的纠纷。津市码头有一个大致的划分，以观音桥官渡为界，从大码头、关爷楼、五通庙、罗家坡以西历来为上河船停泊码头，因均为自然河坡，又都是上河船，码头间无严格界限。自有轮船后，从观音桥向东至祁家巷沿河线为轮船新码头，一般为石阶码头，并配有趸船。祁家巷以东直到汤家巷大多为下江船或滨湖船，故津市码头又有上码头、新码头、下码头之称。上码头正置水口，由西向东水岸时常崩裂，导致码头东移，界址不清，天主堂与石门磨市纠纷由此而来。各自向澧县县府呈文如下：

> 石门县磨市船业公会以石门全县所有船只前在津市五通庙桃花桥一带在抗战以前百余年由该地停泊登陆无疑，最近数年因天主教会图利租人沿岸修屋营业，逐年增加，将从前登陆隙地势将尽闭，危害交通良非浅鲜。
>
> 石门磨市乡长：郑安义　1945 年 7 月 19 日

> 敝堂据情答复津市，自五通庙至桃花拐河岸一带往年之有吊楼房屋，毗连相接，尚有形迹可考，此地四十余岁之居民无不眼得见，何谓磨市船业公会百余年登陆码头，而于今之吊楼何以阻其登陆，此次贱价出租实因国难期间，难民拥护，准予修造本出救济之意，此段河流渐崩溃道路口益狭隘，每遇大雨之夜水陆一色，行人往往连人带物坠落河中，建房屋，既可保岸而夜有灯光，造福夜行不浅，若谓无法登陆十余丈河岸，则有新建码头三处，每处留空数丈，所费数万元而所获租金仅万余元，无谓为图利，何利之有。
>
> 天主堂司铎：汪雨化　1945 年 8 月 27

2. 两封迥然相异的快邮代电

津市民船商业同业公会于 1937 年成立，理事长由澧水帮头脑——原澧州镇守使贺龙部下的辎重团长楚麟堂担任。民间素有强龙与地头蛇之争，如此安排，显然是一种相互制衡，津市船帮众多，山头林立，纷争不断。下面可从两封事关楚麟堂的快邮代电可见一斑。

快邮代电一　电请政府依快严办楚麟堂，并勒令将该会（民船同业公会）

即日解散，解放船民航行自由。楚麟堂原系军人，学识粗鄙，淘汰落伍，即设计组津市船业公会，近来乘内扰外患，相继叠危之机，大显诈财之术，以饱私囊，于津市上下设卡，私自放行，凡是津市河三十里以内之船只，一律扣留，以武力压迫，索取财物，小者 200 万元，大者五六百万元不等。尚有湘乡王姓，载棉饼出口船及李姓过路装有灵柩的载货船两艘，因诈取 400 万元及 600 万元不遂，非法给予扣留。

1948 年元月 23 日

快邮代电二　楚麟堂籍大庸，即谙诗壮从戎行，曾追随先总理北伐备位上校，其人刚直清廉，嫉恶如仇，以艺深获九澧各界敬倾……对地方弊端、邻里纠纷莫不亦复伸连，出面和解……近发现声称各会各帮全体船民之快邮代电一件，肆意污蔑，危言耸听。庸慈石、临澧、益阳、浏阳、衡阳等船业公会驻津代表会叩。

1948 年元月 25 日

五、远逝的帆影

电影《上甘岭》的插曲《我的祖国》中有一段歌词："听惯了艄公的号子，看惯了船上的白帆。"这应该是澧水河上的一个寻常的情景，故而居住在澧水河岸的人们对此歌有着与众不同的情感。澧水西来，关山一路逶迤而行，一半山影，一半帆影，给津市这个水岸城市平添了一份诗情画意。从 1970 年代起，澧水流域上游各县陆续进行阶梯式水利水电开发，相继建起滟洲（澧县）、青山（临澧）、三江（石门）、江垭（慈利）等大坝电站，自此，澧水中上游逐渐断航，帆船渐无。起初，津市河段偶尔还能看到下面的这些小河帆船，不几年，这种帆船也见不到了。

▲澧水最后的帆船（徐立斌 / 供）

第二节　百年轮运

宣统元年（1909），湘北大水，为赈饥，清政府租英商太古公司蒸汽轮一艘，载米由长沙驶津，是为津市也是澧水出现的第一艘轮船，市民始见轮船，沿岸追赶。嗣后，外来工业品的输入与紧俏的农林产品的输出加剧，津市轮运业迅猛发展。1913年，长沙商人肖谷僧、吴伯熙等私营"澄清""荆江""亚通""通和"轮船，始航长沙至津市一线，之后津市至澧县、津市至常德等多条航线被开通，数家公司参与客运。时至抗战前夕，津市客运已有至长沙、常德、澧县、益阳、南县、安乡、沙市、宜昌8条航线，其中长津、津常线最为稳定。抗战时期，长江断航，客运仅保留津市至常德、桃源一线以及周边小码头等6条航线。1950年，国营、私营4家客运公司在津设办事处，多条航线被恢复。1960年代，客货分开。从1950年代起，受荆江分洪、洞庭湖治理、凌家滩堵口、河道改变等因素影响，原有航线不是绕道就是中断。后因汽车客运更方便，津市至沙市、津市至常德、津市至澧县班相继停航。1984年，津市增设至长沙的快速客班，其设备、服务优于慢班，慢班随之客货混装，其货主要以宁乡仔猪为主。不出几年，慢班停开。1990年代后，随公路建设的发展，水陆客运竞争日剧。湘航客运站引进俄罗斯双翼船参与运营，随即津市邮电局加入竞争，而此时常长高速公路开通，最终相持几年后，一天数个班次的客车运输占据上风。1997年，湘航津长快班停开，2000年后，双翼船退出竞争。历时百年的津市水路客运终止。

一、货运

民国时期的货运，进口主要以百货、杂货、南货、布匹为主，出口以粮食、棉花、山货土产为大宗。煤油属于专运，一般由各大销售公司驳轮运送。进口多为煤油，出口以桐油为大宗。抗日战争爆发前，津市轮运多为客货混载，虽航线较多，但除长津、常津两线较为稳定外，其他视水情或货源而定。津市至汉口线，因货源不定，加之航行

▲1980年代的津市港，一派繁忙景象（覃事权/摄）

时间长（最长需半月），主要由英籍太古公司经营，水小时，船只能至岳州或芦林潭，货物由帆船驳运。

抗日战争开始，长江下游地区沦陷，流亡轮驳麋集于津、常一带。继武汉失守，长江水运中断，经津市至宜昌成大后方物资进出通道，故而抗战初期津市轮运曾繁盛一时。1940年，沙、宜相继沦陷，日军封锁荆江，津沙、津宜航线中断，后长津线也因湘北战事时通时阻，轮运航线转向常、桃湘西沅水一线。直至1945年抗战胜利，之前各航线渐次恢复。值得一提的是，为防江北日军对滨湖之骚扰，中国军队于湘江、洞庭湖等水域布雷，为保湘鄂川孔道畅通，中国海军于临资口等地设置机构，专为船舶绕过布雷区，月进出物资达6千余吨。

中华人民共和国成立后，津市轮运初以军粮转输为主，迨后湖南省成立国营航运公司，在津设分公司或办事处。1953年前，津市轮运由湘津、新湘、湘江和国营航运公司等四家公司运营，并实行客货分运。1956年后，湘省轮船公司全部并入省航运厅轮运局，在津设立办事处，轮运始为国有化。计划经济体制下，货运由省、地分管，实行分段运输，形成条块分割局面，加之长江航运管理局搞"托拉斯"，内河船不能进入长江，津市各路航线萎缩，业务受到影响。此时货运，出口以粮、棉、木材、牲猪、矿产、土特产为大宗，进口则以百货、布匹、食盐、工业器材等为主。

1959 年津市出口主要物资数量

物资	数量（吨）	物资	数量（吨）
钢铁	8910	煤炭	19234
棉花	19051	矿石	51850
粮食	229234	木材	13066（立方米）
牲猪、土产	84895		

1970 年代，由于山区开发加快和三线建设的开展，以及本地工业急速发展，津市港货运中转量骤增。同时随湘澧盐矿建成投产，省内盐运开展干支流直达运输货运比较活跃。此时出口物资以烟煤、磷肥、粮、棉、食盐为大宗，进口物资则有白煤、百货、五金、布匹、工业原料、三线建设器材等。改革开放后，随着交通体制的改革，传统流通渠道逐渐恢复，津市轮运重新进入长江，并扩大范围至沿江各港，直至上海，是为津市轮运的黄金期。

二、客运

轮船出现之前，客运历属货运的一个附带业务。轮船出现后，因上河水浅，浅水轮也只能到达澧县县城。故津市的客运，主要指滨湖地区和长江沿岸。真正意义上的客运是在抗日战争爆发后，津市人口骤增，流动频繁，这才有了载客专班（客班）。乘船出行，应是人们早期活动的一种主要形式。明万历年间，何景明从岳州来澧州，只能坐船而来，几十年后，明代大文豪袁中道数度来澧，均以乘船而行，这应算是客运的范畴了。在津市人的眼里，客班主要指津市至长沙的这段航程，洞庭湖是必经之路，季节水深水浅抑或船只及设备的新旧都会给行程带来不同的感受。

杨恩寿曾为郴州知州魏曾式幕僚，同治九年（1870）魏曾式任澧州知州，杨恩寿应旧日主人之邀，来澧为新编撰的《直隶澧州志》审稿，事后在《坦园日记》里记录了他的澧水之行：

27 日，晴。风犹未息，仍泊小桂镇。午间登岸小步，此乃湖汊也，水退始见。近有渔人在此结网，架草棚而居，只一家，人不满十。远见洞庭巨浸，浩浩荡荡，茫无津涯。冬日水枯，尚如此之苍茫，则夏水欲满时可知矣。遥见一山，隐约现云际，土人曰："此螺山也。"山之下，为王子寿比部（柏心）居。余久耳其名，未得一见；"所谓伊人，在水一方"，盖不禁溯洄久之云。

28 日，晴。南风微作，挂席过湖。维时疏星在天，残月微赭，迫日中已在湖心矣。水天一色，波纹若鳞，柔橹声中，自在而渡。上灯初，波旌山，土称"鼓楼套"，已在彼岸矣。计百二十里。《渡洞庭截句》云："才子魄力古今无，健笔功参造化炉。梦泽可吞山可划，人间何处洞庭湖！

杨恩寿由长来津共花了十一天时间，虽一路辛苦，但有安乡县令一路作陪，故而心情尚好，许是头一次过洞庭，新奇之余，日日作记，以致今人从中对百年前的津长航线有一个大致的了解。

民国初年，津市至长沙有了小火轮，旅行便利了许多。贺玉波在省城求学的这段时期，曾有数次从津市到省城来回乘船的经历，在他的《湘行留影》中，记载了暑假回津乘船的一段鲜为人知的经历：

> 长沙离故乡津市有四百八十里水路，也须乘坐小火轮，沿湘江而下，经资江，过沅江县，渡洞庭湖，入澧水上行，方能达到。经过一日夜的航行，我们所搭的小火轮行到离沅江县不远的一条小河。这河的河面非常狭窄，只能看做一条大的溪沟；但是，河水却深，小火轮从上面驶过，毫无困难。因为河身富于曲折的缘故，轮船不能加速度进行，只好开慢车徐徐前进。

> 于是，在这条小河的中流，一种新奇的现象便发生了。原来这河两岸的居民大都以打鱼为业；男人照例很少出来打鱼，只是在田野里做耕种的工作，女人呢，差不多人人都是以打鱼为生的。她们往往三个，或两个，驾着一叶扁舟，成群结队的，投下铁钩来捕鱼。

> 当她们发现有一只轮船经过她们所盘踞的河面时，她们便很快地集中向轮船划来。她们的胆量是很大的，划法是很灵巧的；不论轮船行驶得左右迅速，总有本领用两只手抓住它的船舷。常常一只轮船经过这里，照例有五六只小渔船系住在它的两旁。

> 接着而来的，便是那些渔妇们所演的喜剧。她们所穿的都是青蓝布衣服，头上戴着一块布巾，脸上黑黄，小脚盘坐在船上。不过，她们的声音却是很娇脆的，喃喃地对轮船上的人们喊："老爷，太太，赏一个毫子！""积福呀！赏几个铜毫子吧！"

> 轮船这边是这样地在喊叫着，那边也是这样地喊叫着，一断一续的，一唱一和的，煞是有趣。那些善心的旅客们，经不起她们的哀求，便拿了一把把的铜板丢到她们的船舱里。她们当然是点头作揖，以表谢意。

> 可是轮船上的茶房们，大都是喜欢开玩笑的。他们不是拿铜板打她们的头

脸，便是拿茶水来浇湿她们的衣服。甚至于有个刻毒的伙夫，举起一簸箕热烘烘的煤灰，朝她们的身上泼去。想想看，这是多么够她们受罪呀！但是，她们却忍受着，把眼睛闪了闪，把衣服上的煤灰抖了抖，一点也不抱怨，仍旧唱着："做做好事呀！老爷，太太！""老爷、太太，赏一个毫子！"

有的时候，她们中间某一个会偶然地拉起水中的铁钩来，一只一只往船舱里投放；碰着幸运，便有两三条尺多长的金色鲤鱼，被铁钩钩了起来；她们顺手把它们从钩上取下，丢到那浸着一层水的船舱里。

如果逢着轮船上的旅客要买鱼，那么，她们就来和他们来办交易；虽说她们预备有秤，却不肯用，只是要求买主随便给她们几个钱。大概一两斤重的鲤鱼，只需一二百文就行，可算是便宜之至。

据说，她们都是善于划水的；如果碰着不幸跌落在水里的话，她们会马上游泳起来，爬回到小船上来的。我瞧见了这些贫穷而可怜的渔妇，总免不得要替她们感伤。啊，农村破产的现象，可以从她们那种半猎半乞的生活里看出来！"

文中的情景与鲁迅笔下的浙东农村有些相似，对底层人物的描述如出一辙。杨恩寿与贺玉波相隔了一个世纪，且身份与阅历各自不同，故展现在人们面前的人文景观有着明显时代印迹。贺玉波其后，也就是1970年的6月，又有一人在乘船过洞庭后写下了他的观感：

航船徐徐离港，沿湘江北上，入夜时轮船已达烟波浩渺的洞庭湖，对我来说，身临其境走洞庭还是头一回，心情激动，不想入睡，索性站立船舷，观赏这难得一见的水乡夜景，记不得当夜是星光还是月亮，只记得在茅草街附近的湖面最为壮观，水天一色，无边无际，心胸一下子开阔了许多……

这人叫沈永立，是原长沙曙光电子管厂的技术员，这次为支援小三线建设被派往津市工作，从繁华的省城调往湘北小城，无疑会使他心里产生一时的郁闷。没料到过洞庭时，蔚为壮观的洞庭美景为他抹去了心头的乌云。

1911年至1949年这段时间里，驶入津市港的蒸汽船大多以烧柴和烧煤为主，存在着重大安全隐患。1935年，长泰号轮船发生锅炉爆炸，造成80余人死亡，多人伤残。1961年10月，津湘号渡轮煤气炉发生爆炸，多人受伤，幸无人死亡。轮船，尤其是客轮的轮机更新换代势在必行。1963年9月，首艘以柴油为动力的华山号蒸汽船驶入津市港，成为第二代津市客班，随后有扁山、衡山二轮相继更换。

▲建于 1921 年的长津轮船公司旧址

▲华山号长沙班（胡闵鑫 / 供）

　　柴油机的优势是马力大、故障少，但其噪音大，又置于中后舱，周边旅客尤感不适，加之其他设施没有大的改观，船过洞庭湖时，遇大风大浪，湖水涌进甲板，旅客因躲避不及而常常会被溅湿鞋袜。1968 年夏，韶山号豪华客轮驶进津市港，客运码头人山人海，甚至还发生了踩踏现象。此船通体雪白，客轮分上、中、下三层，全是软座，还有卧铺舱，全封闭、噪音小、乘坐舒适。只是乘坐的人仍囿于公家"出差人"以及少许的旅客，大多数津市人的记忆，只有在凌晨 4 点，长沙班启航时的那几声倏常倏短的汽笛声中。

　　1980 年代，平民百姓坐船去长沙也不是一件稀奇事了。后随公路的发展，尤其是长常高速开通后，去省城只需 4 个小时，津市很多人选择了坐车。轮船公司顺应时变，将长沙班分为慢班和快班两种，并在快班上设有影像室和棋牌室，且在时间上巧作安排，即下午 5 点启航，翌日凌晨到岸，有事的不耽误。与乘车相比，能自由走动，还能邀上熟人朋友一起喝茶饮酒看电视，很是爽快。

　　1990 年代中期，湘航客运站引进俄罗斯飞船，将津市至长沙的航程缩短为 4 小时，一时生意火爆，一票难求。津市邮电局劳动服务公司见有利可图，遂购置两艘相同船只参与营运，并延伸业务至澧县县城。此时湘运公司改制，成立欣运集团，开往长沙的班次每半小时一趟，水陆竞争愈演愈烈。

　　长沙慢班不知何时成了运猪船，宁乡仔猪闻名遐迩，水运便利，一时成了猪贩的最佳选择，猪进人退，长沙慢班消逝。长沙快班停航于 1997 年的秋天。俄罗斯飞船维系到 2000 年，距 1909 年蒸汽船来津，相隔近一个世纪。

　　清代至民国，帆船客运多单程包船（或货船载人）。轮运伊始，包船者锐减。货船载人限于津市至澧水上游。1960 年代，机帆船出现，津市始有机帆客运班次，多为短途。1963 年起，津市至夹堤口、梅家港、官垸、安乡、合口、张公庙、打岩厂以及湖北公安金狮垱等 8 条航班陆续开辟，乘客可根据需求抵达临近各个乡市。

▲1990年代，驰翔于澧水河上的俄罗斯双翼船

▲1997年，最后一班韶山号客轮驶出津市

1965年，津市首批城市知识青年下放到澧县梦溪，乘坐的就是这种机帆船。1970年代末，随着公路的修通，公路短途客运发展迅速，各条机帆客运渐次停航。

三、湘航津市办事处

1951年，省航运局于津市港设"国营湖南航业公司津市办事处"，后更名为"湖南省轮船公司津市办事处"。整个1950年代机构名称更名频繁，其管束范围几经变化。1958年，省航运厅撤销，交通厅成立，该单位随即更名为"湖南省交通厅内河航运管理局津市办事处"。11月，原省局管理的津市帆船社修造厂划归办事处领导，12月，安乡维护段并入，成立航标疏浚股。1961年，办事处各股升格为科，设人事、保卫、供应、港务、财务、统计、商务、秘书、航监、机务、工资、调度等12个科室，以及船舶大队、作业区、安乡站、蒿子港站、客运站、保健站等6个附属单位。1978年，恢复旧称"湖南省航运局津市办事处"，1985年，政企分家，更名为"湖南省航运公司津市分公司"，另成立津市港埠公司，航监科划出单立津市港航监督站。1987年，津市分公司更名为津市轮船运输公司，由常德市交通局代管。1990年，津市轮船运输公司辖货运公司、客运公司、港埠公司、杨湖口船厂、安乡轮运站、职工医院、子弟小学，全公司职工1588人。自1950年代至1990年代，公司更名无数，但津市人对其"湘航"的称谓一直未变。1990年代后，水运式微，2000年企业改制，遂并入民间经营。

第三节　港埠今昔

一、码头演变

津市的货运码头始于清代，至清末已有九个。因均为商业码头，故各码头的属地界址、权限范围由来明晰。虽名码头，除大码头为石砌外，多为自然河坡。津市修建码头始于清末，盛于民国，石砌码头有大码头、观音桥、新码头、勤大、水府庙、汤家巷、申昌等，以及南岸的亚细亚、美孚油码头。1949年后，港口建设加快，码头数量与日俱增。1955年，政府对全市货运码头、船只停泊进行调整，开始改用排序称呼码头，其时全市有码头11个。1960年代，随着工农业生产发展，为运输方便，市属与外地驻津单位纷纷修建码头，南北两区新码头不断出现。迄至1963年，全市货运装卸码头共有31个。因板车用于装卸，市区始现斜坡码头。1974年，防洪大堤修建，航运部门藉此契机对市区码头进行了翻建，或斜坡、或变向、或拓宽，面貌焕然一新。此时大小码头有71个，北岸40个，南岸22个，窑坡渡9个，其中装卸码头44个。1980年代后，津市工业迅猛发展，企业专用码头渐次增多，除湘航、盐矿、湖桥、轧花厂等驻津企业外，本市一些中型工商企业也陆续建起物资转运码头。

1921年，六轮轮船公司成立，遂以150块光洋月租，将长郡会馆公产，位于水府庙前的长郡码头被列为轮船专用码头。因之前此码头为自然河坡，公司为便利客货上下，耗资1500块光洋，从临资口丁字湾运来麻石，从汉口运来水泥，修建石阶码头，因是轮船专用，故俗称"洋码头"或"轮船码头"，后邻近相继有多个轮船码头筑成，为与大码头有别，从观音桥至祁家巷一节又称新码头，这一称谓延续至今。

1949年前，津市进出物资除盐、煤有一些贮存设施外，其他均为随装随卸的小宗商品，像桐油、棉花、药材、粮食等这些较大的物资，各商号老板均有自己的货仓或堆栈，即使像益正大这样远离大河的商号，也会将运用桐油的船驶到后湖进入自己的仓储。故津市港口由来无仓库、货棚等辅助设施。直至抗日战争时期，流通物资骤增，这才

▲西起观音桥，东至祁家巷俗称新码头（徐立斌/供）

始有两家澧澧水的专营物资存放的堆栈和一个趸船。1950年代后，水运日趋繁忙，船舶周转问题凸显，港口建设这才提上了日程。1957年，湘航建太子庙货棚，此为津市第一家港口货棚，随后对装卸机械进行技术革新。1960年代，港口有了吊车、皮带机、平板车等装卸机械，同时开始兴建各类专业仓库，后又将进、出口物资分开，共有九个中大型仓库。1970年代后，随着盐矿、湖拖相继开工投产，各类岸吊、浮吊、栈桥——呈现，迄至1980年代，津市港口共有仓库、货棚、堆场32座，56323平方米，堆存能力112646吨，各种装卸机械52台，港作船舶6艘，输油管线700米。

二、湘航作业区

1955年，对津市搬运工会进行分管，抽45岁以下身强力壮工人335名组成"航运作业站"，专事船舶装卸。此时的湘航驻津办事处与津市同属一个级别，为表示当地政府对驻津单位工作的支持，也体现对生产一线工人的关怀，津市市人民政府特将三洲街刚刚竣工的三栋新式砖瓦楼房拨出一栋给航运作业站，一共是45户，取名为海员大楼。翌年，航运作业站经过精简，正式命名为"湘航津市港装卸大队"。其256名固定职工，被编为11个分队，按劳力分为甲、乙、丙三类。1959年，装卸大队更名为"湘航津市港作业区"。

港区装卸是一件异常辛苦的体力劳动，未有机械操作之前，基本上是人背肩扛。

▲港埠掠影

▲节假日抢渡（王克林/供）

仅以粮食为例，200斤麻袋装，扣袋、下蹲、起肩，一气呵成，有半点停顿都会耽误下一位，久而久之，工人两手成鹰爪形，难于伸直，长期负重导致人不能直立，背就有些弯曲，人称驼背。这种状况直到1970年代后，装卸机械化渐次普及才得以好转。津市人的"作业"与"作孽"发音近似，故老一辈的津市人在称谓湘航作业区时，常常说成作孽区，其中带有一点故意。

1990年代，津市举办歌咏比赛，作业区作为驻津单位不好不参与，因工作性质，在港职工大多分散在船上，湘航只得委托退休办"交差"，谁知演出那天，齐排排站了一台人，虽吐词不清，但唱的都是老歌，都能听得懂，什么"大跃进"时期的《带花要戴大红花》、电影《铁道卫士》中的《黑拉拉黑拉拉》等。他们统一着了海员服，虽然身材不适合，看上去有些别扭，但他们个个严肃认真，精神抖擞，按导演的安排，中间有少许的肢体动作，如唱到"天空出彩霞"时，人人双手凌空划了一道弧，因显得笨拙，惹得台下一片倒彩……与其说这是唱歌，还不如说是这些老人们在向人们倾诉他们那段激情燃烧的历史。

轮渡 津市始设轮渡于1957年，由于南岸地方工业兴起，旧人力渡运已不适应与日俱增的客货流量需求。轮渡设观音桥渡口，由市建设科设渡务所管理，初以旧江西义渡船为趸船，以一自造95马力，150客位，木质轮船作渡轮。1959年，始用新趸船，并购置270客渡轮一艘。1964年，增小客轮两艘，因不适横渡而更换。1967年，新购改装300位渡轮一艘，自造能载10辆板车的船一艘，同时设置板车渡口。1976年，始用两轮对渡，迄至1980年代，津市轮渡已有各类渡轮、趸船各5艘，板船一艘，运载人与自行车分别为每日3万人次、

▲远眺津市渡（津市建设局／供）

▲津市港航标工作船

每日5千至8千辆。每天除上下班高峰期3轮渡运外，其余时间2轮渡运。21点前每趟间隔时间不超过5至10分钟，21点后30分钟一趟。但这种隔河渡水的现状还是阻滞了工业发展和人们的出行，直至1989年津市澧水大桥建成通车，轮渡时代这才宣告结束。

　　汽渡　津市厂矿集中于南岸，津澧进出物资因阻水必须用船提驳。南岸汽车径趋常德本为捷径，但为此不得不绕道舍近求远，故在津市设汽渡，不仅为津市，且为附近地区出行提供便利。1975年，津市交通局始向省委及交通局提出报告，后得批准乃于1978年6月开始修筑码头，渡口北为市中心新码头，南岸修建一条由码头向西南的延伸的车道，于1978年9月竣工开渡。渡口拥有钢质六车渡渡船两艘，钢质浮桥船、趸船各一只。1979年年渡量为56631车次，日平均155车次。1985年年渡量281354车次，日平均770车次。1989年冬，澧水大桥建成通车，汽渡终止。

▲津市汽渡（市建设局／供）

三、新港掠影

　　曾为湖南内河六大良港之一的津市，其兴起与繁荣，主要依赖经济与交通的发展，津市从明代时一般聚落发展为工商繁荣的城市，即由于其时的商品经济发展和优越的水上交通条件，尤其是后者。尽管陆运发展很大，汽车运费贵，运量小，终究不当铁路。津市的发展仍将寄希望于水运，不可一日无舟楫，这乃津市面对的现实。津市自 2006 年建成高新区后，即利用东濒澧水的区位优势，将窑坡渡千吨级码头放置其中，藉以恢复澧水流域物资集散中心之功能，主要为津市及周边区县的食品、能源、原材料等大宗物资运输服务。一期工程现已完成，港区初具规模，我们有理由相信，不远的未来，津市的水运将会重新崛起。

▲新港掠影

后　记

　　1944年6月17日,湘潭沦陷。手艺人总会有点江湖背景,祖父携全家提前出境,不仅成功地逃脱了日寇的魔爪,且乘船径直从湘中来到了偏安一隅的湘北小城津市。不过,令祖父未曾想到的是,这一走,竟会是永别。许是津市的繁华,抑或极易谋生的缘故,抗战胜利后,祖父没有返乡,正是他的这一抉择,湘潭便成了我的祖籍,日后除在各类表格的籍贯一栏中填上一笔外,有关那里的一切,只是停留在祖母那一声声呼唤我乳名时的乡音记忆里。

　　像这个城市里的许多移民后裔一样,作为一个出生于津市,喝着澧水长大,并将在这里老去的我来说,这个城市几乎囊括了我人生的所有体验和情感。故而我在写"城市基因·津市文史丛书"之《工商卷》时,与其说是倾注于感情,不如说是倾注于心血。

　　工、商无疑是我所居住的这个城市的主题。在它从一个渔村渐变成一个城市的几百年里,轮番上演了商业的繁盛和工业的崛起这两出大戏。"小南京"及"湘北明珠"分别是人们在不同时期给予她的誉美之词。但我能力十分有限,倾尽全力写出的,仍就只是某个场景,抑或是些支离破碎的片段。但我要做的和想做的,就是竭力将这些早已成为标本的枯木重新注入汁液,让它再一次枝繁叶茂。

　　撰写历史,就如同在时空的隧道里穿越,我常常在毫无准备的情况下被感动,以致搁笔凝视窗外,朦胧中,仿佛又看到了某一村口老少的惜别,青丝和白发同在晨风中飞扬;仿佛又听到了窑坡渡那荒山秃岭上,一群年轻的缫丝姑娘在寒冬里放声歌唱……人们常说,历史是由一幅幅画卷构成的,时隔久远的今天,我还能捡拾到这些残缺不全的画卷,这是我的幸运,也是我的宿命。由此,我一直觉得我是带着这卷书的印记降临到人世的。

　　历史常会在人们的不经意间悄然翻篇,蓦然回首时,一切已是昨天。2001年,领澧水流域数百年风骚、被津市人视为图腾的大码头拆除,一个旧商业时代就此落下帷幕。而曾被津市人引以自豪的窑坡工区,现已浓缩成津市高新区的一角。时代快速发展,现代商业与现代工业正以疾风暴雨的态势改变着这个城市,唯有澧水西来,一泓清水,倒影的不再是白帆,而是一幢幢濒河崛起的高楼。

陈希

2020年10月24日